(京)新登字 154 号

责任编辑:于玉珍 虞 农
封面设计:刘家峰

图书在版编目(CIP)数据

中国民族统计年鉴:1949～1994/国家民委经济司,
国家统计局综合司编。—北京:民族出版社,1994.8
ISBN 7—105—02251—5
Ⅰ.中…
Ⅱ.①国…
②国…
Ⅲ.民族地区—统计资料—中国—年鉴
Ⅳ.D633—54

中国版本图书馆 CIP 数据核字(94)第 04539 号

ISBN 7-105-02251-5
9 787105 022519 >

民族出版社出版发行
(北京市和平里北街 5 号 邮编 100013)
民族出版社微机照排 警察学院印刷厂印刷
各地新华书店经销
1994 年 8 月第 1 版 1994 年 8 月北京第 1 次印刷
开本:787×1092 毫米 1/16 印张:30 字数:760 千字
印数:0001—1700 册 定价:68 元

中国民族统计年鉴

(1949—1994)

国家民族事务委员会经济司
国家统计局国民经济综合统计司 编

民族出版社

《中国民族统计年鉴》(1949—1994)编委名单

编者说明

一、《中国民族统计年鉴》(1949—1994)是建国以来第一部全面反映我国民族自治地方国民经济和社会发展情况的大型统计工具书。全书由五部分组成。

第一部分收集了1991年—1993年国务院颁发的有关民族工作方面的文件以及江泽民、李鹏同志的有关讲话。

第二部分收编了国家民委有关司室、国家民委经济司有关处室撰写的有关民族工作方面的文章。

第三部分收编了全国30个省、自治区、直辖市民委撰写的各地区民族自治地方和民族乡(镇)国民经济和社会发展的情况及开展民族经济工作的文章。

第四部分统计资料,包括:综合、人口和劳动力、农业、工业、运输和邮电业、固定资产投资、商业、民族贸易和民族用品生产、对外贸易和旅游、财政金融、人民生活、教育、科技、文化、出版、卫生和体育。该部分是按全国民族自治地方区域内的全面资料进行统计的(不作重复计算),各项指标的发展指数扣除了区域变动和价格变动因素,年度之间可比。附录的牧区畜牧业内容为全国牧区、半农半牧区的主要统计资料。各部分末附有《主要统计指标解释》,对主要统计指标的含义、统计范围和统计方法作了简要说明。

第五部分收集了部分民族工作参考资料,包括:历届全国人民代表大会少数民族代表、历届全国政治协商会议少数民族委员;以及部分民族工作机构情况,包括:国家民委、全国人大民委、全国政协民委、国家教委民族教育司、文化部少数民族文化司以及30个省、自治区、直辖市民委机构情况;还收集了国家民委所属公司及各地民族经济实体情况。

二、书中涉及到的全国性统计数据均不包括台湾省和香港、澳门地区;资料所使用的度量衡单位均使用国际统一标准计量单位。

三、本书资料大部分来自各民族自治地方的统计资料;一些反映民族特色的指标,如教育、文化、出版、卫生、体育等资料来源于有关主管部门。

四、本书中的符号使用说明:

“ ”空格表示该项统计指标数据不详或无该项数据;

“#”表示其中的主要项;

“*”表示本表下有注解。

五、由于时间紧迫,资料来源有限,疏漏和不妥之处在所难免,恳请读者批评指正。同时,谨对各有关部门、单位和各方面人士的大力支持表示感谢。

目录

第一部分　重要文献

第二部分　民族工作

第三部分　民族经济发展

第四部分 统计资料

一、综合

二、人口、劳动力

三、农业

附录:牧区畜牧业

四、工业

五、运输、邮电

六、固定资产投资

十三、文化、出版

十四、卫生、体育

第五部分　参考资料

一、综合

二、民族工作机构

三、民族经济实体

第一部分　重要文献

党和国家领导人的重要讲话

加强各民族大团结，为建设有中国特色的社会主义携手前进

——中共中央总书记江泽民在中央民族工作会议上的讲话、

1992年1月14日

同志们：

党中央、国务院召开的这次中央民族工作会议，是进一步动员全党和全国各族人民，加强各民族的大团结，齐心协力地为实现现代化建设第二步战略目标而奋斗的重要会议。开好这次会议，对于做好今后的民族工作，建设有中国特色的社会主义，必将起到重大的作用。参加这次会议的，有各省、自治区、直辖市和自治州的负责同志，党中央、国务院和有关部门的负责同志，以及长期从事民族工作的一些老同志。我代表党中央、国务院，向全国各族人民，向所有为民族团结进步事业作出贡献的同志们，表示亲切的慰问和崇高的敬意！

下面，我讲几点意见。

一、我国民族工作的巨大成就

民族问题始终是我国革命和建设中的一个重大问题。中国共产党从一成立就非常重视民族问题，积极探索解决民族问题的正确途径。新中国的诞生，开辟了我国各民族历史的新纪元。经过几十年的努力，我们的民族工作取得了巨大成就，积累了丰富的经验，为我们继续做好民族工作奠定了坚实的基础。

在旧中国，各族人民备受压迫剥削，少数民族群众尤其灾难深重。我们党领导各族人民推翻了帝国主义、封建主义和官僚资本主义三座大山，共同缔造了中华人民共和国，彻底废除了一切民族压迫制度，实现了各民族一律平等。建国初期，在全国范围内进行了大规模的民族调查和识别工作。几十个解放前不被承认和处于无权状态的少数民族，堂堂正正地成为祖国大家庭里平等的一员。我们还取消、更改了旧中国遗留下来的对少数民族带有歧视、侮辱性的地名、族名和其他称谓。各民族的宗教信仰和风俗习惯得到充分尊重。各族人民都享有宪法和法律所规定的民主、自由权利和平等的发展权利，都以高度的政治热情和主人翁精神积极参与管理社会事务，平等地商讨和决定国家大事。

在旧中国，少数民族的经济和社会发展长期停滞落后。有的民族仍处在封建农奴制阶段或奴隶制阶段，还有10多个民族保留着浓厚的原始公社制的残余。新中国成立后，我们党根据少数民族广大群众的愿望，经过同各方面协商，从多种社会形态并存的实际情况出发，采取不同的步骤和方式，先后在民族地区进行了民主改革和社会主义改造，解决了少数民族内部的阶级压迫、阶级剥削问题，确立了社会主义制度。许多原来发展程度较低的少数民族，跨越几个社会发展阶段，实现了社会发展的巨大飞跃。这是中华民族发展史上的伟大变革。

我们全面推行了民族区域自治制度。这种制度把国家的集中统一与少数民族聚居地区的区域自治有机结合起来，把政治因素与经济因素有机结合起来，是完全适合我国国情的解决民族问题的基本制度，是我们党和各族人民的一个伟大创举。全国先后建立了5个自治区、30个自治州、124个自治县。在少数民族散居地区，还建立了1 700多个民族乡。1984年又颁布实施了《中华人民共和国民族区域自治法》。这对于保障少数民族充分行使当家作主的权利，对于促进民族地区的发展、边疆的稳定和维护国家的统一，发挥了重要的作用。

40多年来，特别是改革开放以来，民族地区经济落后的面貌发生了巨大变化。1990年，民族自治地方工农业总产值达到2 273亿元，比1952年增长9.8倍，其中工业总产值增长46.3倍；城乡社会商品零售总额达到781亿元，比1952年增长39倍。1990年与1980年相比，5个自治区的国民生产总值和国民收入都增长了1.3倍。经过40多年建设，民族地区农牧业的落后状况有了明显改变；过去基本上没有现代工业的大多数民族地区，现在已经建成了一大批工业企业，包括许多国家重点项目；能源、交通、通讯等基础设施显著改善；对外开放的步伐加快，边境贸易取得了突破性进展。1990年，民族自治地方农牧民人均纯收入达到546元，大部分少数民族群众解决了温饱问题，一部分人已经开始过上比较宽裕的生活。

少数民族和民族地区的教育、科技、文化、卫生、体育等事业有了很大发展。国家根据民族地区的实际情况，大力发展基础教育，在牧区和边远地区举办寄宿、半寄宿制学校。民族地区办起了一批培养少数民族人才的大专院校，全国兴办了12所民族学院，许多大学开办了民族班，还兴办了一批民族干部学校和职业学校，培养了大批具有大中专学历的少数民族干部和各种建设人才。民族地区的科技事业发展很快，科技水平逐步提高，实用科学技术得到较好的推广。少数民族的语言文字受到尊重和保护，优秀的文化传统得到继承和发扬。全国用少数民族文字出版的报刊杂志已有100多种。民族地区的广播电视覆盖率大大提高。中央人民广播电台和地方广播电台，每天用21种少数民族语言广播。民族自治地方的医药卫生事业包括民族传统医药有了较大发展，1990年拥有的医疗床位比1952年增加了23.5倍。民族体育运动蓬勃开展，广大少数民族群众的身体素质有了明显提高。

40多年来，各族人民同心同德，共同为维护和促进祖国的统一、安定和昌盛，作出了巨大贡献。我国各民族的大团结，经受了各种严峻考验。不论是国际上发生什么样的剧变，还是国内出现什么样的风波，我国各民族都是和睦相处，同舟共济，患难与共的，充分体现了中华民族的强大凝聚力。我们可以自豪地说，中国各民族的大团结是稳固的，这是我国社会进步、经济发展、政治稳定的重要保证。

我国民族工作所以取得如此巨大的成就，最基本的经验，就是我们党始终把马克思主义的基本原理同中国民族的具体实际相结合，坚持各民族平等、团结、互助的原则，坚持实行民族区域自治制度，在建设社会主义事业中促进各民族的共同繁荣，走出了一条具有中国特色的解决民族问题的正确道路。过去的成就和经验是来之不易的。在长期的革命和建设中，毛泽东、周恩来、刘少奇、朱德同志和邓小平同志等老一辈无产阶级革命家，为解决中国的民族问题，建立和发展社会主义的民族关系，发展马克思主义的民族理论，作出了巨大贡献，给我们创造了宝贵的精神财富。我们要坚定不移地把老一辈无产阶级革命家开创的民族团结进步事业继续推向前进。

二、充分认识民族工作的长期性、复杂性、重要性

我国有55个少数民族，人口近1亿，陆地边疆绝大部分地区是少数民族聚居区。民族自治地方地广物博，面积占全国总面积的64%。全国的绝大多数县、市都有两个以上民族共居。这是我国的基本国情之一。我们必须从振兴中华民族的高度，从巩固和发展我国社会主义事业的高度，充分认识民族工作的长期性、复杂性和重要性。

大家知道，民族、阶级、国家都有自己产生、发展和消亡的客观规律。随着社会经济文化的发展，各民族互相学习、互相影响，共同因素会不断增多，但民族特点、民族差异将长久存在。只要有民族存在，就有民族问题存在。民族问题既包括民族自身的发展，又包括民族之间，民族与阶级、国家之间等方面的关系。在社会历史发展的长河中，民族问题对过去、现在和未来社会，都具有重大的影响。

社会主义时期是各民族发展繁荣的时期，社会主义条件下的民族关系基本上是劳动人民之间的关系，但民族问题依然复杂，民族工作的任务依然繁重。一是各民族政治上的平等实现后，在经济、文化发展上的差别依然存在，旧社会在民族问题上的遗毒不是短时期内可以完全消除的。二是各民族的根本利益是一致的，但在某些具体权益，主要是经济权益方面，民族之间仍会发生一些矛盾和纠纷。三是在风俗习惯和语言文字等方面，由于相互了解或尊重不够，也容易造成某些误会和纠纷。四是民族问题在一些地方往往和宗教问题交织在一起，如果对宗教问题处理不慎或不当，也会影响民族关系甚至酿成冲突。五是由于种种原因，有些人有时会做出伤害民族感情、损害民族团结的事，甚至违法犯罪。尤其值得我们警惕的是，国际敌对势力明目张胆地支持我国内部的极少数分裂主义分子，正在加紧对我们进行渗透、破坏和颠覆活动。利用民族问题打开缺口，是国内外敌对势力进行和平演变的重要手段。在这种错综复杂的情况下，我们更应该高度重视民族问题，采取正确的方针政策，认真妥善地加以解决。

历史发展表明：国家统一、民族团结，则政通人和、百业兴旺；国家分裂、民族纷争，则丧权辱国、人民遭殃。中国是这样，外国也是这样。毛泽东同志早就指出："国家的统一，人民的团结，国内各民族的团结，这是我们的事业必定要胜利的基本保证。"我们一定要进一步做好民族工作，巩固和发展社会稳定、民族和睦的局面，为我国社会主义现代化建设和改革开放事业提供强有力的保证。

少数民族和民族地区的经济社会发展，直接关系到我国整个现代化建设目标的顺利实现。民族地区的现代化同全国其他地区的现代化，少数民族的振兴同整个中华民族的振兴，是密不可分、互相促进的。推动各民族发展进步和共同繁荣不仅是个经济问题，而且是个政治问题。我国经济的发展，离不开东部地区，也离不开中、西部地区包括民族地区的经济振兴。西部民族地区的多种丰富资源和某些产业，在我国经济发展中占有举足轻重的地位，蕴藏着巨大的发展潜力。加快中、西部包括民族地区的开发建设，已成为我国经济发展的必然走向。生产力的合理布局和地区经济的协调发展，对国家的现代化建设和各民族的团结进步，都具有重大的意义。

三、90年代民族工作的主要任务

90年代是我国社会主义现代化建设的关键时期，也是促进各民族共同进步、共同繁荣的关键时期。各级党委和政府必须密切联系各个少数民族和民族地区的实际，坚定不移地全面贯彻执行党的基本路线，巩固和发展社会主义的民族关系，坚持和完善民族区域自治制度，为实现现代化建设

的第二步战略目标共同奋斗。

（一）加快少数民族和民族地区经济发展，使之逐步与全国的发展相适应。

现阶段，我国的民族问题，比较集中地表现在少数民族和民族地区迫切要求加快经济文化的发展。邓小平同志早就说过，不把经济搞好，民族区域自治就是空的。在新的历史时期，搞好民族工作，增强民族团结的核心问题，就是要积极创造条件，加快发展少数民族和民族地区的经济文化等各项事业，促进各民族的共同繁荣。这既是少数民族和民族地区人民群众的迫切要求，也是我们社会主义民族政策的根本原则。近几年来，我国社会经济发展中的区域间协调发展问题，已引起越来越多同志的关心。党中央和国务院对此是重视的，已经对我国的区域政策，特别是对少数民族地区、革命老区和贫困地区的问题，采取了一系列措施，作出了专门安排。各部门和各地方要认真贯彻落实，务必抓出成效。

90年代，少数民族地区一定要全面完成10年规划和“八五”计划中所确定的各项任务。党和国家对少数民族和民族地区已经实行的各项优惠政策，要继续执行，并根据不断变化的情况及时完善和改进。随着经济的发展和国力的增强，要逐步增加对少数民族地区的投入，以增强这些地区的自我发展能力。国务院已经决定，“八五”计划期间，对民族自治地方的全民所有制单位固定资产的投资，要高于“六五”、“七五”期间的实际水平。支援不发达地区的发展资金，将有较多增加。有关省、自治区也应适当增加对所辖少数民族聚居地区的投资。同时，要加强比较发达地区对不发达地区的对口支援，大力开展多层次、多渠道、多形式的横向联系，包括经济合作和教育、科技、文化等方面的智力支援。这是比较发达地区义不容辞的历史责任。有关部门和地方应在总结以往经验的基础上，加强对这方面工作的组织领导。

少数民族和民族地区要获得较快的发展，既需要国家的扶持和比较发达地区的帮助，更需要进一步发扬自力更生、艰苦奋斗的精神，充分发挥和依靠当地各族人民的积极性、创造性，集中力量把经济建设搞上去。要努力改善能源、交通、通讯等基础设施。在改造现有产业、提高效益的前提下，根据国内外市场需要，积极开发资源，优化产业结构、产品结构和企业组织结构，实现良性循环。同时，要继续抓紧做好少数民族和民族地区的扶贫工作，争取尽快解决少数民族贫困群众的脱贫致富问题。

几十年来，为开发民族地区丰富的资源，发展当地经济，国家和民族自治地方已经兴办了一批能源、交通等基础设施和不少门类的工矿企业及其他事业，这对改变当地面貌和促进少数民族的发展起了很大作用。但也有一部分大中型企业与当地经济和少数民族的发展结合不够。今后要有计划地帮助当地发展工交企业和农副产品供应基地，以带动当地发展与群众致富。在民族地区兴办的企业，都要采取切实措施，使少数民族干部和职工在企业中有一定的比例，并对他们加强培养和提高。我们一定要使少数民族从开发当地资源中得到经济实惠。同时，注意保护和改善生态环境。

（二）大力发展少数民族和民族地区的社会事业，促进各民族的全面进步。

发展教育、科技、文化和卫生、体育等各项社会事业，努力提高少数民族的科学文化、思想道德水平和身体素质，抓好社会主义精神文明建设，是发展社会生产力的需要，是各民族共同繁荣的内在要求。

要积极发展民族教育。民族教育是整个教育事业的组成部分，是民族工作的重要方面，应在教育结构、专业设置、教学内容、学制、办学形式等方面，逐步走出一条适应少数民族和民族地区实际的路子。要努力改善办学条件，办好各级各类民族学校，提高教育质量，为民族地区培养更多的经济、技术、管理等方面的专业人才。在通用本民族语言文字的地区，要因地制宜地搞好“双语教学”，并大力推广普通话。

要大力发展科技事业，积极引进人才和先进技术设备，改造传统产业和传统产品，提高经济效益。要建立和健全农村牧区的科技推广体系，加强实用科技的普及、培训和示范推广。要在工作条件、生活待遇等方面制定优惠政策，鼓励科技人员在民族地区建功立业。

巩固和扩展社会主义思想文化阵地，是发展少数民族和民族地区文化事业的根本任务。要弘扬各民族优秀的文化传统，同时要加强各民族之间的文化交流，继续搞好民族地区特别是乡村的文化活动设施的建设与管理。文化工作者要坚持深入基层为少数民族人民服务。要保障各民族使用和发展本民族语言文字的自由。进一步做好民族语言文字的广播、电视和新闻出版工作，不断提高边远民族地区的广播电视覆盖率。

要积极发展医疗卫生事业。逐步改善医疗条件，帮助培养医疗卫生技术人员，建立健全各级医疗、防疫网络，挖掘和发展民族医药，切实改变一些地方缺医少药的状况。要积极开展民族体育活动，增强群众的体质。各地要制订和完善适合少数民族实际的计划生育政策，扎实细致地加以贯彻，实行优生优育，并切实做好妇幼保健工作。

（三）坚持改革开放，不断增强少数民族和民族地区的自我发展活力。

改革开放是实现各民族共同繁荣的必由之路。民族地区的改革应坚持从实际出发，注意吸收外地的好经验，但不能简单地套用。要区别情况，分类指导，快慢得当，慎重稳进。今后凡是与少数民族和民族地区密切相关的重大改革，必须重视各个地方和民族的特殊情况，注意听取当地的意见，先试点后推行。

民族地区要加强同沿海地区的经济联系，加快对外开放的步伐，充分利用各种有利条件，结交新伙伴，开拓新市场。要把扩大陆地边境的对外开放，作为我们整个对外开放的重要组成部分，有计划有步骤地加以实施。要选择一些连接国际国内交通干线、条件较好的边境城镇，作为对外开放的窗口，发展双边、多边或转口贸易，具备条件的，还应积极发展出口加工。国家有关部门要努力帮助民族地区引进国外资金、设备、技术，提供必要的优惠和便利。在扩大开放，发展边境贸易和经济技术合作的同时，必须切实加强管理，注意克服消极因素，做到既促进经济发展，又促进睦邻友好，保持边境地区的稳定。

（四）坚持与完善民族区域自治制度，全面贯彻落实《民族区域自治法》。

我们必须建立和健全同实施《民族区域自治法》配套的法规体系和监督机制，使自治法在建设有中国特色的社会主义事业中更好地发挥作用。近几年，党和国家为贯彻实施自治法已先后就牧区建设、扶贫工作、民族贸易和民族特需用品生产供应等重要问题发出指示。最近，国务院又发出关于进一步贯彻实施《民族区域自治法》若干问题的通知。中央有关部门和各级政府都要制定实施自治法的规定或措施。涉及少数民族和民族地区的政策、法规，要体现自治法的精神，有助于自治法的实施。要抓紧制定自治条例和单行条例。已制定的要总结经验，不断完善。国家和没有自治地方的省、市，要制定保障杂居散居少数民族权利的法规。到本世纪末，要形成比较完备的社会主义民族法规体系和监督机制。

完善民族区域自治制度、全面贯彻落实《民族区域自治法》的关键，在于大力培养少数民族干部，加强民族地区的干部队伍建设。

40多年来，成千上万的汉族干部、工人、知识分子、解放军指战员，响应党的号召，到少数民族地区工作和生活，与少数民族人民打成一片，亲密无间。他们奉献青春和力量，为兄弟民族的发展和民族地区的繁荣进步，做出了很大的贡献。各族人民对他们是永志不忘的。今后，国家将继续为民族地区培养和输送优秀人才。汉族同志和少数民族同志，要继续发扬互相尊重、互相学习的优良传统，齐心协力，艰苦奋斗，共同为少数民族和民族地区的繁荣与发展做出更大的贡献。

少数民族干部与本民族有着广泛而密切的联系，是我们党做好民族工作的骨干力量。民族干部的状况又是衡量一个民族发展水平的重要标志。现在，少数民族干部已从1950年的1万多名增加到 206 万，形成了包括党务、政务、经济、教育、科技、文化、卫生等各方面人才的宏大队伍。这些同志，为我国各民族的团结进步和民族地区的发展做出了重大贡献，并越来越多的承担起各项工作的重要责任。为适应社会主义现代化建设和改革开放的需要，各级党委要以更大的力量，进一步加强对少数民族干部，特别是中高级干部和各种科技、管理人才的培养。既要在数量上有计划地扩大，更要在提高素质、改善结构上下大功夫；既要注意选任一批能在 90 年代起骨干作用的干部，更要注意选任一批跨世纪的优秀中青年干部。这是一项事关大局的重要工作，应作出规划，分步实施，做出更显著的成绩，以保证各级领导权始终牢牢掌握在忠于马克思主义的人手里，保证民族团结进步事业不断前进。

(五)进一步加强各民族的大团结，坚决维护祖国的统一。

我国历来是一个统一的多民族国家，在漫长的历史发展中，经过长期的锤炼，形成了具有强大内聚力的中华民族。把我国各民族维系于一个统一的大家庭中而又世代传承的纽带，主要有三个：一是国家的长期统一；二是各民族相依共存的经济文化联系；三是近代以来各民族在抵御外来侵略和长期革命斗争中结成的休戚与共关系。新中国成立后，确立了各民族平等、团结、互助的社会主义民族关系，并且载入了我国宪法和民族区域自治法。不久前，党的十三届七中全会和七届全国人大四次会议，根据宪法的精神、形势的发展和各族人民的愿望，把建立和发展平等互助、团结合作、共同繁荣的社会主义民族关系，作为建设具有中国特色的社会主义的一项重要原则。宪法的上述规定和七中全会、七届全国人大四次会议阐述的原则，精神是一致的，就是坚持平等、互助、团结、合作，以促进各民族的共同繁荣。

为了加强各民族大团结，既要反对大民族主义，也要反对地方民族主义。在全国，要注意处理好汉族与少数民族的关系。在民族自治地方，还要注意处理好自治民族与其他民族的关系。处理这方面的问题必须慎重，严格区分两类不同性质的矛盾，贯彻正确处理人民内部矛盾的原则，是什么问题就解决什么问题。对于民族间发生的纠纷，要冷静分析，耐心疏导，及时加以排解。对于个别不听劝阻、蓄意制造事端、触犯法律的，不论出身于哪个民族，都要依法处理。涉及民族关系问题，各民族的干部和共产党员，要严格按照法律和政策办事，发挥模范带头作用，促进民族关系的改善。要继续在全国开展表彰民族团结进步先进集体和先进人物的活动。在多民族居住区，尤其是边疆民族地区，还要注意加强军队与地方政府和少数民族的团结，搞好拥军优属、拥政爱民和军民共建两个文明的活动，表彰在"双拥"、"共建"活动中涌现出来的先进集体与先进人物。

为了维护祖国的统一，我们必须同极少数分裂主义分子进行坚决的斗争。在中国近代史上，民族分裂活动从来都是外国侵略势力策动的，民族分裂主义分子从来都是外国侵略势力割取我国边疆领土的内应力量。他们既背叛了祖国，也出卖了自己的民族，是国家和民族的罪人。我们要依靠各族人民群众，坚决反对和揭露台独分子妄图把台湾从我国分离出去的罪恶活动；警惕和反对国际上某些政治势力支持逃亡国外的分裂主义分子，利用"泛伊斯兰主义"、"泛突厥主义"或打着其他旗号，在我国某些地区煽动分裂的图谋。我在这里着重讲讲西藏的情况。西藏自古以来就是中国的领土。这是无可辩驳的历史事实。西藏和平解放以来，以藏族为主的各族人民在政治、经济、文化等方面享受到了平等的权利，广大农奴当家作了主人。国家不仅在经济上直接对西藏给予了大力帮助，还制定了许多优惠政策，帮助西藏各族人民发展经济文化教育事业，并取得了巨大成就。这是不存偏见的人们有目共睹的。但是，极少数分裂主义分子，无视历史和现实，一直没有停止过分裂祖国的活动。他们勾结国际敌对势力，披着宗教外衣，打着"民主、自由、人权"和民族的旗号，在国内制造骚乱甚至暴乱，破坏西藏的安定团结；在国外捏造种种虚妄不实之词，欺骗不明真相的人们和国际社会，制造所谓"西藏问题"，并企图使之国际化。对他们背叛民族、分裂祖国的行径，包括西藏人民在内的 11 亿多中国各族人民是决不答应的。同时，我在这里还要重申，只要达赖喇嘛放弃西藏独立的主张，停止分裂祖国的活动，我们仍然欢迎他回归祖国。但是闹独立不行，半独立、变相独立也不行。中央的大门始终是开着的，除了不能谈西藏独立问题，其他问题都可以谈。

四、进一步加强党对民族工作的领导

中国共产党是领导我国社会主义事业的核心力量，也是中华民族团结统一的核心力量。为了适应国际形势和国内建设的需要，继续解决好我国的民族问题，必须进一步加强党对民族工作的领导。

加强党对民族工作的领导，首先要坚定不移地全面贯彻执行党的基本路线，坚持实事求是、一切从实际出发，解决好我国的民族问题。在制定和实施具体政策措施时，应当充分注意我国民族众多、发展不平衡的状况和少数民族、民族地区所具有的特殊性。为了提高决策的科学性，应该加强调查研究，了解新情况，研究新问题，及时对现实生活提出的重大实践和理论问题作出尽可能正确的回答。

在各民族干部群众中，要大力加强马克思主义民族观和党的民族政策的教育。我们党运用马列主义、毛泽东思想观察和处理民族问题，在几十年的实践中，形成了一系列基本的观点和政策。这主要是：民族的产生、发展和消亡是一个漫长的历史过程，民族问题将长期存在；社会主义阶段是各民族共同繁荣兴旺的时期，各民族间的共同因素在不断增多，但民族特点、民族差异将继续存在；民族问题是社会总问题的一部分，民族问题只有在解决整个社会问题的过程中才能逐步解决，我国现阶段的民族问题只有在建设社会主义的共同事业中才能逐步解决；各民族不分人口多少、历史长短、发展程度高低，都对祖国的文明做出了贡献，都应该一律平等，应该加强各民族人民的大团结，维护祖国的统一；大力发展社会生产力是社会主义时期民族工作的根本任务，各民族要互相帮助，实现共同进步和繁荣；民族区域自治是中国共产党人对马克思主义民族理论的重大贡献，是解决我国民族问题的基本制度；努力造就一支宏大的德才兼备的少数民族干部队伍，是做好民族工作和解决民族问题的关键；民族问题和宗教问题在一些地方往往交织在一起，在处理民族问题时，还要注意全面地正确地贯彻落实党的宗教政策。今后，我们还要根据新的情况和经验，对这些基本观点和政策，继续加以充实和发展。

处理好民族问题，做好民族工作，是涉及全局的大问题。从中央到地方，各级党委和政府，都要把民族工作切实管起来，健全和完善各级政府的民族工作机构，选派得力干部充实民族工作部门，并注意逐步改善他们的工作条件。各级党委和政府的主要负责同志，要亲自过问民族工作，帮助解决实际问题。

要切实抓好少数民族和民族地区党的思想建设、组织建设和作风建设。深入开展爱国主义、集体主义和社会主义思想教育，提高广大党员执行党的基本路线和民族政策的自觉性；不断发展壮大少数民族和民族地区中党的队伍，增强基层党组织的战斗力，把它们建设成为模范执行党的路线方针政策的坚强堡垒和团结各族群众的核心。目前一些地方基层党组织存在软弱涣散的现象，要抓紧帮助它们改变面貌。要教育我们的同志懂得，共产党员特别是党员干部，不论出身于哪个民族，都要牢固树立马克思主义的世界观，通过自己的模范作用，影响和带领本民族和各民族群众，沿着有中国特色的社会主义道路奋勇前进。

同志们，不管国际风云如何变幻，只要全国各族人民在党的领导下，同呼吸，共命运，心连心，团结奋斗，共建现代化大业，社会主义的中国一定会以更加磅礴的气势屹立于世界的东方，中华民族一定会以强健的雄姿跻身于世界先进民族之林。

国务院总理李鹏在中央民族工作会议闭幕会上的讲话

1992年1月18日

同志们：

中央民族工作会议今天就要闭幕了。会议期间，江泽民同志代表党中央、国务院作了重要讲话。来自全国各地区、各部门、各行各业和56个民族的代表聚集一堂，各抒己见，畅所欲言，共商民族团结进步大业，充分显示了我国各族人民是同呼吸、共命运、心连心的。会议达到了预期目的，取得了圆满成功。

下面，根据会议讨论的情况和提出的问题，我讲几点意见。

一、关于这次会议的意义和作用

我们党和政府历来十分重视民族问题和民族工作。新中国成立以后的40多年来，特别是十一届三中全会以后的10多年来，我国各民族的团结进步事业取得了举世瞩目的成就。江泽民同志代表党中央、国务院在这次会议上所作的讲话，高度地概括了我国民族工作的成就，全面总结了党的民族工作经验，深刻地阐述了民族问题的长期性、复杂性和重要性，对90年代我国民族工作的主要任务和加强党对民族工作的领导发表了重要意见。这个讲话是指导我们进一步做好民族工作的纲领性文件。会议经过对这个讲话的深入学习和讨论，认真总结成绩，交流经验，提高了认识，明确了任务，振奋了精神。这次会议是一次团结的大会，一次继往开来的大会，一次促进民族进步和共同繁荣的大会，必将在我国的民族工作史上产生重大而深远的影响。我们相信，经过这次会议，全党同志和全国各族人民一定会更加团结一致，认真贯彻执行党的基本路线，以经济建设为中心，坚持四项基本原则，坚持改革开放，为建设有中国特色的社会主义携手前进，把民族工作提高到一个新的水平，把我国各民族的团结进步事业推向一个新的发展阶段。

二、关于进一步加强民族团结的问题

加强民族团结，维护祖国统一，促进经济和社会的稳定发展，是中华民族的最高利益，也是全国各族人民的共同愿望。在我们这样一个统一的多民族国家里，无论是革命还是建设，都离不开各族人民的团结奋斗。在当前的国内国际形势下，这个问题尤为重要。

从国内看，我国的社会主义现代化建设已经进入了新的关键时期。10年规划和“八五”计划纲要，为实现我国经济和社会发展的第二步战略目标，绘制了壮丽的蓝图。各民族的大团结，是把这个蓝图变为现实的前提和基本保证。总的来看，我国的民族工作经受住了种种严峻考验，各民族的团结是稳固的，各族人民的关系是和睦的。在充分肯定这种基本形势的同时，也要清醒地看到在民族问题上还存在一些不利于安定的因素。对此，我们决不可掉以轻心。

从国际上看，世界形势正在发生着急剧的变化，旧的格局已经终结，新的格局尚未形成，世界向多极化发展的趋势在加速。当前，国际社会很不安宁。尤其值得注意的是，随着东欧的演变和苏联的解体，国际敌对势力必然会把和平演变的重点逐步转向我国。它们往往打着民族、宗教的旗号对我国进行渗透、破坏和颠覆活动，妄图分裂中华民族，推翻我国的社会主义制度。面对这种错综复杂的国际形势，我国各族人民更加需要进一步加强团结，坚定社会主义的信念，把建设有中国特色社会主义的共同事业不断推向前进，使我们永远立于不败之地。

为了加强各民族人民的大团结，我们在处理民族问题时，都要始终立足于相信和依靠各民族的绝大多数干部和群众。在社会主义时期，我国各民族的关系基本上是各族劳动人民之间的关系，各民族之间和民族内部的矛盾基本上是人民内部矛盾。对这样的矛盾，要本着相互尊重、相互谅解的原则，妥善加以解决，以利于增进民族团结。至于对极少数分裂主义分子和其他违法犯罪分子，不论在哪一个地区，不论是哪个民族的，都必须依法处理。要把极少数民族败类同他们所属的民族严格区别开来，是什么问题就按什么问题解决，决不要把个别人或极少数人的问题，看成是一个民族的问题或民族关系问题。

各民族的团结和民族内部的团结，关键在于各民族干部尤其是领导干部之间的团结。各民族的共产党员和干部都要做民族团结的表率。不利于团结的话不说，不利于团结的事不做。团结就是力量。只要全国各族人民高举团结的旗帜，共同努力，我们就能战胜各种困难，取得各项事业的胜利。

三、关于加快少数民族和民族地区经济和社会发展的问题

新中国成立以来，特别是改革开放以来，少数民族和民族地区的经济和社会面貌发生了巨大的变化。这次会议期间，大家对民族地区同经济比较发达地区存在的差距十分关切，这是完全可以理解的。对这个问题，确实应该引起各方面的重视，同时也要有一个比较全面的认识。民族地区在经济和社会发展中存在的差距，是历史遗留下来的，是长期的社会条件和自然条件造成的。建国以来，我们为了逐步缩小这种差距，做了大量工作，进行了艰苦的努力，取得了明显成绩。改革开放以来，实行允许一部分人、一部分地区先富起来的政策，对于促进全国各个地区的发展起了重大的作用。但在共同发展的过程中，有的地区发展得快一些，有的地区慢一些，有的地区相对来说差距还拉大了。这种发展不平衡的状况，在民族地区存在，在其他地区也存在，它是在所有地区都有所发展的情况下产生的，也是难以完全避免的。从民族地区来说，发展也是不平衡的，并非所有的民族地区都落后，部分民族地区已经步入全国较发达地区的行列，有些少数民族群众已经过上比较宽裕的生活。为了逐步缩小乃至最终消除各地区经济和社会发展中的差距，需要经过长期的努力，既要抓紧工作，又不能急于求成。既要作地区间的横向比较，也要和自己作纵向比较。我们总的政策和最终目标，是要实现全国各地区和各族人民的共同富裕，实现各民族的共同繁荣。随着我国社会主义现代化事业的不断前进，这个目标一定能够实现，我们应该充满信心。当前，全国各地区包括各民族地区，都要从当地实际出发，抓紧抓好“八五”计划和10年规划的落实。

党中央、国务院对加快少数民族和民族地区经济和社会的发展，一直是很重视的。近些年来，采取了一系列的政策措施，在促进民族地区的发展方面取得了很大的成效。对已经采取的行之有效的政策措施，将继续贯彻执行，并在实践中不断完善和发展。总的来说，加快少数民族和民族地区经济

和社会的发展，主要靠三条：一是国家的继续支持；二是经济比较发达地区的对口支援；三是少数民族和民族地区自身的奋斗。这三个方面要统筹规划，有机结合，形成合力，这样就能发挥更大的作用。但是，归根到底要依靠各族人民进一步发扬自力更生、艰苦奋斗的精神，不断增强自我发展的能力。

这里，需要明确一个方针性问题。国家和有关部门在民族地区开发资源，兴办工厂企业，建设各种项目和基地，都要树立着眼于带动和促进民族地区经济发展的指导思想。在开发和建设的过程中，要同当地形成密切的合作关系。有些配套产品要尽可能地让给地方去生产，服务性社会事业要尽可能地依靠地方去办，并且切实注意从当地少数民族中招收职工，培养人才。过去已经这样做的，要做得更好；没有这样做的，是个缺点，要努力改正；今后兴办的各种开发和建设项目，都必须坚持这样做。

关于对口支援问题，过去已经做了一些工作，要认真总结经验，完善措施，做得更好。关键是要加强组织领导，搞好协调。最近，国家民委向国务院写了专门报告，国务院作了研究，确定由国家计委负责牵头，国家民委和国务院生产办公室共同参加，归口统一领导、组织和协调对口支援的工作。有关的省、区、市和计划单列市都要积极参加，推动这项工作，切实做出成效。

发展民族教育，提高劳动者素质，培养大批的专业人才，是加速少数民族和民族地区发展的一项根本性措施。现阶段民族地区的教育工作，在发展基础教育的同时要特别注意发展职业技术教育，做好基层干部和技术人员的培训。民族地区在发展经济的同时，还要注意加强科技、文化、卫生、体育等各项社会事业的建设，使之协调发展，相互促进。

在少数民族散居地区，应利用各种有利条件，加快当地少数民族经济和各项社会事业的发展。

四、关于加快少数民族和民族地区改革开放的问题

经过3年来的努力，我国治理整顿的任务已经基本完成，整个国民经济形势继续朝着好的方向发展。从今年开始，要适当加快改革开放的步伐，加大改革开放的份量。全国是这样，民族地区也是这样。

为了适应改革开放形势的需要，少数民族和民族地区的广大干部，要进一步解放思想，积极探索路子。各民族地区可以有领导、有计划、分期分批地组织一些少数民族干部到沿海地区和经济比较发达地区考察、访问，互相学习，取长补短，共商改革开放和发展有计划商品经济的大计。

民族地区的改革开放要充分注意少数民族和民族地区的特殊性，坚持从实际出发，既要认真吸收内地和沿海地区的好经验和好作法，又要防止盲目照搬、照套。

民族地区的开放，首先要面向国内比较发达地区，加强多层次的横向经济联系，扩大双方的经济技术合作。在这种横向联系和合作中，经济比较发达的地区应该积极主动地向民族地区转让技术，帮助他们培训人才，并给以必要的财力物力支援。还可以通过联合办厂、联合开发资源、补偿贸易等办法，实行优势互补，促进民族地区形成自己的支柱产业和拳头产品，加快经济的发展。

我国有2万多公里的陆地边界线，绝大多数在民族地区。同我国毗邻的周边国家，在经济贸易方面与我国有着很强的互补性，市场潜力很大。积极发展边境贸易，是我国实行对外贸易多元化的一个重要方面。扩大陆地边境的对外开放，是我国整个对外开放的重要组成部分。要选择若干各方面条件比较成熟的边境城镇，作为对外开放的“窗口”。在具备条件的地方，可以定期或不定期地举办一些商品交易会。在民族地区引进外资，兴办“三资”企业，凡是符合国家产业政策的项目，应该给予同沿海地区一样的优惠政策。总之，我们要象重视沿海发展那样，重视沿边的发展，采取必要的政策和措施，大力发展边境贸易以及同周边国家的经济技术交流与合作，兴边富民，促进边疆地区的稳定和繁荣，促进我国同周边国家睦邻友好关系的发展。

五、关于进一步培养少数民族干部的问题

党和政府历来重视少数民族干部的培养、选拔和使用。40多年来我们在民族工作中取得的成就，是同少数民族干部队伍的成长分不开的。今后，我们要继续注意扩大少数民族干部的数量，更要注意改善结构，提高素质。要教育各民族的干部和共产党员，不论出身于哪个民族，都要牢固树立马克思主义的世界观和民族观，要从各族人民的共同利益出发去认识问题和解决问题，努力克服和消除不利于团结的思想与观念，带领各族人民巩固和发展我国各民族的团结进步事业。

党中央、国务院的有关部门，要同民族地区共同研究，认真商量，作出进一步培养、选拔和使用少数民族干部的规划，并切实付诸实施。鉴于少数民族干部的结构中比较缺乏经济、科技和管理人才，今后要更加注意培养这方面的干部。各部门、各系统、各行业，应当积极主动地采取多种办法和形式，对口帮助民族地区培训各种专业人才。要把少数民族干部的培养教育与干部交流、挂职锻炼结合起来，不仅继续选调中央、国家机关和内地、沿海的优秀干部到民族地区工作，同时也要选调德才兼备的少数民族中青年干部，到中央、国家机关和内地、沿海地区工作或挂职锻炼。

六、关于宗教工作的问题

在会议的讨论中，许多同志都谈到，在一些民族地区，要特别注意贯彻好党和政府的宗教政策，处理好宗教问题。这个意见很好。宗教和民族是两个不同的范畴，但在我国一些地区，这两个方面的问题常常交织在一起。伊斯兰教、藏传佛教、上座部佛教等，是一些民族的普遍信仰。我们党和政府历来重视宗教工作，并形成了一系列正确的宗教政策。我们实行宗教信仰自由的政策，公民既有信教的自由，也有不信教的自由，不信教的要尊重信教的，信教的也要尊重不信教的。我们实行政教分离的原则，不允许宗教干涉行政、司法、教育等政治和社会事务。我们依法保护正常的宗教活动，做好对宗教事务的管理和支持，坚决取缔一切非法的宗教活动和地下宗教势力。我们支持宗教界坚持独立自主、自办教会的原则，宗教界可以和外国宗教界往来、交流，但不允许外国势力支配我国宗教团体和宗教事务，严防敌对势力利用宗教进行渗透。对于共产党员来说，不论出身于哪个民族，都应该坚持唯物论和无神论。

在处理宗教问题时，要着眼于民族的发展和进步，着眼于把各族人民中的信教和不信教群众紧密地团结起来，共同致力于社会主义建设。同时，要警惕和防止极少数别有用心的人利用宗教破坏民族团结。

七、关于贯彻落实这次会议精神的问题

大家都说，我们这次会议开得很好，今后的关键在于落实。我完全赞成这个意见。各部门、各地区都要把这次会议的精神传达好，贯彻好。要抓紧落实国务院关于进一步贯彻实施《民族区域自治法》若干问题的通知，制定与《民族区域自治法》相配套的法规和条例。最重要的首先是统一认识，认识统一了，事情就好办了。要在统一认识的基础上，结合本部门、本地区的实际情况，提出落实会议精神的措施。落实好会议精神，不仅是民族地区的事情，也是全国各地区、各部门的共同责任。党中央、国务院各部门尤其要作落实的表率，作出落实这次会议的具体要求和部署。我们大家要多为少数民族和民族地区的发展进步着想，出主意，想办法，为进一步做好民族工作作出新的贡献。

同志们！这次会议以后，我国的民族工作将会出现一个新的局面，我国的民族团结进步事业将会更加兴旺发达。让我们在以江泽民同志为核心的党中央领导下，更加紧密地团结起来，为促进各民族的共同繁荣而努力奋斗。

国务院文件

国务院批转国家民委等部门关于加强民族贸易和民族用品生产供应工作意见的通知

1991年3月25日

各省、自治区、直辖市人民政府，国务院各部委、各直属机构：

国务院同意国家民委、商业部、轻工部、纺织部《关于加强民族贸易和民族用品生产供应工作的意见》，现转发给你们，请认真贯彻执行。

扶持和发展民族贸易和民族用品生产，是党和国家的一贯政策，对加强民族团结，巩固边防，促进民族地区社会经济发展具有重要的政治和经济意义。这项工作的好坏，直接关系到广大少数民族群众生产生活水平的提高和民族地区的稳定。改革开放以来，民族贸易和民族用品生产供应，有了较快发展。但是，近几年一些地区和部门对民族贸易和民族用品生产重视不够，一些优惠政策落实较差。有关地区政府和部门对此应引起高度重视，统一认识，加强领导，密切配合，采取有力措施，把这项重要工作切实抓好。要按照国家民委等部门提出的意见，抓紧制定具体办法，并狠抓落实，真正抓出成效。

关于加强民族贸易和民族用品生产供应工作的意见

国务院：

近几年，民族贸易和民族用品生产供应工作出现了一些新情况、新问题。最近我们对13个省(区、市)50多个县进行了调查研究，提出加强民族贸易和民族用品生产供应工作的意见。现报告如下：

一、民族贸易和民族用品生产有了较快发展

民族贸易和民族用品生产供应，是民族工作的重要组成部分，是党的民族政策的具体体现，对满足少数民族群众生产生活的特殊需要，加强民族团结，巩固国防，促进民族地区社会经济发展具有重要的政治和经济意义。建国以来，党中央和国务院十分重视民族贸易和民族用品生产供应工作，根据民族地区的实际情况，制定了一系列扶持民族贸易和民族用品生产发展的优惠政策措施。1981年，国务院批转了《全国民族贸易和民族用品生产工作会议纪要》(国发〔1981〕113号)，明确和重申了改革开放时期民族贸易和民族用品生产的发展方针和优惠政策，得到民族地区和少数民族群众的拥护。各级地方政府和各有关部门为保证民族贸易和民族用品生产政策的贯彻执行，做出了积极的努力。在改革开放的形势下，民族贸易和民族用品生产也有了较快发展。1989年底，全国民族地区的民族贸易县(旗)有412个，其中少数民族自治县(旗)96个，边境县(旗)84个，贫困县(旗)223个。全国民族用品定点生产企业2 100家，产品包括民族丝绸、民族服装、民族靴鞋、民族家具及生活用品、民族手工艺品、特需小商品、民族金银饰品、边销茶等十几个大类。民族贸易县和民族用品生产企业分布在全国26个省(区、市)。1989年全国民族贸易县商品销售总额321亿元，比1980年增长1.67倍；商品纯购进总额296亿元，比1980年增长2倍。1989年全国民族用品产值25亿元，比1980年增长2.3倍。

二、当前存在的新情况、新问题应引起高度重视

民族贸易和民族用品生产虽然取得了一定成绩，但近几年，由于民族贸易和民族用品生产由有关部门分别管理，各自的发展规划和目标、年度产供销计划等缺乏总体上的协调配套，加上缺少必要的调控手段，有关扶持政策难以落实。有关方面在价格、物资、投资、财政、金融、税收等改革措施出台时，未充分考虑民族贸易和民族用品生产的特殊性，一些优惠政策被变相取消或难以执行。

(一)民族贸易"三项照顾"政策和民族用品生产优惠政策不够落实。

原规定民族贸易企业的利润留成为50%，比一般地区商业企业高30个百分点。第二步利改税后，留利照顾改为减征所得税照顾，对小型民贸企业照顾不够。税收负担较重，摊派太多，企业难以承受。

原规定民族贸易企业自有资金零售企业为80%，批发企业为50%，其不足部分由财政拨补。由于地方财政困难，这项优惠政策难以兑现。加上对民族贸易和民族用品生产企业优惠利率贷款核定指标较低，影响了企业的生产和正常购销业务。

(二)专项商品供应不足，专项原材料不落实，投资大幅度减少。

随着民族地区经济发展和人口增加，原专项供应边远民族地区的生活必需品、特需商品和紧缺商品没有相应增加，出现较大缺口。民族特需用品生产所需原材料，除了国家每年补助的部分外，各地方基本没有按国务院要求纳入各级物资部门的分配计划，优先安排，保证供应。原材料价格大幅度上升，造成原材料和产品价格倒挂，生产无利润，企业转产，一些民族特需品脱销。

对民族用品生产企业的专项投资本来就少，近几年又减少很多。民族地区商业网点建设投资占当地基本建设投资的比重，50～60年代为4%，70年代为2%，现已降至0.3%。

(三)民族贸易和民族用品生产企业近几年出现萎缩。

1985年以来，许多地方撤并商业网点，越是边远山区、牧区、贫困地区，基层网点减少得越多。贵州、四川两省民族贸易网点，1988年比1987年减少2 044个，造成一些少数民族群众生产生活必需品，如食盐、煤油等供应困难，有些农副土特产品无人组织收购，买难卖难的矛盾十分突出。

基层民族贸易网点和民族用品生产企业设施简陋，有相当部分是解放初期建造的简易房屋，设备陈旧，技术落后，车间、营业室、仓库、运输工具等，亟待改善。据对12个省(区)调查，民族贸易网点和民族用品生产企业用房，有许多是应停止使用或限期维修的危房。企业职工的工作环境和生活条件艰苦，待遇低，长期得不到改善，人才大量外流。

三、从实际出发确定相应的扶持政策措施

为了适应民族地区社会经济发展的需要，进一步解决好民族贸易和民族用品生产发展中存在的问题，根据《民族区域自治法》的要求和国务院领导同志的指示精神，民族贸易和民族用品生产应继续贯彻执行扶持政策，促进少数民族经济发展，满足少数民族生产生活特殊需要，保障商品供应，改善人民生活，增强民族团结。据此，我们建议：

(一)统一认识，加强领导。

我国是统一的多民族国家，少数民族人口占全国总人口的8.04%，而民族自治地方的面积则占国土总面积的64.5%。在整个社会主义历史时期，各民族在生产生活、文化风俗、宗教信仰、地理环境等方面的特点和差异仍将存在。这些基本国情和少数民族自身的特点和差异，决定了民族贸易和民族用品生产供应工作的长期性、重要性和特殊性。这一工作的好坏，直接关系到广大少数民族群众的生产生活和民族地区的稳定。因此，各地区各部门对民族贸易和民族用品生产的扶持政策措施要保持稳定，如要改变，应报国务院批准。为加强民族贸易和民族用品生产供应工作，建议由国家民委牵头，商业部、轻工部、纺织部、国家计委、财政部、物资部、人民银行、农业银行、工商银行、税务局、物价局、医药局、中医药局等有关部门参加，建立民族贸易和民族用品生产联席会议制度，定期检查政策落实情况，制定发展规划和管理措施，研究、协调和解决工作中的重要问题。少数民族聚居的主要省(区)也可建立相应的联席会议制度。有关主管部门应完善专管机构，搞好生产、调拨计划衔接，加强市场调查和统计信息等工作。

(二)对少数民族边远山区、牧区、贫困地区的民族贸易县的商业、供销、医药企业继续给予照顾。

根据目前的实际情况，拟在现有基础上，对民族贸易县作适当调整。调整民族贸易县要严格控制，要经国家民委、人民银行、财政部、商业部批准。“八五”计划期间，对民族贸易县的县和县以下独立核算的民族贸易企业的流动资金贷款，继续按正常流动资金贷款月利率优惠二厘四执行；利息优惠部分70%以上应用于补充企业自有资金。对县及县以下民族贸易企业给予减免营业税、所得税的照顾，具体办法由省(区)税务局提出，报省(区)人民政府批准。对省(区)、地(州、盟)民贸公司、现有的民族用品商店，各地可根据实际情况，适当给予照顾。

民族贸易企业要把适合少数民族需要的生产生活资料及时地供应给群众，积极做好民族地区农牧土特产品的收购、加工、推销工作，充分发挥主渠道作用。对少数民族特需用品和生活必需品，一定要有必备商品目录，定品种、定规格、定数量，保证供应。省、自治区财政要继续给予必要的运费补贴。

对少数民族特需商品和供应偏紧的部分商品，根据需要和可能，增加供应品种和数量，继续由国家民委、商业部和有关部门单列计划，专项供应。具体品种包括：棉花、棉布、棉纱、民族丝绸、铜铝制品、搪瓷制品、民族瓷器、医药、化肥、农药、农膜、铅丝、元钉、食糖、食盐、煤油等。

边销茶是少数民族的生活必需品，为避免生产和供应的大起大落，应本着以丰补欠、调剂余缺、保障供应的原则，由中央和有关省(区)根据实际需要建立商品储备，资金由银行贷款解决，财政给予贴息。国家储备15万担边销茶，由商业部掌握，以应急需。

（三）对民族用品生产企业继续给予扶持。

在积极发展民族地区生产的同时，要继续发挥沿海产区的作用。民族地区暂时不具备条件生产的民族用品，沿海传统产区要继续组织生产，保证供应。国家民委、轻工部、纺织部会同有关部门，本着合理布局、保证重点、择优发展的原则，审批民族用品定点生产企业（下称定点企业）。定点企业转产非民族用品，应取消其定点企业资格。

"八五"计划期间，对定点企业的流动资金贷款，按正常流动资金贷款利率月息优惠二厘四执行；对定点生产企业给予减免产品税、增值税和所得税的照顾，具体办法由国家税务局商国家民委等部门制定。沿海省市承担民族特需丝绸指令性生产计划任务的企业（公司），其民族用品部分单独核算，如有困难，按规定报经税务机关批准后，给予减征产品税、增值税和所得税的照顾。

部分民族用品生产所需的钢材、铜、锌、铅、锡、塑料、玻璃、厂丝、人造丝、棉纱、金、银等原材料，已纳入中央有关部门计划安排的，继续由有关主管部门专项安排供应，并适当增加；没有纳入计划的，有关部门要给予专项安排。各级地方有关部门应将民族用品生产所需原材料纳入计划，地产地销的原材料应给予保证。计划供应不足的，物资等部门要积极协助民族用品生产企业从市场采购解决，并建立稳定的供需关系。各级有关部门在供应民族用品生产用原材料时，在价格上要尽可能给予照顾。由国家计委安排1 000万美元，"以出顶进"200吨厂丝，由纺织部用于一类民族丝绸生产。

（四）继续加强基层民族贸易网点建设和民族用品生产企业的技术改造。

民族贸易网点建设和生产企业技术改造，其投资以地方为主，国家适当支持。争取在较短的时间内，使基层民贸网点和生产企业设施简陋以及生产经营条件落后的状况有较大改善。1992年至1994年，每年由农业银行总行安排4 000万元贷款，中央和地方财政各贴一半利息，其中2 000万元用于扶持基层民族贸易网点建设，2 000万元用于民族用品定点生产企业技术改造。所需固定资产投资规模和信贷指标，由国家计委和人民银行安排。这笔资金由国家民委会同有关部门作出规划，按项目和信贷原则重点安排使用，由农业银行审批发放。鼓励企业引进外资和先进技术设备，加强企业间、地区间的经济技术协作、合作。

各地要把基层民族贸易网点建设和生产企业技术改造纳入地方年度计划。各地在城镇建设投资中提取7%的商业网点建设资金，要安排一部分用于民贸基层网点建设。国家安排的"支援不发达地区发展资金"，要兼顾扶持比较困难的基层民族贸易企业和民族用品生产企业。

（五）完善企业内部管理，加强人员培训。

民族贸易和民族用品生产企业要充分发挥和利用现有的资源、技术和资金，不断提高经营管理和技术水平，改变目前经营管理水平低、经济效益差、缺乏竞争能力的状况。要眼睛向内，发扬自力更生、勤俭办企业的精神，努力挖掘内部潜力。积极补充自有资金，壮大经济实力和经营能力。要发展与经济发达地区的经济技术联合，通过多种方式引进人才、技术和资金，把企业搞活办好。在稳定传统民族产品生产的基础上，积极开发具有民族特色的新产品、新品种，提高产品质量和经济效益。对民族用品中的小商品，要按照国家有关规定，进一步放开价格。一些重要民族用品的价格，要按照价格管理权限，报经物价部门批准后，适当进行调整。要采取多种办法，加强对少数民族贸易、技术、管理人才的培养，提高其政治、业务素质。民族贸易企业和民族用品生产企业按职工工资总额提取的职工教育资金，必须保证用于职工培训。

以上如无不妥，请批转执行。

国家民委
商业部
轻工部
纺织部

1990年12月10日

国务院批转国家民委关于进一步做好少数民族语言文字工作报告的通知

1991年6月19日

各省、自治区、直辖市人民政府，国务院各部委、各直属机构：

国务院同意国家民委《关于进一步做好少数民族语言文字工作的报告》，现转发给你们，请遵照执行。

我国是统一的多民族的社会主义国家，做好少数民族语言文字工作，对坚持民族平等、团结和促进各民族的共同繁荣，具有重要意义。各地政府和有关部门要重视少数民族语言文字工作，加强领导，给予关心和支持，切实把这项工作做好。

关于进一步做好少数民族语言文字工作的报告

国务院：

1987年以来，我们对少数民族语言文字问题进行了广泛深入的调查研究，听取了中央、地方有关部门以及民族语文工作者和有关专家学者的意见。最近，根据党中央、国务院关于民族工作的指示精神，对今后我国民族语文工作的指导方针、主要任务和措施又作了进一步研究。现报告如下：

一、我国民族语文工作的现状

我国是统一的多民族的社会主义国家，少数民族语种多、文种多。在55个少数民族中，53个民族有自己的语言（回、满2个民族通用汉语文）；解放前，21个民族有自己的文字。50年代，国家帮助10个少数民族创制了文字，帮助一些民族改革或改进了文字。目前，大多数少数民族的多数人以本民族语言为主要交际工具。

党和国家历来重视民族语文工作，根据马克思主义关于民族语言文字平等的原则，制定了一系列关于民族语文的方针、政策和法律，明确规定：各民族都有使用和发展自己语言文字的自由；民族自治地方的自治机关在执行职务的时候，使用当地通用的一种或者几种语言文字；自治机关同时使用几种通用的语言文字执行职务的，可以以实行区域自治的民族的语言文字为主；人民政府帮助少数民族发展使用本民族语言文字的文化教育事业；提倡各民族干部群众互相学习语言文字，在少数民族地区工作的汉族干部要学习当地少数民族的语言文字；少数民族干部在学习、使用本民族语言文字的同时，要学习汉语文；对熟练使用2种以上当地通用语言文字的国家工作人员，应当予以奖励，等等。这些内容分别载诸《中华人民共和国宪法》、《中华人民共和国民族区域自治法》和其他有关的政策、法规。

40多年来，民族语文工作在党中央、国务院的正确领导下，在地方各级党委和政府的领导以及各有关部门的积极支持配合下，认真贯彻执行了党和国家的民族语文政策，取得了显著成绩，特别是党的十一届三中全会以来，民族语文工作认真贯彻实事求是的思想路线，在逐步恢复的基础上有了新的发展：少数民族使用和发展本民族语言文字的自由进一步得到尊重和保障；历来通用的少数民族语言文字得到更加广泛的使用；民族语文的规范化、标准化和信息处理有了可喜的进展；50年代创制和改进的民族文字的试行和推行工作取得一定成效；民族语文的翻译、出版、教育、新闻、广播、影视、古籍整理和学术研究取得了很大成绩，特别是应用科学研究取得了多方面的成果；民族语文教育事业得到了加强，双语文教学体制在部分民族地区开始形成；民族语文工作机构得到恢复和加强，各类民族语文专业人才不断成长，形成了一支具有一定规模的民族语文工作者队伍；建立了一些跨省区的民族语文协作机构，并积极开展了活动；各民族互相学习语言文字的活动更加广泛地开展起来，少数民族中已有更多的人掌握了双语文。民族语文工作为发展少数民族地区政治、经济和文化事业，增强民族团结，维护社会稳定，促进改革开放和四化建设发挥了积极作用。

但是，现在民族语文工作中还存在着一些问题，主要是：对民族语文工作的指导方针认识还不够明确，贯彻不够得力，有忽视民族语文工作的现象；对民族语文工作缺乏有效管理，在文字的创制和使用等方面存在着各行其是的情况；同时，人员编制和经费不足，也影响了这项工作的顺利开展。

二、我国民族语文工作的方针、任务和措施

我国民族语文工作的实践充分证明，做好民族语文工作，对处理好民族问题，维护和促进民族平等、民族团结和各民族共同繁荣，维护民族地区的稳定，具有重要意义。为此，提出如下意见：

（一）新时期民族语文工作的指导思想和基本方针是：

坚持马克思主义语言文字平等原则，保障少数民族使用和发展自己语言文字的自由，从有利于各民族团结、进步和共同繁荣出发，实事求是，分类指导，积极、慎重、稳妥地开展民族语文工作，为推动少数民族地区政治、经济和文化事业的全面发展，促进国家的社会主义现代化建设服务。

（二）新时期民族语文工作的主要任务是：

贯彻党和国家的民族语文政策；加强民族语文法制建设；进行马克思主义民族语文理论、政策的宣传；搞好民族语文的规范化、标准化和信息处理；促进民族语文的翻译、出版、教育、新闻、广播、影视、古籍整理事业；推进民族语文的学术研究、协作交流和人才培养；鼓励各民族互相学习语言文字。

（三）贯彻落实民族语文工作的方针和任务的主要措施是：

第一、从实际出发，分类指导，切实做好少数民族文字的使用和推行工作：

对于沿用至今的通用民族文字，要继续做好学习、使用和发展的工作，切实保障在本民族自治地方的政治、经济、文化各个领域的使用，并促进文字的规范化和标准化，使之日臻完善。

对50年代创制和改进的民族文字，试行效果好、受多数群众欢迎的，按规定程序上报批准推行；效果不够理想的，要认真总结，改进完善；效果不好、多数群众不欢迎的，应尊重群众的意愿，不要勉强试行。

提倡没有文字或没有通用文字的民族选择一种现有的适用的文字；已选用汉文或其他民族文字的，应尊重本民族的意愿，予以肯定。

对1980年以来各地自行设计的一些民族文字方案，应进一步调查研究和科学论证，严格按照《国务院关于各少数民族创立和改革文字方案的批准程序和实验推行分工的通知》（〔56〕国总族毅字第10号）的规定办理审批手续。

对没有文字的民族是否创制文字的问题，既要尊重各民族使用和发展自己语言文字的自由，又要考虑有利于民族之间的交往和该民族政治、经济、文化的繁荣发展，慎重、妥善地处理。

对少数民族文字的改革和改进，应遵循语言本身的发展规律，尊重本民族多数群众的意愿，慎重、稳妥地进行。

第二、鼓励各民族互相学习语言文字。在少数民族地区工作的汉族干部，要积极学习当地少数民族的语言文字。少数民族干部在学习、使用本民族语言文字的同时，也要积极学习全国通用的普通话和汉文。能够熟练使用两种以上当地通用的语言文字的，应当予以奖励。

第三、按照《中华人民共和国民族区域自治法》规定的精神，以招收少数民族学生为主的学校，有条件的应当采用少数民族文字的课本，并用少数民族语言授课，在适当年级增设汉语文课程，实行双语文教学，推广全国通用的普通话。

要采取有效措施，多渠道、多层次培养民族语文和双语文教师、翻译、编辑和研究人员；增加民族文字的教材和各种读物的数量，提高质量。

要加强民族语文的基础理论、应用理论和民族文字信息处理的科学研究，积极推广和普及研究成果。

第四、加强领导。各级政府要重视民族语文工作，加强对这项工作的领导，从各方面给予关心和支持，帮助解决工作中的具体困难和问题。国家民委要与国家教委、广播影视部、新闻出版署、国家语委、中国社会科学院以及地方有关部门密切合作，互相协调，共同做好少数民族语文工作。要适时组织省、区之间民族语文工作的协作和交流。

以上报告如无不妥，请批转各地遵照执行。

国家民族事务委员会

1991年4月30日

国务院关于进一步贯彻实施中华人民共和国民族区域自治法若干问题的通知

1991年12月8日

各省、自治区、直辖市人民政府，国务院各部委、各直属机构：

我国是一个幅员辽阔、民族众多的社会主义国家。建立和发展平等互助、团结合作、共同繁荣的社会主义民族关系，坚持和完善民族区域自治制度，维护祖国统一，增强中华民族的凝聚力，是我们党和国家在民族问题上的基本立场，也是建设有中国特色社会主义的一项重要原则。

《中华人民共和国民族区域自治法》是实施《中华人民共和国宪法》规定的民族区域自治制度的基本法律。在我国，国家统一是实施民族区域自治的前提，民族区域自治是国家的一项重要政治制度。几十年来，党和国家根据民族地区的特殊情况，制定了一系列优惠政策，民族地区的经济文化迅速发展，民族团结进步事业取得了巨大的成就。在新的形势下，按照实现社会主义现代化建设的第二步战略目标的要求，民族地区要继续贯彻自力更生、艰苦奋斗、勤俭办一切事业的方针，发挥资源优势，增强自我发展能力。国家要大力支援、帮助民族地区加速发展经济文化事业，逐步改变其相对落后的状况，使之与全国的经济和社会发展相适应，促进各地区的协调发展和各民族的共同繁荣。为此，特就进一步贯彻落实《中华人民共和国民族区域自治法》有关经济和社会发展的若干问题通知如下：

一、国家要根据经济计划和资源开发的需要，适当增加对民族自治地方的投入，加快民族地区经济建设步伐，"八五"计划期间全民所有制单位固定资产投资总额应高于"七五"或"六五"计划的实际水平。大中型建设项目，同等条件下优先在民族地区安排。对少数民族自治州及自治县较多的省，特别是云南、贵州、青海3省，在投资安排上参照对待5个自治区的原则办理。有关省、自治区要适当增加对所辖少数民族聚居地区的投资。国家民委应参与制订有关民族地区国民经济和社会发展的中长期规划和年度计划。

二、国家对民族地区已实行的特殊措施和优惠政策，在"八五"计划期间均保持不变。国务院关于牧区建设、民族贫困地方扶贫工作、民族贸易与民族用品生产供应、边境贸易等方面的有关规定，必须认真贯彻执行。中央财政预算已列的"支援经济不发达地区发展资金"，"八五"计划期间由目前每年8亿元逐步增加到每年11亿元（原则上每年新增6 000万元）。新增资金大部分用于民族地区基层的经济和社会发展，由财政部与国家民委协商确定资金投向，并切实管好用好。

三、民族自治地方要根据法律规定的权限，制定优惠政策，吸引、支持发达地区到本地开发资源、兴办企业。

在民族自治地方兴办的企业，要尽可能多招收少数民族人员，招收少数民族人员的比例应根据不同企业的具体情况，由民族自治地方与企业商定。企业配套加工产品，尽可能安排在当地生产。凡适宜民族自治地方经营管理的企业应下放给民族自治地方经营管理；不宜下放给民族自治地方的企业应照顾民族自治地方的利益，税收和统配产品的留成比例要适当高于非民族自治地方。

要有领导、有计划地推进经济发达地区与民族地区的对口支援。经济发达的省、市应与一、两个自治区和少数民族较多的省，通过签订协议或合同，采取介绍经验、转让技术、交流培训人才、支持资金和物资等多种方式，帮助民族地区加速经济、文化、教育、科技、卫生等事业的发展。国务院有关部门要积极做好规划、协调工作。

四、民族自治地方要坚持改革开放方针，积极发展对外贸易和经济技术合作。国务院有关部门要在民族地区适当多安排一些利用国外贷款及无偿援助的项目，民族地区要把现有的国外贷款项目建设好、经营管理好，真正收到实效；民族地区外汇确有困难的，国家每年酌情给予适当补助；民族地区应认真办好已有的出口商品生产基地，并在有关部门的扶持下建立新的出口商品生产基地；对于民族地区优势产品的出口，国家在计划、配额、许可证等方面给予照顾。

民族地区要进一步改善投资环境，按照国家政策和有关规定，吸引国外企业到本地投资办厂，开发资源，发展生产，推动当地经济技术的发展。

国家鼓励、支持边境民族地区积极开展多种形式的边境贸易。边境民族地区应认真贯彻国务院关于边境贸易的有关规定，有条件的可根据实际情况，积极发展与周边、邻近国家的经济技术合作。同时，要依法强化综合管理，制定措施，坚决防范和打击一切危害国家安全和社会稳定的非法活动。

国家对民族地区的口岸建设给予帮助。

五、国家各级各类银行确定对民族地区的固定资产和流动资金的信贷规模，要与民族自治地方的经济增长水平相适应，对民族自治地方固定资产投资项目贷款和符合国家产业政策的行业的流动资金贷款，可给予适当照顾。

六、尽快解决民族贫困地区群众温饱问题。争取“八五”计划期间基本解决，“九五”计划期间根本解决民族贫困地区群众的温饱问题。为此，国家的各项扶贫资金、物资要更多地用于民族贫困地区。各地要大力推进开发扶贫和科技扶贫，管好用好各项扶贫资金和物资。国家设立的“少数民族贫困地区温饱基金”随着经济的发展适当增加。

七、民族地区要注重科技进步，以科技振兴工业、农业、牧业和林业，推动社会经济发展，不断提高劳动生产率和经济效益。要帮助民族地区进一步搞好科学技术的普及，以示范引路，加强培训，积极推广新技术。建立健全适合实际的农牧区科技服务体系，做到县有科技推广中心，乡有科技推广站。加强企业技术改造，以现代新技术改造传统产业和传统产品。

国家“科技三项经费”的安排，“丰收计划”、“星火计划”、“燎原计划”和“火炬计划”的实施，要继续对民族地区予以适当照顾。

国家大中型企业和大专院校、科研院所要积极与各民族地区联系挂钩，加强对民族地区的人才培训和科学技术辐射，促进新技术成果向民族地区转移、推广，推动新兴产业的发展。动员并鼓励各种科技人才去民族地区建功立业，切实解决他们的实际困难。对在民族地区科技工作中做出突出贡献的科技人员，有关地方和部门要给予表彰和奖励。

八、各级地方人民政府和国家各有关部门，要加强对少数民族教育事业的领导和支持，要坚持社会主义的教育方向，加强民族团结和爱国主义的教育。要特别注意加强基础教育，大力发展职业技术教育和成人教育，着重培养初中级技术人才。

要采取有力措施，帮助民族自治地方办好各级各类学校。民族学校的办学形式要适合当地民族生产、生活的特点。要因地制宜办好寄宿制学校和女童班，并从各地实际出发，适当提高助学金补助标准。使用少数民族语言文字授课的地区，必须搞好双语教学，推广全国通用的普通话。

高等院校和中等专业学校招生时，对少数民族考生，仍继续实行适当放宽报考录取条件和同等条件下优先录取的办法，同时要下大力气办好预科班，逐步扩大从预科班录取新生的比例。对在校学生要加强管理教育，保证教学质量，培养出合格的毕业生。边远少数民族地区，要实行定向招生、定向分配的办法。

各有关地方和部门的领导，对在内地举办的西藏班（校）和其他民族班办班中遇到的问题，要及时解决。

国家设立的"少数民族教育补助专款"，实行专款专用，保证直接用于少数民族教育事业。"八五"计划期间，随着经济的发展和财政状况的改善，这项专款可适当增加。

九、国家采取各项措施，支持民族地区发展文化、卫生、体育等事业。首先要加快广播电影电视事业的发展，"八五"计划期间重点解决边疆和贫困地区广播电视覆盖率低、发射功率小、用少数民族语言播放时间短等问题。要搞好民族自治地方的新闻出版，特别是少数民族文字的报刊图书工作，建立健全民族自治地方的各级各类文化设施，努力做到县有文化馆、图书馆，乡有文化站、广播电视站，下大力气加强村一级综合文化设施建设，切实巩固和扩大社会主义思想文化阵地。对少数民族的优秀文化遗产要注意发掘、保护和弘扬。

加快民族自治地方医疗卫生技术人才的培养，建立健全县、乡、村医疗预防保健网络，加强对地方病、多发病的研究和防治工作，继承和发展民族传统医药。

加强民族自治地方体育设施的建设和体育人才的培养，重视开展包括少数民族传统体育的群众性体育活动，增强各族人民体质。

为了提高少数民族地区的经济文化水平和民族素质，在少数民族中也要实行计划生育。民族自治地方应加强计划生育的宣传教育和妇幼保健工作，搞好技术服务。

十、民族自治地方在国家规定的编制内，根据精简、效能的原则设立工作机构，努力提高工作效率。要关心、爱护少数民族干部，为他们提供各种学习、锻炼机会，不断提高其政治思想水平和业务工作能力。各级民族工作部门要与有关部门积极配合，大力培养、选拔坚持四项基本原则，忠实执行党和国家的方针政策，密切联系各族群众，具有一定科学文化知识和实际工作能力的少数民族干部。

要努力创造条件，在民族自治地方的上级人民政府及其所属职能部门中配备少数民族负责干部。

民族自治地方每年编制内的干部和职工自然减员、缺额及国家当年新增用人指标由民族自治地方通过考核予以补充，对少数民族人员优先录用。

上级人民政府在每年下达的农业户口转为非农业户口的计划中，划出一定指标用于民族自治地方在农牧民中招收少数民族职工。

十一、各级人民政府要经常、广泛地进行马克思主义民族观和爱国主义、社会主义教育。各级各类学校要适当开设民族常识和民族政策课程。要有计划地开展民族团结进步表彰活动，坚定地维护祖国统一和民族地区的稳定。

在社会生活各方面，各民族要互相团结，互相尊重，互相帮助，和睦相处。对影响民族关系方面的问题，应根据实事求是、合理合法、有利团结的原则，及时妥善地加以解决。要教育各民族干部和群众牢固树立法制观念，对破坏民族团结的事件，要依法严肃处理。

以上通知请各地区、各部门遵照执行，并制定具体贯彻落实的措施。

国务院关于同意设立少数民族地区乡镇企业专项贴息贷款的批复

1992 年 3 月 11 日

国家民委、农业部：

你们《关于进一步扶持民族地区发展乡镇企业的报告》(民委(经)字〔1991〕572 号)收悉。现批复如下：

一、同意设立少数民族地区乡镇企业专项贴息贷款。在“八五”期间，由中国农业银行在中国人民银行核定的乡镇企业贷款总规模中，每年新增一亿元的专项贷款用于扶持少数民族地区的乡镇企业。新增贷款第一年的利息由中央财政和省级财政各负担一半，以后年度的利息可视财力与企业发展情况，由你们再与财政部具体协商。

二、这项贷款只用于内蒙古、广西、西藏、宁夏、新疆五个自治区和云南、贵州、青海三省的乡镇企业。

三、专项贷款按项目进行管理，具体办法由国家民委牵头商农业部、财政部、中国农业银行制定并组织实施。

国务院关于《民族乡行政工作条例》的批复

1993 年 8 月 29 日

国家民族事务委员会：

国务院批准《民族乡行政工作条例》，由你委发布施行。

中华人民共和国国家民族事务委员会令

第 1 号

《民族乡行政工作条例》已于1993年8月29日经国务院批准，现予发布，自发布之日起施行。

主任 **司马义·艾买提**

1993年9月15日

民族乡行政工作条例

第一条 为了促进民族乡经济、文化等项事业的发展，保障少数民族的合法权益，增强民族团结，根据宪法和法律的有关规定，制定本条例。

第二条 民族乡是在少数民族聚居的地方建立的乡级行政区域。

少数民族人口占全乡总人口30%以上的乡，可以按照规定申请设立民族乡；特殊情况的，可以略低于这个比例。

第三条 民族乡的建立，由省、自治区、直辖市人民政府决定。

民族乡的名称，除特殊情况外，按照以地方名称加民族名称确定。

第四条 民族乡人民政府配备工作人员，应当尽量配备建乡的民族和其他少数民族人员。

第五条 民族乡人民政府在执行职务的时候，使用当地通用的语言文字。

第六条 民族乡人民政府依照法律、法规和国家有关规定，结合本乡的具体情况和民族特点，因地制宜地发展经济、教育、科技、文化、卫生等项事业。

第七条 民族乡人民政府在本行政区域各族人民中进行爱国主义、社会主义和民族政策、民族团结的教育，不断巩固和发展平等、团结、互助的社会主义民族关系。

第八条 民族乡财政由各省、自治区、直辖市人民政府按照优待民族乡的原则确定。

民族乡的上一级人民政府在编制财政预算时，应当给民族乡安排一定的机动财力，乡财政收入的超收部分和财政支出的节余部分，应当全部留给民族乡周转使用。

第九条 信贷部门应当根据法律、法规和国家其他有关规定，对经济发展水平较低的民族乡用于生产建设、资源开发和少数民族用品生产方面的贷款给予照顾。

第十条 县级以上地方各级人民政府依照税收法律、法规的规定及税收管理权限，可以采取减税、免税措施，扶持民族乡经济的发展。

第十一条 县级以上地方各级人民政府在分配支援经济不发达地区专项资金及其他固定或者临时专项资金时，对经济发展水平较低的民族乡给予照顾。

县级以上地方各级人民政府在分配扶贫专项物资时，应当照顾贫困民族乡的需要。

第十二条 民族乡依照法律、法规和国家其他有关规定，管理和保护本乡的自然资源，并对可以由本乡开发的自然资源优先合理开发利用。

在民族乡依法开发资源、兴办企业，应当照顾民族乡的利益和当地人民群众的生产、生活，在配套加工产品的生产和招收当地少数民族人员方面做出合理安排。

第十三条 县级以上地方各级人民政府应当帮助民族乡加强农业、林业、牧业、副业、渔业和水利、电力等基础设施的建设，扶持民族乡发展交通事业。

第十四条 县级以上地方各级人民政府应当在师资、经费、教学设施等方面采取优惠政策，帮助民族乡发展教育事业，提高教育质量。

民族乡根据实际情况，可以兴办小学、中学和初级职业学校；牧区、山区以及经济困难的民族乡，在上级人民政府的帮助和指导下，可以设立以寄宿制和助学金为主的学校。

民族乡的中小学可以使用当地少数民族通用的语言文字教学，同时推广全国通用的普通话。使用民族语言文字教学的中小学，其教育行政经费、教职工编制可以高于普通学校。

民族乡在上级人民政府的帮助和指导下，积极开展扫盲工作。

县级以上地方各级人民政府可以根据当地实际情况，在有关大中专院校和中学中设立民族班，尽可能使民族乡有一定数量的学生入学。

第十五条 县级以上地方各级人民政府应当帮助民族乡开展科学技术知识的普及工作，组织和促进科学技术的交流和协作。

第十六条 县级以上地方各级人民政府应当积极帮助民族乡创办广播站、文化馆（站）等文化设施，丰富各族人民的文化生活，保护和继承具有民族特点的优秀文化遗产。

第十七条 县级以上地方各级人民政府应当积极帮助民族乡发展医药卫生事业，扶持民族乡办好卫生院（所），培养和使用少数民族医疗保健人员，加强对地方病、多发病、常见病的防治，积极开展妇幼保健工作。

第十八条 民族乡应当积极做好计划生育工作，搞好优生优育优教，提高人口素质。

第十九条 民族乡应当在上级人民政府的帮助和指导下，采取各种措施，加强对少数民族干部的培养和使用。

第二十条 民族乡应当采取多种形式和提供优惠待遇，引进人才参加本乡的社会主义建设事业。

县级以上地方各级人民政府应当采取调派、聘任、轮换等办法，组织教师、医生、科技人员等到民族乡工作。

县级以上地方各级人民政府对长期在边远地区的民族乡工作的教师、医生和科技人员，应当给予优惠待遇。

第二十一条 少数民族聚居镇的行政工作，可以参照本条例执行。

第二十二条 辖有民族乡的省、自治区、直辖市人民政府可以根据本条例制定实施办法。

第二十三条 本条例由国家民族事务委员会负责解释。

第二十四条 本条例自发布之日起施行。

国务院关于《城市民族工作条例》的批复

1993 年 8 月 29 日

国家民族事务委员会：

国务院批准《城市民族工作条例》，由你委发布施行。

中华人民共和国国家民族事务委员会令

第 2 号

《城市民族工作条例》已于 1993 年 8 月 29 日经国务院批准，现予发布，自发布之日起施行。

主 任 **司马义·艾买提**

1993 年 9 月 15 日

城市民族工作条例

第一条 为了加强城市民族工作，保障城市少数民族的合法权益，促进适应城市少数民族需要的经济、文化事业的发展，制定本条例。

第二条 本条例所称的城市，是指国家按照行政建制设立的直辖市、市。

第三条 城市民族工作坚持民族平等、团结、互助和促进各民族共同繁荣的原则。

第四条 省、自治区、直辖市人民政府应当将城市民族工作作为一项重要职责，加强领导，统筹安排。

第五条 城市人民政府应当将适应当地少数民族需要的经济、文化事业列入国民经济和社会发展计划。

城市人民政府对于发展适应当地少数民族需要的经济、文化事业的资金，可以根据财力给予适当照顾。

第六条 城市人民政府根据实际情况，可以确定负责民族事务工作的部门或者配备专职干部，管理民族事务。

第七条 少数民族人口较多的城市的人民政府、少数民族聚居的街道的办事处，以及直接为少数民族生产、生活服务的部门或者单位，应当配备适当数量的少数民族干部。

第八条 城市人民政府应当重视少数民族干部的培养和选拔。

城市人民政府有关部门应当重视少数民族专业技术人员的培养和使用。

城市人民政府鼓励企业招收少数民族职工。

第九条 城市人民政府应当重视发展少数民族教育事业，加强对少数民族教育事业的领导和支持。

城市人民政府应当采取适当措施，提高少数民族教师队伍的素质，办好各级各类民族学校（班），在经费、教师配备方面对民族学校（班）给予适当照顾，并根据当地少数民族的特点发展各种职业技术教育和成人教育。

地方招生部门可以按照国家有关规定，结合当地实际情况，对义务教育后阶段的少数民族考生，招生时给予适当照顾。

第十条 信贷部门对以少数民族为主要服务对象的从事食品生产、加工、经营和饮食服务的国有企业和集体企业，在贷款额度、还款期限、自有资金比例方面给予优惠。

第十一条 城市人民政府对本条例第十条所列企业以及生产经营少数民族用品企业的贷款，可以根据当地的实际需要和条件，予以贴息。

第十二条 本条例第十条所列企业纳税确有困难的，税务机关依照有关税收法律、法规的规定，给予减税或者免税。

第十三条 城市人民政府应当根据实际需要，合理设置清真饭店和清真食品生产加工、供应网点，并在投资、贷款、税收等方面给予扶持。

第十四条 对城市民族贸易企业和民族用品定点生产企业的优惠，按照国家有关规定办理。

第十五条 城市人民政府应当支持并组织有关经济、技术部门，加强同少数民族地区和农村散杂居少数民族开展横向经济技术协作。

第十六条 城市人民政府有关部门对进入本市兴办企业和从事其他合法经营活动的外地少数民族人员，应当根据情况提供便利条件，予以支持。

城市人民政府应当加强对少数民族流动人员的教育和管理，保护其合法权益。

少数民族流动人员应当自觉遵守国家的法律、法规，服从当地人民政府有关部门的管理。

第十七条 城市人民政府应当教育各民族干部、群众相互尊重民族风俗习惯。宣传、报导、文艺创作、电影电视摄制，应当尊重少数民族风俗习惯、宗教信仰和民族感情。

第十八条 清真饮食服务企业和食品生产、加工企业必须配备一定比例的食用清真食品的少数民族职工和管理干部。清真食品的运输车辆、计量器具、储藏容器和加工、出售场地应当保证专用。

清真饮食服务企业和食品生产、加工企业实行承包、租赁时，一般应当由有关少数民族人员承包或者租赁。清真饮食服务企业和食品生产、加工企业兼并或者被兼并时，不得随意改变其服务方向，确实需要改变服务方向的，必须征得当地城市人民政府民族事务工作部门同意。

第十九条 少数民族人口较多的城市的人民政府，应当根据需要和条件，设立具有民族特点的文化馆（站）、图书馆。

第二十条 城市人民政府应当保障少数民族使用本民族语言文字的权利，并根据需要和条件，按照国家有关规定加强少数民族文字的翻译、出版和教学研究。

第二十一条 少数民族人口较多的城市的人民政府，应当根据实际需要和条件，建立民族医院、民族医药学研究机构，发展少数民族传统医药科学。

第二十二条 城市人民政府应当在少数民族中加强计划生育的宣传、教育和指导工作。

第二十三条 城市人民政府在少数民族聚居的街道，应当按照城市规划，保护和建设具有民族风格的建筑物。

第二十四条 城市人民政府应当保障少数民族保持或者改革民族风俗习惯的自由。

第二十五条 城市人民政府应当按照国家有关规定，对具有特殊丧葬习俗的少数民族妥善安排墓地，并采取措施加强少数民族的殡葬服务。

城市人民政府对少数民族人员自愿实行丧葬改革的，应当给予支持。

第二十六条 少数民族职工参加本民族重大节日活动，可以按照国家有关规定放假，并照发工资。

第二十七条 城市人民政府对于在城市民族工作中做出显著成绩和贡献的单位和个人，给予表彰、奖励。

第二十八条 省、自治区、直辖市人民政府可以根据本条例，结合当地实际情况，制定实施办法。

第二十九条 本条例由国家民族事务委员会负责解释。

第三十条 本条例自发布之日起施行。

第二部分　民族工作

1993年全国民族自治地方国民经济和社会发展综述

国家民委经济司

1993年，全国经济发展进入了持续、快速、健康发展的新时期，既为民族自治地方带来了机遇，又使民族自治地方普遍感受到压力和紧迫。民族自治地方各族人民在各级党委、政府的领导下，全面贯彻落实邓小平同志南巡讲话和党的十四大精神，认真执行中央关于加强和改善宏观调控的一系列重大决策和部署，各地抓机遇、求发展的积极性高涨，改革开放步伐加快，实现了国民经济稳定、持续增长，经济实力得到提高，教育、科技、文化、卫生、体育等各项事业取得了新的成果。

1993年民族自治地方国内生产总值2 721.1亿元，比上年增长11.1%(各项产值指标均按当年价格计算，指数按可比价格计算，下同)。其中，第一产业增加值926.2亿元，增长4.7%；第二产业增加值1 053.8亿元，增长21.8%；第三产业增加值741亿元，增长13.8%。5个自治区增长速度分别为：内蒙古10.6%，广西19.6%，西藏8.1%，宁夏10.0%，新疆8.5%。民族自治地方工农业总产值4 158.1亿元，比上年增长15.4%。其中，农业总产值1 400.7亿元，工业总产值2 757.4亿元。农、轻、重占工农业总产值的比重分别为33.7%、26.1%、40.2%。

(一)农业在连续几年增长的基础上又获丰收，农林牧渔业继续发展

1993年，民族自治地方各级政府加强了对农业的领导，形成了重视农业的大气候，狠抓了各种行之有效的增产措施，从各方面增加了对农业的人力、资金、物资、科技等投入，尽管有些地区遇到了不同程度的自然灾害，大多数地区农业生产仍获得全面增长。农业增加值完成931.8亿元，比上年增长4.7%，农业总产值完成1 400.7亿元，比上年增长5.1%。其中，农、林、牧、渔业分别比上年增长15.5%、4.5%、9.0%和20.4%。粮食总产量5 157.1万吨，比上年减少8.2%。

主要经济作物产量如下：

	1993年产量	比1992年±%
棉花	68.93万吨	1.5
油料	226.29万吨	−3.8
甘蔗	3 085.91万吨	−3.2
甜菜	571.25万吨	−12.4
烟叶	90.50万吨	6.3
麻类	5.46万吨	−17.3
茶叶	7.67万吨	16.2
水果	410.61万吨	14.4

林业生产取得了新的成绩，民族自治地方全年造林面积和林产品产量有所增加。

畜牧业稳定发展，肉禽蛋奶继续增产。

主要畜产品产量和牲畜存栏数如下：

	1993年产量	比1992年±%
猪牛羊肉	430.4万吨	5.2
牛奶	159.3万吨	5.6
羊毛	24.3万吨	56.8
猪年末数	6 443.3万头	−4.2
羊年末数	10 926.6万只	持平
大牲畜年末数	5 429.6万头	0.7

渔业生产继续发展，全年水产品产量81.1万吨，比

上年增长24.2%。

农业增加投入，生产条件继续改善。1993年，民族自治地方拥有农业机械总动力4 104.7万千瓦，比上年增长11.7%；全年化肥施用量（按折纯量计算）363.7万吨，增长12.3%；农村用电量99.1亿千瓦小时，增长6.8%；有效灌溉面积1.2亿亩，增长9.1%。农田水利建设进一步加强，在兴建和整修各类水利工程、治理盐碱、防渗节水、平整田地等方面均取得了较大成绩。

随着农村改革的不断深化，农业总体开发措施的落实，农村经济稳定发展。乡镇企业在调整中发展较快，到1993年底共有乡镇企业309.3万个，从业人员937.9万人，总收入达1 713.7亿元，比上年增长1倍多。实现纯利润55.8亿元，比上年增长16.7%；上交国家税金45.3亿元。

（二）工业生产在克服困难中继续前进，能源、原材料生产稳定增长

1993年，民族自治地方加大企业改革力度，认真贯彻中央的各项经济体制改革的方针，通过简政放权和转换企业经营机制，增强企业活力，加上投资和需求的迅速扩大和消费需求增长的拉动，工业生产持续高速增长。1993年民族自治地方共有工业企业单位99.8万个，其中乡及乡以上工业5万个。工业总产值共完成2 757.4亿元。比上年增长22.3%，其中乡及乡以上工业总产值为2 335.8亿元，增长16.5%。在工业总产值中，国有工业增长9.1%，集体工业增长28.8%，城乡个体工业增长83.3%，其他经济类型工业增长221.7%，村办工业增长56.9%。在工业总产值中，轻工业增长12.8%；重工业增长31.1%，轻重比例为39.4：60.6。能源、原材料等基础产业继续得到加强，部分轻纺工业产品结构调整开始起步，花色品种增加。但工业内部结构性矛盾和部分产品不适应市场需求的矛盾仍较突出。

主要工业产品产量如下：

	1993年产量	比1992年±%
纱	22.1万吨	－19.3
布	6.7亿米	－3.0
机制纸及纸板	151.3万吨	14.7
糖	373.9万吨	0.3
卷烟	479.8万箱	8.0
原煤	14 157.4万吨	8.4
原油	1 636.7万吨	16.5
钢	489.4万吨	12.5
生铁	515.3万吨	14.3
发电量	992.1亿度	17.0
农用化肥（折纯）	205.4万吨	－3.8

随着工业发展速度加快，民族自治地方企业经济效益有所改善。1993年，国有独立核算工业企业实现利税191.7亿元，比上年增长30.9%；平均每百元固定资产原值实现的工业总产值73.0元（按1990年不变价格计算），比上年下降7.2%；每百元工业总产值实现的利税14.9元，比上年提高50.5%。但是部分产品质量不够稳定，企业亏损面达27.0%，比上年上升2.1个百分点。

（三）固定资产投资有较大幅度增长，重点建设进展比较顺利

1993年，民族自治地方全社会固定资产投资978.5亿元，比上年增长44.9%。其中，国有单位固定资产投资791.4亿元，增长49.0%；集体单位固定资产投资97.7亿元，增长93.8%；城乡个人投资89.4亿元。在固定资产投资中，国有单位基本建设投资517.7亿元，比上年增长46.3%；更新改造投资176.1亿元，增长52.7%；其他固定资产投资97.6亿元（包括房地产开发投资），增长57.4%，新增固定资产543.1亿元，增长53.3%。

民族自治地方以贯彻落实中央宏观调控措施为契机，加大了对一般性投资项目清理的力度，增加了基础产业投资，保证了重点建设项目需求，投资结构进一步合理，一大批能源、交通、邮电、通讯等重点项目建成投产，投入使用。

（四）运输、邮电事业有所发展

交通运输部门在治理整顿中不断改善运输条件，挖掘潜力，提高运输能力，保证了民族自治地方重点物资的调出和调入。

1993年，民族自治地方铁路营业里程1.45万公里，比上年增长8.2%，公路里程30.8万公里，比上年增长8.0%。

各种运输量完成情况如下：

	1993年完成量	比1992年±%
货物周转量		
铁路	1 097.9亿吨公里	7.3
公路	667.6亿吨公里	50.9
旅客周转量		

铁路	258.7亿人公里	21.7
公路	522.4亿人公里	30.8

邮电事业也有一定发展，全年完成邮电业务量25.7亿元(按当年价格计算)，比上年增长50.3%，电话机总数达156.1万部，增长2.7%，邮路及农村投递线路总长度85.6万公里，比上年增长了1.7%。

(五)城乡市场货源充裕，商品销售逐渐回升

1993年，民族自治地方国内消费品市场稳中趋活，全年社会商品零售总额1 057.4亿元，比上年增长3.5%。其中，消费品921.5亿元，增长3.5%；在各种经济类型的消费品零售总额中，国有商业374.4亿元，集体商业175.2亿元，各种合营商业125.9亿元，个体商业245.9亿元。1993年民族自治地方国内纯购进总额1 056.6亿元，比上年增长42%。1993年在全国放开粮食购销价格的同时，民族自治地方也相应调整了部分商品价格和服务收费，带动了居民生活费用价格指数的上涨，从5个自治区来看，居民消费价格指数比上年增长幅度在13.0%—22.0%之间，商品零售物价指数在12.5%—18.9%之间。

(六)对外经济贸易和旅游业发展迅猛

1993年，5个自治区新签外资协议3 435项，金额46亿美元，分别比上年增长142.4%和283.3%，实际利用外资10.5亿美元，比上年增长3倍，占全国的2.7%，比上年提高1.3个百分点。

旅游业又有新的发展，5个自治区的重点城市共接待旅游人数55.8万人，其中外国人36.2万人。旅游外汇收入6.2亿外汇人民币。

(七)市场物价基本稳定，人民生活继续有所改善

1993年，民族自治地方城乡居民的收入有不同程度的增加。农民人均纯收入696元，比上年增长19.0%；全部职工工资总额446.3亿元，增长10.2%。职工平均年货币工资3 074元，增长21.6%。其中，国有单位职工增长6.8%，集体单位职工增长21.2%。

城乡居民储蓄大幅度增加，1993年末民族自治地方城乡居民储蓄存款余额达1 316.3亿元，比上年增长30.6%。其中，城镇居民储蓄1 078.2亿元，增长31.6%；农村居民储蓄238.1亿元，增长26.6%。

(八)民族教育稳步协调发展

民族自治地方各级政府认真贯彻巩固充实发展的方针，使得民族教育事业更加协调地发展，办学条件得以改善，教育质量较大提高。

1993年，民族自治地方小学校9.8万所，招生356万人，在校生1 844.3万人，毕业生261万人，教职工95.5万人，专任教师83.7万人。普通中学1.1万所，招生213万人，在校学生574.8万人，毕业生169.8万人，专任教师39.7万人。中等专业学校570所，招生12.5万人，在校学生32万人，毕业生8.8万人，专任教师3.2万人。职业教育、普通教育进一步充实发展，职业中学达1 309所，招生20.2万人，在校生44.2万人，毕业生12.4万人，教职工4.7万人，专任教师3.1万人。高等学校101所，招生6.1万人，在校学生16.1万人，毕业生3.6万人，教职工6.4万人，专任教师2.7万人。

1993年，民族学院12所，招生1万人，在校生2.7万人，毕业生0.6万人，教职工1万人，专任教师0.5万人。

(九)文化事业发展迅速

为适应经济社会、科学技术的发展和人民群众多层次、多方面的社会文化需求，图书、杂志、报纸呈现多品种、少印数的发展趋势。1993年，民族自治地方出版图书5 907种，4.2亿册；杂志502种，1亿册；报纸248种，0.7亿份。

民族自治地方已经建设成了部类齐全、设备较为先进、初具规模的广播电视网络。1993年，民族自治地方有广播电台152座，节目套数达228套，电视中心台126座，电视发射台和转播台达到7 744座，能用77种语言对国内外广播。电视、广播收视(听)率和覆盖面积也有所发展。

1993年，民族自治地方有艺术表演团体530个，工作人员2.3万人；少数民族歌舞团60个，人员4 762人。各地区、县举行了多种艺术门类的比赛和演展，创作了一批突出民族特色的优秀作品和节目。群众的文化事业蓬勃发展，现有群众艺术馆79个，文化馆站8 152个，人员分别达8 176人和1万人。

图书馆、博物馆建设取得新成就，图书馆573个，博物馆72个，人员分别达7 088人和1 272人。

电影制片厂5家，共摄制完成民族语故事片3 410部(本)，民族语翻译片10 430部(本)。有各类电影放映单位1.3万个，电影观众达4.6亿人次。有电影机构1.5

万个，职工3.4万人；电影机构中有电影院1 470个，影剧院 31 个，放映队1.3万个。

（十）卫生事业取得新的发展

卫生基础建设和医疗防疫工作得到进一步加强，城乡人民的医疗条件有了一定的改善。各类医疗机构达 3 万个，床位 42 万张，其中医院床位 38 万张。

专业卫生队伍进一步壮大。专业卫生人员达69.4万人。其中，卫生技术人员54.9万人，医生25万人。

民族自治地方少数民族医务人员队伍不断扩大，专业卫生人员中少数民族占24.9%，卫生技术人员占26.2%，医生占28.9%。民族自治地方有乡村医生和卫生员16.3万人，其中少数民族6.4万人，占39.2%。

民族自治地方有卫生机构的村数达7.4万个，占村总数的79.1%。比上年提高1.2个百分点。无医疗点的村数减少2 847个，比重下降到20.9%。农村接生员达9.8万人。

由于少数民族地区地广人稀，医疗机构分布不均，医疗水平比发达地区存在着较大差距，尤其是交通不便的边、牧、山区，缺医少药的情况仍较严重。

1993 年，民族自治地方的经济建设、社会发展虽然取得了巨大的成就，但仍存在着不可忽视的问题，在经济生活中形成的深层次矛盾依然存在，产业结构、产品结构不尽合理，调整乏力；固定资产投入不足；物价涨幅高；经济基础薄弱，企业效益低下；资金短缺、财政困难等问题将长期存在；在经济体制转轨，经济高速增长的过程中，资金、运输等“瓶颈”制约问题更为突出。

日趋完善的中国民族法制

国家民委政法司

中国的民族问题始终是中国革命和建设的一个重大问题，历来受到中国共产党的高度重视。通过颁布法律、法规和各种法规性文件，保障少数民族在政治、经济、教育、语言文字、风俗习惯和宗教信仰等方面的平等权利，用法律手段调整我国民族关系，一直是党和国家处理民族问题的重要手段。

新中国成立前夕，中国人民政治协商会议制定的《共同纲领》中规定：“各少数民族聚集的地区，应实行民族的区域自治，按照民族的人口多少和区域大小，分别建立民族自治机关。”这标志着我们党把民族政策用法律形式固定下来，成为新中国初期民族立法的法律基础。新中国成立后，国家在运用政治、经济、文化等手段和措施，调整和处理国内民族关系的同时，还制定了一系列法律、法规，来改善我国各民族之间的关系，保障少数民族的平等权利。建国初期，中央政府颁布实施的有关民族问题的法律、法规就有《关于处理带有歧视或侮辱少数民族性质的称谓、地名、碑碣、匾联的指示》、《中华人民共和国民族区域自治实施纲要》、《关于保障一切散居的少数民族成分享有民族平等权利的决定》、《关于建立民族乡若干问题的指示》、《国务院关于今后在行文中和书报杂志里一律不用“满清”的称谓的通知》、《国务院批转轻工部、商业部关于加强少数民族特需用品生产和供应的报告的通知》、《关于加强少数民族教育工作的指示》和《培养少数民族干部试行方案》等，内容涉及政治、经济、文化及社会生活的各个领域，对保障少数民族的平等权利发挥了巨大作用。

党的十一届三中全会，确立了新时期以经济建设为中心，同时也提出了要把加强社会主义民主和法制建设，作为治理国家的一项重要任务，作为社会主义民主和法制建设重要组成部分的民族法制建设相应得到了高度重视。随着第五届全国人大第三次会议通过决议，强调加强民族立法工作，使民族立法得到了重大发展。这主要体现在宪法对民族问题的全面规定，以及《中华人民共和国民族区域自治法》的公布，和一些法律、法规中有关民族问题的规定。特别是《中华人民共和国民族区域自治法》的颁布，总结了我国实行民族区域自治30多年来的经验，标志着我国民族区域自治制度的法制建设进入了一个新的发展阶段，也标志着我国民族工作已纳入法制轨道。到目前为止，除宪法和民族区域自治法外，全国人大和全国人大常委会审议通过的法律中，有专门条款规定民族问题的有29件。全国5个自治区、30个自治州、123个自治县(旗)中，已有110个民族自治地方经过规定程序，批准、颁布实施了自治条例。1993年由国家民委代国务院颁布的《民族乡行政工作条例》和《城市民族工作条例》，不仅保障了我国散杂居少数民族权利，也为散杂居民族工作提供了强有力的法律保证。目前，民族法制建设正以其独特的调整对象、立法原则和立法程序，初步形成了以《宪法》为基础，以《中华人民共和国民族区域自治法》为主干，包括法律、法规、规章以及地方性法规、自治条例、单行条例和有关规范性文件在内的具有中国特色的民族法体系。我国民族工作的主要方面，已基本实现了有法可依。这对促进少数民族地区社会经济、文化事业的发展，进一步深化民族地区的改革，扩大开放，保护少数民族合法权益，加强民族团结，维护祖国统一，实现各民族共同繁荣都起着积极作用。

党的十四大提出了建立社会主义市场经济体制。而民族地区市场经济体制的确立，也对民族法制提出了更高的要求。要使民族工作完全纳入法制轨道，实现江泽民总书记在中央民族工作会议上提出的，“到本世纪末要形成比较完备的社会主义民族法规体系和监督机制”的目标，对民族法制部门来说，是任重而又道远的。

执笔：隋　青

阔步前进的民族文化卫生体育事业

国家民委文化宣传司

我国少数民族的文化事业，是伴随着新中国前进的步伐建立并发展起来的。这项事业的发展历程，表明中国共产党领导下的中华人民共和国政府，是中国历史上唯一在理论和实践上都始终如一的反对民族压迫，真诚关心少数民族的命运，坚持民族平等的政府。党的民族政策深刻体现了无产阶级政党对长期受压迫的少数民族的真诚关怀。

在奉行民族压迫政策的旧中国，占国土面积60%以上的民族地区，只有3 310张病床，劳苦大众连最基本的健康保障都没有，何谈其它？截止1949年，全国少数民族聚居的地区没有一家广播电台，少数民族中没有一个艺术表演团体，其它面对群众的文化设施，如图书馆、文化馆、俱乐部等更无从谈起。我们的事业，是在这样一个几乎是一无所有的基础上开创的。几十年来，国家集中了大量财力，致力于民族文化事业的建设，建立起了包括报纸、杂志、电台和电视台网络、翻译、出版、文学创作、电影、文艺表演、医院、防疫站、妇幼保健站、体育等部门的一个门类齐全、规模较大的社会文化体系。这是党的民族政策的巨大成功，是中国各族人民几十年艰苦奋斗的辉煌成果之一。

40多年民族文化发展的历史，与党的路线、方针、政策息息相关。随着全国大陆的解放，50年代，民族地区普遍进入民主改革阶段，民族文化事业的发展就从这里起步。1952年，国家在民族地区新设医院148个，为民族地区组建了94个艺术表演团体和61个电影放映队，并投资兴建了5个广播电台和55个地方广播站，还兴建了一批面向广大群众的俱乐部、文化馆、电影院，实现了民族地区文化事业的起步。从1957年至1965年，民族地区的广播电台增加了14个，广播站总数达726个，新建了16个民族歌舞团，群众文化设施也有进一步扩大。同期，卫生机构的总数达2.5万个，从业人员达18.4万人。这一时期，民族地区文化事业的发展速度已经超过这些地区经济的发展速度，国家在文化事业方面的投入，对民族地区的倾斜是十分明显的。这充分体现党对少数民族的特殊关怀，说明党的民族政策得到了很好的贯彻。

党的十一届三中全会以后，中国进入改革开放的新时期。许多民族地区的文化事业单位开展了"以文补文"的改革尝试。这项改革的基本思路是要改变过去几十年形成的僵化模式，使其由单纯的投入型向投入与经营相结合的新型模式过渡，从而拓宽了发展民族文化事业的路子。在这场改革的实践中，民族文化领域出现了一些崭新气象。一些艺术表演团体主动深入基层，实行有偿演出。一些边远、人口稀少、不适于建设固定文化设施的地区，出现了"文化大蓬车"，为群众送来了小型文艺演出、录相，还向群众出售各类文化用品。在多年沉寂的广阔农牧区，一些基层文化馆站十分活跃，除了向群众提供文化服务外，还及时将国家政治生活中的大事，以及与当地生产关系密切的新技术和各种致富信息传达给群众。卫生领域的改革也十分活跃，一些省区搞了计划免疫、健康保健方面的有偿服务。内蒙古试行了乡镇(苏木)卫生院的承包制，广西采取通过考试颁发行医执照的做法，为农村培养了4 000多名合格的乡村医生。从总体上看，80年代的民族文化工作搞得有声有色，根本上，得益于改革开放政策。通过改革增加了自身活力。有的单位搞"以文补文"的收入高达国家拨付事业费的几倍，为这项事业的持续发展打下了坚实基础。

进入90年代，民族文化领域更加活跃，民族地区文化事业改革进一步深化，各地都在深入探索建立民族地区文化市场的途径。在实践中，民族文化作为一种特殊的资源，得到广泛的开发。1991年，在广西南宁市举办第四届全国少数民族传统体育运动会和1992年云南昆明市举办第三届中国艺术节期间均举办了商品交易会，实现的内外贸易总额均达数十亿元，使广西、云南和有关省区的经济都得到了有力的推动。在深化改革的今天，"文化搭台，经济唱戏"的做法在民族地区被广泛采用。民族聚居的省、自治区、自治州、自治县甚至乡镇，一年一度或一年几次地举办各种少数民族传统节日庆典、聚会，民族文化活动方兴未艾。在沿海和内地的一些重要城市，还陆续建起了一批以展示我国少数民族独特风情文化的园林(民族村)，民族地区的文化景点和旅游景点也得到了广泛的开发。许多过去鲜为人知的少数民族传统文化和山川胜景，随着我国改革开放的步伐，逐渐为人们所了解，给人们带来美的愉悦，同时，也为民族地区经济的腾飞，焕发了青春的魅力。

近几年，中央和有关省、自治区加快民族文化事业的建设，集中相当大的财力为民族地区解决民族文化事业面临的紧迫问题。

为了解决民族地区广播电视覆盖率低，边远地区和山川河谷地带收不到广播、看不到电视，宣传设施落后的问题，国务院决定从1991年开始，中央和有关省区筹集3.9亿元，专门用于提高两率，到目前，西藏、内蒙古、新疆、云南、贵州都实现了电视上卫星。

为了提高我国少数民族人口的健康素质，摸清少数民族人口健康素质的基本情况，国务院责成卫生部和国家民委组织建国以来首次少数民族人口健康素质抽样调查，这次大规模的调查活动将在1994年全面铺开，有关部门将通过调查制订出提高少数民族人口健康素质的若干政策，并组织对严重危害各民族人口健康的疾病进行专题研究。

为了改变我国陆地边境(大部分为少数民族)地区文化事业落后面貌，国家有关部门和沿边9省区决定集中相当财力，在沿2.1万多公里的陆地边境，建设一条由文化馆、图书馆、影剧院、博物馆、文化站、流动文化车以及农民乐园、青年之家、边防、工矿、农场俱乐部、文化户等串联成的一条文化线，建成富有时代精神、有地方和民族特色的文化长廊。有关部门已将其列为90年代我国文化建设的主要任务之一，并保证每年拨出专款1 000万元，用于补助沿边9省区的长廊建设工程。

民族文化事业在党和政府的深切关怀下，得以顺利发展。特别是党的十一届三中全会以后的15年，改革开放的政策为民族文化卫生体育事业的发展注入了生机和活力。实践证明，改革开放是中国走向富强的必由之路，也是促进民族文化卫生体育事业持续发展的动力之源。

执笔：方鹤春　王旭东

蓬勃发展的民族教育

国家民委教育司

少数民族教育是我国整个国民教育的重要组成部分。

建国以前，由于历史、地理、政治、经济等方面的原因，少数民族教育非常落后，基本上保持着几种不同类型的教育：原始社会形态的教育，奴隶制社会形态的教育，封建社会形态的寺院教育，以及为数不多的近代学校教育。全国没有一所正规的少数民族高等学校，绝大多数少数民族和民族地区只有为数不多的几所中小学，有的甚至根本就没有学校。文盲率很高，有的达到80%，有的甚至在95%以上。有一些少数民族，仍然依靠刻木、结绳记事和计豆记数。

建国以后，特别是党的十一届三中全会以来，党和国家十分关心和重视发展少数民族教育事业，从人力、物力、财力等各方面给予扶持和帮助，实行了一系列特殊的政策和措施。

一、在中央人民政府以及有关的各级人民政府的教育部门内，设立少数民族教育机构或专人负责掌管少数民族教育，以加强对少数民族教育的领导和管理。现在，国家教育委员会设立了民族地区教育司，有关省、自治区在省一级教育委员会、教育厅设立了民族教育处，一些州、县也设立了民族教育机构或专人负责。

二、从财力上给发展民族教育事业提供保障。除拨出正常的教育经费外，还专门设置了少数民族教育补助费。1980年实行财政体制改革后，这笔经费由省、自治区包干使用。从1985年起，国家每年拨出一笔专款，支持老、少、边、穷地区发展教育，其中50%以上用于民族地区。从1990年起，国家又另外设置一笔少数民族教育补助专款，以解决一般教育经费的不足。

三、要求少数民族教育从实际出发，采取适合少数民族和民族地区特点的多种形式办学。如创办民族小学、民族中学、民族师范、民族中专、民族职业中学以及民族学院、民族大学等，还在一部分中等学校和高等学校举办专门招收少数民族学生的民族班。据不完全统计，全国有寄宿制民族中小学5 000多所，在校学生约有100多万人。全国有1所民族大学、12所民族学院（其中1所在筹建中）。

四、要求少数民族教育根据少数民族特点，采取灵活多样的教学方式。各级民族学校的教学计划、教学大纲，可以在国家教委规定的基础上，结合各民族的实际情况，酌量加以适当的变通或补充。在一些民族学校，实行学习本民族语文又学习汉语文的“双语教学”，并推广全国通行的普通话。现在，全国有24个少数民族、1.6万多所中小学实行“双语教学”；用21种少数民族文字编印的教材，已经达到1 600多种、1.7亿多册。

五、重视和加强发展少数民族教育所需师资的培养、培训和输送工作。在一些民族地区创办民族师范学校，或在一般师范学校内设立民族师范班，举办少数民族师资培训中心等等，培养和培训少数民族师资。

六、在少数民族学生的招生和毕业生分配上实行特殊的照顾政策。适当降低录取分数和在与汉族考生同等条件下优先录取相结合。近年来，又实行了定向招生和定向分配，以满足民族地区对人才的需要。

七、积极开展内地与少数民族地区教育对口支援协作。组织发达地区为少数民族地区培养师资和行政管理人员，或派教师到民族地区讲学。

八、采取异地办学发展少数民族教育。为帮助西藏发展教育事业和加快培养人才，在内地举办中学西藏班、中专西藏班和西藏中学。有些省、自治区，在条件较好的城镇中学，为某些后进的少数民族举办民族班。

由于贯彻落实了上述种种特殊的政策和措施，经广大少数民族教育工作者的共同努力，我国的民族教育事业得到较快发展，取得世人瞩目的成绩。据1993年统计，全国各级各类学校少数民族学生有1 515.4万人。其中，高等学校少数民族学生达到16.3万人，比解放初的1951年增长76.1倍，比改革前的1978年增长3.5倍；普通中学少数民族学生达到

313.7万人，比1951年增长76.8倍，比1978年增长27%；中等技术学校少数民族学生达到14.3万人，比1951年增长215.6倍，比1978年增长76%；中等师范学校少数民族学生达到7.7万人，比1951年增长15.9倍，比1978年增长1.5倍；小学少数民族学生达到1 140.2万人，比1951年增长11倍，比1978年增长48%。全国各级各类学校少数民族专任教师有73.3万人。其中，高等学校少数民族专任教师达到1.9万人，比1953年增长30倍，比1978年增长2.3倍；普通中学少数民族专任教师达到20.2万人，比1953年增长36倍，比1978年增长80%；小学少数民族专任教师达到47.7万人，比1953年增长7倍，比1978年增长53%。全国各民族学院在校学生总数达到2.3万人，比1978年增长1.5倍；专任教师达到4 332人，比1978年增长1倍多。建国以来，全国各民族学院共培养各种干部和专业人才17.6万人。其中，国家民委所属民族学院培养了8.3万人。西藏的教育事业，特别是现代学校教育，从无到有，从小到大，已形成从小学、中学到大学的完整的教育体系。到1992年底，西藏自治区内各级各类学校在校生已达22.3万人，适龄儿童入学率达60.4%。全国25个省、自治区、直辖市和国务院19个部、委、局举办的中学、中专西藏班(校)已有70多所，累计招收西藏学生1万多人。

执笔：王美逢

开拓民族涉外工作新局面

国家民委外事司

民族涉外工作是国家外事工作的组成部分，是新时期民族工作中的一项重要内容，虽然起步较晚，但近些年来以其独有的特色，在国家的外事工作及开展民间对外交往中，发挥了积极的作用。

一、民族涉外工作的特点和优势

1.民族问题历来是世界各国普遍关注的“热点”问题，如何解决和处理好民族问题，也是一些多民族国家所共同面临的一个重大问题。中国在处理民族问题上有许多成功的经验，被许多国际友人誉为“多民族统一国家的良好范例”。越来越多的国外各界人士对中国的民族情况和民族政策表现了极大的兴趣，愿意到中国的民族地区参观访问，以加深了解。

2.民族地区的物产资源及人文、旅游等资源，是对外开放的雄厚的物资基础，对外国商人、投资者、旅游者颇具吸引力。随着欧亚大陆桥的开通，以及西北和西南丝绸之路的开发，澜沧江流域的开发，东北沿边的开发，全国民族地区的对外开放将有一个新的飞跃。

3.随着国家改革开放的不断深入，全国各地特别是东部沿海地区突飞猛进的大变化和大发展，给少数民族以及民族地区带来了震动和压力，他们愈加感到差距在拉大，迫切希望扩大对外开放，加速民族地区的发展。在这种背景下，国家民委根据新时期民族工作的任务和要求，于1988年设立了外事司，专职国家民委及其所属单位的外事工作，并于1991年成立了“中国少数民族对外交流协会”。6年来，民族涉外工作逐步走上正轨，在对外宣传中国民族情况和民族政策，参与有关民族及人权问题的国际活动，开展对外经济技术合作和文化交流，为民族地区引进资金、技术，扩大友好往来等方面做了大量工作，积累了许多开展民族涉外工作的经验，取得了显著成绩。

二、增进友谊，加强民族对外宣传工作

近几年，世界格局发生剧变，因民族问题引起的地区冲突给世界带来了不安宁。中国正确处理民族问题

的成功经验受到越来越多的世人关注。为了让世界更多地了解我国的安定、团结情况，也让中国少数民族更多地了解世界，走向世界，做开放的民族，6年来，国家民委积极开拓对外交流渠道，有计划、有目的地组织少数民族干部到国外考察访问、参加国际会议、进行学术交流、举办各种展览、文艺演出等，足迹遍及40多个国家，与许多国家和地区建立了不同层次的联系。实践证明，少数民族出访国外的本身就是一种宣传，既宣传了我国的民族政策和改革开放政策，又使少数民族开阔了眼界，增长了知识，增进了与世界各国人民的友好交往。1989年至1993年的5年中，国家民委批准和组织出国团组及个人有2 600人次，比1979年至1988年10年中1 300人次多1倍，近5年接待的来访外宾有2 000人次，是前10年250人次的8倍。特别是1993年，国家民委的外事工作又上了新的台阶，高层次的来往有了突破，拓宽了外联渠道。如1993年2月，中国少数民族对外交流协会名誉会长司马义·艾买提率中国民族工作者代表团访问马来西亚，受到马方热情友好的接待，首相夫人、民族团结与发展部长、宗教部长、教育部长等会见了国家民委代表团。通过访问，国家民委与马来西亚政府的民族团结与发展部建立了联系。1993年7月15日至17日，以俄罗斯联邦政府副总理兼地方政策与民族事务部部长沙赫赖为团长的俄罗斯民族工作者代表团一行17人，应国务委员、国家民委主任司马义·艾买提的邀请，来华进行友好访问。中共中央政治局常委、全国政协主席李瑞环会见了沙赫赖一行，司马义·艾买提与沙赫赖进行了工作会谈，从而标志着中俄两国政府的民族工作部门建立了联系，开始并促进了两国民族工作者的交流与了解。

针对国际社会对中国民族问题的关注，国家民委注重做好对外宣传工作，配合我国外交工作，积极参加有关民族和人权等问题的国际会议和活动，利用国际讲坛，宣传中国。如1993年国家民委曾派人以国家人权机构正式代表的身份，参加了4月在悉尼召开的“联合国促进民族和谐、反对种族歧视国家机构代表会议”和12月在突尼斯召开的“世界人权问题研讨会”；派人作为我国政府代表参加了9月在莫斯科召开的“土著人问题国际会议”和11月在马来西亚召开的“土著人国际研讨会”。在国际讲坛上阐明中国政府在人权问题和土著人问题上的立场，宣传了我国民族情况和民族政策，收到良好的效果。除此之外，国家民委还利用一切机会，与世界各国的友好组织和个人建立联系，广交朋友，对来访的外国朋友，根据不同情况，有针对性地介绍情况，认真回答问题，澄清是非，增进了解，使他们高兴而来，满意而去，起到做好一个人的宣传，影响一大片的效果，促进了世界各国人民了解中国的少数民族和民族政策。

三、围绕中心工作，积极引进外资

国家民委在对外交往中，紧紧围绕国家发展经济、改革开放的中心工作，积极为民族地区引进外资。亚洲开发银行与国家民委合作的《中国西南部分民族省区乡村综合发展》项目，1991年—1993年度亚洲开发银行提供2项无偿技术援助金额达114.7万美元，后续项目一期贷款规模加上配套资金，这个综合项目的总规模达1亿美元，将为云、桂、黔3省区18个县的广大各族人民带来福音。另外，国家民委从1989年起，每年都为甘肃、宁夏、青海、陕西、内蒙古等西北地区的少数民族争取到加拿大、新西兰等驻华使馆基金的无偿援助项目，至今已达100多个项目，累计金额600多万元外汇人民币，这些无偿援助项目将持续下去。从受援地区的执行情况看，这些项目已为当地的少数民族脱贫致富发挥了积极作用，产生了良好的经济效益和社会效益。在做好引进资金的同时，努力做好牵线搭桥工作，每年都要组派以各地民族干部为主的团组到国外考察、培训、经贸洽谈，同时邀请和介绍国外的有关团组到民族地区考察访问、做生意，有的已建立了长期联系和合作关系，为民族地区的对外开放起了积极的作用。

随着民族地区经济社会的发展和改革开放的不断深入，我国的民族涉外工作日益重要和艰巨，也面临着许多新的课题和任务，需要我们遵循国家的外交方针和政策，不断进取和开拓。

执笔：兰海滨

少数民族干部队伍蓬勃发展

国家民委人事司

我国是一个多民族国家，培养使用少数民族干部是我们党的一贯方针。中华人民共和国成立后，把培养、使用少数民族干部做为实行民族区域自治和解决民族问题的关键，予以高度重视。按照毛泽东主席1949年11月提出的"要彻底解决民族问题，孤立民族反动派，没有大批少数民族出身的共产主义干部是不可能的"战略指导思想，党制定了普遍、大量地培养和放手使用少数民族干部的方针和各项具体政策措施，针对建国初期，少数民族干部极为缺乏，远不能满足开辟少数民族地区工作、推行民族区域自治、发展民族地区经济的形势的需要，中央人民政府政务院责成中央民族事务委员会起草了《培养少数民族干部试行方案》，1950年11月经政务院批准付诸实施。这对少数民族干部的培养是一个有力的保证和巨大的推动。在《试行方案》指导下，培养少数民族干部工作逐渐走上正轨，一大批少数民族政治干部和专业人才成长起来，活跃在社会主义建设的各条战线上，他们对于贯彻实施民族区域自治、完成少数民族地区的民主改革和社会主义改造起了重大作用。党的十一届三中全会后，民族干部政策得到落实，重新开展了有计划、有组织、有步骤的干部培养，使少数民族干部工作进入了一个崭新的发展阶段。

15年来，党中央、国务院和有关部门制定了一系列培养选拔少数民族干部的政策规定。1978年中组部下发的《关于少数民族地区干部工作的几点意见》中指出，在做好对少数民族干部工作的拨乱反正、落实政策的同时，要抓紧配备少数民族干部担任自治机关的主要领导职务，1981年中央提出了培养提高少数民族干部素质的要求，做出了"少数民族地区干部在干部中应有相应比例"的规定。同年又提出了少数民族干部与汉族干部"两个离不开"的思想。1984年国务院颁布了《中华人民共和国民族区域自治法》，对各级民族自治地方人大、政府的少数民族干部配备和培养作出了法律规定。特别是近几年来，以江泽民同志为核心的党中央高度重视民族干部工作，在1990年的全国民委主任会议和1992年召开的中央民族工作会议上，江泽民、李鹏同志强调指出，今后不仅要重视一般少数民族干部，而且要注意培养少数民族高中级干部和管理、科技人才；在扩大数量的同时，注意提高素质，改善机构，着力培养造就一支能在90年代起骨干作用和跨世纪的少数民族干部队伍。1993年6月，中组部、中央统战部和国家民委在北京召开了"全国培养选拔少数民族干部工作座谈会"，制定了《关于进一步做好培养选拔少数民族干部工作的意见》，为我们今后一个时期开展少数民族干部工作明确了任务，指明了方向。

一、少数民族干部队伍不断壮大

按照中央的要求，各级党委和政府对培养少数民族干部采取了一些特殊政策和措施。通过下达专项指标、面向社会吸收录用少数民族干部；从工厂、农村和牧区择优招聘政治、文化素质较好的回乡知青；大中专院校对民族考生实行同等条件优先录用和放宽分数线的政策；部分院校举办民族预科班，对边远、贫困民族地区实行定向招生；建立民族院校，专门培养少数民族干部；设立行政管理干部学校，定向培养乡镇基层干部等措施，拓宽了少数民族干部的来源。据统计，少数民族干部已从建国初的1万人发展到了220多万人，形成了包括党务、政务、经济、科技、文化、卫生等方面人才的宏大队伍，全国55个少数民族都有了自己的干部。

二、一大批少数民族干部走上了各级领导岗位

为了切实做好对少数民族干部的选拔任用工作，党和国家通过立法和制定政策措施来保证少数民族干部进入各级领导岗位。如《组织法》和《民族区域自治法》中都对少数民族干部的选拔配备作了具体的规定。据统计，全国党政群机关县(处)级以上干部中少数民族干部有2.9万人，少数民族干部在省(部)级干部中占10.5%，在地(厅)级干部中占7.9%，在县(处)级干部中占7.6%。五个自治区县(处)级以上干部中，少数民族干部占 32.5%。

三、少数民族干部队伍结构有了较大改善，素质不断提高

从中央到地方，不仅重视少数民族干部的数量增长，而且十分重视队伍的结构改善和素质的提高。一是强调培训工作。利用党校、民族院校、管理干部院校和各种培训设施，对少数民族干部尤其是领导干部进行政策理论、岗位职务、学历教育和业务培训，如国家民委人事司与中组部培训中心几年来联合举办少数民族党政领导干部培训班，一批民族自治州的中高级领导干部接受了领导艺术和领导技巧的培训。目前，少数民族干部队伍中，高中以上文化的占75%左右；年龄结构也日趋合理，40 岁以下的干部占40%以上，形成了梯次分布。二是重视实践培养，采取有计划、有领导地组织少数民族干部到沿海开放地区考察学习，到基层和上级领导机关、综合部门挂职锻炼，与经济发达地区对口交流，使少数民族干部开阔视野，提高了宏观决策和解决实际问题的能力。近几年来，国家民委、中组部、中央统战部等有关部门安排了一大批少数民族县(处)级以上干部到中央国家机关、北京市和沿海发达地区挂职锻炼。

四、少数民族专业技术干部队伍有了较大发展

为了适应民族地区经济建设的需要，国家采取在普通中高等专业院校有计划地招收民族学生，责成有关干部管理院校和部分高校开办少数民族干部专业培训班，国家民委所属的几所民族院校在以前学科基础上，根据形势需要增设了一些紧缺专业，加强了专业技术人才的培养。现在，各类少数民族专业技术人员已有147 万多人，对民族地区经济的发展是个有力的促进。国家民委人事司和辽宁民族出版社共同编撰了《中国少数民族专家学者辞典》，记录了活跃在各行各业的1.9万多名少数民族专家学者为祖国建设做出的业绩。

40 多年来，少数民族地区的发展与广大少数民族干部的努力分不开；少数民族干部队伍的成长壮大与党的民族干部政策和各方面的工作分不开。国家民委作为党和国家管理民族事务的职能部门，肩负着广泛联系少数民族干部，协助有关部门调查研究，积极做好少数民族干部的培养、教育、使用的工作。在此同时，近几年，对民族地区干部制度的改革，如差额选举、公务员制度的推行、企业的优化组合、聘任制和合同制等新问题，国家民委人事司也进行了研究，并向有关部门提出了政策性建议。为进一步实现民族平等权利和自治权利，促进民族地区经济和社会发展，还须积极培养更多的少数民族干部和科学技术、文化教育、医疗卫生、金融财贸、企业管理等方面的人才和少数民族妇女干部，少数民族干部工作任重而道远。

执笔：黄耀萍

民族理论在生气勃勃的实践中不断发展

国家民委政策研究室

民族理论研究是民族工作的一个重要方面。建国45年来，国家民委坚持把马克思主义民族理论与中国实际相结合，以我国的民族情况和民族问题为对象，对许多重大的理论和实践问题进行了比较系统深入的研究。总结和提炼了许多重要的理论观点，提出了许多重要建议，为创建有中国特色的民族理论体系进行了艰苦的探索，作出了自己的贡献。党的十一届三中全会以后，面对改革开放和经济建设的新形势，勇于探索，奋力开拓，理论研究取得了多方面的成果，并以此指导和服务于民族工作实际，促进了我国民族工作的发展。

一、参与民族理论上的拨乱反正

在十年的“文化大革命”中，我国的民族政策遭到践踏，民族工作机构撤销，民族关系受到破坏，民族理论被搞乱。1978年国家民委恢复以后，首先在民族工作上拨乱反正，平反冤假错案，重申党的民族政策，澄清理论是非。为此，国家民委在《人民日报》发表了署名为特约评论员的文章《评民族问题的实质是阶级问题》，指出民族问题与阶级问题是两个不同性质的问题，“民族问题的实质是阶级问题”这一理论客观上成了在民族问题方面搞阶级斗争扩大化的理论根据，给民族关系造成了损害。文章以大量事实论证了社会主义时期民族问题基本上是各民族劳动人民间的关系，从而否定了“民族问题的实质是阶级问题”这个所谓的普遍原理。这篇文章在全国民族理论界和全国民族地区引起了强烈的反响，对民族工作战线拨乱反正，恢复民族关系，重申党的民族政策起到了重要的指导作用。此外，国家民委发出通知，在全国范围进行民族政策再教育，为配合这项工作，编辑出版了《民族政策讲话》，重申和阐述了我党的民族理论和民族政策。这是一本通俗易懂的普及读物，它为新时期民族工作顺利开展提供了理论上的支持。

二、研究改革开放中民族工作中的重大理论问题

在新时期的民族工作实践中，国家民委不断地研究改革开放中的民族关系和民族问题，提出了一系列理论观点。

——民族问题在社会主义时期将要长期存在，我国的民族问题只有在建设有中国特色社会主义的伟大事业中才能得到逐步解决。同时提出了现阶段民族问题的主要内容。

——强调指出，只有改革，才能使民族地区的发展获得源源不断的动力；只有开放，不断吸收世界其他民族、其他地区的先进文化，才能加快自身的发展。

——要加快发展少数民族和民族地区的经济文化事业，必须以经济建设为中心，大力发展生产力。在民族地区的发展中，强调经济发展与社会发展相协调，民族地区经济的发展与全国经济的发展相协调。

——要在改革开放中，坚定地维护祖国统一，发展社会主义的民族关系，促进各民族的平等、互助、团结、合作，实现各民族的共同繁荣。

——民族区域自治制度是解决我国民族问题的基本制度，在社会主义现代化建设事业中要不断巩固和完善，使各民族实现真正的民族区域自治。

——实行民族平等、民族区域自治，促进各民族的共同繁荣，都离不开少数民族干部。培养民族干部，既要在数量上有计划地扩大，更要在提高素质、改善结构上下功夫。

——加强民族法制建设，民族关系作为一种社会

关系，可以也应当以法律手段进行调整，要把民族工作纳入法制轨道。

这些理论观点主要体现在经中共中央、国务院批转的《中共中央统战部、国家民族事务委员会关于民族工作几个重要问题的报告》、中央民族工作会议文件及全国民委主任会议文件中。

三、发表了一批较有影响的文章，出版了多部理论著作

部分研究成果，作为文章在报刊上公开发表，有多篇重要理论文章发表在《人民日报》、《求是》上，如：《努力做好新时期的民族工作》、《发展少数民族经济文化建设全面做好民族工作》、《加快发展，共同繁荣》、《坚持马列主义、毛泽东思想民族观》等，还为中央人民广播电台撰写了民族理论和民族政策系列讲座稿。

出版的著作有：《新时期民族工作文献选编》、《民族工作40年》、《民族理论和民族政策》、《中国民族指南》、《民族法制讲话》、《西藏今昔》、《中国少数民族和民族地区90年代经济发展战略探讨》、与中央文献研究室共同编写出版了《新时期民族工作的深化与发展》等。

四、进行调查研究

深入实际，调查研究，了解实情，从而掌握第一手资料，取得发言权。在认真调查研究的基础上，写出了一些较好的调研报告。如在经过几年调查和多方征求意见的基础上提出的《关于处理国营企业与民族自治地方利益关系的意见》、《关于在河北、河南、山东省进一步改善民族关系、防止发生民族间械斗的建议》、《关于东北边疆少数民族地区稳定与发展问题的调查研究报告》、《关于广西边疆地区开展边境贸易情况的汇报》、《关于广东省少数民族地区生产、生活情况的调查研究报告》等，都为决策提供了有益的参考。

为了加强和推动民族理论研究工作，国家民委曾先后召开"全国民族理论座谈会"和"全国民族理论研讨会"，研究和探讨现阶段民族问题的特征及其未来的发展趋势，推动了民族理论的应用研究。

五、组织社会力量共同进行理论研究

为了更好地推进理论建设，积极组织和依靠社会力量进行民族理论研究，国家民委于1988年成立了"国家民委民族问题研究中心"，在全国聘请了一百多位研究人员并组织力量对几十个课题进行了研究。

国家民委一直保持与有关学术团体和研究机构的联系，如中国民族团体联合会下辖的二十几个学会及有关的学科和研究单位，通过共同研究课题、召开有关会议，对一些理论问题进行探讨，还通过书信、访问等形式，听取专家、学者对民族理论研究的建议和意见。

努力拓宽研究领域，开展对周边国家和世界民族问题的研究。

45年来，国家民委在民族研究方面取得的成果是十分丰富的。社会主义现代化建设中还有许多重大的理论问题和实践问题需要我们进行深入的研究，民族工作的长期性、重要性和复杂性要求我们在理论研究上坚持不懈、步步深入，有中国特色的民族理论体系还有待进一步完善，理论研究工作任重而道远。

深化改革，促进发展

国家民委经济司体制改革处

我国民族地区的经济体制改革和全国一样经历了从农村到城市，从微观到宏观，从对内搞活到对外开放的历史进程。15年来，随着改革开放的不断深化，民族地区经济体制的格局和运行机制已经发生了显著的变化，市场对经济活动的调节作用不断增强，计划经济体制逐步向社会主义市场经济体制过渡。

一、经济体制改革的特点

1.初步形成了以公有制为主体，国有、集体、个体、私营经济和“三资”企业等多种经济形式并存的所有制结构。1993年，在民族自治地方工业总产值中国有工业占61.5%，集体工业占23.1%，个体、私营、“三资”企业占15.4%；在社会消费品零售总额中，国有商业占40.6%，集体商业占19.0%，合营、个体和私营商业占40.4%。

2.国有企业经营机制正在转换，积极探索建立现代企业制度的有效途径。15年来，民族地区国有企业从理顺国家和企业的关系入手，逐步扩大企业生产经营自主权，先后实行了放权让利、利改税、承包制、转换经营机制等方面的改革。同时，积极进行产权清晰、责权明确、政企分开、管理科学的现代企业制度的试点和探索。

3.市场体系不断发育，市场在资源配置中的作用迅速扩大。在大力发展各类日用工业品、农副产品市场的同时，积极建立和培育各种生产要素市场，生产资料市场、长短期金融市场、产权市场、房地产市场、劳务市场、技术市场和经济信息市场等已初步形成。例如广西1993年新建和改建各类市场168个，新增面积112.3万平方米。现各类商品市场近2 600个，其中生产资料市场37个。在各类商品市场中成交额5 000万元以上的35个。全区共有金融市场11个、证券经营机构198个，房地产开发公司1 300家，人才市场23个，各类技术贸易机构1 050个。全区社会商品总量的95%完全放开由市场调节，国家定价的比重在农产品收购总额中只占1.5%，在社会商品零售总额中只占5.4%，在工业生产资料销售额中只占8.4%。

4.逐步建立宏观的间接调控体系。政府宏观调控体制，正由直接行政控制为主，向综合运用经济、法律手段以间接调控为主转变。随着计划、投资、财政、金融体制的改革，税率、利率、汇率和货币供应量等已成为调控经济的重要手段。加强宏观调控取得明显成效，积累了在社会主义市场经济条件下宏观调控的宝贵经验。以县级综合改革为突破口的机构改革进展迅速，走出了一条“小机关、多实体、大服务”的路子。

5.初步形成了以按劳分配为主体、多种分配方式相结合的社会分配格局，并开始建立新的社会保障制度。在国有工商企业中，普遍实行了企业工资总额与企业效益挂钩、职工劳动报酬与个人劳动贡献挂钩的办法，打破了平均主义分配制度，实行干部能上能下、工人能进能出、工资奖金能高能低的劳动分配制度改革，在职工退休养老保险、待业保险、医疗保险、公伤保险和住房制度改革方面也迈出了新的步伐。

6.农村牧区改革不断深入。农村牧区普遍实行了家庭联产承包和草畜双承包为主的责任制，逐步建立起统分结合的双层经营机制；在发展集体经济的同时，个体经济、私营经济也有了较大的发展，以集体经济为主的多种经济成份并存的格局已经形成；调整了农副产品价格和购销政策，发展了多渠道流通，农村牧区流通体制改革有了良好的开端；科技、教育兴农（牧）和农业综合开发取得了新的进展；乡镇企业异军突起，加快了农村牧区经济市场化的进程。农村牧区改革有力地支持了城市改革和国民经济的发展，促进了社会的安定团结。

7.沿边开放已成为我国对外开放的重要组成部分。民族地区对外开放已进入一个以边境贸易为导向，大中城市为依托，大贸、地贸、边贸等多形式、全方位的经贸合作新阶段。通过外贸体制改革，对外经济技术交流与合作迅速扩大，边贸有了突破性的发展。如云南省边贸进出口额为28.7亿元，比上年增长26.6%。

改革开放有力地促进了民族地区经济发展。过去15年，是民族地区经济增长最快、经济实力显著增强、人民生活明显改善的时期。如1979年到1993年，民族自治地方国民生产总值年平均增长9.4%，从1978年到1993年民族自治地方农民人均纯收入由70多元提高到696元。

改革开放解放和发展了生产力，推动了民族地区经济发展，改善了人民生活。实践证明，改革开放是建立和发展平等互助、团结合作、共同繁荣的社会主义民族关系，实现各族人民共同富裕的必由之路，这条路线已深深扎根于各族群众之中，得到了各族人民的衷心拥护。

二、民族地区经济体制改革积累了丰富的经验

1.积极探索，勇于试验。在民族地区进行改革开放和现代化建设，没有现成的模式可以照搬，只有靠自己去实践。要大胆探索、敢于试验，看准了的就大胆地试。15年来，民族地区注意吸收各地的好经验，积极搞试点，探索推进内陆和民族地区改革开放的路子和办法。如甘肃临夏市、新疆昌吉回族自治州扶植非国有经济发展，云南德宏傣族景颇族自治州、广西北海市、吉林延边朝鲜族自治州的对外开放，内蒙古呼伦贝尔盟、乌海市的经济体制改革试验，湖北恩施土家族苗族自治州的农业综合开发试验，贵州毕节地区的扶贫开发、生态建设试验和黔东南苗族侗族自治州的林业改革等，都积累了宝贵的经验，取得阶段性的成果。

2.正确处理好改革、发展、稳定的关系。改革是动力、发展是目的、稳定是前提，处理好改革、发展、稳定的关系是民族地区改革中始终坚持的一个原则。改革与发展互相依存，只有通过改革，建立新体制，才能极大地解放生产力，保证国民经济持续、快速、健康地发展。实践证明，哪些地方改革搞得好，哪些地方发展就快；哪个时期改革搞得好，哪个时期发展就快。实行改革开放，需要有一个和平的国际环境和稳定的国内条件，这是顺利进行改革开放的前提。否则，如果社会不稳定、民族纷争，不仅改革开放无法进行，经济发展也会受到严重影响。15年来，民族地区改革开放和经济建设取得巨大成功，很重要的一条经验是始终保持了社会稳定和民族团结。在积极发展经济和改革开放的过程中，注意稳妥，避免大的损失和波动。同时要抓住改革的时机，不能一味地等待、观望。只有坚持改革和发展，才能从根本上保持稳定。

3.因地制宜，分类指导。民族地区改革要充分考虑整体性和统一性，保证对关系全局的宏观体制改革与全国一致。同时，在改革过程中也充分考虑民族地区地广人稀、经济发展和市场发育不平衡、地理和人文等的特殊性，在微观改革和实施办法等方面应允许不同于一般的地区，不搞"一刀切"和"齐步走"。坚持从实际出发，区别情况，分类指导，快慢得当，慎重稳进。与少数民族和民族地区密切相关的重大改革，必须重视各个地方和民族的特殊情况，先试点后推行。

总之，民族地区改革开放一定要把握历史时机，因地制宜地加大改革力度，坚持不懈地把改革推向前进，促进民族地区经济持续、快速、健康发展。

执笔　李钟协

不断调整产业结构，促进民族地区经济发展

国家民委经济司计划科技处

改革开放以来，民族地区经济建设取得了前所未有的巨大成绩，经济总量有了大幅度的提高，经济实力进一步加强。作为经济发展水平重要标志之一的产业结构也发生了巨大的变化。1993年，民族8省区完成国内生产总值2 938.3亿元，其中第一、二、三产业分别完成940.0亿元、1 213.0亿元和785.3亿元，三次产业的结构比例为1∶1.29∶0.84，一、二、三产业结构日趋合理。

一、民族地区产业结构的发展及特征

促进地区经济的合理分工、协调发展和大力调整产业结构，促进产业结构的合理化、现代化，是我国中长期经济发展始终坚持的两个重要原则。这对民族地区经济发展和加快产业结构的升级换代发挥了极为重要的作用。长期以来，国家根据民族地区的实际情况，在特殊政策的制定和增加投入力度等方面给予了一系列优惠。

在50～60年代和以"三线"建设为特征的60～70年代，国家根据当时的需要，在民族地区进行了一系列重点的投入，直接推动了民族地区的产业升级和结构转换，现代重工业和机械加工工业进入民族地区，并有了迅速的发展，形成了以重工业为主，即"超重型"的民族地区工业体系，实现了民族地区国民经济由以农牧业，即第一产业为主向以第二产业为主的历史性转变，民族地区的国民经济步入了工业化初级阶段。在这两个时期中，民族地区建成了以包头、石嘴山、克拉玛依、格尔木、昆明、玉溪、贵阳、六盘水、柳州等新兴工业城市为核心的现代工业基地，基础工业和基础设施长足发展，为民族地区在改革开放条件下实现高速发展打下了坚实基础。进入80年代以后，民族地区抓住机遇，发挥优势，经济发展走上了快速之路，加快了产业结构调整的步伐，使民族地区的产业结构发生了积极的变化。现在，民族地区已经形成了以冶金、机械、建材、石油、化工、电子、轻纺、烟草、制糖、食品等产业为龙头的现代化工业结构，工业在民族地区经济发展中占有重要的地位。1993年，全国民族地区实现工业总产值2 731.3亿元，占工农业总产值的67.5%。农、牧业生产持续发展，基础地位进一步加强。

分析解放以来民族地区的经济发展，其产业结构的发展变化大体表现为三个基本特征。一是从建国到60年代中期，以第一产业作主导、第二产业刚起步、第三产业是空白为基本特征。1965年，民族8省区社会总产值中一、二、三产业的比例是1∶1.1∶0.3，二是从60年代中后期到七十年代末期，以经济总量逐渐增加，第一产业徘徊前进，第二产业迅速发展，第三产业起步为基本特征。到1980年，民族8省区社会总产值中一、二、三产业的比例变化为1∶1.8∶0.3，第二产业比重明显上升。三是从80年代初期到现在，以经济总量迅猛发展，第一产业连年丰收，第二产业快速增长，第三产业蓬勃发展，比重大幅度提高为基本特征。13年的时间，第三产业在国民生产总值中的比重提高了11个百分点。

经过40多年的发展和建设，民族地区已经建成具有一定经济基础，门类齐全，结构趋于合理的国民经济体系。从总体上看，第一产业保持长期稳定的发展，牢固树立了在国民经济中的基础性地位，在第一阶段占经济总量的42%，在第二、第三阶段均占到32%，比重

保持在三分之一以上。第二产业实现了长期稳步发展，在国民经济发展中居于主导性地位，在国民经济中的比重，第一阶段占47%，第二阶段占57%，第三阶段占46%。改革开放以来，民族地区的第三产业取得较大的增长，在国民经济中的地位明显上升，由在第一、第二阶段中占11%，第三阶段上升到22%。特别是进入90年代以来，国民经济在快速发展的同时，产业结构调整的步伐加快，三次产业之间的比例关系逐步趋于协调、合理。

由于特殊的经济地理环境、地区的自然资源分布与开发、国家宏观产业结构调整和地区经济布局的影响，民族地区经济发展还存在一些问题，其主要表现在产业结构比较单一，重型化十分突出，产业、产品结构初级化明显，农村产业发展水平较低，企业组织关联度、专业化协作水平较差等几个方面。

二、继续调整产业结构，增强经济实力

合理的地区产业结构不仅对地区经济的发展，而且对整个国民经济的持续、快速、健康发展都会产生积极的作用。地区产业结构的调整，既要服从于全国产业结构的区域分工要求，又要能够充分发挥民族地区的自身优势。根据民族地区产业结构的现状和发展趋势，民族地区产业结构调整要坚持提高效益、协作发展、重点突出的原则，加快具有地区优势的主导产业的发展，以带动本地区经济的发展和繁荣。

党的十四大确定了建立社会主义市场经济的宏伟目标和蓝图，市场经济的建立和发展，为民族地区加快产业进步，积极调整产业结构提供了新的机遇和挑战。90年代，是民族地区实现产业升级，加快产业结构调整步伐的关键时期。民族地区要抓住市场经济发展的关键，发挥地区优势，把资源的充分开发和社会经济发展妥善结合起来，彻底改变民族地区经济相对落后的状况，使民族地区经济发展与全国大市场相协调、相适应。民族地区要发展农林牧业生产，加强草原牧区建设，提高畜牧产品商品率，发展生态农业，进一步巩固和提高民族地区农业的基础地位；积极发展交通、邮电通讯事业，加强能源和矿产资源的开发，发展第三产业，改善投资环境，提高对外吸引资金能力；综合开发、利用优势资源，逐步提高资源的开发深度，把提高经济效益放在经济工作的中心位置，在进一步加大优势资源开发规模的基础上，依靠技术进步，加强能源原材料初级产品的加工转换能力，延长产品链条，提高优势产业的规模经济和资源的附加价值，提高区内产业间关联度，提高能源原材料工业向其他产业的辐射力和浸透力，包括强化支农工业，为区内农业提供更多更好的生产资料。

执笔：胡毅力　张志刚

采取有力措施，促进民族地区财政经济发展

国家民委经济司财贸处

新中国成立以来，随着社会主义制度的建立和国民经济的发展，民族地区的财政状况有了较大的改善。特别是改革开放以来，在党的十一届三中全会路线方针指引下，在党中央、国务院的高度重视和正确领导下，经过各族人民的艰苦努力，少数民族地区财政经济发展进入了一个新的历史时期，取得了显著成果。

党和国家一直十分重视民族地区的财政经济发展问题，在社会主义建设的不同时期，从财政体制和财政

政策上都给予了积极的扶持，对促进民族地区政治、经济、科技、文化和教育等各项事业发展起了重要作用。早在1958年，全国人民代表大会就曾制定和颁布了《民族自治地方财政管理暂行办法》。这个以立法形式产生的预算管理法规，既体现了国家财政预算“统一领导、分级管理”的原则，又体现了民族自治地方享受一定的财政自治权的原则。以后，国家又在不同的发展时期，结合民族地区的特殊情况，继续在体制和政策上给予民族地区较多的优惠照顾。国家财政从1955年起就开始设立“少数民族地区补助费”，在1964年又设立“民族地区财政预备费”和“民族地区机动金”（按上年各项行政事业实际支出数5%设置）。据统计，仅这三项优惠政策，到1979年累计补助已达30多亿元。1980年实行“划分收支、分级包干”的财政管理体制时，以1979年预算数3.69亿元为基数，列入民族地区财政支出包干基数，以后随着财政经济的增长相应增加了这三项财政补助数额。

为了扶持民族地区的财政经济发展，在1980年开始实施“包干制”财政体制时，中央财政对民族地区实行定额补助制度，补助数额在1980年至1987年期间，每年递增10%。从1988年开始，国务院决定调整对民族地区的财政补助办法，将每年递增10%改为按1987年的补助数额固定下来，每年按定额给予补助。1980年至1991年，12年共补助800多亿元。

中央财政在专项拨款的分配使用上也非常注意对民族地区的照顾。从1980年起，中央财政设立“支援经济不发达地区发展资金”，民族地区是这项资金分配的重点，到1991年，中央财政共分配民族8省区近40亿元，占这项资金总数的一半以上。国家财政从1977年开始设立了“边境建设事业补助费”，分配给6个边境民族省区的资金近6亿元，占总数的58%。从1990年起，中央财政设置“少数民族贫困地区温饱基金”，专门用于扶持全国142个少数民族贫困县发展经济。

此外，国家还规定民族地区享受一些财政、税收的优惠政策。譬如在农业税税收政策上，对于少数民族生产生活困难的地区，按照社会减免的办法给予照顾。“七五”期间对民族8省区减免农业税1.5亿元。国家还专门设立专项扶贫贴息贷款（由中央财政贴息）和以工代赈资金，其中大部分用于少数民族地区。

国家的这些特殊政策措施的制定与实施，有力地促进了民族地区的财政经济发展。据统计，1993年民族8省区财政收入达464.2亿元，与1978年相比，平均每年递增15.7%，地方财力大大增强。

为了进一步理顺各级政府之间的财政分配关系，国务院决定从1994年起实行分税制财政管理体制，对贫困地区和少数民族地区又给予了相应的照顾和支持。当然，民族地区的财政工作也存在着不少问题，特别是在建立社会主义市场经济体制的过程中，在实施新分税制的过程中，还会出现一些新的情况和新的问题。这就需要我们继续努力探索，为促进民族地区财政经济发展作出新的贡献。

执笔：孙青友

发展民族贸易，促进民族用品生产

国家民委经济司财贸处

我国是一个统一的多民族国家，各个民族的生产生活方式客观上存在着不同的情况，具有着各种不同的特点和传统的风俗习惯。为满足少数民族群众的生产生活的特殊需要，我国历来把民族贸易和民族用品生产供应工作作为民族工作的重要组成部分，体现党的民族政策。发展民族贸易，促进民族用品生产，对加强民族团结，巩固国防，促进民族地区社会经济发展具有重要的政治和经济意义。在我国，民族贸易有其特殊的含义，其实质就是社会主义商品交换和商品流通在民族地区的特殊表现形式，它除具有一般商业本质外，还具有显著的民族特点和地区特点。而民族用品生产则是从尊重少数民族的风俗习惯和宗教信仰出发，为适应和满足各少数民族生产生活的特殊需要而专门组织的工业品的生产。我国的民族贸易和民族用品生产都是政策性很强的经济活动。

党和国家历来十分重视这项工作。早在50～60年代，针对少数民族地区经济贸易落后、商品奇缺的状况，我国政府就开始在少数民族地区积极开展民族贸易活动，解决了少数民族地区土特产品销售和生产生活必需品短缺问题，并使历史上存在的商品不合理比价问题也得到了较为彻底的解决，提高了少数民族地区人民的购买力，鼓舞了他们的生产热情，增强了他们对党的理解和信任，改善了民族关系。

我国在积极开展民族贸易和民族用品生产供应工作的过程中，逐步形成了一系列独特的促进民族贸易和民族用品生产供应的优惠政策，譬如深入人心的民族贸易“三项照顾”（即价格补贴、自有资金照顾、利润留成照顾）政策，就曾经发挥了积极有效的作用。后来，这些民族贸易和民族用品生产的优惠政策又得到逐步完善。特别是在“八五”期间，国家决定对426个民族贸易县（指由国家确定的享受民族贸易政策的县）的商业、供销、医药企业和2 300多家民族用品定点生产企业在信贷、投资、税收和商品供应等方面给予优惠照顾，并设立专项贴息贷款用于民族贸易网点建设和民族用品生产企业的技术改造，取得了较好的效果，促进了民族贸易和民族用品生产的进一步发展。据不完全统计，1993年，全国民族自治地方社会消费品零售总额达921.5亿多元，国内商品购进总额达1 056.6亿元，民族地区呈现了市场繁荣、生活安定的喜人景象。1990年民族用品生产产值已达30多亿元，比1980年增长了近3倍。目前，全国2 300多家民族用品定点生产企业，能够生产4 000多种产品，其中省部级优质产品有600多种。产品不仅基本满足了国内少数民族群众生产生活的特殊需要，而且部分产品还能够出口创汇。

当然，也勿庸讳言，我国的民族贸易和民族用品生产供应工作还有不完善的地方，经济运行中存在的问题也不少，特别是在建立社会主义市场经济体制的过程中，还会出现一些新情况和新问题，这就要求我们加强调查研究，继续努力做好这项工作，为促进民族团结进步事业作出新的贡献。

执笔：孙青友

开放正未有穷期

国家民委经济司外经处

经过建国45年的建设和我国改革开放15年宏观环境的锤炼，民族地区大胆探索，勇于实践，已走出一条以边贸为先导，以开放促开发，以开发促发展的独具特色、灵活多样的改革开放之路。使民族地区进出口贸易不断增长，利用外资不断增加，三资企业不断涌现。目前，民族地区已形成海陆齐放、东西互补、内陆进行各种形式的改革开放试验的多方位开放格局，软硬投资环境亦大有改观。

民族地区，拥有海岸线1 600多公里，是全国海岸线的十一分之一。广西北海市（含防城）为东部沿海14个开放城市之一，现已建成北海港、防城港和钦州港三个深水良港，有万吨级码头10多个。仅防城港年吞吐量就达600多万吨。大西南是我国少数民族聚居地区之一，北海和防城已成为大西南重要的出海通道。

民族地区的沿边优势更为突出，民族自治地方现与朝鲜、俄罗斯、蒙古、哈萨克斯坦、吉尔吉斯斯坦、塔吉克斯坦、印度、巴基斯坦、尼泊尔、阿富汗、锡金、不丹、缅甸、老挝、越南15国相邻，拥有陆地边境线1.9万公里，占全国陆地边境线的86%；在全国陆地边境县中，民族自治地方有112个，占全国陆地边境县的79%，在国家级陆地边境口岸中，民族地区占40个，约占全国陆边口岸总数的77%。民族地区还拥有地方口岸近200个。此外，还有两个国际机场（昆明、乌鲁木齐），两个特殊机场（桂林、南宁），特别是经过建国以来的建设，陆边地区的陆路交通条件已大有改观：有经过内蒙古满洲里通往俄罗斯的宾洲铁路；有经过内蒙古二连浩特通往蒙古人民共和国的集二铁路；有通过新疆阿拉山口连接从连云港到荷兰鹿特丹欧亚大陆桥的北疆铁路；有经过广西凭祥通往越南的湘桂铁路；有从云南河口到越南海防的滇越铁路；还有通往印度、巴基斯坦、尼泊尔、缅甸等国的十多条公路，数十个渡口，上百条通道，以及连接中朝的铁路、公路等。还有澜沧江等国际河流。

改革开放以来，民族地区沿海开放市县有7个：北海、梧州、合浦、仓梧、玉林、钦州、防城；陆地边境开放市县有11个：内蒙古满洲里、二连浩特，吉林珲春，新疆塔城、博乐、伊宁，云南瑞丽、畹町、河口，广西凭祥、东兴；开放省会城市7个：内蒙古呼和浩特、新疆乌鲁木齐、青海西宁、云南昆明、贵州贵阳、广西南宁、宁夏银川；边境经济合作区3个：内蒙古满洲里和二连浩特、吉林珲春；农村经济改革试验区2个：内蒙古镶黄旗，广西玉林市；高新技术产业开发区1个：广西桂林市；改革开放试点单位7个：内蒙古呼伦贝尔盟、乌海市、吉林延边朝鲜族自治州、新疆伊犁哈萨克自治州、甘肃临夏回族自治州、青海格尔木市、贵州黔东南苗族布依族自治州。上述开放格局的形成有效地促进了民族地区经济发展，1993年民族8省区进出口总额达57亿美元，比上年增长23.9%，边贸进出口总额已达50亿美元。利用外资11.9亿美元，比上年增长2倍多。

纵观民族地区对外开放的全局，尽管从开放时间层次到具体内容上都与全国特别是东南沿海地区差距甚大，但开放之门已经打开，开放之路已经铺就，对外开放的阶段性成果已经取得，面对新的机遇和挑战，民族地区将以新的姿态跃上对外开放的新台阶。

执笔：杨　帆

制定优惠政策，推动扶贫攻坚

国家民委经济司扶贫办公室

自从开展有组织、有计划的大规模的扶贫工作以来，党和政府十分重视对少数民族贫困地区的扶持和开发，针对少数民族贫困地区的特殊情况，在国家对一般贫困地区的扶持政策的基础上，制订了一系列的特殊优惠政策。

一、放宽了少数民族贫困县的扶持标准

1986年，国务院确定国家重点扶持的贫困县的标准是：一般贫困地区1985年全县农民人均纯收入150元以下，但对革命老区和民族自治地方放宽到200元（牧区300元）以下。全国通过放宽标准而列入国家重点扶持的贫困县有62个。其中，民族自治县、旗有51个，占82%。

二、实行更加宽松的产业政策和休养生息政策

经审批允许根据当地的特点和优势对国家的产业政策作某些补充；对个别少数民族特困户适当延长还

款期限、停止逾期罚息，允许停息挂账；核定贫困县上交税收基数，超收全留等。

三、加强对少数民族贫困县干部的培训和智力投入

国家有关部门对全国142个国家重点扶持的少数民族贫困县的县长、扶贫办主任以及这些县的每个乡镇的2名乡镇干部轮训一遍。国家有关部门联合各民主党派、工商联，开展对少数民族贫困地区的智力支边活动，重点帮助贫困程度最严重的广西左右江地区、贵州黔西南州、毕节地区培训人才、制订规划、进行项目论证和咨询、提高项目管理水平等。

四、重视对少数民族贫困地区特殊情况和政策的研究

针对我国贫困牧区的特殊情况，1987年，国务院召开了全国牧区工作会议，专门研究牧区发展和扶贫工作的问题，确定了27个重点扶持的牧区贫困县(其中26个是民族自治县、旗)；1989年，国务院批转了国家民委、国务院贫困地区经济开发领导小组《关于少数民族地区扶贫工作有关政策问题的请示》，召开了全国少数民族地区扶贫工作会议，这是国务院首次召开的全国性扶贫工作会议，有力地推动了少数民族贫困地区的扶贫工作。

五、在扶贫资金、物资的投入上，向少数民族贫困地区作适当倾斜，用特殊办法解决少数民族贫困地区的特殊困难

除了在国家统一安排的扶贫资金、物资的投放上，强调把西北、西南的少数民族贫困地区作为投放重点外，国家还安排了一些特殊的项目和投入，用于解决少数民族贫困地区的特殊困难。

1.“三西”地区农业综合开发。针对甘肃定西地区、河西地区和宁夏的西海固地区(简称“三西”地区)干旱缺水、生态破坏严重、农民生活贫困的实际状况，国家从1983年起到2000年，由中央财政每年拨出2亿元专款，设立“三西”地区农业建设资金。经过10年建设，到1992年，“三西”地区的农业总产值已经翻了一番，人均占有粮食从150.5公斤提高到270.5公斤，初步解决了100万个农户的温饱问题，贫困户占总人口的比重从75%下降到10%。

2.“温饱工程”。为了解决高寒山区和干旱地区严重缺粮的问题，国家从1989年开始，在17个省区的335个贫困县推广杂交玉米和地膜覆盖增产技术。一般情况下，每亩推广成本60元左右，可增产粮食150～250公斤，项目区内玉米平均单产都超过了全国平均水平。到1991年，这一计划共增产粮食50亿公斤，解决了1500万贫困农民的口粮问题。由于高寒山区和干旱地区主要在少数民族贫困地区，国务院要求这一计划要逐年覆盖所有适合种植地膜玉米的少数民族贫困县，新增种植计划要优先考虑少数民族贫困地区的需要。

3.“以工代赈”计划。自1984年至1992年，国家和地方为了实施这项计划，已经拿出了价值94亿元的粮、棉、布和中、低档工业品，国家在安排“以工代赈”资金时，特别强调将中、西部地区和少数民族贫困地区作为投放重点。

4.“温饱基金”。从1990年开始，国家设立了“少数民族贫困地区温饱基金”，专门用于扶持142个国家重点扶持的民族自治地方贫困县。自1990年至1993年，共安排温饱基金总额2.13亿元，安排扶贫开发性项目221个，这些项目覆盖了民族自治地方贫困县中的117个，占82%。预计可使约30万贫困群众解决温饱，使约100万贫困群众不同程度的增加收入。

5.引进外资，大胆利用国际援助扶持少数民族贫困地区。从1990年开始，国家民委与有关部门互相配合，组织实施了亚洲开发银行旨在援助“中国西南部分少数民族贫困地区乡村发展规划”的TA1356项目，完成了广西、云南、贵州3省、区6地、州的技术援助规划，建立了扶贫模拟试验点，摸索出一条利用国际援助扶贫的路子。

通过多年的扶持，少数民族地区的贫困面貌有了很大的改变。1993年，民族自治地方农牧民人均纯收入696元，比1984年的311元增长123.8%；1992年国家重点扶持的142个少数民族贫困县，农村人均纯收入达到390.7元，比1985年的180.4元增加210.3元，增长1.2倍。一些集中连片的少数民族贫困地区也已基本解决了温饱问题，比如：武陵山区4个地、州，1990年农民人均纯收入由1985年的251元增加到335元。尤其是历史上“苦瘠甲于天下”的宁夏西海固地区，农村人均纯收入由1983年的126.5元增加到1992年的364元，人均占有粮食由92.8公斤增加到231公斤。

但是，由于经济的和非经济的诸多因素的制约和影响，少数民族贫困地区扶贫工作面临的形势依然十分严峻，主要表现在：一是少数民族地区不仅贫困面大，而且贫困程度最为严重。在列入“国家八七扶贫攻坚计划”的592个贫困县中，民族自治地方有257个，占43.4%。二是少数民族贫困地区解决温饱的速度更

慢，与全国贫困地区的差距正在逐步拉大。从1985年到1988年，全国贫困县农民人均纯收入年递增10.7%，而少数民族贫困县年均递增9.9%，相差0.8个百分点；同期全国贫困县中未解决温饱的贫困人口减少了60%以上，而少数民族贫困县仅减少29%。三是少数民族贫困地区条件最差，因而扶贫工作的难度最大。少数民族贫困地区主要分布在石山区、高寒阴湿地区和干旱荒漠地区。这些地区在区位上又大多处于边境地区或省区边缘，距中心城市和商品集散地十分遥远，恶劣的自然条件，封闭的区位环境，落后的基础设施，使扶贫工作不仅见效慢，而且不稳定，返贫率高。

面对困难，当然也应当看到有利的条件，这就是，社会主义市场经济体制的建立，为少数民族贫困地区经济的全面增长提供了良好的契机。同时，经过前一阶段的扶持，使少数民族贫困地区的基础设施和基本生产生活条件大为改善，随着国家“八七扶贫攻坚计划”的实施和今后在扶贫资金、物资上进一步强化投入，加上少数民族贫困群众脱贫致富的迫切愿望和坚定决心，我们坚信，少数民族贫困地区一定能够如期实现脱贫致富的目标。

执笔：彭泽昌

第三部分　民族经济发展

迈上新台阶的首都民族经济

北京市民族事务委员会

改革开放以来，北京的民族工作在“为中央服务，为首都少数民族服务，为支援边疆服务，为来京少数民族服务”的方针指引下，积极依托城市功能，发挥首都民族工作优势，取得了显著成效，少数民族生活水平日益提高，民族经济等各项事业空前发展。

北京是56个民族的大家庭，少数民族人口有41.4万人，占全市人口总数的3.8%，在一些区县有少数民族较集中的街道、乡村，表现为小规模的聚居。城区有12个少数民族聚居街道，郊区有5个民族乡和96个民族村。

1993年，京郊5个民族乡农村经济总收入达2.9亿元，纯收入9 135万元，人均所得1 843元，分别比1985年增长了4.4倍、2.2倍和2倍。枣林庄、窦店、新街、西红门九队、沙河镇南一村5个民族村年产值超亿元，跻身京郊经济先进村行列。房山区窦店村刚解放时，农民生活贫困，曾有“破集烂镇穷窦店”之称，十年动乱期间，劳动日值仅一角钱，改革开放以来，在全村各族群众的共同努力下，脱贫致富，成为“社会主义现代化新农村的雏形”，1993年经济总收入1.6亿元，是1977年的159倍。几年来，民族乡村适度规模经营程度和机械化水平逐步提高，绝大多数平原民族乡村已基本达到了农业机械化作业。在继续发展高效农业的同时，民族乡村积极调整产业结构，发展乡镇企业。地处北京最北端的喇叭沟门满族乡利用本地资源优势，与河北联合开发小白桦饮料即将投产，年产值将达5 000万元。到目前，民族乡村通过内引外联，兴办三资企业近20家，其中，大兴县西红门九队与香港兆真贸易公司共投资100万美元，兴建“北京星光影视器材有限公司”，生产的影视照明设备遍布全国各地，产品跻身中央电视台，经济效益非常可观。民族乡镇企业在向外向型发展的同时，注重上规模、上档次，通县枣林庄村开办的集装箱厂，是华北地区重要的集装箱生产企业，房山区新街村建成年产50万吨生产能力的水泥厂。

在城市，民族经济同样得到突飞猛进的发展。如著名的回族聚居区牛街，据建国初期对634户的调查，有498户生活困难，占总户数的78.5%，而今早已脱贫致富。1992年，牛街街道将所属70多家分散经营的企业、店铺组织起来，成立了城南民族实业公司，发展规模经济，已初见成效，1993年，公司下属的宝艺斋工艺品厂与马来西亚伊克拉控股私营有限公司共投资100万美元，建立了宝艺工艺美术有限公司。

民族用品定点生产企业积极转换机制，兴办第三产业。北京地毯一厂在1992年建起了合资企业北京兴华民族装饰艺术品有限公司，1993年又在亚运村附近建起了地毯商城，成为北京重要的地毯集散市场，商城内设“中华民族艺苑”，经营品种丰富的民族用品，受到少数民族的欢迎。

少数民族饮食、副食网点在京城遍地开花，现已达到2 500家。回、满、蒙古、朝鲜、藏、维吾尔、壮、傣等各民族风味餐馆都已在京安家落户。1993年，清真饮食网点已达2 134家，比1980年的422家增长了4.1倍。清真食品生产、加工企业103家，少数民族生活食品供应得到充分保证。

北京市民委于1993年成立了北京市民族实业总公司，公司下属穆斯林大厦、宗苑房地产开发公司、有朋国际旅行社、雍和宫旅游服务公司等12个企业。全公司资产共达1.7亿元，职工600多人，1993年经营额8 800万元，利润约700万元。北京穆斯林大厦已与香港裕华国产百货有限公司合资，引进资金1 062万美元，同时，双方还将共同投资兴建占地面积0.9公顷的民族商城。宗苑房地产开发公司与香港中建集团有限公司签订了开发王府井H2地区协议书，引进资金4.2亿元人民币。

1993年6月，北京市民委与有关部门合作，成功地召开了“93中国北京国际穆斯林经贸洽谈会”，接待了25个国家和地区的300多名客商，达成经济合作协议5项，协议引进资金12亿元人民币，贸易成交6.5亿元人民币和1 412万美元。“穆洽会”邀请了民族地区的企业参展，有效地支援了民族地区的经济发展，仅甘肃省就与外商达成成交额5 000万元。

北京，是全国各族人民的首都，城乡民族经济的发展带动了其它各项事业的提高，对全国各地起到很好的辐射作用。如今，北京41万少数民族人民正在为市委市政府提出的提前三年实现小康的宏伟目标而奋斗着。

执笔：赵　书　金恒绩　戴海峰

发挥优势　扬帆前进

天津市民族事务委员会

天津是一个多民族散居的大城市。改革开放十多年来，特别是1992年中央民族工作会议以来，天津少数民族经济在深化改革、扩大开放中，充分发挥天津市的优势，乘风而上，扬帆前进，出现了蓬勃发展的好势头，少数民族同胞称之为“民族经济的春天”。

一、以民族食品业为主体的城镇民族经济发展迅速

天津的民族食品，特别是清真食品历来享有盛誉。据1993年不完全统计，全市各类民族食品企业和个体工商户共有3 260家，比1991年的1 250家增长154%。而且，在结构、分布和档次等方面都发生了可喜的变化。一是清真饮食行业发展迅速。截止1993年末，全市清真饮食业共有2 100家，比1991年的610家增长了244%；二是私营、个体食品业发展很快。全市现有私营、个体食品工商户2 510家，比1991年的793家增长了216%；三是网点布局更趋合理，民族食品网点分布与少数民族人口分布的疏密基本协调。如回、维等少数民族比较集中的市内六区，清真食品网点就有1 900多家，占全市清真食品网点总数的59%，这同市内六区少数民族人口占全市少数民族总人口57.7%的比例基本相当；四是涌现出一批独资、合资的民族食品企业。不但为民族传统食品上规模、上档次、上水平开辟了新路，而且大大丰富了民族食品的花色品种，市场前景很好。

与此同时，少数民族聚居的街道里巷的社区民族经济日益活跃，既方便了少数民族群众的生活，又解决了大批少数民族青年的就业问题，成为全市社区经济的重要组成部分。

二、以乡镇企业为龙头的农村民族经济稳步前进

全市2个民族乡和56个民族村凭借靠近中心城市的诸多优势，大力兴办乡镇企业。目前，民族乡、村所办各类集体企业共有250多家，比1991年的173家增长了45%。同时，私营、个体企业迅猛发展，已达到640家，成为民族乡镇企业的一支新军。据对56个民族村办的集体企业统计，1993年工业总产值达到4.1亿元，工业总收入1.5亿元，分别占民族村社会总产值和社会总收入的58%和50%。在乡镇企业比较发达的几个民族村，这个比例已分别达到90%以上。乡镇企业已经成为民族乡村经济的主业，乡镇企业收入已经成为

民族乡村经济收入的主要来源。特别可喜的是，随着全市改革的深化和经济的振兴，在少数民族乡村中，开始出现了几家实力雄厚、技术先进、较有名气的年产值在数千万元乃至亿元的大型股份有限公司和集团公司，成为全市民族乡镇企业发展的排头兵。

民族乡村经济的发展，为少数民族群众生活水平的提高提供了可靠的保障。1993 年全市少数民族乡村年人均纯收入达到1 310元，比 1991 年的983元增长了33%，开始稳步奔向小康。

三、以经济协作交流为中心的对内对外开放不断扩大

改革开放以来，特别是 1992 年以来，天津的民族经济工作按照开创“立足天津，面向全国，沟通内外”的新格局的要求，以甘肃、西藏等民族省区为基点，积极开展与民族地区的经济交流和协作。各级政府、工业、商贸部门和企业，本着“自愿互利、优势互补、共同发展”的原则，同民族地区开展了多层次、多渠道、多形式的经贸活动。不少区、县同民族自治州、县建立了长期稳定的经贸合作友好关系。1992 年以来，市长、副市长亲自率团赴“三北”地区和西南民族省区考察市场、洽谈贸易，把天津同民族地区的经济交往推向了新的水平。同时，利用天津少数民族，特别是朝鲜族、蒙古族等跨界民族同韩国、蒙古等国家和地区在语言、习俗、亲缘等方面特殊关系和优势，通过建立朝鲜、蒙古等民族联谊会，进而建立相应的经济实体为媒介，加强与这些国家和地区的经贸联系和交往，为天津的经济建设引进资金、技术、人才和项目。据对 15 位朝鲜族联谊会的骨干成员统计，经他们牵线搭桥，共促使韩国在天津建厂 34 家，引进资金1.2亿美元和0.4亿日元，促成进出口贸易总额0.7 亿美元，邀请来津考察、洽谈商贸的外国客商250人次。

天津现有的 5 家民族用品定点企业克服原材料涨价、资金不足、设备陈旧等困难，坚持在竞争中求生存，在巩固中求发展，保质保量地完成了国家下达的藏式礼帽、牧民雨衣和酥油壶等生产任务，所有这些产品，都被国家民委、轻工部和商业部评定为优质产品。

天津民族经济发展，一刻也离不开各级党委和政府的高度重视和亲切关怀。近两年来，仅市委、市政府就联合召开两次专门会议，市长、书记多次亲自听取汇报，解决实际问题，不仅从政策、措施、资金等方面为民族经济的发展提供了良好的基础和条件，而且及时指出了各个时期民族经济工作的方向和目标。

执笔：农笔耕　周晓军

坚持改革开放　促进经济腾飞

河北省民族宗教事务厅

河北是少数民族较多的省份之一，全省有少数民族 240 多万人，有 6 个自治县。建国 45 年来，特别是党的十一届三中全会以后，河北认真贯彻落实党的各项民族政策，积极发展少数民族经济，改善少数民族群众的生产、生活环境，使全省少数民族和民族自治地方经济和社会发展等各项事业都取得了很大的成绩。

一、农业基础地位得到巩固和加强

1993 年，全省民族自治地方对农业生产实行了倾斜政策，积极推进各种形式的农业社会化服务体系建设，调整农业生产结构，使农业生产朝着高产、优质、高效方向发展，种植结构更趋合理。随着农业投入的增加，抗旱、涝、雹、虫等多种自然灾害的能力明显增强，

粮食生产获得了较好的收成，粮食总产量达59.7万吨，比上年56.7万吨增长5.4%；油料总产量1.4万吨，比上年增长38.3%。

二、第二产业健康发展，总体水平明显提高

1993年，全省民族自治地方加快转换企业经营机制的步伐，市场机制作用增强。在一手抓农业基础建设的同时，强化第二产业建设，抓投入，上项目，强管理，增效益，促进了第二产业的发展。工业总产值达到14亿元，比上年增长31.9%，是改革开放以来增长辐度最高的一年。主要工业产品产量都呈上升趋势，其中原煤产量由上年的19.9万吨，增长到1993年的20.8万吨。

乡镇企业整体推进，重点突破，出现超常发展。企业个数由上年4万个，发展到4.4万个。

三、发展第三产业，形成多种经济形式并存的产业群体

通过挖掘内部潜力，1993年完成固定资产投资5.9亿元，比上年增长64.1%。商业网络初具规模，市场繁荣，购销稳定增长。全年社会商品零售额达到10.9亿元，按可比口径计算比上年增长4.5%。

对外贸易，引进外资有较快发展。全省民族自治地方采取了一系列开放搞活的措施，使对外经济贸易增长较快。丰宁满族自治县1993年出口商品总值2 213万元，比上年增长23.4%；宽城满族自治县1993年签定外资项目协议6项，引进外资额达1 649万美元；青龙满族自治县1993年出口商品创汇总额达到650万美元，比上年增长25%。全省民族自治地方实际引进外资2亿元。

四、财政收入有所增加

1993年全省民族自治地方始终把开源增收放在各项工作的首位，保证了全年财政收入任务的完成，1993年财政收入1.6亿元，比上年增长29.1%。其中大厂回族自治县1993年财政收入首次突破3 000万元大关，人均财政收入达到300元，在全省各县、市名列前茅。虽因基础设施建设欠帐较多，政策性增支因素过大等原因，造成财政收支矛盾仍较突出，但补贴县的赤字明显减少，自治县财政紧张状况得到了某种程度的缓解。

五、民族教育、卫生事业有相应的发展

教育事业成绩显著，教学条件在逐步改善，职业技术教育蓬勃发展起来。现有普通中学212所，中等专业学校4所，农业职业中学17所，小学校1 672所，成人教育学校407所。学龄儿童入学率已达99%。初中升学率达70%。

医疗卫生条件逐步改善，医务人员素质普遍提高，到1993年底，共有卫生机构391个，医务人员4 418人，每千人拥有医疗床位1.8张。

六、扶贫工作取得显著成绩，人民生活水平有明显改善

全省民族自治地方中，除大厂回族自治县外，其他5个自治县都为贫困县。几年来，通过落实扶贫资金，搞扶贫项目，大力发展乡镇企业和种养业，使60%摆脱了贫困。1993年，全省民族自治地方人均收入达570.7元，比1978年的82.3元净增488元，翻了两番多。

执笔：王雪萍

做好少数民族工作　促进山西稳定发展

山西省民族宗教事务局

山西地处黄河中下游，是中华民族的发祥地之一，历史上就是多民族散居杂居地区，早在明清时期就有回族、满族、蒙古族等少数民族居住，他们与汉族共同创造中华民族文明。新中国成立后，随着党和国家民族政策的贯彻落实，山西的少数民族人口逐年增加，由1949年1.7万人增加到1993年底的9万人，少数民族成份也由1949年的12个增加到45个。山西少数民族大散居小聚居，分布在全省的118个县(市、区)，有58个回族聚居村和50个回族相对聚居的城市街道居委会。少数民族城市人口较多，有7万多人，主要分布在太原、长治、大同、阳泉、晋城、榆次等城市。党的十一届三中全会以来，山西少数民族在政治、经济、文化、教育、体育等各方面都发生了根本变化。

少数民族的平等权利得到保障。在山西省的各级人大和政协中有少数民族代表和委员376人，其中省人大代表12人，省政协委员15人，他们与汉族同志共商兴晋富民大计。近十几年，根据国家有关规定，为1 000多人恢复了少数民族族别；全省受省级以上表彰的民族团结进步先进集体52个，先进人物147人。

少数民族经济得到很大发展。改革开放以来，山西省少数民族企业的发展已成为当地经济的重要组成部分。在城市，清真食品生产经营企业增多，其中国有和集体企业200多个，个体经营者逾千个，他们为活跃城乡市场，解决少数民族生活的特殊需要，发展市场经济起到了积极作用。在太原、长治、晋城、临汾等回族较集中的地方，涌现出一批象长治回民化学厂、长治市穆斯林实业公司、晋城鑫元实业公司、翼城晋阳民族彩印厂等少数民族企业。1993年这些少数民族企业总产值近5亿元。近几年成立的山西省民族经济贸易总公司、山西省民英实业公司、山西省民族宗教旅行社、太原市民族实业开发公司等一批经济实体，给山西省少数民族经济的发展开辟了新的领域。在全省国有企业中，有近百家企业的厂长(经理)由少数民族同志担任，他们以自己卓越的才能领导企业深化改革，发展生产，为繁荣山西经济做出很大贡献。其中，太原市古交钢铁厂厂长周凤玉(满族)、大同五交化批发公司总经理马铎(回族)、山西省潞华集团公司总经理马俊林(回族)于1992年被国家民委评为“全国少数民族优秀厂长(经理)”。山西的回族聚居村多数地处交通沿线，他们以城镇为依托，大力发展集体和个体经济，人均收入达到或超过当地平均水平。一些地处偏僻的回族村因地制宜发展养殖业、种植业，群众经济收入提高，初步实现脱贫。

少数民族文化教育事业受到重视。为了提高少数民族的文化素质，近十年山西各级民族工作部门和教育部门先后投资300多万元，帮助13所回族小学改善办学条件。在普通高校、中等专业学校招生中，实行对少数民族考生降分录取的倾斜政策，为培养更多的少数民族人才起到促进作用。同时，努力做好在山西的西藏班的工作，为发展西藏的教育事业服务。1991年以来，山西参加全国少数民族知识和少数民族体育、歌手、普通话等大型比赛，都获得了优良成绩，促进了山西民族团结进步事业的发展。

少数民族干部和科技人才脱颖而出。目前，全省各级党政机关和企事业单位有少数民族干部和科技管理人才2 880人，其中厅局级干部12人，县处级干部58人；具有高级技术职称的300余人；获省部级和国家级科技进步奖的82人；荣获全国劳动模范和先进个人称号的17人。

执笔：刘戊忠　魏慈惆

雄鹰展翅 骏马腾飞

内蒙古自治区民族事务委员会

内蒙古辖8盟、4市,100个旗、县(市、区),其中有鄂温克、鄂伦春、达斡尔族三个自治旗。1993年末,全区有人口2 232.4万人,其中蒙古族356.56万人,达斡尔、鄂温克、鄂伦春、满、回、朝鲜等47个少数民族共有83.26万人。内蒙古地跨"三北",东与黑龙江、吉林、辽宁为邻,南与河北、山西、陕西毗连,西与宁夏、甘肃交界,北与蒙古国、俄罗斯接壤,有国境线长达4 200公里。

内蒙古地域辽阔,物产丰富,东林、西铁、南粮、北牧,遍地是宝。118万平方公里土地上有耕地近8 000万亩,13亿亩草原,森林面积2.4亿亩,淡水水面1 200万亩,全区探明的矿产资源有70多种。其中稀土、铌、锆、铍、煤、盐、碱、石膏土及优质建筑原料储量最大,在全国占有重要地位,稀土的储量占全国探明储量的90%以上。煤田遍布全区,已探明储量1 974.2亿吨,仅次于山西,远景储量1万亿吨,居全国第二位。列入国家长期发展的五大露天煤矿有4个在内蒙古。

内蒙古自治区1947年5月1日成立于乌兰浩特市,是我国建立最早的自治区。建立47年来,特别是建国45年来,在党的民族政策的光辉照耀下,勤劳勇敢的内蒙古各族人民坚持社会主义革命和建设,走各族人民共同发展和繁荣的道路,用辛勤的劳动、巨大的成就写下了历史的新篇章。经济、社会发展取得了令人瞩目的成绩。工农业生产迅猛发展,人民生活稳步提高。文化教育等社会事业日新月异。1993年,全区国内生产总值达455.2亿元,按可比口径计算比上年增长10.6%,比1978年增长2.5倍,比1949年增长30多倍;工农业总产值达700亿元,比上年增长8.6%,分别是1978年的3.4倍,1949年的24.2倍;财政收入达56.1亿元,比上年增长43.5%,是1978年的8.1倍、1949年的759倍。

一、农牧业生产稳步发展

自治区成立47年来,整个农村、牧区经济发生了深刻的变革,农牧业生产在曲折中稳定的发展。党的十一届三中全会以后,自治区较早地实行了家庭联产承包责任制,调动了广大农牧民的生产积极性。粮食生产结束了长期徘徊、人均下降的局面,连创历史新记录。1993年粮食产量110.8亿公斤,又创历史最高水平,人均占有粮食近500公斤,居全国第三位,比上年增长5.9%,是1978年的2.2倍、1949年的5.2倍,人均占有粮食比1978年增长72%。油料生产获得了突破性发展,1993年产量达72.6万吨,是1978年的5.8倍,1949年的8.1倍。

畜牧业生产也取得了巨大成就,解放后,自治区党委在牧区实行"三不""两利"政策,保护生产力,1947年至1956年间牲畜头数每年递增10.8%,到1993年牲畜头数达5 577.7万头只,比上年增加19.4万头只,比1978年增加1 415.4万头只,是1949年的5.3倍。

乡镇企业从无到有,1993年完成现价总产值203亿元,比1992年增长97%。

由于农牧业生产的稳定发展,农牧民生活也逐年得到提高,1993年全区农牧民人均纯收入达到829元,比上年增加110元。其中:牧民人均纯收入1 164元,农民778元。1993年农牧民人均纯收入比1978年增加698元。1993年有50万人(10万户)解决了温饱问题,占贫困户总数的8.3%。

二、工业生产日新月异，固定资产投资成就显著

自治区成立47年来，工业经济发生了翻天覆地的变化，彻底改变了昔日"一穷二白"的落后面貌。解放前内蒙古地区没有什么象样的工业，1947年工业总产值仅0.54亿元，只有一些照明、煤炭、木材采伐、采盐、皮毛加工、碾米磨粉等零散简陋的工业生产和手工业作坊。现在已发展到拥有钢铁、煤炭、电力、建材、化工、森工、机械、电子、纺织、食品等门类比较齐全，形成一定现代化程度的工业经济体系。1993年工业总产值达505亿元，主要工业产品产量几十倍上百倍的增长。1993年钢产量达344.9万吨。比上年增长12.1%，是1978年的3.5倍，1958年的493倍。1993年原煤产量5 147.4万吨，比上年增长7.1%，是1978年的2.3倍，是1949年的112倍。电力工业正在飞速发展，1993年发电量达234.8亿度，比上年增长6.1%，分别是1978年和1949年的6.2倍和1 806倍。其他如毛纺织品、木材、原盐、玻璃、食糖等产品也均有巨大的增长。

新中国成立以来，全区各族人民在国家的支持下，统筹安排资金，积极发展各项建设事业，1950年至1993年全社会固定资产投资共达1 117.2亿元，其中基本建设投资累计达711.67亿元。特别是1993年全社会固定资产投资达210.6亿元，比上年增长41.1%(扣除价格因素，实际增长13.8%)，是历年投资最多的一年。其中1993年基本建设投资达131.4亿元，比上年增长43.8%，是1978年的9.4倍，是1952年的509倍。新增了大批生产能力和社会效益，为内蒙古国民经济和社会文化、教育、科研、卫生、福利等各项事业的协调发展打下了一定的物质和技术基础，初步改变了自治区经济贫困、文化落后、交通不便的状况。

三、内外贸易繁荣兴旺，利用外资、对外经济工作步伐加快

新中国成立后，随着经济的发展，内蒙古各族人民生活水平提高，内贸日渐繁荣，外贸规模不断扩大。1993年全区社会商品零售总额达219.7亿元，比上年增长17.5%(扣除物价因素，实际增长4.9%)，分别是1978年的6倍，1949年的201倍。1993年各种经济类型商品零售额全面增长，生产资料市场进一步发育成长，在改革开放的新形势下，国有商业企业有60%推行"国有民营"，全区集贸市场达1511个，全年城乡集市贸易成交额达45.5亿元，比上年增长47.5%。

对外贸易也由小到大，自治区成立初1948年出口总值只有58万美元，虽然逐年有所增加，但比较缓慢，到1978年出口额仅达到1 026万美元。十一届三中全会以后内蒙古各族人民在"对内搞活、对外开放"的方针指引下，充分利用边贸优势，大力增加进出口贸易，1993年进出口总额达12亿美元，比上年增长28.5%，其中，进口5.5亿美元，出口6.5亿美元。1993年进出口总额分别是1978年的63倍，1949年的241.6倍。

利用外资步伐和对外经济合作逐年加快，1993年新签利用外资项目413个，比上年增加137项，合同金额3.6亿美元，增长1.2倍。截至1993年末在内蒙古注册的"三资"企业达734家，比上年末增加408家。

1993年全区共签订对外承包工程和劳务合作项目143项，合同金额1.2亿美元，完成营业额6 754.6万美元。全区在境外投资办企业83家，投资额1 896.4万美元，外派各类劳务人员8 829人次，接待国外游客10.6万人，创汇237.9万美元。

四、生机勃勃的教育、科技、文化、体育、卫生等社会事业

解放前的内蒙古不仅经济十分落后，各项社会事业也很不发达，自治区成立后，经过47年的艰苦创业，整个教育文化等社会事业已初具规模，呈现出生机勃勃的繁荣景象。

教育事业成就巨大，普通高校从无到有，1993年有高校19所，在校生达3.7万人(其中少数民族8 590人)，比上年增加5 511人，是1978的3.1倍，1952年的60.5倍。普及义务教育继续稳步发展，小学生在校生达236万人，是1949年的6.7倍，学龄儿童入学率达98%。中等教育及中等专业教育、成人教育也取得巨大成就。

民族教育得到了"优先、重点"的发展，到目前已初步形成了从初等到高等教育的民族教育体系。40多年来，少数民族学生增长速度均高于全区学生总数的增长速度，各级各类学校少数民族学生比重一般都高于其人口比重。

47年来，内蒙古科技事业从无到有，从小到大，蓬勃发展，人才辈出，硕果累累。到1993年末，全区国有单位各类专业技术人员达45.5万人，比上年增加1.9万人；全区从事技术开发、转化、咨询、服务的机构达525家；全年自治区级登记科技成果445项，其中重大科技成果147项，荣获国家级奖励的重大科技成果7项，均比上年有较大增加。

文化体育事业也得到重视，出现了空前的繁荣。从自治区成立之初一片空白的基础上到1993年末全区

有电影放映单位1 354个，艺术表演团体120个，文化馆103个，博物馆16个，广播、电视台66座，出版报纸1.8亿份，图书杂志8 168.8万册。1993年在国际国内重大体育比赛中，有运动员38人、91次破自治区纪录，全国“七运会”上获奖牌34枚，团体总分第15名，年末《国家锻炼标准》发展人数186.4万人，比上年增加52.4万人。

卫生事业也取得显著成就，1993年末全区拥有卫生机构4 932个，比上年增长3.1%，比1978年增长23%，是1949年的63倍。每万人拥有病床和医务人员逐年稳步增加，有效地保障各族人民健康地劳动、生活。

回顾全区各族人民近50年的奋斗历程，展示今天的成就，我们倍感创业的艰辛和胜利的喜悦，展望未来，内蒙古自治区前景更加美好。

执笔：张显龙

民族团结　经济发展

辽宁省民族事务委员会

伴随着共和国前进的脚步，辽宁民族自治地方经济与社会发展日新月异，欣欣向荣，蓬勃发展，民族团结，政通人和，各民族齐心建设好自己的家园，是辽宁10个民族自治县，3.9万平方公里的国土，445万各族人民的真实写照。

1993年，辽宁民族自治地方在建立社会主义市场经济体制进程中，加大改革力度，加快经济发展步伐，经济出现空前的增长势头。全省民族自治地方国民生产总值达到84.1亿元，比上年增长64.6%；工农业总产值达到150.7亿元，比上年增长41%；钢产量0.36万吨，煤产量2亿吨，发电量达3.7亿千瓦小时。粮食总产量在遭受严重自然灾害的情况下，仍达到201.2万吨；棉花产量4 614吨、油料作物产量6.45万吨；乡镇企业总收入实现9.2亿元；社会商品零售总额实现30.3亿元，财政收入实现4.96亿元，比上年增长52.2%；农民人均纯收入达到903元。

1949年，全省民族自治地方工农业总产值仅为3.5亿元，其总量不抵现在的一个自治县。1978年这一指标上升为13.5亿元，比1949年净增产值10亿元，1992年全省民族自治地方工农业总产值达到106亿元，比1978年增加92亿元。

农业是全省民族自治地方经济和社会发展的基础。1949年农业总产值仅为2.7亿元，1978年上升为16亿元，1993年达到48.4亿元，比1978年翻了一番。科学种田、发展“两高一优”农业、大搞庭院经济和多种经营、进行生态性农业示范、山区综合治理，效益开发成为农业发展的主旋律。在耕地面积逐年减少的状况下粮食产量大幅度增加，1993年达到201.2万吨，比1978年增长36.9%，比1949年增长2倍，粮豆自给有余。油料产量1949年仅为0.7万吨，1978年上升为1.2万吨，1993年达到6.4万吨，是1978年的5.3倍。林业、畜牧业、中药材生产的发展和棉花、烟叶、茧蚕、甜菜、水果等经济作物的适度种植，已成为民族自治地方的重要致富来源。

民族工业由小到大，由简单的手工作坊，发展到现在的门类较全、规模颇大、产品众多的工业体系。涌现出一大批国家级、部级、省级优质产品。民族工业成为民族自治地方经济与社会发展的脊梁。1993年工业总产值完成102.3亿元。乡镇工业异军突起，显示了强大的生命力和创造力，大批各族农民放下锄头进工厂，离土不离乡。1949年农村工业产值仅703万元，1993年发展到45.9亿元。原煤产量387.2万吨，年发电量达2.5亿千瓦小时，水泥产量70.9万吨。

固定资产投资的大量投入，为民族自治地方经济和社会发展注入了强大的活力。1993年全社会固定资产投资达22.8亿元,其中国有单位投资10亿元,是1978年的9.8倍,是1952年的96倍。一大批能源、交通、工业企业技改项目相继建成投产,为民族自治地方的各项事业发展起到了重要的支柱作用。

民族自治地方城乡市场供销两旺,国营商业、集体供销社、私营和个体商业网点星罗棋布,相互补充,各展所长,购销市场分外活跃。1993年社会商品零售额达到38.2亿元,较好地满足了各族人民生产和生活需求。

从1978年开始,民族自治地方开始把自己的产品推向世界,当年外贸商品收购总额为1 174万元,1992年,这一指标上升为3.6亿元,30多家外商独资、合资企业在民族自治县生根开花,喀喇沁左翼蒙古族自治县纺织厂成为省内第一家有进出口权的县营企业。

财政收入连年上升,人民生活水平逐年提高,教育、卫生事业蓬勃发展。1949年全省民族自治地方财政收入仅47万元,1978年上升到1.2亿元,1992年达到3.2亿元,是1949年的681倍。农民人均纯收入从1978年的89元,增加到1992年的780元,绝大多数农民从贫困走向温饱,正在向小康目标迈进。县镇以上医院数由1949年的16个发展到1992年的220个,医生由608人发展到7 324人,人民的身体健康得到了保证。9年义务教育得到了普及,民族教育受到重视,电大、业大、函大相继有少数民族学生毕业,成为促进民族自治县发展的一支重要力量。民族中等专业学校从无到有,已发展到5所,在校生达1 676人。普通中等学校达到86所、在校生5.3万人;普通中学321所,在校学生21.7万人;农业职业中学23所,在校学生7 678人;小学校2 757所,在校生43.4万人。

执笔:杨丰陌

抓住机遇　奋力拼搏　跃上新台阶

吉林省民族事务委员会

1993年,吉林省民族自治地方深入贯彻落实党的十四大和十四届三中全会精神,以建设有中国特色的社会主义理论为指导,以建立社会主义市场经济体制为目标,抓住机遇,加大改革力度,加快开放步伐,经济发展跃上了新台阶。1993年,全省民族自治地方国内生产总值达96.3亿元,比上年增长14.7%,比1990年增长35.7%,其中第三产业增加值达32.8亿元,比上年增长29.5%,占国内生产总值的比重由1990年的24.7%上升到34.1%。工农业总产值达155.93亿元,比上年增长3%,比1978年增长211%,是1952年的12倍。

(一)农业积极调整生产结构,加大对多种经营和乡镇企业的投入,加快农业基地建设,促进了高产优质高效农业的发展。1993年,民族自治地方粮食总产量尽管延边州因受重灾减产达35.1万吨,但仍然达到186.9万吨,取得了较好的收成,分别比1978年和1952年增长69%和3倍;农业总产值达27.72亿元,分别比1978年和1952年增长113.9%和4倍。乡镇企业继续呈现出快速发展的势头,已成为民族自治地方经济高速发展的重要推动力。1993年,民族自治地方乡镇企业实现利税4.15亿元,比上年增长74.7%,比1985年增长4倍多。

(二)工业企业以提高经济效益为中心,以转换经营机制为重点,深化企业改革,优化产品结构,不断开拓国内外市场,促进了工业生产的发展。1993年,民族自治地方工业总产值达128.2亿元,比上年增长5.4%,分别比1978年和1952年增长263.7%和25.6倍。主要工业产品产量有较大幅度的增长。1993年民族自治地方原油产量达338万吨，比1978年增长82.7%；发电量60.85亿千瓦小时，分别比1978年和1952年增长193.8%和616倍；原煤390万吨，比上年增长192%，比1952年增长12倍。工业经济效益也有所改善。

(三)固定资产投资增势强劲，为自治地方经济的持续、稳定、协调发展积蓄了后劲。全年共完成固定资产投资50.53亿元，比上年增长59%，其中国有单位投资46.8亿元，比上年增长74.7%，在国有单位投资中，基本建设投资24.96亿元，比上年增长118%。

(四)对外开放成效显著，对外贸易非常活跃。1993年，延边朝鲜族自治州边境贸易进出口总额达4.4亿美元，比上年增长66.3%，其中出口总额增长74.4%，进口总额增长59.7%。全年新办"三资"企业227户，总数已达439户，实际利用外资3 011万美元，比上年增长6.5倍；有1 010户企业依托窗口开展经贸活动，已批办境外企业41户，劳务输出4 300多人。

(五)财政收入逐年增长，城乡市场日益繁荣，人民生活水平有了新的提高。1993年，民族自治地方实现财政收入10.42亿元，比上年增长34.7%，比1978年增长6.6倍；社会商品零售总额53.29亿元，比上年增长18.9%，比1978年增长10倍；城乡居民储蓄存款余额45.16亿元，比1978年增长32倍；农民人均纯收入除延边朝鲜族自治州遭受百年不遇的严重灾害而下降外，其它自治地方均有较大幅度的增长，其中前郭尔罗斯蒙古族自治县和伊通满族自治县人均收入达到920元以上，超过全省平均水平。

科教文卫全面发展。1993年延边朝鲜族自治州共有各类科技人员11万人，每万人中拥有科技人员514人。全州拥有高等院校5所，在校生5878人，全州每万人拥有大专以上文化程度304人，学龄儿童入学率达99.5%。全州广播人口覆盖率达90.7%，电视人口覆盖率达89.8%。全州平均每万人拥有病床48张。

执笔：金惠淑

欣欣向荣的杜尔伯特

黑龙江省民族事务委员会

杜尔伯特蒙古族自治县成立于1956年12月5日，是黑龙江省唯一实行民族区域自治的地方。全县所辖4镇7乡，15个国营农林牧场。全县幅员926万亩，其中草原469万亩，水域205万亩，耕地92.5万亩，苇塘82.7万亩，林地64万亩。全县共有蒙古、汉、满、回、达斡尔、朝鲜等17个民族。总人口239 803人，其中蒙古族为43 365人，占全县总人口的18.1%。

建国以来，在党和国家的亲切关怀下，特别是十一届三中全会以来，全县各族人民在县委、县政府带领下，紧紧围绕经济建设这个中心，深化改革，扩大开放，使全县经济建设和各项事业有了长足发展。

1993年杜尔伯特蒙古族自治县国民经济生产总值实现3.5亿元，比上年增长12.8%；工农业总产值实现4.62亿元，比上年增长2.9%，比1978年和1949年分别增长5.6倍和45倍；社会商品零售额实现1.9亿元，比上年增长13.4%，比1978年和1949年分别增长3.8倍和304倍；工商税收完成1 596万元，比上年增长11%；城乡居民储蓄额达1.37亿元，比上年增长48.9%；固定资产投资达1 639万元，比上年增长57.3%；财政收入实现1 920万元，比上年增长8.9%。民族经济稳定增长，人民生活水平明显改善，1993年农村人均收入比上年增加200元。

(一)工业生产稳步前进。全县有工业企业105户，其中国有企业26户，已形成以轻纺、食品为主体的民族工业体系，全县工业总产值完成15 357万元。比上年增长1.2%，其中乳制品生产完成4 736吨，生产人造水晶 5.3 吨，钢锭完成 4 922 吨。近几年来县乳品厂经过五次扩建，加工能力由过去的日处理 20 吨扩大到 200 吨，毛线厂生产能力由 60 年代的 560 锭发展到 2 040锭。1980 年新建一处年生产 20 万条毛毯的毛毯厂，到 1991 年实现产值 5 176 万元，按可比价格计算，比 1980 年增长 2.1 倍。产品质量不断提高，“草原香”速溶奶粉和“康泰乐”牌奶粉先后在 1992 年“中国保健科技成果交流会”和珠海国际保健食品博览会上双获金奖。

(二)农牧业生产全面发展。全县坚持“以牧为主、农林牧渔结合、因地制宜，全面发展”的生产方针。1993 年农业总产值达 3.3 亿元，比上年增长 12.2%，比 1978年和 1949 年分别增长 7 倍和 33 倍。1993 年全县播种面积 48 502 公顷，与上年基本持平，其中水稻 2 858 公顷。粮豆薯总产量达 10.5 万吨，平均亩产 146 公斤，比上年增产 27%。杜尔伯特蒙古族自治县的牧业收入在农业的比重达 42.7%，比 1990 年提高 21 个百分点。大牲畜存栏突破 10 万头，比上年增长 2.6%，其中牛存栏 6.7 万头，比上年增加 6.1%；奶牛存栏 3.1万头，比上年增长 4%；羊存栏 6.6 万只，比上年增长 9.2%；生猪存栏 6 万头，比上年增长 2.4%。鲜奶产量 5.3 万吨，比上年增长 4%，水产品年产量达 1.3 万吨，居全省首位。多种经营规模大，商品率高，收益明显增加。坚持以市场取向，积极调整产业结构，1993 年全县副业收入比上年增长 44%。

(三)乡镇企业大发展，重效益，利税水平逐年增高。乡镇企业的崛起，已成为民族地区经济的支柱。到 1993 年全县乡镇企业总产值比 1990 年增长 125%，呈现出快速发展的好势头，年均递增为 31%。乡镇企业总产值完成 1.63 亿元，比上年增长 45.4%，其中乡镇集体工业产值为 2 855 万元，比上年增长 44.2%，上缴税金 541 万元，比上年增长 45%，实现利税 1 769 万元，比上年增长 53.8%。

(四)民族教育和卫生事业蓬勃发展，初步形成了从幼儿园、小学到初中、高中完整的教育体系，办学条件普遍得到改善，民族学校教育编制已高于汉族学校 0.5 人的标准配备，现有少数民族教师 568 人。1949 年全县仅有一所中学，在校生 11 人；68 所小学，在校生 6 798 人。到 1978 年全县中学已达 24 所，在校生达 1.5 万人；小学发展到 141 所，在校生达 2.4 万人。1993 年全县中学达 27 所，毕业生 2 379 人；小学发展到 162 所，在校生达 2.7 万人。1993 年全县已有蒙古族幼儿园 2 所；蒙古族小学 57 所；蒙古族中学 7 所。在 64 所中小学校中，砖校舍已占 82%。“蒙古语授课加授汉语文”的教学实验工作已进入初中阶段。近三年来，在内蒙古农牧学院、财经学院等高等院校，培养了 26 名大学生。民族卫生事业得到相应发展，全县有县级医院 3 处，其中蒙古族医院和中蒙医院各一处，还设有妇幼保健、卫生防疫、结核病防治等医疗机构，蒙古族聚居的乡镇都有卫生院(所)，全县有医护人员 541 名，其中蒙古族 131 名，占 24.2%，蒙古族医药人员 29 名，占5.4%，黑龙江省蒙医学会就设在县蒙古医院。民族文化事业呈现出新局面，目前新华书店、文化馆、图书馆和博物馆各一处，蒙古族聚居的乡镇都设有文化站，有的建了草原文化宫，44 个蒙古族村有 25 个建了文化室，县蒙古族歌舞团每年下基层演出 120 余场，艺术水平不断提高，县广播电台还增加了蒙语播音时间，县城和两个民族聚居乡镇自办了电视转播台。

杜尔伯特蒙古族自治县经过 45 年的建设历程，现在是经济繁荣、社会稳定、民族团结，一派兴旺、祥和景象。

执笔：鹿　镇

发展大都市民族经济
促进民族团结进步事业

上海市民族事务委员会

上海位于东海之滨，太平洋西岸，是我国最大城市，也是世界著名的大都市。上海拥有一段漫长的多民族共同居住的历史。早在上海建县前的1275年，一些少数民族如回、蒙古、维吾尔等就开始陆续在上海定居。是各族人民共同奋斗，发展了上海的经济，创造了上海的文化。1951年，上海少数民族有18 000多人，11个民族成份；1956年有31 000多人，21个民族成份；1964年和1982年分别为43 000多人，39个民族成份和49 000多人，44个民族成份。50年代从事个体和私营工商业的少数民族有2 800多人，主要是饮食和珠玉古玩业。当时少数民族大专以上文化程度有240多人。

上海是少数民族散居地区，是向世界展示民族政策的重要窗口。据1990年第四次全国人口普查统计，上海全市少数民族人口62 171人，占全市总人数的0.47%，44个少数民族成份，其中回族人数最多，共有50 392人，占全市少数民族人口数的81%；其次是满族和蒙古族，分别为4 236人和1939人。还有人数不等的41个少数民族成份约6 000人。上海的少数民族绝大部分居住在市区，占全市少数民族人口的94%。少数民族中具有大学以上文化程度的约8 000人，占全市少数民族人口数的13.14%，其中600多人具有高级职称，有不少是各学科的专家。

改革开放以来，我们以邓小平同志建设有中国特色社会主义理论为指导，在上海市委、市政府的领导和国家民委的指导下，致力于为改革开放和经济建设服务，促进民族经济发展和对口支援的有效进行。

一、扶持和稳定清真“三食”（即饮食、副食、食品）供应，保证少数民族的日常生活需要

上海少数民族中回族占大多数，加上其他需要清真“三食”的少数民族，占全市少数民族人数的80%以上。另外，据测算，上海每天流动人口中，少数民族有10多万人，其中也有相当数量有清真“三食”需要的少数民族人口。随着改革开放的深入，各国穆斯林来沪人数也逐年增加。做好清真“三食”供应工作，是上海民委的一项重要工作。清真“三食”供应单位基本上是由上海市、区、县饮食、食品和副食品公司所办。我们除与这些单位保持联系外，每年组织少数民族代表人士进行检查、督促，并邀请和配合市、区、县人大和政协机构共同视察，发现问题，及时反映或商请有关部门处理解决。对做得好的单位给予不定期表彰，把这项工作落到实处。曾于1989年与市工商局、市卫生局联合发出“关于加强新设清真饮食店（摊）管理的通知”。于1993年根据国务院批准颁布的《城市民族工作条例》的要求，由上海市政府办公厅批转了市民委、市财办、市财政局、市房管局“关于做好本市清真供应工作的几点意见。”对如何加强对清真供应工作的领导，稳定清真供应网点和合理布局，采取倾斜政策扶持清真行业等提出了具体办法。市财办还发出关于不得擅自拆并清真网点的通知，并成立了上海市清真行业指导委员会和清真牛羊肉公司。

10多年来，清真“三食”单位的数量有上下变动，至目前共有146家，一些店、厂在改革开放的形势下，经过陆续改建、装修，面貌、服务和经济效益不断上新台阶，形成消费的不同层次和规格，基本保证了少数民族的需要。上海天山回民食品厂的产品还远销国内外，上海洪长兴百年清真饮食老店焕发青春，在改革开放形势下保持经营特色，取得了较大发展。

二、积极参与对口支援和横向协作，为民族地区的经济文化发展服务

改革开放以来，对口支援和横向协作对民族经济的发展以及团结进步起到了积极作用，作出了贡献。同时促进了上海与民族地区的交往，形成优势互补。自1980年始，我们积极参与对口支援和与民族地区的横向协作，与云南、宁夏、新疆、西藏、贵州、广西、甘肃、湖南、青海、河北、河南等省区的民族地区共牵线搭桥2 000多个项目，落实并完成1 900多个项目。从开始以经济、科学、技术协作为主，拓展为教育、卫生、商业、贸易、艺术、旅游等各领域，并且形式、渠道多样化，富有层次，牵涉上海市委、办、局、区、县、工会、民主党派、工商联等部门及其下属单位。在向社会主义市场经济转换中，虽然这项工作遇到了这样那样的困难，但还是在探索中前进。民族地区需要的特需用品，主要是轻纺产品，上海有关企业作出积极安排，常年生产，保证供应。1991年中央有关部、委确定的民族用品定点生产单位上海纺织系统有7家企业列入。

三、发展民族经济实体

改革开放以来，上海少数民族及群众团体兴办的经济实体在一少场地，二缺资金的条件下艰苦创业，从无到有，从小到大形成一些规模。目前，上海民委系统有3家公司和1家旅行社；上海民委所属回民公墓利用闲置土地办起了花圃经营花卉业务，创办了装饰材料厂；上海市伊协有2家公司；上海市少数民族联合会有1家公司；区、县有51个经济实体，经营范围涉及餐饮、珠玉古玩、工艺品、百货、日用五金、农具、装璜、建筑、建材、出口贸易等，另有个体清真饮食店50多家和几家朝鲜族风味馆。不仅为满足少数民族群众的日常生活需要，活跃民族工作和解决少数民族就业问题发挥了积极作用，并造就和锻炼了一批经济工作干部，而且为发展上海经济，促进少数民族各项事业的发展做出了贡献。如上海南汇县办起了全市第一家较具规模的民族饭店，为当地民族经济的发展起了骨干作用。这些企业除有的经济效益不明显或还未显示其生命力，其余多数均取得了一定的经济效益和社会效益。企业捐资的上海市发展少数民族事业基金会1993年底首次向全市大、中、小学校的49位少数民族“三好”学生颁发了奖学金，受到上海市领导的赞许和社会各界的好评。一些区、县把所办的经济实体收益直接用于少数民族和民族事业，包括办实事、搞慰问、补助、捐赠、表彰、奖励、考察、参观、联欢、疗养等，使大部分少数民族受益。上海市伊协和回民公墓办好三产，提高了宗教和公墓的自养能力。在改革开放形势的推动下，上海民族经济工作将继续抓住机遇，发挥自己的优势，向纵深发展。同时为振兴上海、民族团结进步事业和加强国际交往做出应有贡献。

执笔：钱允炎

江苏省民族经济工作步上了一个新台阶

江苏省民族事务委员会

江苏省地处我国东部沿海，是一个少数民族散杂居地区。全省有53个少数民族，近16万人，占全省总人口的0.23%。其中以回族人口最多，有12万余人，约占少数民族总人口的80%。他们以大分散、小集中的形式，散布在全省城乡各地。全省有20多个回民聚居村，1个回族乡。党的十一届三中全会以来，江苏民族工作在邓小平同志建设有中国特色社会主义理论的指导下，坚持为现代化建设事业服务、为少数民族服务的方针，结合江苏少数民族的实际，紧紧围绕经济建设这个中心，认真贯彻党的民族政策，在民族团结进步共同繁荣上下功夫，努力做好各项民族工作。特别是1992年以后，全省各地认真贯彻邓小平同志视察南方重要谈话和党的十四大精神，积极进行经济体制改革，努力实施开放与搞活的方针，加快了经济建设步伐。1993年江苏民族经济出现了蓬勃发展的良好势头。

一、具有江苏特色的民族乡村工业，继续稳定发展，出现了前所未有的好势头

据去年初步统计，全省民族企业已达250家，比上年增加了20家，比1980年增长了100倍以上。其中年产值突破500万元的乡村民族企业已有10多家。高邮市菱塘回族乡的乡村工业是全省民族企业的排头兵。全乡有大小工厂32家，其中5家为股份合作制企业。去年工业产值达1.2亿元，比上年增长95%，占社会总产值的69%。电缆是乡办工业的拳头产品，全省规模最大的民族企业曙光电缆厂，去年创产值4 000万元，利税800万元，产品销往全国20多个省、市、自治区。回民畜产品加工厂和菱塘玩具厂是创汇大户，他们生产的各种羽绒被、羽绒服和长毛绒玩具销往美、英、法、德、俄和港澳等30多个国家和地区。其次如南京市六合民族塑料厂、徐州市丰县回民食品厂等，生产情况和经济效益都比较好。去年他们抓住机遇，深化改革，调整产业结构，以优质的产品，优良的服务，积极参与市场竞争，企业产值都超千万元，利税近50万元。分别比上年增长30%和20%。产品销往全国10多个省、市。另外，为城市少数民族生活服务的清真饮食业，在国家政策保护下，企业努力提高菜肴质量和服务档次。他们在市场竞争中，稳步发展，基本上全省每个县城都有清真饭店或清真饮食店。南京市就有各类清真饮食店201家。苏州市有15家。徐州市有13家。总的看来，当前江苏民族乡村工业，基本上与江苏乡镇企业保持一个同步发展水平。

二、农副业生产以民族传统特色为重点，以市场需求为导向，闯出了一些新路子

南京市郊区少数民族的水塘养貂、徐州市农村少数民族的山楂种植、连云港市农村少数民族的对虾养殖和良种羊饲养等，近两年来都获得了较好的经济效益。高邮市菱塘回族乡的回民有栽桑养蚕、养兔、养鱼的传统，1993年，他们再次扩大湖桑种植和精养鱼塘面积，全年共销售优质蚕茧4 600担，水产品75万多公斤，已成为江苏四大优质出口蚕茧生产基地之一。全乡多种经营总收入近3 000万元，比上年增长38%。

三、支持民族用品生产企业发展，不断开发更多更好的民族用品

江苏有27个民族用品定点生产厂家，是全国生产少数民族生活用品、特需商品的重点地区之一。前几年我省民贸生产虽然有较大幅度的增长，但由于品种繁多而生产量小、成本高，加上销售渠道不够畅通，因而效益普遍较差。1993年，省民委除从政策上给予扶持减免税收的照顾外，还为部分民贸企业技改项目贷款61万元，并争取到6万元贴息款，在一定程度上增强了企业自身发展的活力。为了帮助开拓市场，去年上半年，省民委组织全省10个民族企业的厂长、经理到东南亚国家进行了学习、考察、经贸洽谈。南京市还组织部分民族企业参加在东南亚吉隆坡举办的国际穆斯林工业产品和科技成果展览会，把民贸产品直接推向国际市场。去年各生产厂家为了国家和民族的利益，克服种种困难，都较好地完成了国家下达的各项生产任务。

四、积极开展横向对口协作，支援民族地区经济建设

积极参与对口支援工作，是我们民族工作部门抓经济的一个方面。江苏属于经济和科技、文化较发达的地区，为了发挥这方面的优势，在党中央和国务院的统一安排下，江苏与广西、新疆等民族地区，开展了多层次、多领域、全方位、多形式的经济技术协作和对口支援，一些大专院校、科研单位还承担了为边疆民族地区培养各类建设人才的任务。据不完全统计，13年来，江苏先后与广西、新疆等地区达成合作项目2 864项，其中，实施的达60%以上。此项工作去年又有了新的进展，新签定合作项目140多项。协作范围已扩大到工业、农业、商业、科技、文教、卫生等领域，有力地促进了民族团结和民族地区的经济发展。

江苏民族经济发展形势有三个特点：一是立足农村，为农业服务，走种(植)养(殖)加(工)一条龙、贸工农一体化大农业综合经营之路；二是紧密结合江苏实际，为少数民族生产、生活服务，走拾遗补缺，灵活经营的路子；三是遵循商品经济发展规律，向外开拓，走发展外向型经济之路。当然，江苏民族乡村工业在生产中也存在一些突出问题：第一，在社会主义市场经济体制运行中，产销未能同步进行，在生产呈现稳步回升的同时，市场商品销售仍滞后于生产增长；第二，生产资金流动不畅，企业“饥渴”一时难以根治；第三，生产原材料不断上涨，经济效益呈现缓慢增长的状况，企业发展后劲受到很大制约。对此，江苏迅速采取了一些相应的对策，以促进民族经济持续、稳定、协调发展。(1)开拓市场，以销促产，努力将民族经济转入良性循环的轨道；(2)加强管理，苦练内功，全面提高企业素质；(3)调整结构，适应需求，保证民族经济协调发展；(4)加速技术改造，增强生产后劲，大力推进企业科技进步。

执笔：王秉诚

畲乡新貌

浙江省民族事务委员会

浙江有畲族、回族、满族等49个少数民族，共22万多人，占全省总人口的0.51%。全省各市、地、县(区)均有少数民族居住，主要分布在浙南、浙西山区，近万人和万人以上的有9个县(市)，千人以上的有20多个县(市)。设有景宁畲族自治县和18个畲族乡(镇)，散杂居少数民族占全省少数民族人口的92%。

浙江辖景宁畲族自治县，于1984年设立，地处浙南丽水地区，与福建交界。全县东西长73.3公里，南北

宽 58.8 公里，面积 1 950 平方公里，辖有 5 个镇 19 个乡，人口 17.3 万人，其中畲族 1.7 万人，占 10%。

景宁畲族自治县是革命老区和国家重点扶持的贫困县。在各级党委和政府的领导下，在各有关部门的关怀和支持下，依靠和发动全县各族干部群众，紧紧围绕经济建设这个中心，解放思想，更新观念，搞活经济，全县的经济建设和社会事业有了明显的变化。1993 年，全县国内生产总值 2.52 亿元，比 1992 年增长 19.4%，比设县时的 1984 年增长了 4.4 倍；全县工农业总产值 4.06 亿元，比 1992 年增长 31.1%，比设县时翻了 3 番，平均每年以 33.2%的幅度递增，工农业产值比重从 1984 年的 26.8：73.2 改为 59.4：40.6，产值比首年实现过半。工业产值中，乡镇企业成为“半壁江山”，达 1.6 万元，占全县工业总产值的 65.5%；全县财政收入 1 159 万元，比上年增长 33.8%，比 1984 年增长 356%；农民人均收入达 462 元，比上年增长 16.1%，比 1984 年增长了一倍半。社会商品零售额也迅猛增长，1993 年达到 1.24 亿元，比上年增长 26.7%，比 1984 年增长了 9 616 万元。外贸出口额达 2 733 万元，实际利用外资 200 万元。

景宁畲族自治县自然资源丰富。全县拥有山林面积 242 万亩，人均 14 亩。用材林以松、杉木和毛竹为主，经济林有厚朴、茶叶、油茶、柑橘等。林业用地面积 233.8 万亩，木材蓄积量 471 万立方米，毛竹立竹量 1 636 万支，森林覆盖率达 62.5%，是全省重点林业县之一。另外还建有“果、茶、菌、药、笋、桑”6 大基地共 21.6 万亩，其中厚朴林基地就有 2.4 万余亩，1993 年生产金奖惠明茶 225 吨，香菇 2 千吨，茯苓 3 千吨，柑橘 1.2 千吨，蚕桑 71 吨。

该县水能蕴藏量达 66.6 万千瓦，可开发利用的有 53 万千瓦，并可进行梯级开发，名列全省之首。全县已有中小型水电站 216 座，总装机容量达 3.1 万千瓦，输电线路长 2 250 公里，全县通电面积达到 98.7%，已与华东电力系统并网营运，于 1989 年通过了全国首批 100 个初级电气化县的验收。1993 年发电量为 8 754 万千瓦小时，较上年增长 5.5%，比 1984 年增长 2.2 倍。此外，全县已探明的铁、铜、铝、锌、萤石、花岗岩等矿藏 10 多种。

景宁畲族自治县设县以来，在基础设施上有重大建树。1993 年全县固定资产投资 0.4 亿元，比上年增长 37.9%，比 1984 年增长 122.2%；其中 1993 年基建投资 0.2 亿元，分别比上年和 1984 年增长 42.9%和 122.2%。建县 9 年来，全县共兴建各级公路 135 公里，桥梁 20 余座，机耕路 310 公里，80%的乡镇通了公路。设县时，该县境内只有一条长 93.3 公里的省道过境公路贯穿东西，现全县境内有公路 450 公里，比 1984 年增长 332%，与周边 8 个县通车。县城鹤溪镇的建设日新月异，设县时的县城面积只有 0.7 平方公里，7 000 人，9 年来县城建设投入 9 000 余万元，县城面积增加了 1 平方公里，人口达 1.8 万人，新建的 20 条主要街道高楼林立，绿树成荫，邮政电信、文化娱乐、饮食服务、医疗卫生等设施一应俱全，开通了 3 000 门自动电话和 5 000 门程控电话，无线寻呼、移动通讯设施也已投入使用；全县电视人口覆盖率达到 70%，89%的农户饮用上卫生的自来水。

该县社会事业发展迅速。近年来，全县小学布局经过调整，1993 年全县有小学 350 所，在校生 15 050 人，入学率达 99.87%，教师 886 人。全县有中学 9 所，在校中学生 7 767 人，比 1984 年增长 91%，在职教师 511 人，比 1984 年增长 118%。县城 1990 年新建的县人民医院，医疗和生活用房共 9 千平方米，分设 18 个科室、6 个病区，总投资 294 万元。县里还设有卫生防疫站、妇幼保健站、药品监督所等单位；全县乡镇卫生院 38 所，村医疗站 104 个，个体医疗单位 33 家，1993 年全县平均每万人拥有卫生技术人员 17 名、病床 12 张(不含村级和个体医疗单位)。9 年来全县科技立项 105 项，已通过鉴定的 49 项；实用技术培训 15 万人次。

景宁初设县时，全县年人均收入在 3 百元以下的贫困户有 2.8 万户、13 万人，占总人口的 82.7%。通过多年各方面的扶贫，贫困面已下降到 1993 年的 10.5%，有不少的农户已走上富裕道路。

但是，由于景宁地处深山，信息、交通、技术、人才、资金等各方面都相对落后，在很大程度上阻碍了全县的发展。目前，仍有不少的畲汉山民生活处于贫困线以下，仅 15 岁以上的文盲、半文盲人口，就占全县总人口的 23.5%，比全国平均水平高出 7.57 个百分点，脱贫之战远未结束。

执笔：钟建文

前进中的安徽少数民族

安徽省民族事务委员会

安徽有52个少数民族成份，34万多人，占全省总人口的0.57%，回族占少数民族人口的93%。居住城镇的少数民族约14万多人，居住农村的约20万人。现有5个民族乡、113个民族村、39个民族居委会、98所民族小学、8所民族中学。

通过多年的努力，民族乡、村的面貌有了显著改变。5个民族乡全部修建了晴雨通车的公路，其中3个乡通了柏油路。有2个乡安装了程控电话、1个乡办了自来水厂和电视差转台。113个民族村都通了电。民族经济有了较快的增长，民族村人均收入1980年为82元，1993年为623元，比1992年的507元增长23%。有2个乡人均收入超过全省平均水平。居住城镇的少数民族经济收入一般不低于当地人均水平。

民族经济的发展特点：

1.民族乡、村农田基本建设和交通设施逐年改善，提高抗灾能力，确保在正常年景下农业丰收。改革开放10余年来，各级政府先后支持农田水利建设工程155项。定远县二龙回族乡建成36个大小电灌站和全县第一座橡皮坝，使旱涝保收面积达60%，连续多年人均产"吨"字粮。宁国县云梯畲族乡地处皖浙交界的山区，经过山、水、田、林、路综合治理，控制水土流失，改变粮食产量徘徊在1 800吨左右的局面，1993年达到2 520吨，山区简易公路和机耕路的修建，改变了畲乡群众肩挑背驮的落后面貌。

2.因地制宜，面向市场发展多种经营。城乡少数民族发挥当地资源优势和本民族的特长，大力发展牛羊屠宰、皮革加工、中药材和土特产生产和加工，以及运输、经商等，加快了脱贫致富的步伐，活跃了城乡市场，凤台县李冲回族乡山多地少，发展了石榴5 000亩，成为安徽重要石榴产地，涌现出一批靠石榴致富的专业户。宁国县云梯畲族乡仅发展竹笋、干果、毛竹、药材、蚕桑、茶叶等，人均年收入500多元。沿淮行蓄洪区多年受灾，近几年来，利用河滩水草多的优势发展养牛、养鹅取得良好效益，阜南县中岗镇南街回民村户均养牛8头，年宰牛2万头。阜阳地区、宿县地区、淮南市、蚌埠市许多回民村因从事宰牛、皮革加工、贩运等而脱贫致富。定远县二龙回族乡600余户从事花生加工和贩运。亳州市的中药材市场、颍上县南照镇大米市场、定远县藕塘花生市场、涡阳县义门镇苔干市场，少数民族都占有重要地位。亳州市杰花村居委会是回民聚居区。过去是该市有名的穷西北角，生活极为贫困。改革开放以来，从事屠宰、中药材加工、贩运，现在有资产10万元的500户、50万元的150户、百万元以上的50户，呈现出"居住建楼房、吃饭讲营养、家具用高档、程控电话争着装"的新气象。

3.乡镇企业和城市民族企业近几年发展迅速。全省现有各类民族企业247家，产值超过百万元的有41家，规模不断壮大。界首市回族皮件厂是1978年创办的街道小厂，目前，已发展成拥有固定资产472万元的集体企业，1993年产值达1 636万元，创利税162万元。太和县城郊回民村人均不足0.7亩地，已采取股份制形式办厂26个。各民族乡都把发展企业列入任期目标。宁国县云梯畲族乡在资金十分紧缺的情况下，多方筹措158万元，对乡办缫丝厂进行技术改造，1993年8月竣工投产，年产值可达800万元。

4.重视推广先进农业技术，培养农村少数民族实用人才。省民委和市、县民族工作部门多次组织科技人员到民族乡、村举办短期技术培训班，推广良种、果树栽培、大棚蔬菜以及养殖业等技术。依靠科技扶贫，促进高产优质高效农业的发展。

随着经济的发展，安徽少数民族各项社会事业也有较快发展。

1. 少数民族参政议政水平不断提高。1992年，县以上(含县)党代表大会有少数民族代表281人、人大代表473人、政协委员576人。少数民族在各级人大代表、政协委员中所占比例一般都超过当地少数民族人口占总人口的比例。

2. 建国初期，全省只有少数民族干部997人。由于重视对少数民族干部培养选拔，到1993年，全省已有少数民族干部7 671人，增加近8倍，占全省干部总数的0.77%，超过了少数民族人口占全省总人口0.57%的比例。一批少数民族干部迅速成长，走上各级领导岗位。全省已有地厅级以上的少数民族干部20人，其中省级干部3人(含离休1人)，县处级干部88人。

3. 1952年，全省只有31所民族小学。到1993年，有民族小学98所、民族中学8所。民族中小学在校生31 553人，比解放初期增长2.7倍。三分之一的民族中小学盖起了教学楼，逐步完善了教学条件，蚌埠、阜阳两市还建立了规范化的民族幼儿园。少数民族初等教育已基本普及。据1990年第四次全国人口普查统计，全省少数民族中专以上文化程度人口比例高于全省平均水平。具有副高级以上职称的少数民族专家、学者已达304人。

4. 民族文化事业有了一定发展，一批少数民族艺术家活跃在文艺舞台上。近几年，安徽先后有13件作品分别参加"全国首届民族大家庭美术、摄影、书法作品展"和"全国少数民族儿童书画展"。目前，大部分民族乡村建起了文化站(室)。定远县二龙回族乡建起了电视差转台和地面卫星接收站，丰富了群众文化生活。

5. 民族体育、卫生事业蓬勃开展。1982年以来，安徽三次组团参加全国"民运会"。定远县二龙回族乡、淮南矿务局李一矿先后被评为"全国民族传统体育运动先进单位"。1990年，安徽召开了第一届"民运会"。另外，全省还开办了三家民族武馆。

目前，全省5个民族乡都设有卫生院，亳州市建起了民族医院，初步建立了防病治病、计划生育网络。不少民族乡、村改水治水，办起了自来水，改善了卫生条件。

执笔：吴海波

走出山门奔小康

福建省民族事务委员会

在改革开放，建立社会主义市场经济体制中，迎来了祖国诞生45周年的欢庆日子。回顾过去，展望未来，八闽少数民族群众欢欣鼓舞，高歌中国共产党，衷心感谢党的民族政策使他们走出山门，走出国门，走向致富之路。

他们永不会忘记过去苦难的岁月，由于历史原因、生活所迫不得不搬到边远人烟稀少的山区居住，或漂洋过海谋求生路。是共产党把他们从苦难中解放出来，实行民族平等，并领导他们逐步走向富裕。根据他们经济基础薄弱，给予许多优惠政策，帮助他们脱贫致富，引导他们走出山门，走出国门，发展民族经济，不断提高生活水平。

1949年刚解放时，福建省少数民族人口才10.7万人，仅占全省人口的0.84%。民族地区没有一所中学，仅4所小学。在校中学生只有50人，师范中专生3人，小学生405人，学龄儿童入学率仅1.15%。由于多居住在边远的山区，村村无公路，不通电。生活来源仅靠10万亩的耕地，6 050亩的茶园，6 000亩的油菜地和15 000亩的森林；年产1 840万斤的粮食，4.84万斤的茶叶，480万斤的油菜籽，以及一些木材，还有各家自养自销的牲畜、家禽。随着40多年经济社会发展和建设，到1993年，福建省少数民族人口已达46.6万多人，占全省人口的1.54%；有民族中学12所，小学856所；有大中专生1 601人，中学生8 480人，小学生41 056人，学龄儿童入学率达97%。全省少数民族人口占30%以上的村有394个，现通公路的有282个村，占71.57%；通电的有373个村，占94.7%；通自来水的有131个村，占33.2%；通有线广播的有216个村，占54.8%；有文娱活动站的有187个村，占47.4%；有医疗站426个，医务人员586人。农业总产值4.81亿元，比上年增长32.5%，农作物播种面积81万亩，粮食总产量18万吨，亩产305.2公斤，人均粮食占有量408公斤。水果总产量1.73万吨，茶叶总产量1 921吨，牲畜14.41万头，禽蛋2 057吨，水产品5 954吨。少数民族人均纯收入861元，比上年增加186元，增长27.5%，高于全省农民人均纯收入增长23%的水平。17个民族乡农村社会总产值14.6亿元，比上年增长96.8%，劳动力人均社会总产值11 330.6元，比上年增长83.64%。其中农业总产值5.1亿元，比上年增长29.5%，工业总产值6.5亿元，比上年增长169.6%。建筑业总产值0.8亿元，比上年增长137.8%，运输业总产值0.9亿元，比上年增长190.5%，商业饮食业总产值1.3亿元，比上年增长216%。粮食总产量14.92万吨，人均粮食占有量437.77公斤，高于全省平均水平。农民人均纯收入987元，增加187元，比上年增长23.38%，高于全省农民人均纯收入的增长速度。少数民族群众生活象芝麻开花节节高，一天比一天好。

改革开放以后，寂静的山村开始沸腾起来。少数民族群众开始不满足于传统的农业生产，纷纷走出山门，走出家园，闯进市场经济的汪洋大海办工厂、开商店，呼唤昔日漂洋过海的游子回故乡投资办厂。他们大胆创办民族经济开发区，利用民族地区的土地和优惠政策招商引资发展乡镇企业。象福安穆阳民族经济开发区，坂中畲族乡电机电器工业小区，百崎回族乡外向型工业小区，以及民族风情商贸街，民族饮食服务街，民族茶叶、果品、木材市场、鞋业、服装产品批发市场等都初具规模。民族企业从零发展到现在有各类企业3 324家（其中三资企业100多家），比上年增长117.8%。从业人员31 764人，比上年增长41.5%。企业产值8.7亿元，比上年增长211.3%。上交国家税金2 994万元，比上年增长78.8%。创造利润1.3亿元，比上年增长165.7%。17个民族乡办企业1 151个，总产值3.88亿元。从业人员人均总产值25 308.99元，比上年增长68.17%。上交国家税金1 067.9万元，比上年增长24%。利润1 521.7万元，比上年增长11.53%。引进三资企业9家，总产值4 061万元，比上年增长80.49%。创利润20万元，增长100%。改革开放促进了乡镇企业的兴起，促进了农村产业结构的变化，逐步由传统农业向二、三产业转化，大大改进了民族乡村的面貌，使他们的生活向小康水平迈进。

目前，八闽少数民族正在实施"造福工程"、"造血工程"和"先行工程"，随着三个工程的实施，相信他们会加快奔小康的步伐。

执笔：林金跃

江西少数民族经济发展扫描

江西省民族宗教事务局

江西是一个多民族杂散居省份，全省共有畲、回、壮、满、瑶等42个少数民族成份，共11万人，散居在全省42个县的山区和部分城市。其中农村人口占80%，城镇人口占20%。在少数民族聚居的地方，建有2个民族乡、40个民族村、440个村民小组。新中国成立以来，特别是党的十一届三中全会以后，在邓小平建设有中国特色社会主义理论的指引下，在各级党委和政府的高度重视和亲切关怀下，全省少数民族在政治、经济、文化等方面都取得了长足发展。

江西城市少数民族主要是回、满等民族。他们分布在九江、南昌、赣州、景德镇等地，以九江、南昌两市为最多。

在50年代，南昌和九江就先后成立了回民文化协进会，为传播民族文化、促进民族团结共建社会主义作出了贡献。进入改革开放、建设有中国特色社会主义伟大目标的新形势下，两市在如何引进竞争机制，促进城市民族经济的发展上进行了有益的探索。他们把发展城市民族经济作为城市民族工作的中心，找准自己的位置，初步形成了自己的特色。

在"文革"前，江西城市各少数民族都没有民族企业，而是多数从事小商贩、拉人力车等职业，收入低于一般水平，民族经济薄弱。党的十一届三中全会以后，九江率先起步。1989年，九江市本着因地制宜、发挥优势、发展民族集体企业为主的原则，采取政府补助、银行贷款、群众集资的办法，先后筹资几十万元，办起了"民族旅社"、"清真梁兴隆食品厂"、"民族服务部"、"回民小吃部"等四个集体企业。当年收益3万元，第二年收益5万元，三年之后固定资产达22万元。党的十四大关于建立社会主义市场经济体制的思路、目标，为九江市民族经济的发展注入了新的生机和活力。他们不断拓宽民族工作为民族经济服务的渠道，取得了良好的效果。

首先，引进竞争机制，对所有民族企业实行公平、公开、公正的原则进行投标承包，由年收入5万元增加到了9万元；其次，有意识地培养民族企业管理人员走向市场，开拓民族经济发展的新路子，成立少数民族房地产开发公司，由一名少数民族人士担任经理；第三、在注意发展民族集体企业的同时，九江市将全市46家从事各种行业的民族个体企业纳入民族工作序列，经常对其进行督促、检查，主动帮助解决一些力所能及的问题，使之成为城市民族经济工作的重要组成部分。

在发展城市民族经济的过程中，宜春市成立了少数民族联谊会，利用智力优势开办日语培训部，成立了一家民族餐厅；南昌市办起了清真万花楼，新的民族大楼也将在南昌新火车站旁拔地而起。这些，无不显示出江西省城市民族经济发展的潜力和生机。

江西的两个民族乡成立于1954年，五十年代末被撤并，1981年恢复。他们地处武夷山脉中段北麓闽赣两省交界的偏僻山区，素有"九山一田"之称。1993年两乡总人口为3 294人，其中畲族人口1 517人。在五十年代中期两个民族乡曾获得较好的发展。据1958年统计，铅山县太源畲族乡粮食产量从1953年的190 349公斤增到了382 544公斤；当地的卫生医疗也得到较大改善，曾有过的疟疾、甲状腺病基本绝迹。之后，2个民族乡的发展陷入停顿徘徊时期，1981年重新恢复时，2乡的农民人均收入只有102元，就是到了1991年，2乡经济发展的道路也是举步维艰，铅山县太源畲族乡曾经举办了12个企业，但由于缺乏市场经济知识，产销不对路，管理混乱，倒闭了8个，剩下4个也奄奄一息，财政收入只有8万元。

改革开放初期，铅山县太源畲族乡率先迈开了改革的第一步。在县委、县政府的支持下，他们先从人事制度入手，改组乡领导班子、精简机构，增强风险意识和责任观念；积极引进外资，变卖资源为开发利用加工增值，改革企业管理制度，增强全乡干部职工的市场经济观念与商品意识。他们终于成功了。1993年，两个民族乡的经济、社会发展取得了前所未有的成绩。

1. 经济跳跃式发展，农民生活水平明显提高。铅山县太源畲族乡从1992年下半年到1993年上半年共引进外资88万元，办起了竹木制品厂、泰成工艺品厂、外贸畲族果品厂、竹器厂等企业；立足本地资源，生产适销对路的产品，使之得到较大增值，取得了较好的经济效益。到1993年底，铅山县太源畲族乡完成工农业总产值1 089万元，比1991年增长196.2%，其中工业产值875万元，比1991年增长530%；乡镇企业总值1 550万元，比1991年增长250%，农民人均纯收入超过852万元，比全省农民人均纯收入仅相差7元。另一个民族乡——贵溪县樟坪畲族乡粮食产量也达到390吨，工农业总产值有较大增长。

2. 经济的发展促进了人们思想的解放、观念的更新。民族乡的经济从零点起步，以跳跃式的发展重新燃起了畲乡人民的希望，失望的阴霾已从畲乡人民的眼中退去。现在，他们的道路越走越宽，开发山上的毛竹林，兴办适应于市场竞争的企业，外出打工等等，使畲汉人民思想越来越活跃，信息越来越灵敏。尊师重教已成为人们的自觉行动，1993年铅山县太源畲族乡未拖欠教师一分钱工资。

3. 精神文明建设取得了长足的进步，社会主义新型民族关系不断巩固、发展。几年来，省政协组织的医疗咨询服务组多次到畲乡义务服务，乡中心医院不断巩固各村医疗点，至今仍实行挂号、出诊、注射三免费，有力地促进了畲乡人民的团结。

现在，民族乡的经济还仅仅开始迈开步子。但是，今天的迈步正为明天的辉煌积聚着力量，畲乡人民正以快马加鞭不下鞍的精神奋勇前进。

执笔：陈艳梅　兰祥平

改革给民族经济带来勃勃生机

山东省民族事务委员会

山东省是少数民族杂、散居省份，共有53个少数民族成份，50.3万人，占全省总人口的0.6%，其中，回族人口45.9万人，占全省少数民族总人口的91%。少数民族分布于全省各个市地，主要集中在60多个县（市、区）、700多个村庄和街道。全省有3个回族镇、4个回族乡。

解放前，少数民族既没有政治地位，也没有经济地位，部分少数民族群众靠做小生意维持生计，“站街头，皮毛行，卖馍馍，宰牛羊”是山东民族经济的写照。新中国成立后，少数民族翻身做了主人，政治上得到了解放，但由于少数民族村镇多属人多地少、土地瘦薄的地方，经济发展较慢，绝大多数少数民族村是“生产靠贷款，吃饭靠统销，花钱靠救济”的三靠村。直到1978年，全省农村少数民族人均收入只有113元。十一届三中全会以来，党的改革、开放的方针和富民政策给我省民族经济的发展注入了新的活力，全省少数民族特别是回族群众，充分利用当地资源，发挥善于经商、具有畜产品加工技艺特长的优势，宜养则养，宜工则工，宜商则商，广开门路，勤劳致富。截止到1993年底，全省农村少数民族人均收入已接近全省农民收入水平，达到936元，为1978年的8倍多，已有4个少数民族乡镇和4个少数民族村产值分别达到亿元以上，少数民族工副业产值已超过农业产值，少数民族群众的生产条件和生活水平有了显著改善和提高。

菏泽地区是鲁西南经济较落后地区之一，改革开放以来，少数民族村采取以发展集体经济为龙头，带动个体、联合体一起上的方针，大搞畜产品加工增值，走出了一条畜牧养殖、加工、销售一体化发展民族经济的路子。1993年，全区51个回族聚居村，绝大多数都办起了裘皮、制革、皮毛玩具、地毯、食品、屠宰、羊毛加工等企业，村办集体企业发展到40个，固定资产达6 000万元，各类专业户、联合体发展到6 000多个，约占全区少数民族总户数的60%，民族村镇集体企业和个体企业总产值达到2.9亿元，实现利税6 000多万元，出口创汇800多万美元，少数民族人均收入由1978年的98元，增加到900元，比全区人均收入高出221元。全区有14个回族村人均收入超过1 000元，有2个回族村人均收入2 000元以上。少数民族群众的生活发生了翻天覆地的变化，彩电、冰箱、录放机、摩托车等高档消费品越来越多地进入了“寻常回回家”。过去“杀一千，宰一万，停了刀子断了饭”的穷回回，如今成了“雅马哈，万字头，双门冰箱两层楼”的主人。

青州市少数民族1978年人均收入仅100元上下。改革开放，使青州市少数民族经济蓬勃发展，截止到1993年底，青州市少数民族集体企业达135个（其中，中外合资企业4个），联户和个体经济项目620个，工农业总产值4.5亿元，实现利税1 700万元，创汇1 200万元，人均收入1 268元。

禹城市十里望回族乡地处鲁西北，土地盐碱程度较重，直到1978年，全乡人均收入才78元。十一届三中全会以来，经过全乡各族群众的共同努力，工农业产值连年增长，1993年工业产值达到1.9亿元，农业产值达到5 425万元，人均收入也达到957元，为1978年的12倍多。

淄博市周村区灯塔回族村，虽靠近城区，过去由于“左”的路线干扰，一直未有充分发挥出地理优势，到1978年，全村人均收入也只有320元。改革开放的春风吹到灯塔后，该村采取内引外联的方针，大力发展工副业项目，目前，灯塔村有集体企业18个（其中，中外合资企业7个），个体企业64个。1993年，全村工农业总产值达3亿元，出口创汇2 500万元，人均收入3 200元，比周村区人均收入高出1 735元。

改革开放政策给山东少数民族经济带来勃勃生机，全省少数民族群众正以崭新的风貌，饱满的热情，迎着改革开放的大潮，为振兴山东民族经济，实现各民族的共同繁荣，继续进行着不懈的努力。

执笔：王高廷　左　亭

靠党的富民政策腾飞的河南少数民族

河南省民族事务委员会

1993年，河南认真贯彻1992年中央民族工作会议精神，围绕省民族工作会议制订的“解放思想，开拓进取，发挥地域优势和民族特长，用现代科技改进传统产业，大力发展商品经济，引导和帮助少数民族面向大环境，发展大外贸，挤进大市场，参与大流通，促进民族经济跃上新台阶”这一总体思路，坚持抓典型、抓落实、办实事、讲实效的方针，促进了少数民族经济的进一步飞跃。

据统计，1993年全省少数民族创社会总产值65亿元，工商业和第三产业总产值59亿元，分别比上年增长16%、18%。其中郑州、开封、洛阳等12个省辖市聚居的少数民族创社会总产值36.9亿元，占全省少数民族所创社会总产值的60%，比1992年增长23.3%。全省3个民族区社会总产值10.7亿元，比上年增长41%；20个民族乡(镇)社会总产值27.6亿元，比上年增长56%；3个民族区和20个民族乡(镇)财政收入1.21亿元，比上年增长35%；3个民族区人均收入均在1 000元以上，20个民族乡(镇)，人均收入500元以上的15个。

1993年民族经济的飞跃发展，同解放以来整个民族工作的基础条件有着直接关系。回顾建国45年来的历程，河南少数民族经济有了翻天覆地的变化，少数民族生活象芝麻开花节节高。这与省委、省政府以及各级民族工作部门认真贯彻党的民族政策，特别是同改革开放的大环境是密不可分的。

河南虽然位于黄河中下游平原，但1949年前由于阶级压迫、民族歧视和黄、淮河的侵害，居住在这一中原地带的少数民族人口不足35万人。当时，城镇少数民族绝大多数处于失业和半失业状态。90%以上的回族群众经营小商品，没有稳定的职业，多以卖汤、卖馍、卖小吃、宰牛羊为业，本小利薄，半饥不饱，朝不保夕；农村少数民族80%以上是贫雇农，没有或缺少生产资料，靠租地、借债和兼营小商品谋生。据1953年12月对两个城市的调查，生活能够自给的回族群众占35.2%，仅能糊口、需要临时救济的占55%，需要经常救济的占9.7%。全省少数民族人均收入(折合人民币新币)不足50元。解放前，回族办的小学仅有26所、中学2所，都是私立。全省回族中受过高等教育的不足50人，文盲率达90%以上，95%的适龄儿童失学。解放初期，全省仅有1 361名少数民族干部，其中地专级3人、县级14人。

解放后的45年中，河南省委、省政府高度重视民族工作，逐步建立健全了省、市(地)、县级民族工作机构，并逐步建立和恢复了3个县级民族区和20个民族乡(镇)。1954年8月省民委召开民委委员扩大会议，就明确提出“全省民族工作必须在过去政治工作的基础上，积极地转到以经济工作为主的方针，大力组织领导与帮助少数民族就业、转业”，1955年6月中共河南省委下发了“少数民族工作方案”，9月省委又对省民委党分组《关于当前我省城镇回民生产生活问题和解决意见的报告》作了批示，特别强调各市(地)委、县委对市镇回民从事生产的几个主要行业(面食、牛羊屠宰、皮革)的生产经营情况摸底,帮助转业安置,组织寻找新的生产门路。1949年—1959年的10年中,政府对少数民族发放各种贷款1 900多万元、社会救济款500多万元、生产补助费273万元。1961年3月、6月、10月召开三次市(专)民委主任、宗教处长会议,省委批转了省民委党组的请示,调整了政策,恢复了少数民族补助费。1963年—1965年每年为少数民族拨款75万元,帮助少数民族解决生产生活问题。

1979年3月河南省民委机构恢复时,正是全党工作重点转移时期,农村正在贯彻中共中央1979年1月下发的《农村人民公社工作条例》和《关于加快农业发展若干问题的决定》,推行生产承包责任制,改革开放的春风吹绿了中原大地。在沈丘、淮阳、沁阳、睢县、邓县等地少数民族聚居的乡镇,从事皮毛、皮革、屠宰、饮食等少数民族传统产业的专业户如雨后春笋,迅速增加。1980年10月省民委召开了全省农村少数民族先进单位经验交流会,沁阳县水南关大队、睢县城关西门里大队、邓县旭光大队、郑州市北大街大队等商品经济发展活跃的单位介绍了经验;1982年11月经省委、省政府批准,省民委召开全省少数民族先进生产单位和个人经验交流会;1984年5月省政府召开少数民族生产生活会议,下发豫政〔1984〕81号文件;1986年5月省民委组织了全省少数民族名特优产品展销、洽谈、评比会,173个民族企业的613种产品参加,其中曾获省以上优质产品奖的77种、曾获国家金奖的1种、获国家优质奖的1种、获部优的5种、曾获省优的70种。会上评为省少数民族优秀产品的39种,过去获奖被评比会认定为省少数民族优秀产品的18种;1988年、1989年连续两年参加全国少数民族名特优产品展销会,河南展团是被命名为全国先进集体的3个展团之一;1988年在参加全国少数民族企业家评选宣传活动的同时,省民委等5个厅局委联合举办了全省少数民族企业家评选宣传活动,评出全国少数民族企业6名、全省少数民族企业家22名;1993年9月又评出全国少数民族优秀厂长(经理)6名;1988年—1990年配合全国民族团结进步先进单位和先进个人表彰活动,省民委在全省又进行了2次表彰活动;1988年1月、1990年1月省民委先后2次召开民族经济经验交流会;1992年3月省政府召开全省民族工作会议;1993年4月省民委召开民族工作经验交流会,年底省政府召开了全省民族经济工作座谈会;为贯彻中共中央、国务院中发〔1987〕13号文件,1988年省委、省政府办公厅下发了豫办〔1988〕9号文件,1990年—1994年省政府先后下发了豫政〔1990〕32号、〔1992〕53号、〔1993〕44号、〔1994〕27号文件,提出了一系列具体的优惠政策,并就清真食品业管理作了具体规定;1981年开始恢复了少数民族地区补助费,截止1993年累计下发852万元;1984年开始每年又从"支援不发达地区发展资金"中划拨出一部分资金作为少数民族发展资金,截止1993年累计下发1 000万元。随着改革的不断深化、开放的不断扩大,以上这些活动、文件和政策措施,有效地促进了少数民族经济文化事业的发展。

解放45年来,特别是改革开放以来,河南民族经济文化事业在迅速腾飞,主要特点有:一、以回族为主体的中原少数民族崇商重商的传统优势得到发挥,经济增长速度快。1988年与1978年比,23个民族区、乡、镇工农业总产值增长了3.5倍以上。1993年同1985年民族区、乡镇刚建时期相比,3个民族区的社会总产值增长了9倍,20个民族乡(镇)社会总产值增长了7倍。二、以皮毛制革、屠宰饮食等为主的民族传统产业飞速发展,全方位立体型的横向经济联合广泛开展,科技进步使少数民族企业逐步向规范化、集团化、系列化方向发展,技术含量高、附加值大的外向型企业日益增多。据1955年对12个城市和一个矿区的调查,回族从事肉食、面食、屠宰、皮革等行业的商贩、摊点有1 033户、49 531人,城市中从事皮革和手工业的回族人口占城市回族人口的2.8%。据76个县的调查,从事皮革手工业的回族约占总人口5%,但当时完全是分散型的个体生产,而且产品质量档次低,处于初加工时期。1985年全省少数民族专业户达21 626户,联合体2 136个,从业人员共57 488人,个体户开始向联合体发展,初加工开始向深加工发展。1986年—1993年是少数民族传统产业结构不断调整、乡镇企业飞速发展、科技型和外向型企业大发展的时期。据1993年统计,全省67万少数民族农业人口中,有近10万人在乡镇企业从业,有11万人利用农闲季节从事个体工商业和第三产业生产,占31.3%。在3 169多家少数民族工业企业中少数民族传统产业占34.4%,在1.94万家少数民族商业企业和个体户中,少数民族传统产业占57%。全省少数民族私营企业达2 400多家,与外资联营企业有15家,在改革中试行股份制企业167家,出口创汇企业增加到43家,1993年创汇8 500万美元,比1992年增长31%。三、小康村建设深入开展,少数民族聚居乡、村农民生活水平大幅度提高。1992年和1993年全省各级政府命名的小康村中有71个是少数民族聚居村。农村少数民族贫困人口降到5万人,比1992年减少1万人,比1985年的25万人减少了80%。在17个市(地)中,农民人均收入在500元以下的有1个市(地)、500—800元的有12个市(地)、800—1 000元的有3个市(地)、1 000元以上的有1个市(地)。23个民族区、乡、镇1993年农民人均收入比建区、乡、镇初期提高了1倍的有10个、提高了2倍的有8个、提高3倍以上的有5个。沁阳市城关镇水南关村有2 453人，全是回族，由于党支部善于抓机遇，带领全村人共同致富，办的13个大企业固定资产已达3 200万元，全员劳动生产率10.06万元、资金利税率30.20%，创利税2 450万元、人均利税1万元，1993年工农业总产值达2.35亿元，比1992年增长了80%，人均产值9.4万元；创利税2 450元；人均收入6 000元，比1992年提高了42%。四、民族经济的迅速发展促进了少数民族人口素质和人才素质的较快提高。据1993年统计，全省党政机关和事业单位现有少数民族干部13 013人，占全省干部总数1.3%，高于人口所占比例，其中省级2人，地厅级9人，中高级少数民族科技人员3 300人，占全省科技人才的1.6%；民族学校407所，其中民族中专1所，1983年建校以来培养少数民族干部1 100多人，中小学在校学生84 072人，学龄儿童入学率达98.8%、巩固率达98.77%，全省少数民族人口中大专以上文化程度的占0.49%。人才的培养和发展进一步促进了民族经济文化事业的腾飞。

执笔：田坤一　金艳华

奋进中的湖北民族地区

湖北省民族宗教事务委员会

湖北位于祖国的中部，全省拥有50个民族成份，5 500万人口。以土家、苗、侗、回等为主的213万少数民族人民，劳动、生息在全省18万平方公里的土地上。全省民族自治地方总面积3.18万平方公里，约占全省总面积的1/6；民族自治地方总人口415.8万人，占全省总人口的8%；其中少数民族人口199.1万人，占民族自治地方总人口的47.2%。此外，全省约有13万少数民族散居杂居在民族乡、民族聚居村、组或城镇街道。

新中国成立45年来，特别是党的十一届三中全会以后，湖北民族自治地方一州两县坚持党的基本路线，始终以经济建设为中心，广大干部和群众用勤劳智慧的双手，以百折不挠、艰苦奋斗的精神，谱写了改革和建设的壮丽篇章，民族自治地方的经济建设取得了令人瞩目的成就。1993年全省民族自治地方国民生产总值达到47.4亿元，比1978年增长13倍，比上年增长23.2%，工农业总产值达59.2亿元，比上年增长3%，比1978年增长178%，比1949年增长10倍。

建国初期，全省民族自治地方农业总产值仅为5.5亿元。新中国成立以后，特别是改革开放以来，全省民族自治地方在不放松粮食生产的同时，调整优化农村产业结构，大力发展多种经营，建立起区域性支柱产业，农业生产和农村经济发生了巨大的变化。1993年全省民族自治地方农业总产值达到30.6亿元，分别比1949年、1978年、1992年增长458%，80.9%，11.5%。其中种植业产值占60%以上。1993年全省民族自治地方粮食总产量为133.4万吨，比1949年增长186%，经济类作物以油料、烟叶和茶叶为主。1993年全省民族自治地方油料产量为7.5万吨，烟叶产量为10.6万吨，茶叶为1.2万吨。其中烟茶跃居全省前列，并已成为民族自治地方农村的支柱产业。党的十一届三中全会以来，全省民族自治地方乡镇企业从无到有，从小到大，1993年全省民族自治地方乡镇企业总产值达13.3亿元，比1978年增长12倍，比1992年增长49%。乡镇企业已逐步发展成为民族自治地方农村经济的重要支柱之一。

1949年湖北民族自治地方的现代工业是一纸空白。经过40多年的艰苦努力，全省民族自治地方逐步建立起卷烟、医药、建材、化工、电力、煤炭、机械、食品、皮革等门类的工业体系。1993年全省民族自治地方工业总产值29.0亿元，比1949年增长242倍，比1978年增长676%，比1992年增长18.5%。

工农业生产的迅速发展，促进了流通领域的日趋活跃，市场日益繁荣。1993年全省民族自治地方共有商业网点22 413个，从业人员62 609人，社会商品零售总额达17亿元，比1952年增长近50倍，比1978年、1992年分别增长441%、5%。外贸经济也有较大发展，1993年全省民族自治地方进出口贸易总额约3 000余万元，比改革开放前的1978年增长近3倍。对外开放也取得一定成效，外引内联，招商引资，"三资"企业实现零的突破，1993年全省民族自治地方已批准成立"三资"企业38家，实际利用外资356万美元。现在全省民族自治地方建立了11个经济技术开发区，并在北京、上海以及沿海、沿边一些主要城市设立了对外经营窗口，已初步形成多层次、多渠道、全方位的对外开放格局。

为逐步改变财政收不抵支的状况，增强财政实力，全省民族自治地方各级政府努力加强农村、城镇和替代财源建设，特别是注意加强支柱财源建设，建国四十多年来特别是改革开放以来，财政收入稳步增长。1952年全省民族自治地方财政收入仅为776.24万元，到1993年财政收入达48 194万元，比1952年增长61倍，比1978年增长765%，比1992年增长14%。随着改革开放的深入和经济建设事业的发展，各族人民的生活水平有了较大提高。1993年全省民族自治地方城镇职工年均工资由1978年的521.7元增加到2 529元，农民人均纯收入由1978年的106.6元增加到1993年的494元。到1993年底，全省民族自治地方大部分群众已解决温饱，有一部分已过上了较为富裕的生活，少数民族群众的吃、穿、用、住等条件有了较大的改善。

45年来，全省民族自治地方的教育、文化、卫生事业面貌一新。在教育方面，全省民族自治地方已由1949年的489所小学，10所初中，1所高中，2所中专发展到1993年的101所幼儿园，3 461所小学，295所初中，18所中专，2所高校，各级各类学校在校学生达60.8万人，教职工3.5万人。全省民族自治地方已初步形成了幼儿教育、小学教育、中学教育、中专教育、高等教育、各种职业教育、成人教育等一套完整的民族教育体系。少数民族群众缺医少药的状况也得到较大改善。1993年全省民族自治地方共有医护人员1.3万人，比1949年增长18倍，比1978年增长35.3%，文化事业也有了较快发展，一州两县已建立起一批电视转播台、卫星地面站以及文化馆(站)，大部分乡村通了广播，民族自治地方已初步形成以城镇为依托，向农村辐射的文化网络，少数民族群众的精神文化生活日益丰富。

建国45年来，湖北民族自治地方"一州两县"的面貌发生了翻天覆地的变化。但前进中困难和问题也依然存在，突出的问题：一是与全国、全省的经济发展水平仍有较大的差距，而且差距有拉大的趋势；二是全省民族自治地方尚有100万人未解决温饱问题。改革开放的深入和社会主义市场经济体制的逐步确立，给民族地区带来了新的挑战和极好的发展机遇。全省各族人民将在邓小平同志建设有中国特色社会主义理论和党的基本路线指引下，抓住机遇，深化改革，扩大开放，促进发展，保持稳定，力争在本世纪末把恩施建设成全国先进的少数民族地区之一。

执笔：丁　蕾

在向社会主义市场经济转轨中的湖南民族地区

湖南省民族事务委员会

湖南是一个多民族省份，除汉族外，还有50个少数民族，共520万人，占全省总人口的8.4%。全省有1

个自治州，7个自治县，2个由自治州划出仍享受自治地方政策的县(区)，90个民族乡，还有7个少数民族人口超过半数的县(区)。民族地区面积约占全省总面积的30%。

1993年，是湖南民族地区大步前进的一年。在向社会主义市场经济转轨的过程中，经济和社会事业都得到了较大的发展。

一、经济总量再上新台阶，国民经济继续以较快速度增长

1993年，湖南民族自治地方国内生产总值达63.1亿元，比上年增长19.8%，其中第一产业增长6.9%，第二产业增长36.9%，第三产业增长27.7%，地方财政收入增长33%，为1978年的10倍。

1.农业在结构调整中持续发展。1993年，虽然粮食生产因结构调整减少9.3万公顷面积，同时遭受了特大洪涝灾害，比上年有较大幅度减产，油料作物也有所减产，但由于其他多种经营的发展，全年农业总产值仍达41亿元，比上年增长12.8%，为1978年的6.1倍。乡镇企业超常规发展，全年完成总收入37.7亿元，比上年增长119%；实现利税3.5亿元，比上年增长91.8%。

2.工业生产在竞争中不断发展，效益提高。全年工业总产值达418 729万元，比上年增长20.4%，为1980年的9.28倍；企业经济效益提高，国有企业利税总额比上年增加5 550万元，增长12%；全年发电量、卷烟、水泥等分别比上年增长32.9%、2.4%、24.9%；锰、锌等矿产品也均比上年增加。

3.固定资产投资有较大的增长。全年全社会固定资产投资完成138 135万元，在上年大幅度增长的基础上又增加了24.9%，为1978年的17.3倍。利用外资也有所突破，全年达720万元，为上年的6倍；在固定资产投资中，国有单位比上年增长13%，集体和城乡个人分别比上年增长73%和60%，大庸机场、贺龙电站等一批重点建设项目正在加紧施工，铁山河大桥已建成通车。

4.个体私营经济蓬勃发展。全年个体社会商品零售总额达78 351万元，比上年增长42.9%，城乡个体工业达40 920户，比上年增长9.9%，总产值达82 464万元，比上年增长88.2%。

二、城乡市场繁荣，人民生活不断改善

1.民族贸易在激烈的竞争中日趋活跃。全年国内商品纯购进达367 812万元，比上年增长113.8%；纯销售达409 678万元，比上年增长81.9%；社会商品零售总额达581 933万元，比上年增长128.8%，为1978年的14.6倍；民族贸易网点尤其是边境贸易网点建设大大加强，怀化市、吉首市等西部市场日趋活跃。

2.人民群众收入、生活水平不断提高。随着生产的发展，1993年城镇职工年人均工资达3 076元，比上年增加650元，增长26.8%，为1978年的5.7倍；抽样调查农民年人均纯收入为591元，比上年增长46元，增长8.4%，随着人们收入的增长，消费水平日趋提高，1993年，社会零售自行车、电视机等较高档的消费品达78 142台辆；同时，城乡居民储蓄也不断增加，年末余额达228 070万元，比上年增长23.7%；居民居住条件不断得到改善，全年仅城镇和工矿私人建房投资就达7 028万元。1993年全省民族自治地方中，有三个县(市、区)摘掉了贫困县的帽子。

三、教育、卫生等各项社会事业竞相发展，取得了新的进步

1.教育事业在结构调整中加快发展。1993年，高等院校为民族地区招生1 004人，比上年增加254人，增长33.9%；通过中等教育结构调整，职业教育有所加强。1993年农业职中达53所，比上年增加13所，增长32.5%，在校学生达16 547人，比上年增加1 952人，增长13.4%；中小学教学设施逐步改善，省民委、省教委联合为民族地区改造乡镇寄宿制中心小学已达407所，占民族地区乡镇总数的72.6%，为普及九年制义务教育打下了良好的基础。

2.卫生、文化、体育等事业继续发展。到1993年，省民委、省卫生厅已联合为民族地区改造了136所乡镇卫生院、18所县卫生院，使医疗卫生条件进一步得到改善；医疗卫生队伍素质不断提高；血吸虫、脊髓灰质炎和碘缺乏病的防治取得一定成效；少数民族传统文化、体育活动持之以恒地开展；卫星电视地面接收站、电视发射台、转播台达432个(座)，比上年增长16.4%，70%以上的民族地区可以收看电视。此外，社会福利和保险事业在民族地区不断发展。

湖南民族地区目前还存在着一些困难和问题：一是基础设施薄弱，农业后劲不足，工业竞争力不强；二是农村贫困面大，扶贫任务艰巨；三是地方财政紧张，县级经济运行艰难；四是物价涨幅过大，社会治安有待进一步加强。我们在看到大好形势的同时，要十分重视这些问题的解决。

执笔：马昌忠　张克勤

抓住机遇　阔步向前

广东省民族事务委员会

广东民族自治地方总面积4 698平方公里，总人口43.7万人，其中少数民族人口15.8万人。建国45年来，民族自治地方各族人民在党的领导下，团结一致，艰苦创业，开拓前进，用勤劳的双手谱写了物质文明和精神文明建设的新篇章，特别是党的十一届三中全会以后，民族自治地方各级领导和广大干部群众，坚定不移地贯彻党的基本路线，坚持以经济建设为中心，抓住改革开放的机遇，加快经济发展的步伐，使工业、农业、外经、外贸、能源、交通、科技、文教、卫生等各项事业都取得了令人鼓舞的成就，各族人民的生活水平有了较大的提高。据统计，1993年，民族自治地方国内生产总值达82 687万元，比上年增长9.8%；工农业总产值84 055.4万元，比上年增长13.7%，比1978年增长142%，比1952年增长25倍；社会商品零售总额30 236万元，比上年增长10.9%，比1978年增长4.1倍，比1952年增长19.5倍；财政收入4 953万元，比上年增长32%，比1978年增长4.9倍，比1952年增长104倍。

45年来，民族自治地方的工业从无到有，从小到大，生产高速发展。国有企业初步形成了机械、冶金、化工、建材、纺织、印刷、机电和食品等八大行业。1993年工业总产值45 448万元，比上年增长22.5%，是1978年的2.3倍，1952年的399倍；主要工业产品中发电量1993年91 684万千瓦小时，比上年增长7.3%，为1978年的2.2倍。

农业生产持续发展，克服天灾人祸等不利因素，大力发展“三高”农业，农业生产的整体效益有所提高。1993年全年农业总产值38 607万元，比上年增长22.5%，比1978年增长97.7%，比1952年增长11倍。农产品结构有所调整，优质粮的比重有所提高，主要农产品产量中，粮食总产量165 806吨，由于播种面积的减少，粮食产量比上年减少3%，较1978年增长45.5%，为1963年的1.4倍；主要经济作物中，油料总产量5 462吨，比上年减少1%，比1978年增长2倍。

林业生产的建设和巩固绿化达标工作取得新的成绩，1993年造林面积6.5千公顷；活立木蓄积量1 203.5万立方米。森林覆盖率达70%左右，每年为国家提供的商品用材10.3万立方米。

乡镇企业的迅速崛起，为农村经济的发展注入新的活力，也为消化农村剩余劳动力找到了一条离土不离乡的好渠道。1993年，民族自治地方的乡镇企业个数为9 626个，是1985年的16倍，总产值为25 301.8万元，比上年增长39.6%，总收入35 016万元，比上年增长43.6%，比1985年增长9倍；实现税利8 969.7万元，比上年增长52.3%，比1985年增长14倍。

固定资产投资增长较快，1993年全社会固定资产投资完成21 219万元，比上年增长74.6%。其中，国有单位投资17 974万元，比上年增长116%；集体单位投资3 367万元，比上年增长32%；居民个人投资198万元，比上年减少85%。

在国有单位投资中，基本建设的投资比上年增长123%，更新改造投资也比上年有较大幅度的增长，增长率为133.6%。运输邮电业的投资则比去年增长15倍；住宅投资比去年有所增加，投资额1 681万元。

外经外贸方面，民族自治地方由于特定的环境，对外经济起步较晚，截至1993年止，民族自治地方有三资企业78家，引进项目20个，实际利用外资972.49万美元。改革开放给民族地区的经济发展注入了活力，也为民族地区的群众摆脱贫困带来了希望，从1985年起，省、市、县各级政府有组织、有计划地对民族地区开展了多形式、多渠道、多层次的扶贫工作，几年来取得了一定的成效。1993年，自治地方乡镇年收入在50万元以上的有10个，30万元以上的有13个，1万元以上的有147个，1万元以下的有86个。已脱贫户数

35 301户，脱贫人数178 481人，其中少数民族脱贫户数25 671户，脱贫人数为94 061人，脱贫人数占总人口的43%。此外，为使石灰岩山区的特困户能彻底摆脱贫困，省里还拨专款给自治县组织特困农户向平原乡镇搬迁，1993年，共搬迁了4 772户，19 840人，绝大部分当年搬迁当年就解决了温饱。为解决贫困山区富裕劳力出路问题，民族地区劳动部门还积极开展劳务输出，截至1993年，共向广州、珠江三角洲等地输出劳务人员19 685人，共收入6 202.75万元。

通过各种形式的扶贫工作以及民族自治地方广大群众的共同努力，人民的生活水平有了很大的提高，1993年，农民人均收入784元，比上年增长了19.9%，比1978年增长了9.6倍。

少数民族教育事业经历创办到巩固与发展的过程。截至1993年止，广东民族自治地方共有小学284所，在校生61 402人，适龄儿童入学率98.5%，巩固率95%，毕业率95%；中学43所，在校生18 127人。

广东民族自治地方卫生事业经过45年的建设，也有一定的基础，据1993年统计，民族自治地方现有医疗卫生机构58个，共设病床757张，各类卫生技术人员共有1 114人，其中，高级职称的12人，中级职称195人。

执笔：王　丹

围绕建设大西南出海通道发展广西经济

广西壮族自治区民族事务委员会

1993年是中央确定广西作为大西南出海通道后的第一年，围绕建设大西南出海通道，高速发展经济，是本年度的主要经济特点。全区国民经济在上年高速发展的基础上继续健康发展，科技、教育、文化、卫生、体育等各项社会事业都取得了新的发展。全区政治稳定、民族团结、社会进步。据统计，全年国内生产总值773亿元，比上年增长19.6%，比1990年增长59.4%，比1978年增长2.7倍。其中，第一产业260.8亿元，比上年增长6.7%，比1990年增长31.1%，比1978年增长1.54倍；第二产业303.5亿元，比上年增长39.4%，比1990年增长106.8%，比1978年增长4.7倍；第三产业208.4亿元，比上年增长14.3%，比1990年增长53.3%，比1978年增长2.9倍。经济运行中存在的主要问题是：生产资金短缺，投入不足，部分产业发展滞后，物价涨幅高，农民实际收入增长不快。

（一）农业全面增长。1993年，全区各级政府大搞农业综合开发，积极调整和优化农业内部结构，大力推广农业先进技术，走高产、优质、高效的路子。全年农业总产值384亿元，比上年增长5.1%，比1990年增长30.5%，比1978年增长1.3倍；其中种植业、林业、牧业、渔业分别比上年增长1.7%、2.2%、17.4%、24.7%。农产品产量大幅度增加：粮食产量达1 495万吨，再创历史最高水平，比上年增长2.6%，比1990年增长6.6%，比1978年增长38.2%；甘蔗产量2 305万吨，居全国首位，比1990年增加53.5%，比1978年增长5.1倍；食用油料36.9万吨，比上年增长25.8%，比1990年增长46.3%，比1978年增长1.1倍；水果产量184.3万吨，比上年增长14.4%，比1990年增长102.4%，比1978年增长10.6倍；肉类总产量160.9万吨，比上年增长18.1%，比1990年增长77.7%，比1978年增长3.2倍；水产品产量56.5万吨，比上年增长26.7%，比1990年增长74.65%，比1978年增长3.82%。农村工业、建筑业、运输业、商业、饮食业等非农经济比上年成倍增长。乡镇企业在多轮驱动下，保持着高速发展的势头，全年总收入736亿元，比上年增长1.4倍，发展速度居全国之首，比1990年增长6倍，比

1978年增长91倍。

(二)工业持续高速发展。深化企业内部改革,有效地调动了企业和职工的积极性;以市场为导向积极调整产品结构;基础产业和企业设施投入大幅度增长。全年乡及乡以上工业总产值696亿元,比上年增长22.6%,比1990年增长91.3%,比1978年增长5倍。工业增加值262.0亿元,比上年增长40.5%,其中国有工业增长33.6%,集体工业增长41.5%,其他经济类型工业(含"三资"企业)增长47.7%。工业产品产销衔接较好,全年产销率达96.9%。由于受投资拉动影响,投资品产量普遍大幅度增产,部分滞销产品产量和库存下降。全年食糖产量230.5万吨,比上年增长8.5%,比1990年增长66.2%,比1978年增长7.5倍;原煤产量1 042.2万吨,比上年减少0.7%,比1990年增长6.4%,比1978年增长25.8%;发电量173.2亿千瓦小时(其中水电100.7亿千瓦小时),比上年增长15.6%,比1990年增长37.8%,比1978年增长2.5倍;钢产量82.2万吨,比上年增长20.5%,比1990年增长56.8%,比1978年增长3.3倍;化肥(折纯)产量49.1万吨,比上年增长0.1%,比1990年增长18.7%,比1978年增长1.1倍。建筑业生产发展迅速,全年完成增加值40.93亿元,比上年增长32.1%。国有单位房屋建筑竣工面积235.8万平方米,比上年增长4.2%,建筑质量也有所提高。

(三)大西南出海通道建设速度加快,固定资产投资明显扩大。全社会完成固定资产投资221.3亿元,是改革开放以来投资最大、增幅最高的一年,比上年增长56.9亿元,比1990年增长2.2倍,比1978年增长21.8倍。其中国有单位完成固定资产投资171.4亿元,比上年增长1.1倍,比1990年增长3.2倍,比1978年增长16.8倍。重点工程建设速度加快,工程质量良好。全区34个重点建设项目完成投资53.5亿元,比上年增长61.7%。岩滩水电站、天生桥水电站2号机组、桂平航枢水电站3号机组并网发电,增加机组容量56.3万千瓦;钦北铁路、南昆铁路,桂林、柳州、梧州机场建设加快,南宁——梧州二级公路全线通车,各种交通运力和运输量都有增加,新增港口吞吐能力270万吨,全年港口吞吐能力达1 214.3万吨,比上年增加21%;长途通信光缆已达2 000公里,全年完成邮电业务总量7.8亿元,比上年增长69.8%,特快专递、无线寻呼、移动电话发展迅速,县城以上城市(镇)全部实现市话自动化,提前两年实现"八五"建设目标,多半的县城能通国内直拨。投资的硬软环境得到了大力改善,对外开放的步伐进一步加快,利用外资取得新的突破。全年进出口贸易总额20.5亿美元,比上年增长26.3%,比1990年增长1.3倍,比1978年增长6.6倍;其中出口额13.3亿美元,比上年增长19.6%。"三资"企业出口额1.5亿美元,比上年增长31.8%;边境贸易总额28.7亿元人民币,比上年略有下降。全年新签利用外资协议合同项目2 478项,金额38.1亿美元,比上年增长1.6倍,实际利用外资9.2亿美元,比上年增长3倍;其中外商直接投资8.7亿美元,比上年增长3.8倍,增幅居全国前列。与外省区的联合协作加强,实施合作项目2 200多项,引进区外资金到位38亿元,比上年增长1.2倍。地方财政收入大幅度增收,自我发展的能力进一步加强。全年达86亿元,比上年增长40.0%,比1990年增长82.6%,比1978年增长4.8倍。

(四)社会事业健康发展,人民生活水平稳定提高。科学、教育、文化、卫生、体育等社会事业全面健康发展:科技成果成倍增长,科技应用日益广泛;高等学校招生大幅度增加,中小学校毕业生升学率提高;文化事业单位增多,服务面扩大;医疗卫生条件进一步改善;体育获国内外奖数居全国好位次。区内市场平稳发展,市场繁荣,消费品购销两旺,货源充足,全年实现社会商品零售总额342.8亿元,比上年增长25.2%(扣除物价因素实际增长5.3%),比1990年增长66%,比1978年增长7.2倍。城镇居民人均生活费收入2 611元,比上年增长38.5%(扣除物价因素增长12.3%),比1990年增长80.3%;农民人均纯收入885元,比上年增长20.9%(扣除物价因素增长4.3%),比1990年增长38.4%,比1978年增长6.4倍,年内有100万贫困农民稳定解决了温饱问题。

执笔:周　健

同奔特区这条路

海南省民族宗教事务委员会

海南少数民族地区注重发挥经济特区和民族地区双重政策优势，努力探索加快经济社会发展的路子，与汉族地区同奔特区这条路，国民经济和各项社会事业都取得喜人的成绩。1993年，全省民族自治地方9市县国内生产总值45.35亿元，与1992年和建省办经济特区前的1987年相比，分别增长26.8%和99.0%；工农业总产值48.23亿元，分别增长14.9%和72.4%；乡镇企业总产值8.26亿元，分别增长56.8%和2.8倍；全社会固定资产投资额35.00亿元，分别增长1.5倍和7.5倍，其中，基本建设投资22.52亿元，分别增长1.3倍和14.6倍；社会商品零售总额15.42亿元，分别增长15.6%和83.6%；实际利用外资额21 015万美元，分别增长2.6倍和50.1倍；地方财政收入3.12亿元，分别增长45.7%和2.5倍。

建省伊始，在国家赋予海南经济特区一系列优惠政策的同时，省委、省政府鉴于少数民族地区经济社会相对落后于汉族地区的现状，先后作出《关于加强民族工作的决定》和《关于加快民族地区经济和社会发展若干问题的决定》，从经济、文化、教育、卫生、人才培养等方面，给民族地区以大力支持。地处山区的各民族市县也发挥经济特区和民族地区的双重政策优势，分别制定了一些“打开山门迎客来”的优惠办法，以鼓励和吸引国内外客商投资建设民族地区。各民族市县还把加快基础设施建设，作为改善投资环境、扩大对外开放的重要措施来抓。6年来，共修建总长489公里的公路122条、桥梁35座，开通了陵水黎族自治县至省会海口市的高速公路。三亚至陵水的高速路段今年底也将开通。万吨级泊位码头从原来的4个增加到6个。三亚至海口、广州、深圳的空中航线和三亚至越南的海上国际航线均已开通。通什春城机场已建成通航。三亚凤凰国际机场建设工程项目即将竣工，各项营运准备工作基本就绪，7月1日即可通航。位于东方黎族自治县境内的全省水电枢纽工程大广坝水电站第一台机组已运转发电，第二台机组正抓紧调试，5月底可并网发电。全省电力重点工程大广坝—鹅毛岭—八所—三亚220千伏线路已全线竣工。三亚市南山燃机电厂首台机组已并网试机投入商业运行。三亚市和东方黎族自治县正分别筹建总装机容量为480万千瓦的渣油或天然气发电厂和120万千瓦的火电厂。崖13—1天然气工程项目的海上井口平台已安装完毕。民族自治地方9市县已全部实现了市县电话自动化和开通了程控电话，无线传呼系统今年6月底也将全部开通。三亚至海口两线微波通讯工程已开通使用。

政策优势的发挥和投资环境的改善，有力的吸引着一批批中外投资者。据不完全统计，建省6年来，民族自治地方9市县一共引进项目3 795个，其中，内资企业2 962个，外资企业833个，累计已投入171 053万元人民币和21 015万美元。建省前，来三亚市投资的国内外客商仅33家。至1993年底，客商投资企业共达719家，成片开发区有15个。

针对传统农业效益低的现状，各民族市县紧紧抓住经济特区大发展的机遇，发挥本地热带作物等资源丰富的优势，大办“高产、高效、优质”农业，促进农业逐步朝基地化、专业化、商品化和外向型方向发展，初步形成现代化农业的格局。目前，已建有100亩至1 000亩连片的商品粮、甘蔗、橡胶、芒果、腰果、剑麻、林木、油料、反季节瓜菜、淡水海水养殖等基地180多个，民营橡胶种植面积达71.9万亩，分别比建省前增加18万多亩和5万多亩。腰果、槟榔的种植面积也有大幅度的增长。1993年，农业总产值达29.56亿元，分别比1992年和1987年增长11.5%和80.8%。乐东黎族自治县从1990年起，利用我国南北时间差，发挥本地“天然温室”的优势，每年冬季种植反季节瓜菜13万亩左右，大批量北调和出口，产值达1亿元左右，约占全县农村社会总产值的30%。陵水黎族自治县新村镇的农民，发挥新村港风平浪静、浮游生物丰富、含盐含氧量适宜的优势，放养鱼排300多个、网箱3 700多口，成为全省最大的海水养殖基地，产品全部销往香港、日本等国际市场。

海南民族地区2 200多家各种类型的工业企业，通过利用特区优势，实施承包经营、股份合作、横向联合、技术改造等项改革措施，也获得了生机。1993年，工业总产值达18.67亿元，分别比1992年和1987年增长20.0%和64.0%。主要工业产品铁矿石(原矿)生产量达421.33万吨，分别比1992年和1987年增长7.4%和2.7%；发电量达20 839万千瓦小时，分别比1992年和1987年增长19.9%和27.0%。目前，各民族市县都创造条件争取上一批高新技术项目，特别是海南天然气化肥厂、海南钢铁厂、海南昌江水泥厂等一批省属工业骨干项目，已分别在东方黎族自治县的八所镇和昌江黎族自治县的叉河镇、石碌镇动工兴建。预计二、三年后，海南省一个新的工业基地将在那里崛起。

海南民族地区还把旅游业作为第三产业的龙头来发展，共投资近10亿元人民币，开发建设旅游景点30多个、旅游宾馆(酒店)30多家，推出旅游项目近60个，并从过去单纯的“走马观花”，发展为冬泳度假、温泉疗养、民族风情、科学文化考察、登山运动等，从而吸引了众多的国内外游客。1993年，仅接待国际旅游者就近9万人次，旅游外汇收入1 590.81万元(外汇券)，分别比1987年增长36.4%和21.4%。

海南民族地区的教育、科技、文化、卫生、体育等社会事业，也沐浴着建省办经济特区的春风而得到发展。位于通什市以招收少数民族学生为主的琼州大学已正式挂牌成立；主要面向民族地区招生的省立国兴中学已在海府地区创办近四年时间；省民族技工学校、省民族师范学校已培养出大批少数民族人才；广播电台、电视发射差转台分别从1987年的1座和38座发展到8座和45座。广播、电视的覆盖率均达80%以上。

经济和社会事业的发展，有效地改善了民族地区城乡居民的生活。1993年，城镇全部职工平均工资和农民年人均纯收入分别为3 296元和839元，比1987年增长120.5%和95.1%。农村年人均纯收入550元以下的贫困人口，已从1987年的72万人下降到1993年的54万人。有3万多户黎苗族同胞已告别世代居住的茅草房，住进了宽敞明亮的砖瓦房。

与汉族地区相比，少数民族地区尽管还存在相当差距，但在党中央、国务院和省委、省政府的统一领导下，海南少数民族地区将与汉族地区同心同德，进行深层改革，铸就体制优势，沿着经济特区之路，奔向更加美好的明天。

执笔：朱良生

阔步前进中的四川少数民族地区

四川省民族事务委员会

“天府之国”四川省，是一个多民族省份，除汉族外，有少数民族52个，其中世居民族有藏、彝、羌、土家、苗、回、满、傣、壮、白、傈僳、蒙古、纳西、布依族14个，总人口500万人。民族自治地方(含3个自治州、8个自治县)共55个县(市)，幅员面积31.8万平方公里，占全省总面积的56%；1993年末总人口837万人，其中少数民族451万人。

四川少数民族地区资源丰富，山川秀美。森林面积8 449.7万亩，是全国3大林区之一；草原面积2亿亩，是全国5大牧区之一；水力资源蕴藏量1.6亿千瓦，可供开发利用的约1亿千瓦；列入国家保护的动物有59种，其中珍稀动物有大熊猫、金丝猴、白唇鹿、野牦牛等；药用动植物3 000多种，名贵中草药有麝香、鹿茸、虫草、贝母、天麻、黄连等；已探明矿产有55种，其中金、银、铜、铁、铅、锌、钒、钛等矿种占全省的90%以上；已开发利用的旅游资源有九寨沟、黄龙寺、卧龙自然保护区、邛海、泸沽湖、伍须海、小南海等。

然而，就在这片富饶美丽的土地上，新中国成立前，彝族地区尚处于奴隶制社会，藏族地区还是封建农奴制社会，羌族、土家族和苗族等地区则是封建地主制社会，广大的少数民族劳苦群众受到残酷压迫和剥削，过着牛马不如的生活。新中国成立后，从水深火热中解放出来的少数民族人民开始当家作主。45年来，特别是党的十一届三中全会以来，在党和国家的大力扶持和帮助下，民族地区发生了翻天覆地的变化，经济蓬勃发展，社会不断进步，人民生活水平年年提高，各民族团结、互助、共同繁荣进步的社会主义新型民族关系逐渐形成。

1993年，全省民族自治地方国内生产总值96.5亿元，比1980年增长15倍；工农业总产值135亿元，比1952年和1978年分别增长8.8倍、2.3倍；社会商品零售额13.7亿元，分别增长14.5倍、88%；财政收入14.5亿元，分别增长82倍、11.3倍。45年来，国有单位基本建设投资总额近95亿元，其中1979年以来投资约70亿元，占总额的74%。近两年达成横向经济技术协作项目402项，引进资金14.5亿元，已批准成立"三资"企业27个，独资企业2个，还有一批待审批。

农业生产条件大大改善，生产力大幅度提高。1993年，农业总产值66.3亿元，比1952年和1978年分别增长3.8倍和1.1倍；主要农牧业产品中，粮食总产量247.8万吨，分别增长1.6倍、6.9%；油料产量5.9万吨，分别增长7.3倍、2.6倍；猪牛羊肉总产量33.18万吨，分别增长12.2倍、2.8倍。1978年前还是空白的乡镇企业发展迅猛，1993年总收入已达37.4亿元。农牧民人均纯收入470元，比1980年增长5倍。

工业生产从无到有，从小到大，建立了以本地资源为主的食品、纺织、制药、皮革、电力、森工、造纸、化工、卷烟、冶金、采矿、建材和机械等工业门类。1993年，已有工业企业5.2万个，比1952年和1978年分别增长260倍、18倍；总产值68.6亿元，分别增长48.9倍、4.2倍；主要工业产品中，煤产量198.63万吨，分别增长60.2倍、1.2倍；发电量50亿千瓦，分别增长1795倍、16.5倍；生铁产量12.24万吨，分别增长248倍、46.4倍。

社会事业取得长足进步。遍布城乡的正规学校教育和职业教育、成人教育网络已基本形成。1993年，民族自治地方有普通高等学校5所、中等专业学校30所（含中师14所）、普通中学校430所、小学校8 439所。人民生活环境得到较大改善。1993年，民族自治地方有各类医疗卫生机构2 781个（其中医院1 076个），每万人拥有病床23.3张、卫生技术人员33.8人；有商业、饮食和服务机构21.6万个，每万人拥有31.7个；共发行报刊6种，拥有广播电台6座、电视台4座、电视发射和转播台1 280座、电影放映单位906个、公共图书馆23个、文化馆（站）714个。

执笔：黄启儒

奋进的贵州民族地区

贵州省民族事务委员会

贵州少数民族自治地方（辖3个自治州、11个自治县）解放45年来尤其是党的十一届三中全会以来，各族人民在党和政府的领导下，认真贯彻执行《民族区域自治法》，团结奋斗，开拓进取，使贵州民族自治地方发生了翻天覆地的变化。工农业生产不断发展，经济实力不断增强，人民生活水平不断提高，各项事业不断发展，出现了经济发展、民族团结、社会稳定的新局面。

一、国民经济持续增长，经济实力显著增强

解放前，贵州民族自治地方曾是被人们称之为“地无三里平，人无三分银”的不毛之地，交通闭塞，文化落后，生产力水平十分低下，人民生活极为贫困。解放45年来特别是改革开放以来，少数民族地区人民为了早日摆脱贫穷落后的面貌，在党的基本路线指引下，坚持以经济建设为中心，自力更生，奋发图强，不断解放和发展社会生产力，促进了经济的持续增长，并取得了可喜的成绩。1993年国内生产总值121.78亿元（当年价，下同），比上年增长10.2%（按可比价格计算，下同），比1980年增长5.3倍，平均每年增长8%；地方财政收入达11.8亿元，比上年增长20%，比1978年增长7.5倍，平均每年增长14.3%，比1952年增长42.8倍，平均每年增长8.7%。经济实力明显增强。

二、工农业生产不断发展，经济效益逐步提高

贵州是一个山区，解放前基本上是一个农业省，生产条件很落后，无工业可言。解放后，随着国家经济建设的发展，三线建设时期，国家国防工业部分建设项目向贵州转移，贵州的工业才从无到有，从小到大，从少到多地发展起来。党的十一届三中全会以后，党和政府进一步重视发展民族经济工作，增加资金的投入，加大科技含量，使贵州少数民族地区的工农业生产得到迅速发展，成效十分显著。1993年工农业总产值163.3亿元，比1978年增长3.2倍，比1949年增长12.2倍，平均每年增长5.7%。其中：1993年工业总产值69.5亿元，比上年增长11.7%，比1978年增长5.2倍，比1949年增长195倍，平均每年增长12.3%；农业总产值92.1亿元，比上年增长3.8%，为1978年的2.4倍，1949年的6.2倍，平均每年增长4.2%。主要工业产品产量中，钢产量从无到有，1993年0.3万吨，为上年的10倍，1978年的7.9倍；煤849.9万吨，比上年增长1.1倍，为1978年的4.1倍，1952年的283.3倍；发电量为11.6亿千瓦小时，比上年增加0.3亿千瓦小时，比1978年增长4倍，比1952年增长3 515倍。

主要农产品产量，1993年粮食327.[illegible]万吨，因旱灾比上年减产3.3万吨 为1978年的1.[illegible]倍，1949年的2.5倍；棉花781吨，比上年增长23.9%，为1978年的1.95倍，1952年的0.78倍（因贵州不宜种棉，随着产业结构的调整，棉花生产有逐渐下降的趋势）；油料14.8万吨，因旱灾比上年下降27.9%，为1978年的3.8倍，1952年的12倍。

在国家有关政策的鼓励下，乡镇企业异军突起，促进了民族地区乡镇企业的发展。1993年，乡镇企业218 828个，为上年的1.1倍，为1980年的17.3倍；从业人数547 612人，为上年的1.2倍，1980年的9倍；总收入36.2亿元，比1992年增长37.9%，比1980年增长36.4倍；纯利润3亿元，比上年增长45.3%，比1980年增长17.3倍。

三、固定资产投资增加，对外开放步伐加快

随着投资环境不断改善，贵州民族自治地方的开发建设在国家的大力支持下，步伐不断加快，1993年基本建设投资达9.6亿元，比上年增长21.8%，比1978年增长10.6倍，比1952年增长500.5倍，平均每年增长16.4%。目前以黔东南苗族侗族自治州州府凯里、黔南布依族苗族自治州州府都匀为中心已建成贵州的电子工业基地，黔西南苗族布依族自治州境内南昆铁路正在加紧修建，乡村公路不断兴建，国道线、省际线、县际线向高等级公路发展，通讯设施不断增强，必将带动民族地区的经济发展。对外开放以来，少数民族地区的对外贸易发展也很快，在平等互利、互利互惠、团结协作、共谋发展的原则下，积极引进外资，1993年黔东南、黔南、黔西南三自治州以及印江土家族苗族自治县共引进外资9 854万元，发展合资、合作、外资企业，从而推进了民族经济的发展。

四、市场繁荣，货源充足

历经45年的发展，贵州少数民族地区流通领域打破了封闭状态，特别是15年来的改革开放搞活，使民族地区市场日益繁荣，初步形成了以国有商业为主导、多种经济成分并存的市场流通网络。上市消费品花色繁多、品种齐全、货源充足，一些富有民族特色的商品深受少数民族群众的喜爱。1993年社会商品零售总额38.1亿元，比1992年增长8%，比1978年增长6倍，比1949年增长82倍，平均每年递增10.3%。

五、文教卫生事业蓬勃发展

45年来，贵州民族自治地方的文化、教育、卫生事业在党的政策指引下，有了较大的发展。特别是党的十

一届三中全会以来，经过调整、充实、提高以及希望工程的实施，使民族地区文教卫生事业发展更快。1993年贵州省民族地区共有高等院校4所，中学(含中专)721所，为1978年的1.5倍，1952年的28.8倍；小学9 255所，比1992年增加43所，为1952年的4.1倍。在校学生人数，1993年高校生2 752人；中学生40.3万人，为1978年的1.95倍，1952年的74.9倍；小学生185.3万人，为1978年的1.2倍，1952年的5.9倍。1993年卫生机构数1 662个，为1952年的9.9倍；专业卫生技术人员数28 594人，为1978年的1.6倍，1952年的38.3倍。当前贵州民族自治地方的各族人民，正在大力发展教育事业，推进科学技术进步，不断为民族地区的经济社会事业发展努力做出贡献。

六、人民生活水平明显提高，精神面貌大为改观

45年来，随着生产的不断发展，各族人民的收入也不断增加，生活也得以逐步改善。1993年农民人均纯收入566元，比上年增长12.7%，比1980年增长5.1倍，平均每年增长8%。尽管少数民族自治地方还有部分人民温饱问题没有得到完全解决，但与解放前相比，生活水平的提高，精神面貌的改观是众所周知、有目共睹的。

奋进了45年的贵州民族地区已以崭新的姿态出现在中华大地。但是，与发达地区相比差距很大，经济增长速度还不够快，还存在着一些困难和问题，这些困难和问题集中表现在：经济基础差，财力严重不足；农业生产条件较差，农业生产结构调整难；工业基础薄弱，生产规模较小，转换经营机制应变能力不强；交通、运输不便，通讯设施落后等等都仍将制约着贵州民族地区的经济社会发展。今后，贵州民族自治地方各族人民将在邓小平同志建设有中国特色的社会主义理论和党的基本路线指引下，坚持以经济建设为中心，在建立社会主义市场经济体制的过程中，在党和政府的扶持下以及发达地区的帮助下，克服困难，团结一致，同心同德，开拓进取，为发展民族地区的经济社会事业做出不懈的努力。

执笔：严天华　杨臻桢

加快经济发展步伐
促进边疆团结稳定

云南省民族事务委员会

1993年，云南各族人民进一步解放思想、团结奋进，围绕建立社会主义市场经济体制，加快了各项改革和对外开放的步伐，国民经济在上年发展较快的基础上，继续保持了稳步增长的良好势头，保证了社会稳定、民族团结、社会进步。

(一)主要经济指标持续增长。1993年全省民族自治地方(8个民族自治州、29个民族自治县)的国有单位固定资产投资完成52.07亿元，比上年增长86.49%；工农业总产值(90年不变价格，下同)完成274.59亿元，比上年增长8.32%，其中，农业总产值完成139.1亿元，比上年增长6.02%，乡及乡以上工业总产值完成135.5亿元，比上年增长10.79%；粮食生产在遭受特大洪涝、地震及暴风雪等自然灾害影响下完成571.88万吨，比上年减少1.99%，获得较好收成。

(二)优势产业开发效益显著。1993年民族自治地方的烟、糖、茶、热带和亚热带水果、旅游、边贸等优势产业开发势头较猛、效益增长较快。烤烟生产34.4万

吨，比上年增长16.71%；茶叶生产3.6万吨，比上年增长21.44%；边境贸易进出口总额完成28.7亿元，比上年增长26.6%；发电量总计80.95亿千瓦/小时，比上年增长9.31%；旅游业收入也比上年有较大增长。

（三）群众生活水平稳步提高。1993年，全省少数民族人口1 259.036万人，占全省总人口的33.11%，其中民族自治地方的少数民族人口1 050.97万人，比上年增长0.9%；地方财政收入完成35.39亿元，比上年增长34.39%；财政支出55.02亿元，比上年增长24.24%；农村经济总收入达到133.44亿元，比上年增长20.42%；农民人均纯收入达到423元，比上年增长10.15%，人均增加39元；金融信贷各项存款和城乡储蓄存款均有较大增长，社会福利事业发展显著。

（四）基础设施建设有较大发展。1993年，省政府确定的27项重点建设项目和9个扶贫项目中，有24个安排在民族自治地区，到年末有10项建成或单项工程建成投产。漫湾电站5、6号机组建成发电，广大铁路广楚段建成通车，迪庆纸浆厂、双江纸厂、金沙江提灌一期工程、镇源金矿一期工程建成投产，包括兰坪铅锌矿开发、新平大红山铁矿、文山锰、锑矿的开发，德宏户相河电站、迪庆冲江河电站、文山马鹿塘电站的建成和续建，增强了民族地区经济社会发展的后劲。随之，乡镇企业发展到29.7万个，从业人员有82.06万人，企业总收入达到71.29亿元，分别比上年增长21.59%、32.93%、52.72%。

回顾1993年，省委、省政府重视扶持少数民族地区经济发展，采取的优惠政策措施是：

（一）坚持走有效发展的新路子。为了较快、有效地发展民族地区经济，省委、省政府提出：国家开发资源与民族经济发展相结合；城市加工业与农村原材料基地建设相结合；山坝结合、联合开发、共同发展；经济开发与智力开发相结合；区域规划、分类指导、分片连片开发、发展边境贸易带动边疆经济的发展方针，即“三结合、一体化”的经济发展路子。找到了民族地区经济走出自然经济和计划经济的困境，以市场为导向，开发优势资源的有效途径。

（二）坚持优先扶持发展。1993年，省政府第一次常务会议确定分期分批完成民族、贫困地区发展规划，加快扶贫开发步伐。和志强省长、牛绍尧、杨健强副省长分别几次带领省级经济部门领导干部到民族贫困地区调查研究，探讨脱贫致富对策，并亲自到边远贫困的迪庆藏族自治州召开脱贫致富规划现场办公会，批准建立虎跳峡经济开发区和27个启动性开发项目。先后批准实施楚雄、红河蒙自、大理三个州的经济开发区的开发和丽江旅游开发区开发，给予优惠配套政策和资金扶持。这些具有启动、幅射作用的工程项目，将有效地增强当地经济实力。

（三）坚持开放与开发相结合。1993年，民族地区先后与世界开发银行、世界粮食总署、亚洲开发银行等国际金融组织合作，实施扶贫开发项目，取得了显著成效。并通过举办昆交会加强了同西南五省（市）区的经济技术合作，促进大西南走向东南亚。在云南边境地区的河口、天保、金水河、磨憨口岸已经开通。新开景洪港、思茅港、天保、金水河国家级口岸。并正式开通了云南至新加坡、曼谷国际机场，至马来西亚的旅游包机运营。至此，云南的国际航线已开通7条，滇越铁路经恢复已可运行。滇缅、滇老数条公路已陆续通车，增加了云南民族地区经济走向世界国际市场的通道。

（四）增加扶持资金投入。1993年，在国家采取加强和改善宏观调控的一系列政策措施时期，省里对民族地区的专项扶持投入累计达2.8亿元。仅省民委协同财政、金融等部门安排扶持资金6 500多万元，重点扶持了一批乡镇企业项目，水、电、路、通讯建设项目，基础职业教育项目和新科技推广项目等，有效地促进了民族地区社会稳定、经济健康发展。

1993年，云南民族地区经济虽然有长足的发展，但还存在一些矛盾和问题，主要是自然灾害严重，民族地区的水利、水电设施遭受不同程度损坏，造成农业比较效益下降，农民收入增长速度减慢；二是民族地区县级财政负担普遍较重，全省1993年有109个财政赤字县，需要省级财政补贴维持正常开支，全省79个民族自治地方县中，有76个县靠上级财政补贴，占补贴县的69.7%。在新的一年里，民族地区要进一步加大改革力度，以开放促开发，开发促发展，不断改革完善市场经济体制和生产结构，大力发展乡镇企业、股份合作企业和私营、个体企业，加快各类企业改造，不断提高经济效益，使民族地区经济建设上一个新台阶。

执笔：马　泽

世界屋脊的光辉历程

西藏自治区民族宗教事务委员会

1951年5月23日，中央人民政府同原西藏地方政府签定了《关于和平解放西藏办法的协议》，实现了西藏的和平解放。40多年来，西藏各族人民在中国共产党的英明领导和全国各兄弟民族的大力支援下，团结奋斗，艰苦创业，经济文化建设取得了巨大的成就，实现了跨越世纪的转变。

党的十一届三中全会以来，在邓小平同志建设有中国特色社会主义理论的指导下，坚持党的“一个中心、两个基本点”的基本路线，认真贯彻中央为西藏制定的一系列特殊政策和灵活措施，解放思想，实事求是，锐意改革，团结奋斗，使西藏高原发生了历史性的巨大变化。社会生产力获得新的解放，安定团结的政治局面不断巩固，经济建设和人民生活都上了一个较大的台阶。特别是1988年以来的6年，是西藏改革开放迈出新步伐的6年，是国民经济持续发展的6年，是人民生活明显改善的6年，是反分裂斗争取得重大胜利的6年，是沿着中国特色的社会主义道路继续前进并取得巨大成就的6年。

(一)国民经济进一步发展。几年来，西藏国民经济发展速度明显加快。全区6年累计实现国民生产总值达166.3亿元。1992年工农业总产值达到116.8亿元，按可比口径计算，分别比1988年增长44.3%、40.4%和22.4%。

1.农牧业条件不断改善，生产持续发展。到去年的5年内，全区农业累计投入资金达9.5亿元。农业科技的推广应用取得了较大进展，科技承包面积不断扩大；粮食产量结束10年徘徊局面，连续6年获得丰收，粮食总产量累计达338.36万吨，比前6年增长24%；牧业生产狠抓了畜群结构调整，牲畜存栏基本稳定，畜产品产量有了较大幅度增长，多种经营、乡镇企业发展较快，年累计实现产值近10亿元。

2.工交生产增长较快。6年来，全区工业总产值累计达23.62亿元，比前6年增长73.7%，铬矿石、水泥、木材、发电量等主要产品产量分别比前5年增长了117.6%、128.7%、18.3%、49.8%，基本实现了生产、销售、效益的同步增长，企业亏损面有所下降。

3.基础设施得到加强。全区固定资产投资到1992年底累计达40.8亿元，其中用于农业、交通、能源、通信等方面建设的达20.59亿元，占投资总额的50.5%，新增固定资产39.25亿元，改造、整治公路750公里，新增发电装机容量5.4万千瓦，新增电话2 000门。

4.地方财政收入明显增长，金融事业发展较快。1988年开始扭转西藏财政收入长期净亏损的局面，预计1993年，地方财政收入实现1.49亿元，比上年增长37%。到1992年银行累计发放各类贷款78.02亿元，有力地支持了西藏的经济建设。

(二)改革开放迈出了新步伐。6年来，西藏坚定不移地贯彻执行改革开放的总方针，不断深化经济体制改革，扩大对外开放，进一步解放和发展了社会生产力。

经济体制改革进一步深化。农牧区改革，主要是稳定和完善“两个长期不变”的政策，逐步建立社会化服务体系，推动了农牧区经济的发展。狠抓了企业经营自主权的落实，努力改善企业生产经营的外部环境。对计划管理、企业登记、价格等进行了改革，进一步理顺了关系，简化了手续，调动了各方面的积极性。市场建设明显加快，市场设施日趋完善，市场在资源配置中的基础性作用得到了初步发挥。生产、生活资料的流通日益活跃，呈现出繁荣景象。对外开放进一步扩大。6年来，西藏始终坚持对外开放，积极开展对外友好交往和经济技术合作，加强同兄弟省区的横向经济联合，对外贸易取得突破性进展，全区进出口总额6年累计达2.8亿美元，出口创汇近8千万美元；对外经济合作取得可喜成绩，到去年利用外资达2 510万美元，引进了先进的技术和管理；旅游业呈现良好的发展势头。横向经济联合与协作进一步扩大，省区间、行业间多种形式的经济联合、对口支援、物资交换、资金融通等取得了较好的经济效益，有力地促进了西藏的改革开放和经济建设。

(三)人民群众生活明显改善。几年来，西藏在狠抓经济建设的同时，努力改善人民群众生活，取得了明显的成效。

一是加强城镇建设，完善城镇功能。到1992年政府共投资8 946万元，对拉萨、日喀则等城市老城区的道路、上下水管道、供电设施和危房进行了改造。全区新建居民住房13.75万平方米，缓解了市区居民住房的紧张状况。

二是狠抓了蔬菜、肉食、酥油的生产和供给工作。到1992年，蔬菜基地建设投资累计达1 500万元，肉食、酥油的货源组织和供应工作得到加强，进一步丰富了城乡人民的“三个篮子”。

三是搞活商品流通。稳定市场物价，多渠道、少环节的流通体系初步形成，国营商业不断深化改革，开展多种形式的经营联合、努力扩大经营规模和范围，发挥了主渠道作用。集体、个体工商业迅速发展，个体工商户已达4万余户，1993年预计社会商品零售总额为1.9亿元，比上年增长13.1%。

经济的发展使人民生活不断改善。1993年农牧民人均收入为515元，比上年增长约5.1%。

（四）教育科技等各项事业有了新的发展。教育工作得到了进一步的重视和加强。6年来，西藏用于教育的经费达9亿元。教育手段也得到了明显改进，电化教育的规模和范围不断扩大。截止1993年底，西藏有各级各类学校3 300多所，在校生达27万人，适龄儿童入学率由1987年的40%增长到1993年的55.6%。在国家教委及有关省市区的大力支持下，内地所办的西藏中学及西藏班取得良好效果，在校生达6 300人，第一批毕业生已走上了工作岗位。

在科学研究和实用技术推广应用方面做了大量工作，取得自治区级科技成果上百项，在国民经济增长中，科技的含量由1987年的15%增长到1992年的20%，有效地促进了西藏的经济建设。

广大文化艺术工作者，坚持“二为”方向和“双百”方针，在丰富城乡人民生活、促进精神文明建设方面作出了积极的贡献。与此同时，本着多做工作，主动宣传的原则，积极开展了对外文艺交流工作，取得了较好的效果。经过广大医疗卫生工作人员艰苦努力，防病治病、卫生监督、提高人民群众健康水平等工作都取得了新的进展。群众性体育活动蓬勃开展，优秀运动队伍的竞技水平不断提高。广播、影视事业发展较快，到1992年，已建成卫星地面接收站450个，广播、影视的覆盖率分别达到40%和37%。

（五）民族、宗教工作进一步加强。民族工作紧紧围绕贯彻实施《民族区域自治法》，广泛开展了民族政策和民族团结的宣传工作，民族干部健康成长，民族语言文字的学习使用得到进一步重视和加强，民族文化遗产的抢救、挖掘、整理和文物管理及利用工作取得可喜成绩。布达拉宫维修一至三期工程已通过验收，今年可望竣工。十世班禅灵塔祀殿去年已竣工开光。民主法制建设进一步完善，各级人民代表和政协委员参政议政的作用得到了充分发挥，宗教工作全面、认真地贯彻了宗教信仰自由政策，依法加强了寺庙管理，制定了寺庙管理制度，使宗教活动逐步走上了法制的轨道。

（六）反分裂斗争取得了重大胜利。几年来，西藏始终坚持把反分裂斗争当作一件大事来抓。广泛开展爱国主义、社会主义和民族团结教育，充分相信和依靠各族干部、群众，发挥民族、宗教界爱国人士的作用，深入进行反分裂斗争，平息了拉萨发生的多起骚乱闹事事件，粉碎了境内外分裂主义分子妄图分裂祖国的罪恶阴谋，取得了反分裂斗争的重大胜利，社会局势日趋稳定。

执笔：次仁卓玛

以改革开放为动力　以小康为目标
加快民族经济的发展

陕西省民族宗教事务委员会

陕西是一个少数民族杂散居省，有46个民族成份，少数民族人口15.56万人，占全省总人口3000万的0.47%，其中回族13.09万人，占全省少数民族人口的84.1%。少数民族在地区分布上是大分散、小集中，城镇多，农村少，全省107个市(县、区)都有少数民族。居住在城镇的占70%，农村占30%左右，有四个回族乡，少数民族聚居行政村36个，村民小组176个，街道办事处2个，居民委员会31个。

党和政府历来十分关心和重视民族经济的发展。解放初期，全省回族除经营私人商店、饭馆外，绝大多数回族群众都以从事小商小贩和装卸、搬运等体力劳动维持生计，50年代初，在党和政府的帮助下，以安置少数民族群众就业为目的，创办了皮毛厂、造纸厂、针织厂、综草制品厂等一批最早的民族企业。1956年社会主义改造，私人工商业进行公私合营，小商小贩组织起来成立了合作社。70年代城市发展街道企业，回族群众自愿组织起来，开办街道工厂，民族经济有了初步发展。粉碎"四人帮"后，特别是党的十一届三中全会以来，在党的民族政策和改革开放总方针的指引下，广大少数民族群众特别是回族群众充分发挥了商品经济意识比较强烈，善于经商的优势，一部分个体工商业者通过诚实的劳动率先富裕起来。民族经济在产业结构、产品结构方面发生了较大变化，除传统的商业、饮食业外，机械、电器、建材、冶金、化工、纺织、运输等一些重要产业，从无到有逐步发展，有力地促进了民族经济的内在活力。现全省有少数民族国营、集体企业约300余家，少数民族个体工商户5 000余户，产品有几十类上百种，有些产品远销30多个国家和地区。已有为少数民族生产生活服务的民族特需用品定点生产厂家10个，1993年实现总产值3 173万元，出口交货值888万元，销售收入2 722万元，累计上交税金106.81万元，有27个产品获部、省、市优质产品奖。解放初期，农村的少数民族群众大部分居住在自然条件恶劣的边远山区，过着"鸡刨食"式的生活，挣扎在贫困线上，70年代初，党和政府对少数民族群众进行了扶贫救济，帮助少数民族群众逐渐摆脱了贫困的困扰。党的十一届三中全会以来，党和政府加快帮助农村少数民族群众脱贫致富的步伐，特别是1984年陕西先后成立4个回族乡之后，针对少数民族聚居地方的实际情况，省上和有关地、县分别制定了扶持少数民族发展经济的优惠政策。1992年中央民族工作会议以后，省委、省政府分别下发了《陕西省90年代少数民族经济和社会发展规划纲要》和《关于进一步加强民族工作的意见》，提出了加快民族乡(村)经济社会发展步伐的措施。近年来，通过利用国家扶持款，引进"加拿大基金项目"，开展对口支援等渠道，逐年增加了对民族乡(村)资金、物资、科技的投入，从而使农村民族经济有了较快发展。

一是经济全面增长。1993年4个民族乡农业总产值1 321.1万元，比建乡初期增长了581%，粮食产量621.4万公斤，比建乡初期增长36.8%，人均粮食324.9公斤，乡村企业产值308.59万元。多种经营、农村第二、三产业有了发展，农业综合开发能力提高，有的地方已初步建成以农副土特产为主的商品基地。

二是基础设施有明显变化。通过利用国家扶持款、引进"加拿大基金"及省级有关厅局的对口支援，累计向民族乡和民族聚居村投入资金260余万元，实施了道路建设、输电线路、饮水工程等各类基础设施建设项目62个，有效地改善了这些地方的生产和生活条件，为经济的进一步发展奠定了基础。

三是职业教育有了较快发展。近年来，省上先后通过各种渠道拨出86万元在民族乡和民族聚居村开展植桑养蚕，种植果树、茶树，养牛养羊养鱼、板栗嫁接、西洋参、五倍子栽培等实用技术培训50期，有5 500余名少数民族群众通过培训学到了各种专业知识。

四是群众生活逐步改善。1993年民族乡、民族聚居村人均收入达443.4元。比1984年增加了4倍多，贫困户已从1980年的3 810户、11 786人减少到1 105户、4 972人，脱贫率达70%。

1993年，在省委、省政府的领导和国家民委的关心指导下，在民族经济工作方面，我们以改革开放为动力，围绕发展少数民族经济这个中心，认真贯彻省委、省政府陕发〔1992〕24号和陕政办发〔1992〕124号文，即《陕西省90年代少数民族经济和社会发展规划纲要》和《关于进一步加强民族工作的意见》两个文件，主要做了以下工作：

(一)协助各地、市结合实际制定发展规划。

1993年，陕西在认真贯彻全省少数民族经济发展总体规划的同时，推动各地、市结合当地实际制定少数民族经济和社会发展规划，宝鸡、安康、商洛等地、市以及程家、茅坪、甘沟、江口4个民族乡先后制定出了针对性和操作性较强的国民经济和社会发展的“八五”计划和10年规划。从而提高了少数民族聚居地区和民族乡建设的计划性和科学性。

(二)继续搞好对口支援，逐步拓宽对口支援的覆盖面。在总结过去对口支援经验的基础上，继续帮助民族乡加强基础设施建设的同时，又扩大支援了部分生产生活条件较差的民族聚居村，1993年共争取对口支援资金60.5万元，实施项目12个，主要用于民族乡、民族聚居村的修建公路和人畜饮水工程，架设输电线路，民族乡程控交换设备，中小学危房改造项目工程。

(三)继续引进外资，促进少数民族经济的发展。1993年争取加拿大基金33万余元。主要用于实用技术培训、小学教学仪器设备购置、医疗设备购置及人畜饮水工程等，共实施项目16个，通过这些项目的实施，对于这些地方少数民族群众改善生产生活条件、脱贫致富产生了直接效益，而且为民族乡(村)培训了一批掌握实用技术的人才。对提高少数民族的文化、技能素质产生了较好的经济和社会效益。

(四)为适应建立社会主义市场经济新体制的需要，对民族乡和民族聚居村实行分类指导，重点帮助。党的十四届三中全会发布关于建立社会主义市场经济新体制的决定之后，经过调查研究认识到，要使农村少数民族尽快适应社会主义市场经济的发展，必须改全面推进的扶持民族经济发展方法为重点扶持突破的扶持方法，实行分类指导，并先把民族乡(村)的建设搞上去。基于这样的认识，在省政府的领导和有关部门的配合下，1993年11月召开了全省民族乡(村)建设工作会议，学习党的十四届三中全会决定，交流经验，共同研究民族经济的发展，尤其是民族乡村经济的发展如何适应市场经济的新形势？经过交流和讨论大家统一了认识，那就是必须充分运用民族乡(村)的资源优势，调整好产业结构，依靠现代科学技术，遵循经济规律走产业化发展的路子，即以市场为导向，以主导产业和重点产品开发为主，把区域化的布局和一家一户的分散经营结合起来，做到“生产专业化，经营一体化，服务社会化”，形成市场牵龙头，龙头带基地，基地连农户，种养加、产供销、内外贸、农科教一体化这样一个体系。根据这个思路，各民族乡(村)都从自己的实际出发确定主导产业和重点产品，走规模经营和产业化的路子，如程家回族乡养鱼，茅坪回族乡养牛养羊，江口回族乡的木耳、香菇、板栗资源开发、加工等。由于江口回族乡动手早，发展步子大，1994年人均纯收入达807元，是1984年建乡时的8倍，其他三个民族乡(村)也已呈现出良好的发展势头。

(五)发展职业教育，提高人才素质，增强经济发展后劲。

1993年，省民委除了继续和省教委联合办好已有的3个寄宿制民族高中班外，还挤出资金在有关学校开办民族职业班。并利用加拿大基金20万元，在民族乡和民族聚居村组实施植桑、养蚕、种植果树、养牛、养羊、养鱼、板栗嫁接、西洋参和五倍子栽培等实用技术培训项目12个18期，使1 500名少数民族群众通过培训学到了一技之长，为脱贫致富找到了门路。

(六)办好经济实体，带动民族经济的全面发展。在省民委的指导帮助下，陕西民族大厦二期工程进展顺利，可望在1994年竣工。近年来先后创办的秦升食品工业公司等一批中小型经济实体发展状况良好，1993年产值已达3 000万元，实现利税500万元。陕西民族经济开发公司经过一年多的运行已开始产生经济效益。西安国际民族旅行社已正式挂牌运行。在少数民族聚居地方，利用当地资源优势，引进资金，引进技术和人才已兴办了一批投资少、效益好的经济实体，带动了当地民族经济的发展。

执笔：刘开岚

改革开放　稳步发展

甘肃省民族事务委员会

甘肃省民族自治地方有2州5县，总人口279万人，占全省总人口的12.4%，主要民族成分有回、藏、东乡、土、裕固、满、保安、蒙古族等。民族自治地方总面积17.6万平方公里，占全省总面积的38.7%。

建国45年来，特别是改革开放以来，甘肃省民族自治地方呈现出民族团结，政治稳定，经济发展，欣欣向荣的景象，各项事业取得了显著的成就。1993年，甘肃民族自治地方完成国民生产总值18.1亿元，比1992年增长5.3%，完成财政收入15亿元，比1992年增长29%，比解放初的1954年增长14倍，比改革开放时的1978年增长4倍。

一、农业生产全面发展

随着改革开放的不断深入，甘肃省民族自治地方各级政府强化农牧业基础，大力推进科技兴农、科技兴牧，在不断建立和完善农牧业综合服务体系的同时，积极引导发展第二、三产业，使民族自治地方农业获得了连年丰收。1993年，农业总产值达11.9亿元，比上年增长3.3%，比1978年增长2倍，比1952年增长14倍。同时，民族自治地方的乡镇企业从无到有，迅猛发展，1993年，甘肃民族自治地方的乡镇企业有41 213个，比上年增加3 446个，完成总收入11.4亿元，比上年增长40%。乡镇企业的发展，带动了农牧区的进步，显示了民族地区的发展潜力。但从整体看，民族自治地方的农业还存在着基础薄弱、产业结构不合理等制约问题。

二、深化改革、转换机制使民族工业有了新进展

甘肃民族自治地方的工业注重利用资源优势，瞄准市场，开发资源，加强经营管理，加快技术进步，使民族工业在各方面困难情况下有了新进展。近年来，民族自治地方相继建成了一批立足当地优势，具有地方特色的民族工业企业，象阿克塞县石棉厂、肃南县铜选矿厂、夏河县皮革厂、永靖县毛纺厂、天祝县铁合金厂、迭部县木材加工厂等企业的投产，形成了一定的生产规模，1993年，工业总产值达156 973万元，比上年增长21%，比1952年增长了310倍，比1978年增长了3倍。工业产品产量也有了大幅度的提高，1993年，民族自治地方发电量达76.6亿千瓦小时，比上年增长23.4%，木材24.3万立方米，比上年下降6.9%，比1978年增长7倍，水泥18.52万吨，比上年增长21.4%，比1978年增长5倍。值得注意的是，民族自治地方工业仍然存在着流动资金匮乏、设备陈旧、工艺技术落后、产品销售不畅等亟待解决的问题。

三、固定资产投资逐年增长，投资结构趋向合理

1993年，民族自治地方基建投资总额达1.6亿元，比上年增长27%，比1953年增长283倍。基建投资按行业分，农林水牧652万元，比上年减少39%，交通运输、仓储及邮电通讯业525万元，比上年减少2.4%，卫生、体育和社会福利业1 658万元，减少26.4%，投资结构有所调整，第二、第三产业(包括：住房)的投资比例有所提高，使投资的经济效益和社会效益有明显提高。从资金来源来看，国内贷款和自筹资金的比例从无到有，逐年增加，虽然拓宽了资金来源渠道，但总量偏小，未形成规模，由于甘肃民族自治地方自然资源和历史的原因，投资环境相对较差，所以在一定时期内，国家预算内投资和国家银行贷款仍是民族

地区主要的建设资金来源。

四、流通领域异常活跃，各类市场蓬勃兴起

1993年，甘肃省民族自治地方商业在改革开放的推动下有了新的发展。各级领导和各族群众大流通，大市场的观念不断增强，使民族地区的农副产品、矿产资源、劳务、信息等逐步进入市场领域，形成了以国营、集体商业为主，多种经济成份，多种经营方式，多种流通渠道和多层次的市场体系相交融的开放式流通格局，各种要素市场逐步发展和规范。截止1993年底，民族自治地方纯购进总额达45 886万元，比上年增长2.8%，社会商品零售总额达11.9亿元，比上年增长20.7%，比1978年增长5倍，比1957年增长了17倍。甘肃民族自治地方初级产品市场发展较快，张家川龙山镇皮毛市场，广河县祁家集牲畜交易市场，三家集皮毛综合市场等具有较大规模和较强辐射能力的专业市场形成和壮大，不仅促进了民族自治地方第二产业的发展和经济结构的调整，拓宽了致富的门路，而且提高了人民群众的商品意识和商品观念。

五、教育、卫生等社会事业有了新的发展

到1993年底，民族自治地方有中小学2 798所，在校学生达4.63万人，教职员工达2.21万人，都比1992年有所增长。从1977年恢复高考以来省内外高校共录取我省民族自治地方考生总数为147 042人，其中：少数民族考生占60%，大大提高了少数民族地区人民受教育的水平。

民族自治地方医疗卫生条件逐年改善，卫生队伍不断扩大。到1993年，医疗卫生机构已发展到523个，专业卫生人员达7 102人，病床已发展到4 084张，各族人民的健康水平不断提高。

六、人民生活日益得到改善

民族地区经济和社会事业的发展，使人民群众得到更多的实惠，物质文化生活逐年改善，人均收入逐年提高。他们的收入有了一定的提高。到1993年，农牧民人均纯收入达453元，比上年增长14.4%，增加了57元，民族地区贫困人口已由1985年的65%下降到1993年的30%。

执笔：郭长乐　周毛草

春风绿满江河源

青海省民族宗教事务委员会

青海省统计局

1958年，朱德同志视察青海时，亲笔写下："青海地大物博，是祖国的一个十分可爱的地方"。青海位于"世界屋脊"青藏高原的东北部，因境内有全国最大的内陆湖——青海湖而得名，黄河、长江均发源于青海省境内，故青海省又有"江河源头"之称。

改革开放以来，全省各族人民在省委、省政府的领导下，实行"改革开放、治家致富、开发资源、振兴青海"的经济发展战略，从青海的实际出发，克服了地处内陆、交通不便、资金短缺、人才不足、技术落后等困难，立足资源开发，发展青海优势产业，青海民族地区社会

经济取得了持续稳定的发展。春风绿满江河源，在改革开放的春风沐浴下，整个青海生机盎然。

一、多民族的大家庭，资源丰富的省份

青海是个多民族的大家庭。全省民族自治地区面积71.6万平方公里，占全省总面积的98%。全省辖8个州、地、市，其中有5个自治州，还有7个民族自治县，34个民族乡。根据第四次人口普查资料，全省有汉族、藏族、回族、土族、撒拉族、蒙古族、满族、东乡族、土家族、壮族、保安族、哈萨克族、苗族、朝鲜族等41个民族。全省少数民族总人口187.8万人，占全省总人口的42.1%。其中，藏族人口91.2万人，占全省总人口的20.5%。在党的民族政策指引下，各族人民平等互助，"谁也离不开谁"的思想深入人心，形成了民族团结、社会稳定的新局面。

青海省总面积72万多平方公里，在全国各省(市、区)中居第4位。境内群山绵延，冰峰林立，几百条大小河流纵横交错，两千多个大小湖泊星罗棋布，巍峨的昆仑山由西向东横贯全省，苍翠的祁连山似一道天然屏障屹立于北方，辽阔的柴达木盆地镶嵌在省境西北。全省民族自治地方草原总面积3 858万公顷，其中可利用草场3 304万公顷，森林面积19.1万公顷，淡水面积(不含河床面积)28万公顷，其中可养殖面积19.6万公顷。

青海民族地区不仅有丰富的畜牧业资源，野生动、植物资源，还有丰富的矿产、水力资源等等。青海是全国五大牧区之一，畜牧业在民族地区经济中占主导地位。野生植物遍及省内各地，玉树、果洛藏族自治州所产虫草为世上稀珍；厥麻、发菜在国内享有盛誉。野生动物资源种类多，分布广，属国家一类保护的动物有8种。矿产资源遍布各民族自治地方，位于海北藏族自治州的祁连山，蕴藏万物，被称为"万宝山"，海西蒙古族藏族自治州境内的柴达木盆地，湖盐资源居全国之冠，还有石棉、石油、天然气、有色金属等，被誉为"聚宝盆"。据初步统计，全省累计发现各类矿产119种，具有开采价值的矿床、矿点1 400余处，其中矿产保有储量在全国名列前10位的有48种，锂矿、冶金用石英岩、芒硝、湖盐、钾盐、镁、石棉等储量居全国第一位。青海水力资源得天独厚，黄河上游276公里河道，水头落差865米，初步规划了6个大型水电站和7座中型水电站，总装机容量可达1 100万千瓦，年发电量365亿千瓦小时。这一河段川谷交替，地形条件好，淹没面积小，易于开发，已被国家有关部门确定为近期开发建设梯级电站最优越的河段之一。龙羊峡水电站装机128万千瓦，已于1987年投产发电，李家峡水电站正在紧张施工中，计划于1995年第一台机组发电。

青海省正在加快资源开发。开发盐湖资源，走盐化工业综合发展的路子，开发水力资源，充分利用水力发电的优势发展高能耗工业，加之石油、天然气开发，稀有、贵重金属的开发和有色冶金工业的发展，青海将成为祖国大有希望的原材料、能源省份，青海的民族地区将会越来越繁荣昌盛。

二、工农业生产稳定发展，经济实力日益增强

以适应市场经济的需要为出发点，青海省进一步优化资源配置和调整产业结构，工农业生产稳定发展，资源开发成效显著，为全省的经济发展增添了生机与活力。据统计，1993年全省民族自治地方实现国内生产总值52.5亿元，比1990年增长19.5%，平均每年增长6.1%。

农村经过深化改革和结构调整，进一步增加农牧业投入，推广科学技术，改善农牧业生产条件，农牧业基础得到加强，农牧业生产连年丰收。1993年，虽然牧区遭受大雪灾，农业也不同程度受灾，但农牧业生产仍获得了较好的收成。民族自治地方完成农业总产值24.01亿元，比1990年增长5.1%，平均每年增长1.8%。广大民族自治地方出现了农林牧副渔全面发展的好景象。

1993年，民族自治地区实现种植业产值10.8亿元，比1990年增长16.6%，平均每年增长5.2%。各族农民群众根据市场经济的需要，因地制宜地调整农作物种植结构，在保证粮食生产稳定增长的同时，大力扩大经济作物播种面积。适宜青海气候条件，经济价值较高的油菜、蚕豆等种植面积大幅度增长。同时，各级政府和有关部门十分重视农业科学技术推广应用工作，各级领导亲自抓，农业科技部门积极提供了优良品种和先进的栽培技术，如青春533小麦良种、脱毒洋芋、草原12号豌豆，推广化学除草、药剂拌种、配方施肥和早作农业技术等，从而促使粮油产量不断提高。1993年，民族自治地方农作物总播面积402.24千公顷，其中谷物面积229.88千公顷，豆类面积32.57千公顷，油料面积109.64公顷，豆类、油料占总播面积的比重为35.4%，比全面推行农村家庭联产责任制的1984年提高16个百分点。粮食总产量82.57万吨，油料总产量12.47万吨，分别比1984年增长40.0%和2.3倍。其中部分蚕豆出口香港地区和东南亚、澳大利亚等地。以青海油菜籽加工的青油，也深受国内各省区消费者的厚爱。

畜牧业是青海民族地区经济的主体，青海省历来

十分重视畜牧业的发展。以草为业，立足草原建设，防灾保畜，同时推广季节牲畜牧业生产，提高科学养畜水平，使畜牧业生产逐步走上了稳定发展的轨道。1993年，民族自治地方完成畜牧业产值12.65亿元，比1990年增长5.0%，平均每年增长1.6%。大牲畜存栏526.36万头，绵山羊存栏1 301.64万只。畜产品产量大幅度增长，1993年和全面推行牧业生产家庭承包的1984年相比，牛肉产量由3.08万吨增加到5.21万吨，增长69.2%；羊肉产量由3.69万吨增加到5.23万吨，增长41.7%；羊毛产量由1.48万吨增加到1.84万吨，增长24.3%。

在农牧业生产稳定发展的同时，乡镇企业也迅速发展。各地克服重重困难，在政府的支持下，艰苦创业，开拓前进，乡镇企业已形成了以集体企业、工业企业为主体，农、工、商、建、运、服务六大行业综合发展的新格局。起步较晚的乡镇企业成为农村经济的后起之秀，为调整农村产业结构，转移农村劳动力，发展集体经济，增加国家财政收入和农牧民脱贫致富，促进农村社会经济的发展作出了重大贡献。1993年和1990年相比，民族自治地区乡镇企业个数由1 002个增加到25 549个；乡镇企业从业人数由3.34万人增加到7.38万人；企业总收入由1.57亿元增加到5.38亿元，实现纯利润由1 077万元增加到3 784万元；乡镇企业的固定资产原值由1.47亿元增加到3.41亿元。

民族地区工业迅速发展。一是国家投入巨资在民族地区兴建了一批能源、原材料生产的大型工业企业，位于海南藏族自治州的龙羊峡水电站，大通回族土族自治县的青海铝厂、桥头发电厂，海西蒙古族藏族自治州的青海炼油厂、茫崖石棉矿、碱厂，海北藏族自治州的热水煤矿、祁连山石棉矿和民和回族土族自治县的民和镁厂等工业企业，都是近些年新建或扩建的企业，它们已成为青海省骨干工业企业，有的还是全国重点企业。二是民族地区各级政府在国家的大力支持下，依靠地方财政和民间财力，依托当地资源优势，兴办了一大批硅铁、煤炭、盐化、建材、采金等地方小型工业企业，使民族地区工业生产登上了一个新台阶。1993年，全省民族自治地方工业企业1 732个，其中国有企业397个，集体企业408个，实现工业总产值42.88亿元，比1990年增长24.2%，平均每年增长7.5%。1993年，民族自治地方原煤产量273.15万吨，原油产量108万吨，发电量67.59亿度，分别比1978年约增长11.5%、7倍和9.3倍。

民族地区生产的全面发展，为财政收入增加了源泉。1993年，民族自治地方财政收入3.98亿元，比1990年增长53.01%(按当年价格计算)，平均每年增长15.2%，有的民族自治地方基本实现了财政自给。

三、市场贸易日益繁荣，交通邮电基础设施不断改善

在向社会主义市场经济转轨的进程中，商业物资部门通过深化流通体制改革，建立社会主义大流通、大市场，在充分发挥国营商业主渠道作用的同时，发展集体和个体商业，兴办各种形式的城乡集市贸易和批发零售市场，同时，大力恢复和发展民族贸易。1993年，民族自治地方批发零售贸易机构网点2.16万个，从业人员3.77万人，实现社会消费品零售额14.98亿元，比1990年增长26.74%。粮食、家用电器、副食品、服装等主要消费品零售量都有较大提高。在社会消费品零售中，个体经济零售发展更为显著，1993年个体工商户消费品零售额已达3.48亿元，比1990年增长约91.4%，个体零售占全部消费品零售的比重相应由13.9%提高到23.2%。个体零售商业的迅速发展对繁荣民族地区市场，方便各族人民群众生活起到了很大作用。

在交通方面，继青藏铁路修通后，国家先后投资新建、改建了通往民族地区的公路交通干线，青藏公路、青新公路、兰青公路等国道线省境内全线或局部地区改建，西宁至玉树、果洛和黄南的省道公路也进行了改建，使偏远民族地区至省会西宁的交通条件大为改善。同时，各地十分重视县乡公路的建设，改善交通条件，带动民族经济的发展。1993年底，民族自治地方拥有公路线路里程1.78万公里，铁路里程924公里。公路客运量1 078万人次，货运量1 571万吨，分别比1990年增长1.5倍和9.2倍。昔日交通闭塞的状况已得到了很大改善。

邮电通讯事业迅速发展，1993年，全省民族自治地方拥有邮电局(所)169个，邮路及农村投递线路总长度1.34万公里。各级政府在国家的支持下，近几年来集中资金改善通讯条件，程控电话和自动或半自动对端交换设备已由省城向民族自治地方延伸，全省已形成了以西宁为中心连接各民族自治州、县的电话通讯网络。1993年，民族自治地方电话机总部数已达26 504部，比1990年增长1.13倍；邮电业务总量由1990年的2 353.6万元增加到3 133万元，增长33%。

四、科教文卫事业不断发展，精神文明建设得到加强

根据青海省委“科技兴省”的指导思想，民族自治地方建立了科技管理体系，选派了一批懂专业、会管理、有一定政策水平和组织能力的科技干部担任科技副县

长、副乡长。加强科技队伍建设，推广科学技术，为发展民族经济服务。在民和、大通回族土族自治县建设了星火技术密集区，互助土族自治县和海南州的同德县被树为科技进步示范县，科技火种已撒向广大农村牧区，引导农牧民依靠科技振兴农牧业和乡镇企业健康发展的星火计划已结出丰硕果实。

具有民族特色的教育事业加速发展。为了改变民族边远地区教育基础薄弱的状况，省委、省政府制定了一些优惠政策，采取措施，发展民族教育。各民族自治地方狠抓基础教育、藏族教育和师资队伍建设，形成了州有中专、县有完全中学、乡有中心小学、村有初级小学的教育网络。1993年底，民族自治地方拥有普通高校1所，在校学生417人，教职工119人。普通中等学校315所，在校学生11.09万人，教职工1.22万人，其中中等专业学校14所，在校学生0.45万人，教职工951人。农业职业中学11所，在校学生1 420人，教职工160人。小学2 412所，在校学生28.91万人，教职工1.90万人。化隆回族自治县等地被评为全国基础教育先进县，受到了国家教委的表彰。

文化艺术、新闻出版和广播电视事业进一步发展。目前，各民族自治地方都建有群众艺术馆、文化馆和图书馆，部分乡镇建立了文化站。《格萨尔王》、《意乐仙女》、《智美更登》等一批优秀民族剧目，分赴北京、上海、广州、贵阳等地演出，有的还赴香港演出，一部分民族舞蹈在国家举办的会演比赛中获奖。民族地区自办报纸2种，杂志2种，印数比1990年增长49.6%。民族自治地方有各类电影放映单位182个，1993年完成民族语翻译片25部。设有民族地区广播电台2座；广播使用语言5种；电视台3座；卫星电视地面站334座，比1990年增长1.2倍。

医疗卫生水平提高，民族民间体育活动活跃。现在，各民族自治州、县的医院已具相当规模，乡镇都设有卫生院(所)，许多行政村(牧业点)办起了卫生室。州、县妇幼保健网络基本形成，计划生育、孕妇产前检查和新法接生在农村牧区逐步推广。高原医学和民族特色的医学科研工作不断发展，在海西州天峻县高海拔区建立了“高山医学试验站”，各民族自治州及所属的大部分县都建立了藏(蒙)医院，藏(蒙)医的尿诊、药浴、放血等独具特色的诊疗技术在民族自治地区得到了广泛推广和应用。民族民间传统体育活动得到继承和发扬，有些项目获全国民族传统体育大会优胜奖。学校体育、职工体育、农民体育活动十分活跃，大通回族土族自治县被评为国家体育先进县。

五、改革开放治穷致富，人民生活不断提高

改革开放，加快了资源开发，促进了经济发展，使民族地区开始告别贫困，走向富裕。1993年，民族自治地方农村经济纯收入13.19亿元，比1990年增长26.2%，其中农牧民在农村经济纯收入中所得份额占93.3%，农牧民人均纯收入由1990年的474元增加到554元。海西蒙古族藏族自治州农牧民人均纯收入突破千元大关，由上年的953元增加到1 001元。海北、海南、果洛藏族自治州的农牧民人均纯收入也超过了全省的平均水平，分别达到869元、777元和703元。民族自治地区单位职工年末人数23.09万人，职工工资总额9.47亿元，职工人均货币工资由1990年的2 845元增加到3 625元。

回顾过去，地处江河源头的青海和全国一样，在改革开放的春风沐浴下，社会和经济发展取得了巨大成就。虽然由于青海各方面基础差，底子薄，自然地理环境严酷，前进中的困难不少，民族自治地方经济社会发展尚存在差距，但已经在改革开放、建设有中国特色的社会主义道路上迈出了坚实一步。展望未来，民族自治地方经济社会发展任重道远。本世纪末的前几年，是青海历史进程中非常重要的时期，我们在国家的大力支持下，加快建立社会主义市场经济体制的步伐，立足青海资源优势，加快民族自治地方的资源开发。同时，通过各种形式，扩大对外开放，引进资金技术和人才，以改革促开发，以开放促发展，经过纯朴、善良、吃苦耐劳的青海各族人民的扎扎实实的工作，振奋精神，团结奋进，青海和兄弟地区的差距将会逐步缩小，江河源头的这块祖国的宝地，将以崭新的面貌跨入二十一世纪。

塞上江南展翅高飞

宁夏回族自治区民族事务委员会

1993年，宁夏回族自治区各族人民在自治区党委和人民政府的领导下，努力深化改革，扩大开放，加快发展，国民经济在1992年回升的基础上，步入了较快发展的轨道，各方面都取得了新的显著成就。全年实现国内生产总值96.5亿元，比上年增长10%，比1990年增长23.2%；地方财政收入完成10.8亿元，比上年增长40.6%；人均国内生产总值1965元，比上年增加320元。

一、农业生产获得丰收，农村经济全面发展

1993年，农业生产在局部地区遭受不同程度的干旱、风沙、低温冷冻等自然灾害情况下，仍然获得丰收。全区农业完成总产值31.9亿元，比上年增长6.7%。全年粮食总产量达到20.34亿公斤，比上年增长1.4%；甜菜、水果、肉类、禽蛋和水产品产量都有较大增长。农村经济发展的主要原因，一是农业种植业结构明显调整，在小麦、水稻、玉米三大作物种植面积基本稳定在正常年份的情况下，市场销路好的啤酒大麦、杂豆、红黑瓜子、药材等作物面积迅速扩大。种植业结构调整所增加的产值占种植业产值增加额的三分之一。二是乡镇企业高速发展，完成总收入30.4亿元，实现利润2.4亿元，上缴税金1.3亿元，分别比上年增长42.7%、33.4%和49.8%。

二、工业生产稳定增长，经济效益有所提高

1993年全区工业总产值122.1亿元，比上年增长14.4%。钢材产量5.86万吨，发电量87.7亿度，分别比上年增长2.6%和15.1%。其主要特点：一是重工业发展快于轻工业。重工业完成产值95.5亿元，比上年增长15.6%；轻工业完成产值26.6亿元，增长10.7%。二是非国有工业发展快于国有工业。国有工业产值增长10.7%，非国有工业产值增长27.7%，其中集体工业增长21%，个体增长38.2%，其它经济类型增长81.4%。三是产销衔接较好。全区乡及乡以上工业完成产值110.1亿元，比上年增长13.5%，产销率97.6%，比上年提高22个百分点。四是企业效益进一步提高。综合经济效益指数76.6%，高于上年10个百分点，为近年最好水平。

三、固定资产投资增加，重点项目建设进展较快

1993年，全社会固定资产投资总额达到51.6亿元，比上年增长35.5%，其中，地方项目完成33.7亿元，增长27.1%。其特点：一是国有、非国有单位投资额全面增长，分别完成投资额41.1亿元和10.2亿元，比上年分别增长35%和37.7%。二是基础产业和基础设施建设加快。在国有单位固定资产投资总额中，用于能源、原材料以及运输、邮电等基础产业和基础设施方面的投资15.03亿元，比上年增长26.9%。三是集中力量保证重点建设。全区13个重点项目，其中12个项目共完成投资13.2亿元，为年计划的82.6%。

四、消费品市场增长平稳，对外贸易进一步扩大

1993年，全区实现社会消费品零售总额43亿元，比上年增长15.4%。消费品市场的特点：一是城乡市

场普遍旺销。市、县及县以下消费品零售额分别比上年增长19.1%、20%和15.2%。二是居民消费活跃。零售额36.6亿元，比上年增长19.9%，高于集团消费增长9.84%的10个百分点。三是耐用消费品销售较旺，其中彩电、冰箱、录相机等销售量比上年增长2—5成。

对外贸易进一步扩大，进出口总值1.44亿美元，比上年增长14.2%。引进和利用外资成倍增长，对外开放步伐加快，1993年全区实际利用外资3 666万美元，比上年增长2.6倍。新批“三资”企业项目181个，客商实际投入资金1 190万美元，分别比上年增长1.2倍和2.4倍，年末实有“三资”企业261家，是上年末的2.9倍。

五、人民生活继续改善，各项事业蓬勃发展

1993年，全区城镇居民人均生活费收入1 907元，比上年增长19%，扣除价格因素实际增长3.3%；农民人均纯收入667元，增长7.8%，其中全区人均纯收入886元，比上年增长43.7元；全区(不含丘陵区盐池县)人均428.7元，增加72.93元，增长20.3%。南部山区绝大多数群众基本解决了温饱，有的开始过上了富裕生活。

1993年，教育事业发展加快。全区招收研究生9人，在校研究生26人。普通高等院校招收本科生3 378人，比上年增长24%，在校生9 604人，增加1 129人。各类中等职业技术学校在校生3.6万人。高中在校生5.1万人，初中在校生21.7万人，小学毕业生升学率83.1%。农村校舍危房基本得到改造，办公条件进一步改善。成人高等学校共招收本、专科生2 746人，在校生6.2万人，比上年增长19%。成人中专学校在校学生6 409人。业余教育加强，1993年扫除文盲4.9万人。

1993年，全区共有病床1.3万张，比上年增长8.3%。专业卫生技术人员2.1万人，增长2%。其中医生1万人，增长2.1%，每万人拥有医生42.7人。为提高人民健康水平发挥了积极作用。

执笔：严正清　王生军

西北边陲的巨变

新疆维吾尔自治区民族事务委员会

新疆维吾尔自治区是以维吾尔族为主体的多民族地区，辖5个自治州、8个地区、2个市，共85个县、市(含6个自治县)。全区原有维吾尔、汉、哈萨克、回、柯尔克孜、蒙古、塔吉克、锡伯、乌孜别克、满、塔塔尔、达斡尔等13个民族，现在已有47个民族成份。1993年年末总人口为1 605.3万人，比上年末增加24.6万人，其中少数民族人口997.8万人，占总人口的62.2%。解放以来，特别是党的十一届三中全会以来，新疆各族人民团结奋进，努力开拓，在自治区党委和人民政府的领导下，认真贯彻党的基本路线，坚持以经济建设为中心，坚持物质文明和精神文明一起抓的方针，平等、团结、互助的社会主义民族关系不断得到巩固和发展，经济建设事业取得巨大成就。

到1993年，全年自治区国民生产总值482亿元，比上年增长10.3%，比1978年增长3.8倍。

1993年，全区各族干部和广大农牧民共同努力，战胜各种自然灾害，获得了连续第16个丰收年，农业总产值198.2亿元，比上年增长4.4%，比1978年增长2.4倍，比1949年增长1 345倍；粮食产量709万吨，比上年增长0.4%，比1978年增长91.6%，比1949年增长736.1%；棉花产量68万吨，比上年增长1.9%，比1978年增长11倍，比1949年增长135倍；油料总

产量37.0万吨，比上年增长3.9%，比1978年增长2.7倍，比1949年增长11.8倍；乡镇企业总收入64.9亿元，比上年增长57.3%，总产值62.9亿元，比上年增长42.4%；农村居民人均纯收入778元，比上年增长5.0%，比1978年增长8.2倍，比1956年增长10.2倍；到1993年底，全区贫困户中已有近150万人的温饱问题得到解决，占贫困人口总数的93%。

工业总产值423.0亿元，比上年增长10.9%，比1978年增长4倍，比1949年增长187.9倍；主要工业产品产量：钢产量53.6万吨，比上年增长12.8%，比1978年增长53.4倍，比1952年增长764.7倍；原煤产量2 233.1万吨，比上年增长1.3%，比1978年增长107.0%，比1949年增长123.1倍；发电量93.6亿千瓦小时，比上年增长7.9%，比1978年增长341.5%，比1949年增长9 359倍。

固定资产投资232亿元，比上年增长36.4%，其中基本建设投资136.5亿元，比上年增长29.4%，比1978年增长9.5倍，比1949年增长61.1倍；社会商品零售总额184.7亿元，比上年增长17.2%，比1978年增长6.5倍，比1952年增长48.9倍。1993年全区35个重点建设项目进展顺利。

外经外贸取得大的进展，特别是地边贸易，已成为新疆对外贸易的重要支柱。1993年全区外贸进出口总额达9.1亿美元，比上年增长30.3%，其中出口总额5亿美元，增长22.8%；易货贸易进出口总额5.8亿美元，比上年增长80.2%，占外贸进出口总额的63.3%，其中出口总额2.9亿美元，增长75.5%，占外贸出口总额的58.4%；利用外资大幅度增长，全年新签外商投资合同363项，合同金额2.6亿美元，实际投资0.5亿美元，分别比上年增长1.9倍和4.2倍，是历年来最多的一年；注册的“三资”企业已达508个，比上年末增长2.1倍。

财政收入35.1亿元，比上年增长33.1%，比1978年增长3.9倍，比1952年增长49倍；支出64.7亿元，比上年增长14.92%，比1978年增长2.8倍，比1952年增长106.8倍。

教育事业发展迅速，基础教育进一步加强，职业技术教育和成人教育稳步发展。普通高等学校招收本专科学生1.32万人，比上年增加0.2万人，比1978年增加0.9万人，比1952年增加1.20万人；在校学生3.91万人，比上年增加0.5万人，比1978年增加2.89万人，比1952年增加3.75万人；全区各类中等职业技术学校在校学生18.05万人；初中在校学生55.2万人，比1978年减少12.6万人，比1949年增加54.95万人；小学在校学生203.9万人，7—12周岁小学学龄儿童入学率达96.6%，小学升初中升学率达79.9%；成人高等学校招收本、专科学生2.01万人，在校学生3.64万人，分别比上年增长44.7%和91.6%；成人中等专业学校在校学生5.7万人，比上年增长23.9%；成人中小学在校学生21.3万人，增长66.6%；全年共扫除文盲12.2万人。

卫生事业稳步前进。1993年末，全区共有卫生机构3 894个，其中医院1 146个，比上年增加37个，比1978年增加340个，比1949年增加1 098个，全区医院共有床位6.6万张，比上年增长3.3%，比1978年增长69.2%，比1949年增长93.3倍；全区共有卫生技术人员8.8万人，比上年增长1.6%，比1978年增长72.6%，比1949年增长21.6倍，其中医生4.1万人，比上年增长13.7%，比1978年增长141.2%，比1949年增长1 024倍。

执笔：陆　健　刘江勤

第四部分　统计资料

一、综　　合

民族自治地方行政区划

（1993年末）

省级		地级		县级		市			市辖区
合计	行政单位	合计	行政单位	合计	行政单位	合计	地级	县级	
5	5自治区	62	24地区 30自治州 8盟	583	409县 51旗 120自治县 3自治旗	77	15	62	57
	河北			6	6自治县				
	内蒙古	8	8盟	71	17县、51旗、 3自治旗	17	4	13	16
	辽宁			10	10自治县				
	吉林	1	1自治州	5	2县、3自治县	6		6	
	黑龙江			1	1自治县				
	浙江			1	1自治县				
	湖北	1	1自治州	8	6县、2自治县	2		2	
	湖南	1	1自治州	14	7县、7自治县	1		1	
	广东			3	3自治县				
	广西	8	8地区	74	62县、12自治县	14	6	8	23
	海南			7	7自治县				
	四川	3	3自治州	54	46县、8自治县	1		1	
	贵州	3	3自治州	43	32县、11自治县	3		3	
	云南	8	8自治州	72	43县、29自治县	7		7	
	西藏	6	6地区	76	76县	2	1	1	1
	甘肃	2	2自治州	19	12县、7自治县	1		1	
	青海	6	6自治州	33	26县、7自治县	2		2	
	宁夏	2	2地区	16	16县	4	2	2	6
	新疆	13	8地区、5自治州	70	64县、6自治县	17	2	15	11

民族自治地方县(旗)、市分布(一)

(1993年末)

地区	县(旗)、市数	县(旗)、市名称
合计	645个县级单位(62县级市、409县、51旗、120自治县、3自治旗)、15个地级市	
河北	6自治县	秦皇岛市:青龙满族自治县 廊坊市:大厂回族自治县 承德市:宽城满族自治县、丰宁满族自治县、围场满族蒙古族自治县 沧州市:孟村回族自治县
内蒙古	13县级市、17县、51旗、3自治旗、4地级市	*呼和浩特市:土默特左旗、托克托 *包头市:土默特右旗、固阳 *乌海市 *赤峰市:阿鲁科尔沁旗、巴林左旗、巴林右旗、林西、克什克腾旗、翁牛特旗、喀喇沁旗、宁城、敖汉旗 呼伦贝尔盟:海拉尔市、满洲里市、扎兰屯市、牙克石市、阿荣旗、莫力达瓦达斡尔族自治旗、额尔古纳右旗、额尔古纳左旗、鄂伦春自治旗、鄂温克族自治旗、新巴尔虎右旗、新巴尔虎左旗、陈巴尔虎旗 兴安盟:乌兰浩特市、科尔沁右翼前旗、科尔沁右翼中旗、扎赉特旗、突泉 哲里木盟:通辽市、霍林郭勒市、科尔沁左翼中旗、科尔沁左翼后旗、开鲁、库伦旗、奈曼旗、扎鲁特旗 锡林郭勒盟:二连浩特市、锡林浩特市、阿巴嘎旗、苏尼特右旗、苏尼特左旗、东乌珠穆沁旗、西乌珠穆沁旗、太仆寺旗、镶黄旗、正镶白旗、正蓝旗、多伦 乌兰察布盟:集宁市、丰镇市、武川、和林格尔、清水河、卓资、化德、商都、兴和、凉城、察哈尔右翼前旗、察哈尔右翼中旗、察哈尔右翼后旗、达尔罕茂明安联合旗、四子王旗 伊克昭盟:东胜市、达拉特旗、准格尔旗、鄂托克前旗、鄂托克旗、杭锦旗、乌审旗、伊金霍洛旗 巴彦淖尔盟:临河市、五原、磴口、乌拉特前旗、乌拉特中旗、乌拉特后旗、杭锦后旗 阿拉善盟:阿拉善左旗、阿拉善右旗、额济纳旗
辽宁	10自治县	鞍山市:岫岩满族自治县 抚顺市:新宾满族自治县、清原满族自治县 本溪市:本溪满族自治县、桓仁满族自治县 丹东市:凤城满族自治县、宽甸满族自治县 锦州市:北镇满族自治县 阜新市:阜新蒙古族自治县 朝阳市:喀喇沁左翼蒙古族自治县
吉林	6县级市、2县、3自治县	四平市:伊通满族自治县 浑江市:长白朝鲜族自治县 松原市:前郭尔罗斯蒙古族自治县 延边朝鲜族自治州:延吉市、图们市、敦化市、珲春市、龙井市、和龙市、汪清、安图
黑龙江	1自治县	大庆市:杜尔伯特蒙古族自治县
浙江	1自治县	丽水地区:景宁畲族自治县
湖北	2县级市、6县、2自治县	宜昌市:长阳土家族自治县、五峰土家族自治县 恩施土家族苗族自治州:恩施市、利川市、建始、巴东、宣恩、咸丰、来凤、鹤峰

注:表中有*号为地级市,共15个。地级市辖的区(相当县级)57个,本表未作统计。

民族自治地方县(旗)、市分布(二)

(1993年末)

地 区	县(旗)、市数	县(旗)、市名称
湖 南	1县级市、7县、7自治县	邵阳市:城步苗族自治县 零陵地区:江华瑶族自治县 怀化地区:麻阳苗族自治县、新晃侗族自治县、芷江侗族自治县、靖州苗族侗族自治县、通道侗族自治县 湘西土家族苗族自治州:吉首市、泸溪、凤凰、花垣、保靖、古丈、永顺、龙山
广 东	3自治县	韶关市:乳源瑶族自治县 清远市:连山壮族瑶族自治县、连南瑶族自治县
广 西	8县级市、62县、12自治县、6地级市	*南宁市:邕宁、武鸣 *柳州市:柳江、柳城 *桂林市:阳朔、临桂 *梧州市:苍梧 *北海市:合浦 *防城港市:上思 南宁地区:凭祥市、横县、宾阳、上林、隆安、马山、扶绥、崇左、大新、天等、宁明、龙州 柳州地区:合山市、鹿寨、象州、武宣、来宾、融安、三江侗族自治县、融水苗族自治县、金秀瑶族自治县、忻城 桂林地区:灵川、全州、兴安、永福、灌阳、龙胜各族自治县、资源、平乐、荔浦、恭城瑶族自治县 梧州地区:岑溪、藤县、昭平、蒙山、贺县、钟山、富川瑶族自治县 玉林地区:玉林市、贵港市、桂平、平南、容县、北流、陆川、博白 百色地区:百色市、田阳、田东、平果、德保、靖西、那坡、凌云、乐业、田林、隆林各族自治县、西林 河池地区:河池市、宜州市、罗城仫佬族自治县、环江毛南族自治县、南丹、天峨、凤山、东兰、巴马瑶族自治县、都安瑶族自治县、大化瑶族自治县 钦州地区:钦州市、灵山、浦北
海 南	7自治县	白沙黎族自治县、昌江黎族自治县、东方黎族自治县、乐东黎族自治县、陵水黎族自治县、保亭黎族苗族自治县、琼中黎族苗族自治县
四 川	1县级市、46县、8自治县	乐山市:峨边彝族自治县、马边彝族自治县 黔江地区:石柱土家族自治县、秀山土家族苗族自治县、黔江土家族苗族自治县、酉阳土家族苗族自治县、彭水苗族土家族自治县 阿坝藏族羌族自治州:汶川、理县、茂县、松潘、南坪、金川、小金、黑水、马尔康、壤塘、阿坝、若尔盖、红原 甘孜藏族自治州:康定、泸定、丹巴、九龙、雅江、道孚、炉霍、甘孜、新龙、德格、白玉、石渠、色达、理塘、巴塘、乡城、稻城、得荣 凉山彝族自治州:西昌市、木里藏族自治县、盐源、德昌、会理、会东、宁南、普格、布拖、金阳、昭觉、喜德、冕宁、越西、甘洛、美姑、雷波

民族自治地方县(旗)、市分布(三)

(1993年末)

地区	县(旗)、市数	县(旗)、市名称
贵州	3县级市、32县、11自治县	遵义地区:道真仡佬族苗族自治县、务川仡佬族苗族自治县 铜仁地区:玉屏侗族自治县、印江土家族苗族自治县、沿河土家族自治县、松桃苗族自治县 毕节地区:威宁彝族回族苗族自治县 安顺地区:关岭布依族苗族自治县、镇宁布依族苗族自治县、紫云苗族布依族自治县 黔西南布依族苗族自治州:兴义市、兴仁、普安、晴隆、贞丰、望谟、册亨、安龙 黔东南苗族侗族自治州:凯里市、黄平、施秉、三穗、镇远、岑巩、天柱、锦屏、剑河、台江、黎平、榕江、从江、雷山、麻江、丹寨 黔南布依族苗族自治州:都匀市、荔波、贵定、福泉、瓮安、独山、平塘、罗甸、长顺、龙里、惠水、三都水族自治县
云南	7县级市、43县、29自治县	昆明市:路南彝族自治县、禄劝彝族苗族自治县 曲靖地区:寻甸回族彝族自治县 玉溪地区:峨山彝族自治县、新平彝族傣族自治县、元江哈尼族彝族傣族自治县 思茅地区:普洱哈尼族彝族自治县、墨江哈尼族自治县、景东彝族自治县、景谷傣族彝族自治县、镇沅彝族哈尼族拉祜族自治县、江城哈尼族彝族自治县、孟连傣族拉祜族佤族自治县、澜沧拉祜族自治县、西盟佤族自治县 丽江地区:丽江纳西族自治县、宁蒗彝族自治县 临沧地区:双江拉祜族佤族布朗族傣族自治县、耿马傣族佤族自治县、沧源佤族自治县 楚雄彝族自治州:楚雄市、双柏、牟定、南华、姚安、大姚、永仁、元谋、武定、禄丰 红河哈尼族彝族自治州:个旧市、开远市、蒙自、屏边苗族自治县、建水、石屏、弥勒、泸西、元阳、红河、金平苗族瑶族傣族自治县、绿春、河口瑶族自治县 文山壮族苗族自治州:文山、砚山、西畴、麻栗坡、马关、丘北、广南、富宁 西双版纳傣族自治州:景洪市、勐海、勐腊 大理白族自治州:大理市、漾濞彝族自治县、祥云、宾川、弥渡、南涧彝族自治县、巍山彝族回族自治县、永平、云龙、洱源、剑川、鹤庆 德宏傣族景颇族自治州:畹町市、瑞丽市、潞西、梁河、盈江、陇川 怒江傈僳族自治州:泸水、福贡、贡山独龙族怒族自治县、兰坪白族普米族自治县 迪庆藏族自治州:中甸、德钦、维西傈僳族自治县
西藏	1县级市、76县、1地级市	*拉萨市:林周、当雄、尼木、曲水、堆龙德庆、达孜、墨竹工卡 昌都地区:昌都、江达、贡觉、类乌齐、丁青、察雅、八宿、左贡、芒康、洛隆、边坝、盐井、碧土、妥坝、生达 山南地区:乃东、扎囊、贡嘎、桑日、琼结、曲松、措美、洛扎、加查、隆子、错那、浪卡子 日喀则地区:日喀则市、南木林、江孜、定日、萨迦、拉孜、昂仁、谢通门、白朗、仁布、康马、定结、仲巴、亚东、吉隆、聂拉木、萨嘎、岗巴 那曲地区:那曲、嘉黎、比如、聂荣、安多、申扎、索县、班戈、巴青、尼玛 阿里地区:普兰、札达、噶尔、日土、革吉、改则、措勤、隆格尔 林芝地区:林芝、工布江达、米林、墨脱、波密、察隅、朗县

民族自治地方县(旗)、市分布(四)

(1993年末)

地　区	县(旗)、市数	县(旗)、市名称
甘　肃	1县级市、12县、7自治县	天水市:张家川回族自治县 酒泉地区:肃北蒙古族自治县、阿克塞哈萨克族自治县 张掖地区:肃南裕固族自治县 武威地区:天祝藏族自治县 临夏回族自治州:临夏市、临夏、康乐、永靖、广河、和政、东乡族自治县、积石山保安族东乡族撒拉族自治县 甘南藏族自治州:临潭、卓尼、舟曲、迭部、玛曲、碌曲、夏河
青　海	2县级市、26县、7自治县	西宁市:大通回族土族自治县 海东地区:民和回族土族自治县、互助土族自治县、化隆回族自治县、循化撒拉族自治县 海北藏族自治州:门源回族自治县、祁连、海晏、刚察 黄南藏族自治州:同仁、尖扎、泽库、河南蒙古族自治县 海南藏族自治州:共和、同德、贵德、兴海、贵南 果洛藏族自治州:玛沁、班玛、甘德、达日、久治、玛多 玉树藏族自治州:玉树、杂多、称多、治多、囊谦、曲麻莱 海西蒙古族藏族自治州:格尔木市、德令哈市、乌兰、都兰、天峻
宁　夏	2县级市、16县、2地级市	*银川市:永宁、贺兰 *石嘴山市:平罗、陶乐、惠农 银南地区:吴忠市、青铜峡市、中卫、中宁、灵武、盐池、同心 固原地区:固原、海原、西吉、隆德、泾源、彭阳
新　疆	15县级市、64县、6自治县、2地级市	*乌鲁木齐市:乌鲁木齐 *克拉玛依市 石河子市 吐鲁番地区:吐鲁番市、鄯善、托克逊 哈密地区:哈密市、巴里坤哈萨克自治县、伊吾 阿克苏地区:阿克苏市、温宿、库车、沙雅、新和、拜城、乌什、阿瓦提、柯坪 喀什地区:喀什市、疏附、疏勒、英吉沙、泽普、莎车、叶城、麦盖提、岳普湖、伽师、巴楚、塔什库尔干塔吉克自治县 和田地区:和田市、和田、墨玉、皮山、洛浦、策勒、于田、民丰 昌吉回族自治州:昌吉市、阜康市、米泉、呼图壁、玛纳斯、奇台、吉木萨尔、木垒哈萨克自治县 博尔塔拉蒙古自治州:博乐市、精河、温泉 巴音郭楞蒙古自治州:库尔勒市、轮台、尉犁、若羌、且末、焉耆回族自治县、和静、和硕、博湖 克孜勒苏柯尔克孜自治州:阿图什市、阿克陶、阿合奇、乌恰 伊犁哈萨克自治州:奎屯市 伊犁地区:伊宁市、伊宁、察布查尔锡伯自治县、霍城、巩留、新源、昭苏、特克斯、尼勒克 塔城地区:塔城市、额敏、乌苏、沙湾、托里、裕民、和布克赛尔蒙古自治县 阿勒泰地区:阿勒泰市、布尔津、富蕴、福海、哈巴河、青河、吉木乃

民族自治地方分地区面积

（1993年）

单位：平方公里

地　区	总面积	#民族自治地方面积	民族自治地方面积占总面积%	民族自治地方人口密度（人/平方公里）
全国总计	**9 600 000**	**6 169 458**	**64.3**	
合　计	**8 331 489**	**6 169 458**	**74.0**	**25**
河　北	190 000	23 990	12.6	79
内蒙古	1 183 000	1 183 000	100.0	19
辽　宁	151 000	41 655	27.6	106
吉　林	187 000	54 823	29.4	58
黑龙江	463 600	6 176	1.3	39
浙　江	101 800	1 950	1.9	89
湖　北	187 500	29 755	15.7	147
湖　南	210 500	36 186	17.2	143
广　东	186 480	4 022	2.2	95
广　西	236 661	236 661	100.0	186
海　南	33 920	16 589	48.9	135
四　川	569 000	318 291	55.9	26
贵　州	176 128	100 214	56.9	141
云　南	394 100	275 746	70.0	71
西　藏	1 228 400	1 228 400	100.0	2
甘　肃	396 500	179 202	45.2	16
青　海	723 700	720 000	99.5	4
宁　夏	51 800	51 800	100.0	74
新　疆	1 660 400	1 660 400	100.0	9

注：1. 合计为全国民族自治地方合计数，下同。

2. 全国的人口密度为每平方公里123人。

民族自治地方分地区资源情况(一)

地区	土地面积（平方公里）	耕地面积（万公顷）	草地面积（万公顷）	#可利用草地（万公顷）	森林面积（万公顷）	林木蓄积量（万立方米）	森林覆盖率（%）
合　计	**6 169 458.4**	**1 776.1**	**30 026.7**	**21 700.9**	**5 647.7**	**524 916.06**	**9.50**
河　北	23 989.7	23.3	132.6	90.0	61.6	1 709.60	25.70
内蒙古	1 183 000.0	517.2	8 666.7	6 800.0	1 664.6	97 000.00	14.10
辽　宁	41 655.0	92.0	24.9	19.7	215.3	11 227.40	51.70
吉　林	54 823.0	21.4	55.0	35.2	361.3	40 744.80	65.90
黑龙江	6 176.0	6.4	37.0	31.2	3.8	68.70	6.10
浙　江	1 950.0	0.7	0.1	0.1	13.1	471.10	62.50
湖　北	29 755.0	34.1	117.3	116.6	97.5	2 201.59	32.80
湖　南	36 186.0	26.3		40.0	134.2	3 628.31	37.10
广　东	4 621.5	2.9			27.4	1 162.10	59.30
广　西	236 661.0	260.7			602.1	19 260.00	25.34
海　南	16 589.0	10.6	33.0	14.4	38.8	19.80	23.40
四　川	318 291.3	71.6	1 593.7	1 147.7	503.1	101 344.57	15.86
贵　州	100 213.0	51.4	265.2	101.0	154.5	8 148.93	15.40
云　南	275 746.0	171.7	234.5	239.8	686.6	53 878.26	24.90
西　藏	1 228 400.0	22.4	8 213.3	4 100.0	632.0	143 600.00	5.14
甘　肃	179 201.8	28.5	809.1	600.0	39.1	10 409.40	2.20
青　海	720 000.0	42.6	3 858.0	3 304.0	19.1	3 063.50	0.26
宁　夏	51 800.0	80.3	260.0	260.0	36.3	778.00	7.00
新　疆	1 660 400.0	312.0	5 726.0	4 801.0	357.0	26 200.00	2.15

民族自治地方分地区资源情况(二)

地区	水力资源蕴藏量(万千瓦)	#可开发量(万千瓦)	淡水面积(万公顷)	#可养殖面积(万公顷)	石油(保有储量)(亿吨)	煤(保有储量)(亿吨)	铁矿石(保有储量)(亿吨)
合 计	**44 567.60**	**18 229.93**	**406.53**	**161.61**	**12.29**	**2 766.05**	**122.95**
河 北	22.42	7.35	1.43	2.94	0.70	0.34	5.50
内蒙古	497.60	244.30	85.70	51.10	0.20	2 009.90	15.60
辽 宁	358.17	17.01	6.53	0.41		6.24	4.78
吉 林	179.20	76.50	13.91	4.10	3.21	5.21	17.23
黑龙江	26.60	17.00	13.60	9.30	0.60		
浙 江	66.62	53.04	0.17	0.07			0.04
湖 北	697.00	373.10	5.37	1.16	0.01	3.13	15.52
湖 南	345.18	191.00	6.05	1.71		0.37	0.73
广 东	59.20	43.70	0.71	0.50		0.04	0.45
广 西	2 133.00	1 591.00	47.33	4.00		21.30	2.71
海 南	62.27	51.93	5.30	1.28	0.01		3.00
四 川	9 168.66	4 747.91	41.60	1.93		26.01	15.76
贵 州	1 147.85	628.39	32.27	9.58		153.91	10.91
云 南	3 713.96	1 340.49	36.58	24.94		5.44	10.10
西 藏	20 055.83	5 695.27				0.46	3.23
甘 肃	308.19	303.33	10.32	0.02		4.57	7.68
青 海	2 165.00	1 798.10	28.00	19.60	2.00	43.40	2.42
宁 夏	205.40	197.00	4.99	2.30		311.70	0.01
新 疆	3 355.45	853.51	66.67	26.67	5.57	174.34	7.28

全国国民经济主要指标

（绝对数）

指　标	单　位	1978 年	1985 年	1990 年	1992 年	1993 年
一、全国人口	万人	96 259	105 851	114 333	117 171	118 517
二、从业人员	万人	40 152	49 873	56 740	59 432	60 590
＃职工人数	万人	9499	12 358	14 059	14 792	15 040
三、国内生产总值	亿元	3 588	8 527	17 681	24 363	31 380
第一产业	亿元	1 018	2 542	5 017	5 800	6 650
第二产业	亿元	1 745	3 867	7 717	11 700	16 245
工　业	亿元	1 607	3 449	6 858	10 285	14 140
建筑业	亿元	138	418	859	1 415	2 105
第三产业	亿元	825	2 119	4 947	6 863	8 485
＃运输邮电业	亿元	173	407	1 118	1 536	1 901
商　　业	亿元	266	577	837	1 449	1 782
四、全社会固定资产投资总额	亿元		2 543.2	4 449.3	7 855.0	11 829.1
五、财政收入	亿元	1 121.1	1 866.4	3 312.6	4 153.1	5 114.8
财政支出	亿元	1 111.0	1 844.8	3 452.2	4 389.7	5 319.8
六、货物周转量	亿吨公里	9 829	18 365	26 207	29 218	30 427
七、沿海主要港口货物吞吐量	万吨	19 834	31 154	48 321	60 543	67 646
八、邮电业务总量	亿元	11.7	29.6	81.7	290.9	462.7
九、社会消费品零售总额	亿元	1 264.9	3 801.4	7 250.3	9 704.8	12 237.0
十、进出口总额	亿美元	206.4	696.0	1 154.4	1 656.1	1 957.1
出口总额	亿美元	97.5	273.5	620.9	850.0	917.6
进口总额	亿美元	108.9	422.5	533.5	806.1	1 039.5
十一、主要产品产量						
粮　　食	万吨	30 477	37 911	44 624	44 266	45 644
棉　　花	万吨	216.7	414.7	450.8	450.8	373.9
油　　料	万吨	521.8	1 578.4	1 613.2	1 641.2	1 803.9
糖　　料	万吨	2 381.8	6 046.8	7 214.5	8 808.0	7 624.2
猪牛羊肉	万吨	856.3	1 760.7	2 513.5	2 940.6	3 225.5
水产品	万吨	466	705	1 237	1 557	1 823
布	亿米	110.3	146.7	188.8	190.7	181.8
机制纸及纸板	万吨	439	911	1 372	1 725	1 566
原　　煤	亿吨	6.18	8.72	10.80	11.16	11.41
发电量	亿千瓦小时	2 566	4 107	6 212	7 539	8 159
原　　油	万吨	10 405	12 490	13 831	14 210	14 492
钢	万吨	3 178	4 679	6 635	8 094	8 868
成品钢材	万吨	2 208	3 693	5 153	6 697	7 590
水　　泥	万吨	6 524	14 595	20 971	30 922	35 674

注：1. 1985 年以后进出口总额为海关统计数。

2. 本表价值指标除邮电业务总量 1978 年按 1970 年不变价格计算，1985 年、1990 年按 1980 年不变价格计算，1991 年以后按 1990 年不变价格计算以外，其余均按当年价格计算。

全国国民经济主要指标发展速度

指 标	1993年为下列各年的%				平均每年增长%	
	1978年	1985年	1990年	1992年	1979—1993年	1986—1993年
一、全国人口	123.1	112.0	103.7	101.1	1.4	1.4
二、从业人员	150.9	121.5	106.8	101.9	2.8	2.5
#职工人数	158.3	121.7	107.0	101.7	3.1	2.5
三、国内生产总值	379.0	202.2	139.1	113.4	9.3	9.2
第一产业	212.6	136.8	111.5	104.0	5.2	4.0
第二产业	505.4	255.4	166.2	120.4	11.4	12.4
工 业	512.1	261.0	168.0	121.1	11.2	12.7
建筑业	455.6	208.3	152.5	115.0	10.6	9.6
第三产业	405.6	195.1	125.6	109.3	9.8	8.7
#运输邮电业	393.8	211.8	132.5	110.4	9.6	9.8
商 业	244.3	129.6	114.6	108.0	6.1	3.3
四、全社会固定资产投资总额		465.1	265.9	150.6		17.5
五、财政收入	456.2	274.0	154.4	123.2	10.6	13.4
财政支出	478.8	288.4	154.1	121.2	11.0	14.2
六、货物周转量	309.6	165.7	116.1	104.1	7.8	6.5
七、沿海主要港口货物吞吐量	341.1	217.1	140.0	111.7	8.5	10.2
八、邮电业务总量	1 497.5	820.6	297.5	159.0	19.8	30.1
九、社会消费品零售总额	376.1	161.3	137.4	111.6	9.2	6.2
十、进出口总额	948.2	281.2	169.5	118.2	16.2	13.8
出口总额	941.1	335.5	147.8	108.0	16.1	16.3
进口总额	954.5	246.0	194.8	129.0	16.2	11.9
十一、主要产品产量						
粮 食	149.8	120.4	102.3	103.1	2.7	2.3
棉 花	172.5	90.2	82.9	82.9	3.7	—1.3
油 料	345.7	114.3	111.8	109.9	8.6	1.7
糖 料	320.1	126.1	105.7	86.6	8.1	2.9
猪牛羊肉	376.7	183.2	128.3	109.7	9.2	7.9
水产品	391.2	258.6	147.4	117.1	9.5	12.6
布	164.8	123.9	96.3	95.3	3.4	2.7
机制纸及纸板	356.7	171.9	114.1	90.8	8.8	7.0
原 煤	184.6	130.8	105.6	102.2	4.2	3.4
发电量	318.0	198.7	131.3	108.2	8.0	9.0
原 油	139.3	116.0	104.8	102.0	2.2	1.9
钢	279.0	189.5	133.7	109.6	7.1	8.3
成品钢材	343.8	205.5	147.3	113.3	8.6	9.4
水 泥	546.8	244.4	170.1	115.7	12.0	11.8

注:1. 第三、八、九项均按可比价格计算。

2. 本表平均每年增长速度除全社会固定资产投资总额按"累计法"计算以外,其余均按"水平法"计算。

民族自治地方国民经济主要指标及发展速度

项目	单位	绝对数					1993年为以下各年度的%			
		1980年	1985年	1990年	1992年	1993年	1980年	1985年	1990年	1992年
年末总人口	万人	11 586	13 548	15 296	15 630	15 776	136.2	116.4	103.1	100.9
工农业总产值	亿元	473.8	1 208.3	2 272.8	3 088.7	4 158.0	350.3	224.5	143.3	115.4
农业总产值	亿元	222.8	436.5	977.8	1 208.5	1 400.6	227.4	155.7	119.8	105.1
工业总产值	亿元	251.0	771.7	1 295.1	1 880.2	2 757.4	474.1	287.2	161.3	122.3
耕地面积	万公顷	1 660	1 747	1 767	1 766	1 776	98.6	101.3	100.4	100.6
粮食总产量	万吨	3 300	4 006	5 373	5 612	5 157	136.7	122.6	95.4	91.9
棉花产量	万吨	8.3	19.4	47.4	67.9	68.9	820.1	354.7	145.2	101.5
油料总产量	万吨	86.5	192.8	208.1	235.2	226.3	261.8	111.7	103.2	96.2
大牲畜年末头数	万头	3 928	4 749	5 286	5 392	5 430	132.0	112.0	102.6	100.7
羊年末只数	万只	9 984	9 757	11 362	10 922	10 927	107.3	110.7	96.2	100.0
猪年末头数	万头	3 256	4 533	5 665	6 726	6 443	166.4	136.4	113.1	95.8
钢产量	万吨	166.6	232.5	368.3	435.2	489.4	293.9	211.1	133.1	112.5
原煤产量	万吨	5 478	8 597	12 077	13 064	14 157	249.6	162.9	117.0	108.4
原油产量	万吨	623.6	804.9	1 265.0	1 405	1 637	263.5	211.2	129.4	116.5
发电量	亿千瓦小时	193.4	389.0	738.8	847.6	992.1	506.1	253.6	134.1	117.0
木材产量	万立方米	1 619	1 826	1 761	1 868	2 008	126.6	109.6	113.8	107.5
布(混合数)	亿米	4.4	5.4	7.4	6.9	6.7	147.7	122.6	90.9	97.1
铁路通车里程	公里	12 017	12 495	13 064	13 955	14 498	127.3	116.2	107.6	103.9
公路线路里程	万公里	21.2	25.4	29.2	28.3	30.8	132.6	117.7	104.2	108.8
社会商品零售总额	亿元	203.4	411.6	780.6	1 021.8	1 057.4	477.9	249.5	135.0	103.5
国内纯购进总额	亿元	131.2	237.7	618.6	744.3	1 056.6	752.2	434.0	170.4	142.0
国有单位基本建设投资	亿元	56.8	114.7	164.3	353.8	517.7	991.9	488.1	348.9	146.3
财政收入	亿元	31.1	63.5	166.7	210.0	296.6	914.0	441.5	177.9	141.2
财政支出	亿元	81.2	152.0	304.4	366.6	433.3	506.7	269.9	142.5	118.2
各级学校数	万所	14.3	13.3	13.0	11.2	11.1	77.0	83.5	85.4	99.1
各级学校专任教师	万人	109.6	95.7	129.2	136.5	132.4	120.8	138.3	102.5	97.0
各级学校在校学生	万人	2 309.9	2 420.6	2 476.1	2 555.7	2 511.1	108.7	103.7	101.4	98.3
医院数	个	10 433	10 061	10 574	10 210	10 389	99.6	103.3	98.3	101.8
医院床位数	万张	24.6	29.5	33.8	34.7	38.0	154.5	128.8	112.4	109.5
卫生技术人员	万人	32.4	42.4	48.9	51.3	54.6	168.5	152.4	111.7	106.4

注:1. 工农业总产值按当年价格计算,指数按可比价格计算,并用新口径统计。

2. 社会商品零售总额指数未扣除物价变动因素。

3. 本表指数已扣除年度之间的区域变动因素。

民族自治地方国民经济主要指标占全国的比重

单位：%

项　目	1980年	1985年	1990年	1992年	1993年	项　目	1980年	1985年	1990年	1992年	1993年
工农业总产值	6.0	6.6	7.2	6.7	6.5	布(混合数)	3.3	3.7	3.9	3.6	3.7
农业总产值	10.5	12.1	14.3	13.3	12.7	铁路通车里程	23.1	22.7	24.5	26.1	26.9
工业总产值	4.6	4.9	5.4	5.1	5.2	公路线路里程	24.2	27.0	28.4	26.8	28.4
耕地面积	16.7	18.0	18.5	18.5	18.5	社会商品零售总额	9.5	9.7	9.4	9.3	7.8
粮食总产量	10.4	10.6	12.0	12.7	11.2	国内纯购进总额	5.8	6.7	7.4	7.0	4.6
棉花产量	3.1	4.7	10.5	15.1	18.4	基本建设投资额	10.2	10.7	9.6	11.7	11.1
油料总产量	4.8	12.2	12.9	14.3	12.5	财政收入	3.6	5.4	8.7	8.7	8.7
大牲畜年末头数	41.2	41.7	40.6	40.0	38.8	财政支出	14.4	15.0	15.7	14.3	13.0
羊年末只数	53.3	62.6	54.1	52.7	50.3	各级学校数	13.7	14.2	15.1	13.8	11.4
猪年末头数	10.7	13.7	15.6	17.5	16.4	各级学校专任教师	12.3	11.0	14.0	14.3	12.2
钢产量	4.5	5.0	5.6	5.4	5.5	各级学校在校学生	11.3	13.0	14.3	14.7	11.9
原煤产量	8.8	9.9	9.4	11.7	12.4	医院个数	15.9	16.9	16.9	16.6	17.1
原油产量	5.9	6.4	9.1	9.9	11.3	医院疗养院(所)床位	12.0	16.2	12.3	12.7	13.5
发电量	6.4	9.5	11.9	11.2	12.2	卫生技术人员	11.6	12.4	12.5	12.6	13.3
木材产量	30.2	28.9	31.6	30.3	30.3						

注：1. 财政收支占全国的比重是占全国地方财政收支的比重。

2. 工农业总产值按当年价格计算。

民族自治地方人口及自然资源情况

(1993年)

项　目	单　位	绝对值	占全国的比重(%)	项　目	单　位	绝对值	占全国的比重(%)
民族自治地方总人口	万人	15 776	13.3	淡水面积	万公顷	407	24.5
#少数民族	万人	7 179	76.7	水力资源蕴藏量	万千瓦	44 568	65.9
土地面积	万平方公里	617	64.3	草原面积	万公顷	30 027	75.0
耕地面积	万公顷	1 776	18.5	#可利用面积	万公顷	21 700	68.0
森林面积	万公顷	5 648	43.9	草山草坡面积	万公顷	3 560	32.5
森林覆盖率	%	9.50	70.9	煤(保有储量)	亿吨	2 766	28.1
林木蓄积量	亿立方米	52	55.9	铁矿石(保有储量)	亿吨	123	25.1

民族自治地方分地区国内生产总值

（1993年）

单位：万元

地　区	国内生产总值	第一产业	第二产业	第三产业	构成（以国内生产总值为100）第一产业	第二产业	第三产业
合　计	**27 624 113**	**9 381 312**	**10 723 520**	**7 519 281**	**33.6**	**38.8**	**27.6**
河　北	256 981	98 527	95 419	63 035	38.4	37.1	24.5
内蒙古	4 551 744	1 477 000	1 880 144	1 194 600	32.5	41.3	26.2
辽　宁	909 476	361 990	337 099	210 387	39.8	37.1	23.1
吉　林	963 116	177 951	457 155	328 010	18.4	47.5	34.1
黑龙江	35 409	17 136	6 137	12 136	48.4	17.3	34.3
浙　江	25 703	11 673	6 789	7 241	45.4	26.4	28.2
湖　北	474 190	195 353	164 492	114 345	41.2	34.7	24.1
湖　南	545 768	234 921	158 064	152 783	43.0	29.0	28.0
广　东	82 687	31 866	28 591	22 230	38.5	34.6	26.9
广　西	7 880 466	2 666 253	3 219 566	1 994 647	33.8	40.9	25.3
海　南	345 411	155 852	116 019	73 540	45.1	33.6	21.3
四　川	1 119 828	482 841	361 426	275 561	43.1	32.3	24.6
贵　州	1 217 820	617 167	334 191	266 462	50.7	27.4	21.9
云　南	2 476 136	998 430	765 302	712 404	40.3	30.9	28.8
西　藏	332 900	165 900	44 600	122 400	49.8	13.4	36.8
甘　肃	97 165	39 299	29 602	28 264	40.4	30.5	29.1
青　海	524 911	177 657	193 973	153 281	33.8	37.0	29.2
宁　夏	965 000	203 000	450 000	312 000	21.1	46.6	32.3
新　疆	4 819 402	1 268 496	2 074 951	1 475 955	26.3	43.1	30.6

注：1.本表按当年价格计算。

2.西藏数为1992年数据。

民族自治地方分地区国内生产总值指数

(1993年,以1992年为100)

地　区	国内生产总值	第一产业	第二产业	第三产业
合　计	**111.7**	**104.7**	**121.8**	**113.8**
河　北	119.1	104.9	137.2	120.5
内蒙古	110.6	99.8	108.6	109.7
辽　宁	111.7	106.5	111.5	156.5
吉　林	114.7	96.4	115.5	129.5
黑龙江	108.9	97.7	88.1	148.2
浙　江	112.6	110.9	104.9	114.8
湖　北	107.6	98.3	120.1	112.3
湖　南	107.5	97.3	117.4	117.6
广　东	109.8	101.6	120.6	111.7
广　西	119.6	100.7	141.3	111.6
海　南	105.9	104.6	116.9	136.2
四　川	106.1	97.1	116.4	112.6
贵　州	110.5	105.0	116.8	117.2
云　南	110.0	102.2	114.4	115.6
西　藏	108.1			
甘　肃	105.3	103.3	117.0	105.0
青　海	114.9	102.1	123.5	122.6
宁　夏	110.0	105.5	112.9	109.5
新　疆	108.5	101.8	114.5	116.7

注:本表按可比价格计算。

民族自治地方工农业总产值

单位:亿元

年份	工农业总产值	农业总产值	工业总产值
按1952年不变价格计算			
1949	36.6	31.2	5.4
1952	57.9	46.5	11.4
1957	92.0	62.5	29.5
按1957年不变价格计算			
1962	87.8	48.0	39.8
1965	157.2	88.4	68.8
按1970年不变价格计算			
1975	306.5	152.2	154.3
1978	367.7	155.6	212.1
1980	399.8	159.6	240.2
1981	416.7	171.5	245.2
按1980年不变价格计算			
1982	564.9	268.9	296.0
1983	621.3	289.8	331.5
1984	681.9	317.1	364.6
1985	800.96	351.24	449.72
1986	872.37	363.53	508.84
1987	970.18	384.26	585.92
1988	1 092.46	406.53	685.93
1989	1 204.18	431.25	772.93
1990	1 290.17	475.18	814.99
按1990年不变价格计算			
1990	2 438.24	1 062.34	1 375.90
1991	2 673.89	1 124.93	1 548.96
1992	3 045.49	1 209.99	1 835.50
1993	3 516.95	1 271.25	2 245.70

注:1. 本表工、农业总产值均按新口径统计。

2. 本表未扣除区域变动因素,年度之间不可比。

民族自治地方分地区工农业总产值

（1993年）

单位：亿元

地　区	工农业总产值	农　业	工　业		
				轻工业	重工业
合　计	**4 158.05**	**1 400.64**	**2 757.41**	**1 086.60**	**1 670.81**
河　北	41.71	15.92	25.79	9.88	15.91
内蒙古	728.28	220.80	507.48	152.29	355.19
辽　宁	162.11	48.35	113.75	45.80	67.95
吉　林	169.90	27.72	142.18	43.49	98.69
黑龙江	5.26	3.66	1.61	0.98	0.63
浙　江	4.33	1.83	2.50	2.02	0.48
湖　北	63.68	30.64	33.03	19.03	14.00
湖　南	83.17	35.37	47.80	27.45	20.36
广　东	9.83	4.40	5.43	0.79	4.64
广　西	1 296.05	390.11	905.94	427.64	478.30
海　南	34.23	20.91	13.32	4.65	8.67
四　川	146.51	69.32	77.19	28.30	48.89
贵　州	161.02	92.13	68.89	30.39	38.49
云　南	323.05	149.77	173.28	80.16	93.12
西　藏	27.66	23.06	4.60	1.46	3.14
甘　肃	32.22	12.54	19.68	6.27	13.41
青　海	68.41	24.01	44.40	7.15	37.25
宁　夏	154.02	31.89	122.14	26.64	95.50
新　疆	646.61	198.20	448.40	172.21	276.19

注：1. 本表按当年价格计算。

2. 本表工业总产值中包括村及村以下工业产值。

民族自治地方分地区工农业总产值

(1993年)

单位:亿元

地区	工农业总产值	农业	工业		
				轻工业	重工业
合计	**3 516.95**	**1 271.25**	**2 245.70**	**988.65**	**1 257.05**
河北	36.37	13.63	22.74	8.88	13.86
内蒙古	579.01	194.74	384.27	148.52	235.75
辽宁	157.17	47.65	109.52	44.56	64.96
吉林	123.92	27.20	96.72	42.28	54.44
黑龙江	4.63	3.32	1.31	0.89	0.42
浙江	4.47	1.65	2.82	2.28	0.54
湖北	56.66	28.38	28.28	18.38	9.90
湖南	73.24	30.26	42.98	24.44	18.54
广东	7.73	3.92	3.81	0.76	3.05
广西	1 120.50	355.92	764.58	360.91	403.67
海南	24.33	14.79	9.54	4.32	5.22
四川	133.75	66.33	67.42	27.28	40.14
贵州	139.75	79.93	59.82	25.50	34.32
云南	287.32	139.10	148.22	75.19	73.03
西藏	24.48	21.15	3.33	1.16	2.17
甘肃	32.06	11.91	20.15	6.49	13.66
青海	56.30	20.59	35.71	6.45	29.26
宁夏	151.51	29.25	122.26	30.93	91.33
新疆	503.75	181.53	322.22	159.42	162.80

注:1. 本表按1990年不变价格计算。

2. 本表工业总产值中包括村及村以下工业产值。

3. 西藏自治区产值为1992年数。

民族自治地方分地区工农业总产值构成

（1993年，以工农业总产值为100）

地区	农业	工业		
			轻工业	重工业
合计	**33.7**	**66.3**	**26.1**	**40.2**
河北	37.5	62.5	24.4	38.1
内蒙古	33.6	66.4	25.7	40.7
辽宁	30.3	69.7	28.4	41.3
吉林	21.9	78.1	34.1	44.0
黑龙江	71.7	28.3	19.2	9.1
浙江	36.9	63.1	51.0	12.1
湖北	50.1	49.9	32.4	17.5
湖南	41.3	58.7	33.4	25.3
广东	50.7	49.3	9.8	39.5
广西	31.8	68.2	32.2	36.0
海南	60.8	39.2	17.8	21.4
四川	49.6	50.4	20.4	30.0
贵州	57.2	42.8	18.2	24.6
云南	48.4	51.6	26.2	25.4
西藏	85.1	14.9	4.7	10.2
甘肃	37.1	62.9	20.2	42.7
青海	36.6	63.4	11.5	51.9
宁夏	19.3	80.7	20.4	60.3
新疆	36.0	64.0	31.6	32.4

注：本表按当年价格计算。

民族自治地方分地区工农业总产值指数

（1993年，以1992年为100）

地区	工农业总产值	农业	工业		
				轻工业	重工业
合计	**115.4**	**105.1**	**122.3**	**112.8**	**131.1**
河北	121.7	108.6	131.2	126.1	56.9
内蒙古	110.0	107.1	111.6	108.4	113.6
辽宁	151.1	118.9	171.3	167.6	173.9
吉林	105.4	96.0	108.4	109.4	107.6
黑龙江	79.4	112.2	45.6	42.2	55.3
浙江	143.3	108.6	176.3	196.6	122.7
湖北	105.7	97.8	115.0	110.0	125.5
湖南	118.9	98.4	139.2	129.6	154.4
广东	110.1	99.0	124.5	98.7	133.2
广西	123.0	107.2	132.0	110.8	159.3
海南					
四川	114.3	106.1	123.7	115.5	129.9
贵州	111.1	103.8	122.7	113.3	130.6
云南	108.6	106.0	111.2	111.7	110.6
西藏					
甘肃	133.6	103.3	161.6	118.9	194.9
青海	109.2	98.8	116.2	100.3	120.5
宁夏	129.0	106.7	135.7	132.3	136.9
新疆	107.1	102.5	110.3	109.0	110.8

注：本表按可比价格计算。

民族自治地方年末总人口及工农业总产值指数

（以 1952 年为 100）

年　份	年末总人口	#少数民族人口	工农业总产值	农业总产值	工业总产值
1952	100	100	100	100	100
1957	114.72	109.41	140.61	132.90	186.33
1962	125.06	112.96	143.63	123.18	264.93
1965	137.22	119.53	197.41	165.05	389.36
1970	160.23	222.21	249.40	183.58	639.84
1975	183.84	253.42	344.33	222.98	1 064.12
1978	187.38	285.63	413.50	237.53	1 457.31
1979	197.46	291.81	412.64	245.61	1 403.43
1980	200.64	362.98	442.34	245.46	1 610.22
1981	203.98	374.44	460.99	261.04	1 647.04
1982	207.43	397.88	514.95	292.27	1 835.82
1983	210.10	409.68	556.02	309.46	2 018.54
1984	213.22	432.75	609.09	335.40	2 232.51
1985	217.86	452.99	690.27	358.52	2 658.13
1986	221.19	465.88	742.58	365.17	2 981.29
1987	225.94	492.40	823.71	383.90	3 432.57
1988	230.49	507.27	927.25	404.63	4 027.28
1989	234.38	526.61	1 004.41	419.18	4 475.81
1990	238.94	546.14	1 081.41	465.84	4 732.80
1991	240.30	554.57	1 178.73	493.48	5 267.60
1992	242.90	560.84	1 342.57	530.98	6 242.10
1993	245.17	565.08	1 549.33	558.06	7 634.09

民族自治地方耕地面积、有效灌溉面积及农牧业主要产品产量指数(一)

(以1952年为100)

年　份	耕地面积	有效灌溉面积	粮　食总产量	棉　花	油　料	甘　蔗
1952	100	100	100	100	100	100
1957	112.09	139.46	114.30	203.54	115.80	128.99
1962	118.33	156.61	107.06	135.35	52.82	78.10
1965	118.21	197.83	136.48	428.28	104.35	223.64
1970	115.80	229.82	159.55	376.77	110.99	281.56
1975	115.45	466.20	195.63	269.70	130.80	345.65
1978	115.86	475.41	200.08	304.55	146.73	484.79
1979	116.17	473.62	204.04	287.37	169.07	495.95
1980	115.64	473.73	199.41	424.24	197.08	512.23
1981	114.98	468.75	200.51	595.96	265.31	662.95
1982	114.34	464.72	221.34	771.72	320.13	893.89
1983	113.55	470.11	232.86	849.49	330.54	919.09
1984	112.47	461.26	231.60	1 054.04	363.12	1 032.34
1985	112.28	465.95	222.37	980.81	461.86	1 341.10
1986	111.94	475.54	220.67	1 131.31	470.96	1 520.93
1987	110.76	483.07	236.09	1 444.44	420.77	1 541.40
1988	111.90	486.50	233.81	1 428.28	428.65	1 756.41
1989	112.40	493.39	246.51	1 502.53	402.14	1 769.86
1990	113.46	513.59	285.69	2 392.42	499.95	1 943.24
1991	111.84	502.14	291.54	3 294.95	524.41	2 494.26
1992	113.33	553.04	296.61	3 428.79	536.19	2 892.31
1993	113.97	550.15	272.56	3 479.29	515.90	2 799.78

民族自治地方农牧业主要产品产量指数(二)

(以1952年为100)

年 份	甜 菜	烟 叶	#烤 烟	大牲畜年末头 数	羊年末只 数	生猪年末头 数
1952	100	100	100	100	100	100
1957	15 306.25	132.90	213.37	116.91	136.33	145.48
1962	7 625.00	104.28	166.28	105.95	168.91	122.92
1965	24 637.50	169.14	258.14	135.81	221.01	190.00
1970	36 212.50	221.56	240.12	142.13	219.03	242.42
1975	36 575.00	295.72	373.26	155.60	237.98	273.68
1978	41 150.00	353.72	536.63	154.27	246.23	312.22
1979	54 806.25	296.28	506.40	156.68	255.43	311.80
1980	84 537.50	261.71	419.19	157.94	257.48	295.60
1981	80 106.25	365.99	642.44	163.38	266.50	296.65
1982	122 343.75	510.97	997.09	170.71	261.83	317.64
1983	129 200.00	413.38	938.37	172.92	248.86	325.11
1984	147 618.75	542.75	1 328.49	177.88	248.39	333.33
1985	215 206.25	767.10	1 943.60	186.13	249.62	360.44
1986	169 275.00	559.85	1 330.81	192.73	254.55	381.68
1987	191 312.50	630.67	1 471.51	195.10	259.80	385.70
1988	248 156.25	936.06	2 276.74	198.15	272.34	394.51
1989	208 437.50	942.94	2 242.44	200.79	285.32	414.46
1990	332 400.00	881.60	2 097.67	203.29	287.30	434.74
1991	409 575.00	1 183.83	3 020.93	203.86	285.20	424.74
1992	407 600.00	1 581.97	4 036.91	207.06	276.18	513.38
1993	357 031.25	1 682.16	4 481.40	208.52	276.31	491.78

民族自治地方工业主要产品产量指数

（以1952年为100）

年份	原油	钢	生铁	原煤	发电量	木材	布	卷烟
1952	100	100	100	100	100	100	100	100
1957	183.11	2 085.71	192.52	313.19	489.60	266.72	222.49	139.45
1962	1 684.64	14 100.00	1 831.31	916.48	2 389.23	264.68	208.19	86.72
1965	1 867.75	55 557.14	2 647.20	1 028.02	3 614.02	439.04	461.12	327.34
1970	2 948.18	131 057.14	3 887.85	1 646.15	7 768.62	398.34	705.89	869.14
1975	8 461.80	94 785.71	4 205.61	2 483.52	14 614.28	518.63	649.85	1 361.33
1978	11 087.52	183 628.57	7 802.34	3 339.01	20 782.11	598.02	935.05	2 041.41
1979	11 979.08	220 657.14	8 403.27	3 257.69	23 114.90	649.70	997.09	2 518.36
1980	11 929.75	237 957.14	8 291.59	3 116.48	24 509.80	649.97	1 140.88	3 608.59
1981	11 833.78	237 842.86	8 823.36	3 130.77	26 270.32	615.76	1 180.66	4 299.22
1982	11 996.16	240 028.57	8 539.72	3 366.48	28 704.13	648.34	1 350.00	5 048.05
1983	12 906.72	247 914.29	9 107.48	3 785.16	31 397.26	679.91	1 376.68	5 826.95
1984	13 585.22	282 428.57	9 977.10	4 132.42	35 017.23	711.80	1 253.43	6 728.52
1985	14 882.73	331 400.00	12 043.93	4 774.73	48 910.83	750.34	1 375.15	8 210.55
1986	16 537.43	354 385.71	13 832.24	4 936.26	57 994.66	784.63	1 599.05	10 077.73
1987	17 262.57	403 942.86	16 177.10	5 169.78	64 843.60	790.10	1 701.33	12 642.19
1988	18 640.69	416 571.43	15 348.13	6 129.67	69 205.65	788.89	1 801.35	14 493.75
1989	21 738.58	456 757.14	16 956.07	6 326.92	84 491.92	722.26	1 948.97	16 166.41
1990	24 288.29	525 428.57	19 485.51	6 648.90	92 498.10	722.90	1 853.36	17 462.89
1991	26 907.49	591 628.57	17 610.28	6 718.13	89 111.67	740.83	1 789.40	17 237.11
1992	26 974.86	621 728.57	21 071.03	7 178.02	105 979.35	765.22	1 735.64	17 345.70
1993	31 429.07	699 444.64	24 081.31	7 778.57	124 046.85	822.57	1 685.33	18 741.40

民族自治地方运输、邮电情况指数

（以 1952 年为 100）

年　份	铁路营业里程	公路通车里程	邮电局(所)数	邮路总长度
1952	100	100	100	100
1957	134.71	235.39	129.43	278.93
1962	177.37	438.97	151.52	300.10
1965	198.66	477.86	149.97	329.89
1970	200.91	576.72	170.21	429.07
1975	230.76	671.44	192.50	602.73
1978	252.71	776.96	197.87	624.44
1979	264.13	747.49	194.86	602.57
1980	290.13	804.43	193.66	593.47
1981	291.01	816.46	193.53	566.31
1982	293.39	838.91	196.25	566.40
1983	301.47	872.34	197.05	568.16
1984	310.86	869.74	199.85	560.57
1985	317.85	905.70	208.12	571.08
1986	312.35	885.54	207.73	564.71
1987	330.28	963.49	211.07	578.79
1988	329.09	1 005.66	212.53	570.42
1989	340.51	1 016.58	216.82	603.35
1990	343.27	1 022.88	218.13	574.70
1991	337.80	992.56	246.25	517.60
1992	355.58	979.75	218.52	535.00
1993	369.45	1 066.30	216.29	543.60

民族自治地方国有单位固定资产投资指数

（以1979年为100）

年　份	固　定 资产投资	#基建投资	#更新改造	#其他投资
1979	100	100	100	100
1980	119.79	106.05	2 377.28	100.00
1981	97.99	71.59	4 655.12	126.52
1982	149.85	101.68	8 178.18	316.46
1983	172.40	116.71	8 512.41	645.68
1984	211.18	150.22	8 305.22	1 014.28
1985	299.98	215.51	11 706.50	1 348.68
1986	322.63	209.28	16 585.30	1 526.08
1987	373.36	217.83	21 396.44	2 478.24
1988	466.08	262.45	29 230.36	2 875.65
1989	443.39	263.28	24 390.32	2 987.49
1990	473.48	301.49	24 335.48	2 557.61
1991	665.88	430.86	29 715.32	4 552.71
1992	1 037.42	718.88	39 928.61	6 426.39
1993	1 546.22	1 051.90	61 005.35	5 616.02

民族自治地方社会商业及财政收支情况指数

（以1952年为100）

年　　份	社会商品零售总额	国内纯购进总额	财政收入	财政支出
1952	100	100	100	100
1957	223.74	343.83	204.60	280.93
1962	316.24	470.31	240.72	339.92
1965	374.51	655.19	353.75	525.69
1970	482.56	810.21	394.96	772.54
1975	697.39	1 300.56	448.91	1 223.48
1978	880.13	1 641.07	736.17	1 946.30
1979	977.50	1 807.39	590.40	1 966.88
1980	1 125.36	2 063.84	538.40	1 820.27
1981	1 237.70	2 309.47	528.41	1 725.59
1982	1 364.17	2 588.06	641.97	1 957.27
1983	1 522.88	2 878.87	738.78	2 251.47
1984	1 776.61	3 119.60	791.26	2 859.53
1985	2 155.28	3 576.91	1 114.46	3 417.91
1986	2 408.49	4 164.39	1 364.07	4 261.04
1987	2 771.88	5 277.71	1 639.62	4 487.20
1988	3 534.65	7 030.44	2 003.50	5 179.43
1989	3 828.69	7 829.15	2 441.20	5 822.23
1990	3 984.52	9 112.93	2 765.45	6 470.75
1991	4 470.06	10 235.04	3 371.95	7 368.26
1992	5 197.40	10 936.21	3 484.01	7 803.84
1993	5 378.48	15 524.92	4 920.75	9 223.69

民族自治地方各级学校在校学生指数

（以 1952 年为 100）

年　份	普通高等学校	中等学校	中等专业学校	普通中学	小　学
1952	100	100	100	100	100
1957	270.69	363.10	170.16	407.47	130.88
1965	687.45	795.66	249.49	797.26	238.44
1970	688.90	3 097.48	257.20	3 765.37	331.09
1978	1 276.69	5 081.02	406.91	6 174.09	361.83
1979	1 387.77	4 720.02	633.30	5 662.10	361.20
1980	1 590.43	4 451.25	657.54	5 297.79	359.45
1981	1 748.83	3 802.69	548.23	4 524.89	345.58
1982	1 617.44	3 556.64	485.72	4 233.34	347.59
1983	1 744.04	3 519.97	502.12	4 164.10	348.17
1984	1 985.42	3 730.54	613.70	4 367.18	353.85
1985	2 507.51	3 887.95	716.88	4 519.29	362.95
1986	2 749.80	4 264.25	753.70	4 964.31	369.87
1987	2 812.64	4 379.92	796.44	5 086.06	353.28
1988	2 981.20	4 402.70	894.20	5 075.36	351.57
1989	3 153.47	4 323.63	963.32	4 943.82	354.30
1990	3 057.40	4 310.60	1 040.18	5 078.18	352.43
1991	3 014.35	4 589.60	955.92	5 027.82	355.09
1992	3 160.33	4 331.24	990.27	5 115.92	361.94
1993	3 594.32	4 183.16	1 118.56	4 901.38	348.82

民族自治地方各级学校专任教师指数

（以1952年为100）

年 份	普通高等学校	中等学校	中等专业学校	普通中学	小 学
1952	100	100	100	100	100
1957	460.47	220.16	227.57	218.98	123.44
1965	1 165.30	566.65	402.67	535.35	296.19
1970	1 479.43	2 041.81	468.45	2 297.00	409.61
1978	2 165.12	3 513.64	822.29	3 961.46	484.72
1979	2 603.94	3 455.45	1 026.60	3 849.29	680.46
1980	2 914.31	3 475.87	1 278.10	3 810.76	699.67
1981	2 834.88	3 251.85	1 277.97	3 550.43	707.81
1982	3 252.24	3 146.77	1 341.66	3 412.88	722.11
1983	3 643.29	3 102.22	1 359.52	3 352.30	717.40
1984	3 910.20	2 989.64	1 416.30	3 207.80	706.19
1985	4 234.35	3 186.29	1 548.37	3 411.56	725.29
1986	4 582.29	3 583.76	1 669.36	3 624.28	734.91
1987	4 999.46	3 536.28	1 828.03	3 786.09	738.58
1988	5 137.03	3 756.70	2 050.20	3 971.17	756.55
1989	5 178.89	3 813.19	2 063.10	4 037.90	756.06
1990	5 305.55	3 908.18	2 203.72	4 188.53	763.83
1991	4 835.60	3 949.29	2 109.32	4 152.29	753.46
1992	4 898.21	3 897.87	2 081.68	4 198.99	818.26
1993	4 874.49	3 933.24	2 066.36	4 242.70	821.11

民族自治地方卫生事业情况指数

(以1952年为100)

年 份	卫生事业机构数	#医院个数	床位数	#医院病床数	专业卫生技术人员
1952	100	100	100	100	100
1957	484.00	174.03	274.58	294.41	373.88
1962	623.54	406.98	666.82	649.18	508.36
1965	708.68	496.25	836.51	775.41	624.94
1970	615.18	963.57	1 120.90	1 131.19	697.77
1975	727.50	1 286.18	1 562.57	1 718.57	889.41
1978	838.18	1 424.55	1 833.37	2 011.90	1 095.07
1979	874.21	1 449.74	2 335.26	2 125.43	1 189.36
1980	909.03	1 459.30	1 984.69	2 216.82	1 273.56
1981	965.15	1 501.55	2 012.82	2 258.01	1 374.11
1982	956.34	1 510.59	2 049.54	2 303.29	1 432.34
1983	962.17	1 520.67	2 088.71	2 424.54	1 486.67
1984	978.71	1 548.06	2 141.21	2 487.56	1 530.14
1985	990.62	1 347.42	2 186.18	2 547.11	1 587.67
1986	1 002.28	1 323.51	2 228.70	2 599.44	1 623.80
1987	1 019.99	1 325.84	2 302.80	2 697.73	1 671.13
1988	1 033.14	1 419.12	2 358.39	2 771.94	1 726.66
1989	990.59	1 345.99	2 385.24	2 740.74	1 751.83
1990	1 014.20	1 366.80	2 447.67	2 895.36	1 778.92
1991	1 018.44	1 379.84	2 487.33	2 951.49	1 819.04
1992	984.63	1 319.12	2 554.98	3 026.45	1 757.71
1993	970.91	1 342.24	2 857.84	3 313.10	1 870.57

全国民族自治区、自治州、

(1993

地　区	建立时间	首府驻地	面　积（平方公里）	年末总人口（万人）		
				总人口	＃少数民族	少数民族占　%
内蒙古自治区	1947.5.1	呼和浩特市	1 183 000	2 198.01	418.62	19.0
广西壮族自治区	1958.3.15	南宁市	236 660	4 408.80	1 700.89	38.6
西藏自治区	1965.9.1	拉萨市	1 228 400	228.88	224.24	98.0
宁夏回族自治区	1958.10.25	银川市	66 400	490.86	166.12	33.8
新疆维吾尔自治区	1955.10.1	乌鲁木齐市	1 660 400	1 605.26	994.15	61.9
吉　林						
延边朝鲜族自治州	1952.9.3	延吉市	42 700	213.84	91.78	42.9
湖　北						
恩施土家族苗族自治州	1983.12.1	恩施市	23 942	368.10	168.86	45.9
湖　南						
湘西土家族苗族自治州	1957.9.20	吉首市	15 486	240.19	163.65	68.1
四　川						
甘孜藏族自治州	1950.11.24	康定县	153 002	83.85	67.22	80.2
凉山彝族自治州	1952.10.1	西昌市	60 115	371.08	169.64	45.7
阿坝藏族羌族自治州	1953.1.1	马尔康县	83 460	77.50	54.40	70.2
贵　州						
黔东南苗族侗族自治州	1956.7.23	凯里市	30 302	379.14	283.99	74.9
黔南布依族苗族自治州	1956.8.8	都匀市	26 197	337.94	179.92	53.2
黔西南布依族苗族自治州	1982.5.1	兴义市	16 820	261.28	104.49	40.0
云　南						
西双版纳傣族自治州	1953.1.24	景洪县	19 700	79.81	59.16	74.1
德宏傣族景颇族自治州	1953.7.24	潞西县	11 526	94.17	48.75	51.8
怒江傈僳族自治州	1954.8.23	泸水县	14 703	44.67	41.12	92.1
大理白族自治州	1956.11.22	大理市	29 459	310.86	152.71	49.1
迪庆藏族自治州	1957.9.13	中甸县	23 870	32.13	26.96	83.9
红河哈尼族彝族自治州	1957.11.18	个旧市	32 931	374.20	202.88	54.2
文山壮族苗族自治州	1958.4.1	文山县	32 239	303.33	169.69	55.9
楚雄彝族自治州	1958.4.15	楚雄市	29 258	238.40	72.05	30.2
甘　肃						
甘南藏族自治州	1953.10.1	夏河县	38 748	60.73	33.01	54.4
临夏回族自治州	1956.11.19	临夏市	7 983	169.79	94.03	55.4
青　海						
玉树藏族自治州	1951.12.25	玉树县	197 791	23.29	22.60	97.0

注：1. 农民人均收入数打“＊”号只包括生产性收入，下同。

2. 本表工农业总产值、人均工农业总产值均按当年价格计算，下同。

自治县(旗)基本情况(一)

年)

工农业总产值(万元)	农业	工业	人均工农业总产值(元)	农民人均纯收入(元)	财政收支(万元)		
					财政收入	财政支出	收支差额
7 282 846	2 208 047	5 074 799	3 313	852	561 177	882 773	—321 596
12 960 471	3 901 090	9 059 381	2 940	885	959 269	1 074 843	—115 574
276 600	230 600	46 000	1 208	889	15 600	216 100	—200 500
1 540 217	318 863	1 221 354	3 138	667	108 522	193 959	—85 437
6 466 067	1 982 025	4 484 042	4 028	886	351 346	647 111	—295 765
908 560	113 516	795 044	4 249	630	86 701	88 587	—1 886
485 100	247 514	237 586	1 318	479	41 410	57 729	—16 319
457 826	159 550	298 276	1 906	578	48 685	61 154	—12 469
115 003	62 984	52 019	1 372	560	11 464	44 126	—32 662
680 460	330 574	349 886	1 834	434	66 911	99 135	—32 224
186 824	69 319	117 505	2 411	*556	14 771	38 553	—23 782
421 850	253 429	168 421	1 113		30 654	49 522	—18 868
579 874	279 554	300 320	1 716	*517	50 550	55 866	—5 316
251 187	136 477	114 710	961	555	20 411	31 606	—11 195
171 975	126 845	45130	2155	*764	13 710	24 321	—10 611
186 453	88 353	98 100	1 980	1 300	20 486	34 422	—13 936
44 493	22 962	21 531	996	531	4 560	17 037	—12 477
521 632	254 292	267 340	1 678	721	72 258	12 336	—20 078
41 205	25 390	15 815	1 282	*362	4 616	16 838	—12 222
869 551	247 486	622 065	2 324	650	66 618	88 192	—21 574
243 798	170 102	73 696	804	514	13 655	50 980	—37 325
539 376	206 284	333 092	2 262	647	112 511	111 339	1 172
82 151	36 886	45 265	1 353	493	5 395	19 098	—13 703
189 782	69 344	120 438	1 118	383	6 362	23 497	—17 135
19 256	15 856	3 400	826	481	1 742	9 342	—7 600

全国民族自治区、自治州、

(1993

地　区	建立时间	首府驻地	面　积（平方公里）	年末总人口(万人)		
				总人口	#少数民族	少数民族占　%
青　海						
海南藏族自治州	1953.12.6	共和县	45 785	37.11	22.98	61.9
黄南藏族自治州	1953.12.22	同仁县	17 902	18.03	16.61	92.1
海北藏族自治州	1953.12.31	门源回族自治县	44 952	24.35	13.94	57.2
果洛藏族自治州	1954.1.1	玛沁县	75 752	12.10	10.90	90.1
海西蒙古族藏族自治州	1954.1.25	德令哈市	320 970	29.00	6.81	23.5
新　疆						
巴音郭楞蒙古自治州	1954.6.23	库尔勒市	480 000	91.42	41.39	45.3
博尔塔拉蒙古自治州	1954.7.13	博乐市	27 000	35.41	12.44	35.1
克孜勒苏柯尔克孜自治州	1954.7.14	阿图什市	70 900	39.78	37.75	94.9
昌吉回族自治州	1954.7.15	昌吉市	92 182	133.93	33.68	25.1
伊犁哈萨克自治州	1954.11.27	伊宁市	350 000	349.62	193.83	55.4
河　北						
孟村回族自治县	1955.11.30	孟村镇	387	16.60	4.00	24.1
大厂回族自治县	1955.12.7	大厂镇	176	10.70	2.29	21.4
青龙满族自治县	1987.5.10	青龙镇	3 508	52.80	33.80	64.0
丰宁满族自治县	1987.5.15	大阁镇	8 765	36.20	23.40	64.6
围场满族蒙古族自治县	1990.6.12	围场镇	9 220	49.94	25.27	50.6
宽城满族自治县	1990.6.16	宽城镇	1 952	23.04	14.36	62.3
内蒙古						
鄂伦春自治旗	1951.10.1	阿里河镇	13 800	31.10	3.00	9.6
鄂温克族自治旗	1958.8.1	巴彦托海镇	16 800	13.60	5.06	37.2
莫力达瓦达斡尔族自治旗	1958.8.15	尼尔基镇	2 351	27.30	5.40	19.8
辽　宁						
喀喇沁左翼蒙古族自治县	1958.4.1	大城子镇	2 238	40.85	7.32	17.9
阜新蒙古族自治县	1958.4.7	阜新镇	6 246	71.38	14.85	20.8
新宾满族自治县	1985.6.7	新宾镇	4 432	31.70	24.70	77.9
岫岩满族自治县	1985.6.11	岫岩镇	4 506	48.79	43.36	88.9
凤城满族自治县	1985.6.13	凤城镇	5 748	60.30	46.50	77.1
清原满族自治县	1990.6.6	清原镇	3 932	34.83	20.96	60.2
本溪满族自治县	1990.6.8	小市镇	3 557	29.63	18.00	60.7
桓仁满族自治县	1990.6.10	桓仁镇	3 555	30.91	15.15	49.0
宽甸满族自治县	1990.6.12	宽甸镇	6 180	44.61	23.60	52.9
北镇满族自治县	1990.6.15	广宁镇	1 682	53.06	33.77	63.6

自治县(旗)基本情况(二)

年)

工农业总产值(万元)	农业	工业	人均工农业总产值(元)	农民人均纯收入(元)	财政收支(万元)		
					财政收入	财政支出	收支差额
97 186	48 311	48 875	2 619	*777	4 842	12 725	−7 883
29 129	22 574	6 555	1 616	*537	2 610	9 279	−6 669
57 185	35 597	21 588	2 348	*869	3 885	8 443	−4 558
17 781	12 955	4 826	1 470	*703	1 841	8 827	−6 986
163 730	22 230	141 500	5 646	*1 001	12 324	17 790	−5 466
370 705	99 353	271 352	4 055	851	21 444	38 715	−17 271
85 105	46 272	38 833	2 403	933	6 040	14 343	−8 303
41 886	30 750	11 136	1 053	487	1 857	15 542	−13 685
406 972	151 192	255 780	3 039	1 085	24 322	37 442	−13 120
762 909	361 466	401 443	2 182	852	14 835	14 569	266
46 789	10 732	36 057	2 819	679	1 523	2 174	−651
87 404	16 540	70 864	8 169	1 211	2 887	3 071	−184
68 338	40 814	27 524	1 294	488	2 795	4 880	−2 085
69 550	32 860	36 690	1 921	526	2 425	4 880	−2 455
92 968	38 584	54 384	1 862	855	3 286	4 965	−1 679
52 033	19 652	32 381	2 258	992	2 921	4 058	−1 137
31 008	20 113	10 895	997	1 004	4 813	5 010	−197
59 332	12 236	47 096	4 363		3 280	5 368	−2 088
72 001	57 630	14 371	2 637	796	2 287	6 271	−3 984
109 201	47 788	61 413	2 673	*898	4 225	8 320	−4 095
165 078	108 002	57 076	2 313	1 006	3 706	9 462	−5 756
125 660	50 923	74 737	3 964	913	3 142	8 314	−5 172
138 224	44 901	93 323	2 833	957	4 337	10 494	−6 157
286 347	49 074	237 273	4 749	1 169	9 021	11 780	−2 759
113 303	38 592	74 711	3 253	1 040	3 619	8 348	−4 729
218 830	31 532	187 298	7 385	1 116	4 747	8 878	−4 131
75 667	30 252	45 415	2 448	806	2 758	7 600	−4 842
188 469	42 757	145 712	4 225	1 164	6 656	10 328	−3 672
267 038	106 956	160 082	5 033	1 134	7 407	9 540	−2 133

全国民族自治区、自治州、

（1993

地　区	建立时间	首府驻地	面　积（平方公里）	年末总人口（万人）		
				总人口	#少数民族	少数民族占　%
吉　林						
前郭尔罗斯蒙古族自治县	1956.9.1	前郭镇	7 219	50.30	6.40	12.7
长白朝鲜族自治县	1958.9.15	长白镇	2 498	8.48	1.62	19.1
伊通满族自治县	1989.8.30	伊通镇	2 522	43.40	17.10	39.4
黑龙江						
杜尔伯特蒙古族自治县	1956.12.5	泰康镇	6 176	24.12	4.82	20.0
浙　江						
景宁畲族自治县	1984.12.24	鹤溪镇	1 950	17.30	1.72	9.9
湖　北						
长阳土家族自治县	1984.12.8	龙舟坪镇	3 430	42.75	21.27	49.8
五峰土家族自治县	1984.12.12	五峰镇	2 072	20.89	14.00	67.0
湖　南						
通道侗族自治县	1954.5.7	双江镇	2 239	20.87	16.76	80.3
江华瑶族自治县	1955.11.25	沱江镇	3 248	42.70	21.77	51.0
城步苗族自治县	1956.11.30	儒林镇	2 647	24.40	12.90	52.9
新晃侗族自治县	1956.12.5	新晃镇	1 500	24.50	20.36	83.4
芷江侗族自治县	1987.9.24	芷江镇	2 099	33.16	18.91	57.0
靖州苗族侗族自治县	1987.9.27	渠阳镇	2 201	23.81	15.23	64.0
麻阳苗族自治县	1990.4.1	高村镇	1 568	33.54	25.68	76.6
广　东						
连南瑶族自治县	1953.1.25	三江镇	1 215	14.20	7.20	50.7
连山壮族瑶族自治县	1962.9.26	吉田镇	1 265	10.66	6.61	62.0
乳源瑶族自治县	1963.10.1	乳城镇	2 126	18.85	1.94	10.3
广　西						
龙胜各族自治县	1951.8.19	龙胜镇	2 373	16.61	12.67	76.3
金秀瑶族自治县	1952.5.28	金秀镇	2 081	14.23	10.97	77.1
融水苗族自治县	1952.11.26	融水镇	4 664	45.11	32.00	70.9
三江侗族自治县	1952.12.3	古宜镇	2 452	32.85	26.81	81.6
隆林各族自治县	1953.1.1	新州镇	3 543	33.29	26.42	79.4
都安瑶族自治县	1955.12.15	安阳镇	4 095	61.67	59.84	97.0
巴马瑶族自治县	1956.2.6	巴马镇	1 979	22.76	19.41	85.3
富川瑶族自治县	1984.1.1	富阳镇	2 560	27.16	13.27	48.9
罗城仫佬族自治县	1984.1.10	东门镇	2 618	34.65	24.81	71.6
环江毛南族自治县	1987.11.24	思恩镇	4 533	32.93	30.17	91.6

自治县(旗)基本情况(三)

年)

工农业总产值(万元)	农业	工业	人均工农业总产值(元)	农民人均纯收入(元)	财政收支(万元)		
					财政收入	财政支出	收支差额
620 452	93 033	527 419	12 335	922	10 300	12 653	−2 353
39 026	16 629	22 397	4 602	844.	2 925	4 207	−1 282
101 175	53 989	47 186	2 331	930	4 322	6 211	−1 889
52 636	36 558	16 078	2 182	820	1 920	3 088	−1 168
40 998	18 328	22 670	2 370	462	1 159	3 450	−2 291
112 548	38 361	74 187	2 633	494	4 642	6 612	−1 970
39 144	20 565	18 579	1 874	510	2 142	4 248	−2 106
27 901	18 077	9 824	1 337	557	2 428	2 963	−535
79 576	47 598	31 978	1 864	663	4 324	5 655	−1 331
32 217	15 670	16 547	1 320	352	1 411	3 214	−1 803
56 149	18 026	38 123	2 301	673	8 112	6 754	1 358
74 537	39 563	34 974	2 248	832	3 375	4 166	−791
55 959	31 771	24 188	2 350	788	3 514	3 662	−148
48 125	23 431	24 694	1 435	465	2 369	3 528	−1 159
32 388	12 627	19 761	2 281	909	1 280	3 921	−2 641
26 145	16 968	9 177	2 453	853	1 173	3 140	−1 967
43 137	17 773	25 364	2 288	*770	2 698	4 824	−2 126
26 751	14 863	11 888	1 611	606	2 197	3 303	−1 106
22 823	15 006	7 817	1 604	*745	1 371	3 703	−2 332
63 480	33 980	29 500	1 407	*671	5 926	8 724	−2 798
35 948	19 265	16 683	1 094	773	2 216	3 982	−1 766
24 995	18 572	6 423	751	554	2 809	4 867	−2 058
51 670	37 872	13 798	838	560	2 191	6 082	−3 891
25 081	18 922	6 159	1 102	443	719	2 806	−2 087
74 819	37 973	36 846	2 755	*824	6 245	9 082	−2 837
56 756	25 610	31 146	1 638	*656	3 739	5 619	−1 880
68 285	24 849	43 436	2 074	845	4 087	5 703	−1 616

全国民族自治区、自治州、

（1993

地　区	建立时间	首府驻地	面　积（平方公里）	年末总人口（万人）		
				总人口	#少数民族	少数民族占　%
广　西						
大化瑶族自治县	1987.12.23	大化镇	2 716	40.82	37.60	92.1
恭城瑶族自治县	1990.10.15	恭城镇	2 149	27.39	14.71	53.7
海　南						
乐东黎族自治县	1987.12.28	抱由镇	2 746	43.60	16.00	36.7
东方黎族自治县	1987.12.28	八所镇	2 256	32.76	6.91	21.1
琼中黎族苗族自治县	1987.12.28	营根镇	2 693	12.10	9.86	81.5
保亭黎族苗族自治县	1987.12.30	保城镇	1 161	14.91	9.40	63.0
昌江黎族自治县	1987.12.30	石碌镇	1 596	21.28	7.42	34.9
白沙黎族自治县	1987.12.30	牙叉镇	2 118	11.04	8.90	80.6
陵水黎族自治县	1987.12.30	陵城镇	1 087	29.60	15.66	52.9
四　川						
木里藏族自治县	1953.2.19	乔瓦镇	12 000	11.50	8.58	74.6
秀山土家族苗族自治县	1983.11.7	中和镇	2 462	54.31	27.26	50.2
酉阳土家族苗族自治县	1983.11.11	钟多镇	5 182	67.95	43.08	63.4
峨边彝族自治县	1984.10.5	沙坪镇	2 395	13.52	3.47	25.7
马边彝族自治县	1984.10.9	民建镇	2 383	16.59	6.01	36.2
彭水苗族土家族自治县	1984.11.10	汉葭镇	3 874	57.35	26.84	46.8
黔江土家族苗族自治县	1984.11.13	联合镇	2 400	45.23	23.97	53.0
石柱土家族自治县	1984.11.18	南宾镇	3 013	46.83	28.28	60.4
贵　州						
威宁彝族回族苗族自治县	1954.11.11	城关镇	6 193	92.08	22.86	24.8
松桃苗族自治县	1956.12.31	城关镇	2 866	56.00	22.00	39.3
三都水族自治县	1957.1.2	三合镇	2 380	27.55	26.35	95.6
镇宁布依族苗族自治县	1963.9.11	城关镇	1 718	30.96	19.83	64.1
紫云苗族布依族自治县	1966.2.11	松山镇	2 280	29.59	17.51	59.2
关岭布依族苗族自治县	1981.12.31	关索镇	1 466	28.32	16.96	59.9
玉屏侗族自治县	1984.11.7	平溪镇	517	12.00	8.00	66.7
印江土家族苗族自治县	1987.11.20	印江镇	1 969	36.00	24.00	66.7
沿河土家族自治县	1987.11.23	和平镇	2 476	48.00	25.00	52.1

自治县(旗)基本情况(四)

年)

工农业总产值(万元)	农业	工业	人均工农业总产值(元)	农民人均纯收入(元)	财政收支(万元)		
					财政收入	财政支出	收支差额
46 223	19 963	26 260	1 132	*326	4 326	6 651	−2 325
67 282	30 213	37 069	2 456	*851	3 959	4 644	−685
74 368	58 955	15 413	1 706	895	2 701	2 701	
56 612	33 604	23 008	1 728	869	2 456	6 952	−4 496
25 510	19 284	6 226	2 108	774	1 382	4 543	−3 161
13 021	9 261	3 760	873	535	1 120	3 569	−2 449
89 276	29 507	59 769	4 195	865	3 824	6 091	−2 267
39 060	22 461	16 599	3 538	918	2 111	4 567	−2 456
44 473	36 051	8 422	1 502	648			
19 143	6 114	13 029	1 665	298	2 964	4 320	−1 356
90 577	41 250	49 327	1 668	548	7 161	7 244	−33
79 992	46 641	33 351	1 177	463	7 307	7 980	−673
40 817	9 105	31 712	3 019	651	3 177	3 412	−235
23 159	14 804	8 358	1 396	450	1 517	3 005	−1 488
73 320	43 906	29 414	1 278	476	5 543	6 581	−1 038
100 061	35 534	64 527	2 212	524	20 689	15 393	5 296
76 424	39 057	37 367	1 632	503	5 163	6 391	−1 228
87 861	57 138	30 723	954	474	2 967	5 806	−2 839
38 368	31 584	6 784	685	523	1 763	3 711	−1 948
23 777	17 265	6 512	863	489	1 052	2 301	−1 249
35 984	16 934	19 050	1 162	490	1 910	2 185	−275
33 772	23 074	10 698	1 141	475	890	1 923	−1 033
27 347	19 759	7 588	966	485	945	2 213	−1 268
23 811	12 870	10 941	1 984	679	1 185	1 875	−690
25 603	19 774	5 829	711	492	1 834	3 071	−1 237
30 385	25 677	4 708	633	351	1 531	3 644	−2 113

全国民族自治区、自治州、

(1993

地　区	建立时间	首府驻地	面　积(平方公里)	年末总人口(万人)		
				总人口	#少数民族	少数民族占　%
贵　州						
务川仡佬族苗族自治县	1987.11.26	都濡镇	2 766	36.40	26.90	73.9
道真仡佬族苗族自治县	1987.11.29	玉溪镇	2 156	30.24	18.14	60.0
云　南						
峨山彝族自治县	1951.5.12	双江镇	1 972	13.79	8.50	61.6
澜沧拉祜族自治县	1953.4.7	勐朗镇	8 807	45.27	34.81	76.9
江城哈尼族彝族自治县	1954.5.18	勐烈镇	3 476	9.01	7.12	79.0
孟连傣族拉祜族佤族自治县	1954.6.16	孟连镇	1 957	10.16	8.97	88.3
耿马傣族佤族自治县	1955.10.16	耿宣镇	3 837	22.85	11.56	50.6
宁蒗彝族自治县	1956.9.20	大兴镇	6 206	20.86	10.28	49.3
贡山独龙族怒族自治县	1956.10.1	茨开镇	4 506	3.29	3.15	95.7
巍山彝族回族自治县	1956.11.9	文华镇	2 200	28.23	12.04	42.6
路南彝族自治县	1956.12.31	鹿阜镇	1 777	20.80	6.55	31.5
丽江纳西族自治县	1961.4.10	大研镇	7 648	32.61	26.98	82.7
屏边苗族自治县	1963.7.1	玉屏镇	1 850	19.98	8.41	42.1
河口瑶族自治县	1963.7.11	河口镇	1 275	7.43	4.62	62.2
沧源佤族自治县	1964.2.28	勐董镇	2 539	15.20	14.24	93.7
西盟佤族自治县	1965.3.5	西盟镇	1 391	7.99	7.55	94.5
南涧彝族自治县	1965.11.27	南涧镇	1 750	20.37	9.91	48.6
墨江哈尼族自治县	1979.11.28	玖联镇	5 459	35.71	25.96	72.7
寻甸回族彝族自治县	1979.12.20	仁德镇	3 966	45.03	9.67	21.5
元江哈尼族彝族傣族自治县	1980.11.22	澧江镇	2 858	17.92	14.01	78.2
新平彝族傣族自治县	1980.11.25	桂山镇	4 223	25.09	17.51	69.8
维西傈僳族自治县	1985.10.13	保和镇	4 661	13.96	11.51	82.4
漾濞彝族自治县	1985.11.1	上街镇	1 957	9.60	6.01	62.6
禄劝彝族苗族自治县	1985.11.25	屏山镇	4 378	43.21	13.01	30.1
金平苗族瑶族傣族自治县	1985.12.7	金河镇	3 677	30.05	25.62	85.3

自治县(旗)基本情况(五)

年)

工农业总产值（万元）	农业	工业	人均工农业总产值（元）	农民人均纯收入（元）	财政收支（万元）		
					财政收入	财政支出	收支差额
33 044	22 712	10 332	908	571	1 811	3 580	－1 769
27 404	22 339	5 065	906	681	1 803	3 295	－1 492
41 840	15 661	26 179	3 034	895	3 627	8 776	－5 149
35 332	22 084	13 248	780	422	1 329	5 397	－4 068
8 292	5 190	3 102	920	595	425	2 566	－2 141
14 632	8 555	6 077	1 440	465	478	2 112	－1 634
44 469	26 323	18 146	1 946	728	3 276	5 824	－2 548
17 400	13 526	3 874	834	399	1 469	6 151	－4 682
2 705	2 173	532	822	449	78	1 708	－1 630
32 268	25 916	6 352	1 143	*338	1 980	5 545	－3 565
46 201	29 149	17 052	2 221	856	3 971	8 310	－4 339
52 812	26 906	25 906	1 620	736	4 163	6 932	－2 769
13 589	8 900	4 689	680	531	728	3 052	－2 324
10 627	8 618	2 009	1 430	549	1 215	3 097	－1 882
17 273	10 516	6 757	1 136	730	1 057	3 593	－2 536
29 282	3 376	25 906	3 665	311	440	2 219	－1 779
21 725	19 793	1 932	1 067	456	1 710	4 158	－2 448
23 416	14 102	9 314	656	572	1 472	4 116	－2 644
37 769	28 137	9 632	839	584	4 542	8 447	－3 905
38 051	19 006	19 045	2 123	865	3 464	9 308	－5 844
44 717	21 933	22 784	1 782	819	3 489	9 874	－6 385
16 765	12 841	3 924	1 201	*239	1 296	3 889	－2 593
10 817	7 207	3 610	1 127	*288	1 057	3 080	－2 023
39 062	31 496	7 566	904	447	2 213	8 893	－6 680
13 503	10 256	3 247	449	332	1 177	4 573	－3 396

全国民族自治区、自治州、

(1993

地　区	建立时间	首府驻地	面　积 (平方公里)	年末总人口(万人)		
				总人口	#少数民族	少数民族 占　%
云　南						
普洱哈尼族彝族自治县	1985.12.15	宁洱镇	3 670	18.50	9.02	48.8
景东彝族自治县	1985.12.20	锦屏镇	4 532	34.14	15.61	45.7
景谷傣族彝族自治县	1985.12.25	威远镇	7 777	28.37	13.12	46.2
双江拉祜族佤族布朗族傣族自治县	1985.12.30	勐勐镇	2 292	15.53	6.88	44.3
兰坪白族普米族自治县	1988.5.25	金顶镇	4 455	17.95	16.70	93.0
镇沅彝族哈尼族拉祜族自治县	1990.5.15	恩乐镇	4 223	20.27	10.32	50.9
甘　肃						
天祝藏族自治县	1950.5.6	华藏镇	7 150	21.40	6.85	32.0
肃北蒙古族自治县	1950.7.29	党城湾镇	66 748	1.10	0.47	42.7
东乡族自治县	1950.9.25	锁南镇	1 518	23.33	19.94	85.5
张家川回族自治县	1953.7.6	张家川镇	1 312	26.79	18.47	68.9
肃南裕固族自治县	1954.2.20	红湾寺镇	23 887	3.52	1.90	54.0
阿克塞哈萨克族自治县	1954.4.27	博罗转井镇	33 374	0.76	0.33	43.4
积石山保安族东乡族撒拉族自治县	1981.9.30	吹麻滩镇	921	20.47	10.62	51.9
青　海						
门源回族自治县	1953.12.19	浩门镇	8 620	12.07	7.03	58.2
互助土族自治县	1954.2.17	威远镇	3 320	35.58	8.61	24.2
化隆回族自治县	1954.3.1	巴燕镇	2 740	20.79	16.03	77.1
循化撒拉族自治县	1954.3.1	积石镇	1 750	10.40	9.67	92.4
河南蒙古族自治县	1954.10.16	优干宁	6 273	2.62	2.51	95.8
民和回族土族自治县	1986.6.27	上川口镇	1 780	34.43	18.46	53.6
大通回族土族自治县	1986.7.10	桥头镇	3 000	39.47	17.03	43.1
新　疆						
焉耆回族自治县	1954.3.15	焉耆镇	2 570	10.87	6.01	55.3
察布查尔锡伯自治县	1954.3.25	察布查尔镇	4 430	15.25	9.71	63.7
木垒哈萨克自治县	1954.7.17	木垒镇	22 171	8.84	2.50	28.3
和布克赛尔蒙古自治县	1954.9.10	和布克赛尔镇	30 400	4.75	3.06	64.4
塔什库尔干塔吉克自治县	1954.9.17	塔什库尔干镇	25 000	2.66	2.57	96.6
巴里坤哈萨克自治县	1954.9.30	巴里坤镇	38 445	10.04	2.96	29.5

自治县(旗)基本情况(六)

年)

工农业总产值(万元)	农业	工业	人均工农业总产值(元)	农民人均纯收入(元)	财政收支(万元)		
					财政收入	财政支出	收支差额
34 295	12 125	22 170	1 854	592	2 463	5 608	-3 145
39 052	27 042	12 010	1 144	596	1 799	4 408	-2 609
34 757	16 621	18 136	1 225	599	3 017	4 877	-1 860
13 943	9 358	4 585	898	774	1 125	3 554	-2 429
20 737	6 606	14 131	1 155	608	2 869	5 907	-3 038
22 916	14 902	8 014	1 131	523	1 655	3 751	-2 096
8 467	7 796	671	363	282	137	1 933	-1 796
16 290	7 809	8 481	761	457	1 448	3 158	-1 710
5 723	1 791	3 932	5 203	*1 915	443	1 319	-876
14 951	8 792	6 159	558	431	611	2 722	-2 111
10 192	6 220	3 972	2 895	1 055	1 143	2 126	-983
6 780	778	6 002	8 921	*1 828	939	965	-26
7 419	7 071	348	362	301	172	1 801	-1 629
17 838	12 987	4 851	1 478	619	1 967	1 832	135
44 865	27 146	17 719	1 261	505	3 479	5 933	-2 454
18 398	12 073	6 325	885	446	737	2 993	-2 256
9 244	6 642	2 602	884	598	281	2 359	-2 078
7 454	6 955	499	2 845	*707	208	1 344	-1 136
52 565	19 044	33 521	1 527	477	2 687	5 517	-2 830
174 765	17 659	157 106	4 428	*388	5 343	6 771	-1 428
30 706	15 899	14 807	2 825	921	1 322	2 939	-1617
21 122	15 064	6 058	1 385	679	681	3 333	-2 652
14 911	12 278	2 633	1 687	641	409	2 763	-2 354
13 187	5 625	7 562	2 776	851	2 002	3 342	-1 340
1 500	1 556	54	564	400	114	2 002	-1 888
14 789	9 731	5 058	1 473	631	642	3 410	-2 768

主 要 统 计 指 标 解 释

国内生产总值 国内生产总值(简称GDP)是按市场价格计算的,它是一国所有常住单位在一定时期内生产活动的最终成果。国内生产总值有三种表现形态,即价值形态、收入形态和产品形态。从价值形态看,它是所有常住单位在一定时期内所生产的全部货物和服务价值减去同期投入的全部非固定资产货物和服务价值的差额,即所有常住单位的增加值之和;从收入形态看,它是所有常住单位在一定时期内所创造并分配给常住单位和非常住单位的初次分配收入之和;从产品形态看,它是最终使用的货物和服务减去进口货物和服务。在核算中,国内生产总值的三种表现形态表现为三种计算方法,即生产法、收入法和支出法。三种方法分别从不同的方面反映了国内生产总值及其构成。按生产法,它等于各部门增加值之和;按收入法,它等于固定资产折旧、劳动者报酬、生产税净额和营业盈余之和;按支出法,它等于总消费、总投资和净出口之和。

在国内生产总值定义中,常住单位的概念对于确定计算国内生产总值的口径,明确各种交易的范围具有十分重要的意义。所谓常住单位是指在一国经济领土上具有经济利益中心的经济单位。一国经济领土是由该国政府控制或拥有的地理领土组成的。若一个经济单位在一国的经济领土之内拥有一定的活动场所(住宅、厂房或其它建筑物等),从事一定规模的经济活动,并超过一定的时期(一般在一年以上),则称该经济单位在该国具有经济利益中心。

国内生产总值反映了所有常住单位生产活动的最终成果。在这里,最终成果有双重含义:一是从使用价值形态上看,它包括了一切用于现期消费、投资和净出口的货物和服务。而不包括用于生产过程中的货物和服务;二是从价值形态上看,生产过程也是价值的转移过程,生产中耗用的产品(中间产品)价值随同生产过程转移到新产品价值之中,因此,必须在总产出基础上扣除一切中间产品的转移价值,以避免产品价值的重复计算。

国民生产总值 国民生产总值(简称GNP)是按市场价格计算的。它是一国所有常住单位在一定时期内收入初次分配的最终成果。一国常住单位从事生产活动所分配的增加值在初次分配过程中主要分配给该国的常住单位,但也有一部分以劳动者报酬和财产收入等形式分配给非常住单位,同时,国外生产所创造的增加值也有一部分以劳动者报酬和财产收入等形式分配给该国的常住单位,从而产生了国民生产总值概念,它等于国内生产总值加上来自国外的劳动者报酬和财产收入减去支付给国外的劳动者报酬和财产收入。与国内生产总值不同,国内生产总值是一个生产概念,而国民生产总值是个收入概念。

当年价格 指报告期的实际价格,如工厂的出厂价格,农产品的收购价格,商业的零售价格等。使用当年价格计算的数字,是为了使国民经济各项指标互相衔接,便于考察当年社会经济效益,便于对生产和流通、生产和分配、生产和消费进行经济核算和综合平衡。

按当年价格计算的价值指标,在不同年份之间进行对比时,因为包含有各年间价格变动的因素,不能确切地反映实物量的增添变动。必须消除价格变动因素后,才能真实反映经济发展动态。因此,在计算增长速度时都使用按可比价格计算的数字。

可比价格 指在不同时期的价值指标对比时,扣除了价格变动的因素,以确切反映物量的变化。按可比价格计算有两种方法:一种是直接用产品产量乘某一年的不变价格计算;另一种是用价格指数换算。

不变价格 指用同类产品的年平均价格作为固定价格,来计算各年产品价值。按不变价格计算的产品价值消除了价格变动因素,不同时期对比可以反映生产的发展速度。新中国成立后,随着工农业产品价格水平的变化,国家统计局先后五次制定了全国统一的工业产品不变价格和农业产品不变价格,从1949年到1957年使用1952年工(农)业产品不变价格,从1957年到1971年使用1957年不变价格,从1971年到1981年使用1970年不变价格,从1981年到1990年使用1980年不变价格,从1990年开始使用1990年不变价格。

平均每年增长速度 在我国计算平均增长速度有两种方法,一种是习惯上经常使用的"水平法",又称几何平均法,是以间隔期最后一年的水平同基期水平对比计算平均每年增长(或下降)速度。另一种是"累计法",又称代数平均法或方程法,是以间隔期内各年水平的总和同基期水平对比来计算平均每年增长(或下降)速度。

在一般正常情况下，两种方法计算的平均每年增长速度比较接近，但在经济发展不平衡，出现大起大落时，两种方法计算的结果差别较大。

国有经济单位 指生产资料归国家所有的各种企业、事业单位，以及各级国家机关、人民团体等单位。

集体经济单位 指生产资料归公民集体所有的各种企业、事业单位。包括农村各种经济组织经营的农、林、牧、渔业，乡、村经营的企业、事业单位；城市、县、镇以及街道举办的集体经济性质的企业、事业单位。

三次产业 根据社会生产活动历史发展的顺序对产业结构的划分，产品直接取自自然界的部门称为第一产业，对初级产品进行再加工的部门称为第二产业，为生产和消费提供各种服务的部门称为第三产业。它是世界上通用的产业结构分类，但各国的划分不尽一致。我国的三次产业划分是：

第一产业：农业（包括种植业、林业、牧业和渔业）。

第二产业：工业（包括采掘工业、制造业、自来水、电力、蒸气、热水、煤气）和建筑业。

第三产业：除第一、第二产业以外的其他各业。由于第三产业包括的行业多、范围广，根据我国的实际情况，第三产业可分为两大部门：一是流通部门，二是服务部门。具体又可分为四个层次。

第一层次：流通部门，包括交通运输业、邮电通讯业、商业、饮食业、物资供销和仓储业。

第二层次：为生产和生活服务的部门，包括金融、保险业，地质普查业，房地产、公用事业，居民服务业，咨询服务业和综合技术服务业，农、林、牧、渔、水利服务业和水利业，公路、内河（湖）航道养护业等。

第三层次：为提高科学文化水平和居民素质服务的部门，包括教育、文化、广播电视、科学研究、卫生、体育和社会福利事业等。

第四层次：为社会公共需要服务的部门，包括国家机关、政党机关、社会团体，以及军队和警察等。

二、人口、劳动力

全国少数民族人口(一)

单位:人

民族	历次普查人口数			
	1953年	1964年	1982年	1990年
全国总计	**577 856 141**	**691 220 104**	**1 003 913 927**	**1 130 510 638**
汉族	542 824 056	651 296 368	936 674 944	1 039 187 548
少数民族合计	**34 013 782**	**39 883 909**	**66 434 341**	**90 567 245**
少数民族占全国比重(%)	5.89	5.77	6.62	8.01
蒙古族	1 451 035	1 965 766	3 411 367	4 802 407
回族	3 530 498	4 473 147	7 228 398	8 612 001
藏族	2 753 081	2 501 174	3 847 875	4 593 072
维吾尔族	3 610 462	3 996 311	5 963 491	7 207 024
苗族	2 490 874	2 782 088	5 021 175	7 383 622
彝族	3 227 750	3 380 960	5 453 564	6 578 524
壮族	6 864 585	8 386 140	13 383 086	15 555 820
布依族	1 237 714	1 348 055	2 119 345	2 548 294
朝鲜族	1 111 275	1 339 569	1 765 204	1 923 361
满族	2 399 228	2 695 675	4 304 981	9 846 776
侗族	712 802	836 123	1 426 400	2 508 624
瑶族	665 933	857 265	1 411 967	2 137 033
白族	567 119	706 623	1 132 224	1 598 052
土家族		524 755	2 836 814	5 725 049
哈尼族	481 220	628 727	1 058 806	1 254 800
哈萨克族	509 375	491 637	907 546	1 110 758
傣族	478 966	535 389	839 493	1 025 402
黎族	360 950	438 813	887 107	1 112 498
傈僳族	317 465	270 628	481 884	574 589
佤族	286 158	200 272	298 611	351 980
畲族		234 167	371 965	634 700
高山族	329	366	1 650	2 877
拉祜族	139 060	191 241	304 256	411 545
水族	133 566	156 099	286 908	347 116
东乡族	155 761	147 443	279 523	373 669
纳西族	143 453	156 796	251 792	277 750
景颇族	101 852	57 762	92 976	119 276

注:1. 各年度人口数均为中国大陆人口普查数,不包括现役军人。

2. 少数民族人口合计数中不包括其他未识别的民族人口和外国人加入中国籍人口数。

3. 1982年人口数未包括西藏间接调查的28 601人,据有关资料计算,如包括间接调查人口数,1982年门巴族约为6 248人,珞巴族约为2 065人。

全国少数民族人口(二)

单位:人

民族	历次普查人口数			
	1953年	1964年	1982年	1990年
柯尔克孜族	70 944	70 151	113 386	143 537
土族	53 277	77 349	159 632	192 568
达斡尔族		63 694	94 126	121 463
仫佬族		52 819	90 357	160 648
羌族	35 660	49 105	102 815	198 303
布朗族		39 411	58 473	82 398
撒拉族	30 658	34 664	69 135	87 546
毛南族		22 382	38 159	72 370
仡佬族		26 852	54 164	438 192
锡伯族	19 022	33 683	83 683	172 932
阿昌族		12 032	20 433	27 718
普米族		14 298	24 238	29 721
塔吉克族	14 462	16 236	26 600	33 223
怒族		15 047	22 896	27 190
乌孜别克族	13 626	7 717	12 213	14 763
俄罗斯族	22 656	1 326	2 917	13 500
鄂温克族	4 957	9 681	19 398	26 379
德昂族		7 261	12 297	15 461
保安族	4 957	5 125	9 017	11 683
裕固族	3 861	5 717	10 568	12 293
京族		4 293	13 108	18 749
塔塔尔族	6 929	2 294	4 122	5 064
独龙族		3 090	4 633	5 825
鄂伦春族	2 262	2 709	4 103	7 004
赫哲族		718	1 489	4 254
门巴族		3 809	1 140	7 498
珞巴族			1 066	2 322
基诺族			11 962	18 022
其他未识别的民族	1 017 299	32 411	799 705	752 347
外国人加入中国籍	1 004	7 416	4 937	3 498

历次人口普查少数民族人口的分布情况(一)

单位:人

地区	1953年			1964年		
	绝对数	占该地区总人口的比重(%)	占全国少数民族人口的比重(%)	绝对数	占该地区总人口的比重(%)	占全国少数民族人口的比重(%)
全国总计	**34 013 782**	**5.89**	**100**	**39 883 909**	**5.77**	**100**
北京	168 404	6.08	0.50	283 524	3.75	0.71
天津	79 857	2.96	0.23	115 613	2.70	0.29
河北	715 752	1.75	2.10	621 926	1.50	1.56
山西	20 316	0.14	0.06	40 100	0.22	0.10
内蒙古	959 336	15.73	2.82	1 604 756	13.00	4.02
辽宁	1 482 619	8.07	4.36	1 858 900	6.90	4.66
吉林	1 193 237	10.67	3.51	1 342 170	8.57	3.37
黑龙江	944 328	7.98	2.78	1 087 045	5.40	2.73
上海	31 461	0.51	0.09	43 591	0.40	0.11
江苏	66 362	0.16	0.20	83 002	0.19	0.21
浙江	30 854	0.14	0.09	106 411	0.38	0.27
安徽	133 801	0.45	0.39	155 256	0.50	0.39
福建	19 979	0.15	0.06	147 017	0.88	0.37
江西	2 001	0.01	0.01	9 300	0.04	0.02
山东	252 506	0.52	0.74	294 643	0.53	0.74
河南	405 715	0.93	1.19	517 195	1.03	1.30
湖北	35 434	0.13	0.10	183 035	0.54	0.46
湖南	586 737	1.78	1.72	1 275 719	3.43	3.20
广东	430 279	1.25	1.27	747 181	1.75	1.87
广西	7 337 944	37.51	21.57	8 553 300	41.03	21.45
海南						
四川	2 022 315	3.11	5.95	1 728 955	2.54	4.33
贵州	3 562 493	23.69	10.47	4 009 683	23.39	10.05
云南	5 411 883	31.59	15.91	6 384 114	31.13	16.01
西藏	1 273 969	100.00	3.75	1 213 796	97.01	3.04
陕西	56 272	0.36	0.17	93 978	0.45	0.24
甘肃	1 486 775	11.71	4.37	955 396	7.56	2.40
青海	854 136	50.95	2.51	829 318	38.65	2.08
宁夏				650 366	30.86	1.63
新疆	4 449 017	93.01	13.08	4 948 619	68.07	12.41

历次人口普查少数民族人口的分布情况(二)

单位:人

地区	1982年			1990年		
	绝对数	占该地区总人口的比重(%)	占全国少数民族人口的比重(%)	绝对数	占该地区总人口的比重(%)	占全国少数民族人口的比重(%)
全国总计	**66 434 341**	**6.62**	**100**	**90 567 245**	**8.01**	**100**
北京	322 320	3.49	0.49	413 937	3.83	0.46
天津	164 241	2.12	0.25	202 642	2.31	0.22
河北	853 265	1.61	1.28	2 408 876	3.94	2.66
山西	63 760	0.25	0.10	82 061	0.29	0.09
内蒙古	2 996 477	15.55	4.51	4 166 260	19.42	4.60
辽宁	2 909 615	8.15	4.38	6 165 508	15.62	6.81
吉林	1 829 555	8.11	2.75	2 525 212	10.24	2.79
黑龙江	1 613 043	4.94	2.43	1 997 934	5.67	2.21
上海	49 748	0.42	0.07	62 171	0.47	0.07
江苏	110 559	0.18	0.17	153 060	0.23	0.17
浙江	161 546	0.42	0.24	212 582	0.51	0.23
安徽	261 760	0.53	0.39	324 227	0.58	0.36
福建	250 449	0.97	0.38	465 995	1.55	0.51
江西	22 052	0.07	0.03	101 144	0.27	0.11
山东	407 849	0.55	0.61	505 694	0.60	0.56
河南	799 338	1.07	1.20	1 008 972	1.18	1.11
湖北	1 778 494	3.72	2.68	2 140 488	3.97	2.36
湖南	2 201 087	4.08	3.31	4 823 649	7.95	5.33
广东	1 057 527	1.78	1.59	354 625	0.56	0.39
广西	13 933 250	38.26	20.97	16 577 113	39.24	18.30
海南				1 114 803	17.00	1.23
四川	3 660 402	3.67	5.51	4 889 295	4.56	5.40
贵州	6 675 360	23.38	10.05	10 504 828	32.43	11.60
云南	10 277 069	31.57	15.47	12 351 834	33.41	13.64
西藏	1 769 935	94.97	2.66	2 212 168	96.18	2.33
陕西	133 098	0.46	0.20	156 403	0.48	0.17
甘肃	1 555 186	7.95	2.34	1 857 467	8.30	2.05
青海	1 535 774	39.42	2.31	1 878 028	42.14	2.07
宁夏	1 244 238	31.94	1.87	1 549 067	33.27	1.71
新疆	7 797 344	59.61	11.74	9 461 202	62.42	10.45

全国少数民族分布的主要地区

（1993年）

民　族	分布的主要地区	民　族	分布的主要地区
蒙古族	内蒙古、辽宁、吉林、河北、黑龙江、新疆、青海、甘肃	景颇族	云南
		柯尔克孜族	新疆
回族	宁夏、甘肃、河南、新疆、青海、云南、河北、山东、安徽、辽宁、北京、内蒙古、天津、黑龙江、陕西、贵州、吉林、江苏、四川	土族	青海、甘肃
		达斡尔族	内蒙古、黑龙江
		仫佬族	广西
藏族	西藏、四川、青海、甘肃、云南	羌族	四川
维吾尔族	新疆	布朗族	云南
苗族	贵州、湖南、云南、四川、广西、湖北、海南	撒拉族	青海、甘肃
彝族	云南、四川、贵州	毛南族	广西
壮族	广西、云南、广东	仡佬族	贵州
布依族	贵州、云南	锡伯族	辽宁、新疆
朝鲜族	吉林、黑龙江、辽宁、内蒙古	阿昌族	云南
满族	辽宁、河北、黑龙江、吉林、内蒙古、北京	普米族	云南
侗族	贵州、湖南、广西、湖北	塔吉克族	新疆
瑶族	广西、湖南、云南、广东、贵州	怒族	云南
白族	云南、贵州、湖南	乌孜别克族	新疆
土家族	湖南、湖北、四川、贵州	俄罗斯族	新疆、黑龙江
哈尼族	云南	鄂温克族	内蒙古
哈萨克族	新疆、甘肃	德昂族	云南
傣族	云南	保安族	甘肃
黎族	海南、贵州	裕固族	甘肃
傈僳族	云南、四川、	京族	广西
佤族	云南	塔塔尔族	新疆
畲族	福建、浙江、江西、广东	独龙族	云南
高山族	台湾、福建	鄂伦春族	黑龙江、内蒙古
拉祜族	云南	赫哲族	黑龙江
水族	贵州、广西	门巴族	西藏
东乡族	甘肃、新疆	珞巴族	西藏
纳西族	云南	基诺族	云南

全国分地区年末总人口

(1993年)

地区	总户数(户)	总人口			平均每户人数	性别比(女=100)
		合计	男	女		
全国	**305 739 295**	**1 162 765 740**	**599 409 672**	**563 356 068**	**3.80**	**106.40**
北京	3 545 886	10 569 303	5 370 179	5 199 124	2.98	103.29
天津	2 708 136	8 896 290	4 519 230	4 377 060	3.29	103.25
河北	16 797 521	63 096 138	32 270 077	30 826 061	3.76	104.68
山西	7 851 870	29 555 212	15 445 823	14 109 389	3.76	109.47
内蒙古	5 721 860	21 980 124	11 436 804	10 543 320	3.84	108.47
辽宁	11 863 718	39 828 801	20 315 586	19 513 215	3.36	104.11
吉林	6 787 695	24 960 752	12 759 982	12 200 770	3.68	104.58
黑龙江	9 437 867	35 388 506	18 093 254	17 295 252	3.75	104.61
上海	4 386 852	12 947 446	6 529 234	6 418 212	2.95	101.73
江苏	20 348 684	68 006 895	34 762 548	33 244 347	3.34	104.57
浙江	13 110 724	43 132 973	22 327 217	20 805 756	3.29	107.31
安徽	15 123 280	58 700 093	30 443 137	28 256 956	3.88	107.74
福建	7 183 988	30 991 680	15 994 868	14 996 812	4.31	106.66
江西	8 987 115	38 571 932	19 977 157	18 594 775	4.29	107.43
山东	23 643 064	86 204 099	43 922 792	42 281 307	3.65	103.88
河南	21 814 413	89 146 430	45 857 475	43 288 955	4.09	105.93
湖北	14 370 753	55 904 638	28 808 209	27 096 429	3.89	106.32
湖南	17 465 132	62 479 958	32 508 362	29 971 596	3.58	108.46
广东	15 570 504	65 816 008	33 903 682	31 912 326	4.23	106.24
广西	9 726 413	44 087 964	23 012 917	21 075 047	4.53	109.20
海南	1 610 087	6 817 804	3 557 029	3 260 775	4.23	109.09
四川	30 974 606	110 023 710	57 176 969	52 846 741	3.55	108.19
贵州	7 878 282	33 323 009	17 221 784	16 101 225	4.23	106.96
云南	8 834 363	38 021 358	19 544 682	18 476 676	4.30	105.78
西藏	397 811	2 288 768	1 131 708	1 157 060	5.75	97.81
陕西	8 475 073	33 697 374	17 606 691	16 090 683	3.98	109.42
甘肃	5 246 394	23 185 662	12 001 109	11 184 553	4.42	107.30
青海	972 171	4 463 192	2 285 333	2 177 859	4.59	104.93
宁夏	1 099 661	4 908 582	2 525 650	2 382 932	4.46	105.99
新疆	3 805 372	15 771 039	8 100 184	7 670 855	4.14	105.60

民族自治地方年末总人口及构成

单位:万人

年　份	民族自治地方总人口			#少数民族人口	比重(以自治地方总人口为100)		少数民族人口占民族自治地方总人口的%
		农业人口	非农业人口		农业人口	非农业人口	
1952	5 600.95	4 967.73	633.22		88.69	11.31	
1957	6 464.90	5 663.04	801.86		87.60	12.40	
1965	7 739.20	6 618.05	1 121.15		85.51	14.49	
1975	10 441.43	8 873.60	1 567.83		84.98	15.02	
1978	11 077.22	9 376.34	1 700.88	4 342.36	84.65	15.35	39.2
1979	11 333.94	9 534.45	1 799.49		84.12	15.88	
1980	11 586.35	9 717.60	1 868.75	4 714.31	83.87	16.13	40.7
1981	11 767.29	9 864.52	1 902.77		83.83	16.17	
1982	12 127.26	10 161.43	1 965.83	5 007.50	83.79	16.21	41.3
1983	12 659.05	10 601.55	2 057.50	5 339.10	83.75	16.25	42.2
1984	12 899.98	10 769.19	2 130.79	5 491.20	83.48	16.52	42.6
1985	13 547.71	11 263.66	2 284.05	5 852.87	83.14	16.86	43.2
1986	13 927.03	11 567.63	2 359.40	6 072.23	83.06	16.94	43.6
1987	14 246.65	11 794.22	2 452.43	6 252.58	82.79	17.21	43.9
1988	14 579.84	12 037.74	2 542.10	6 442.79	82.56	17.44	44.2
1989	15 060.57	12 382.47	2 678.10	6 688.63	82.22	17.78	44.4
1990	15 295.71	12 580.41	2 715.30	6 879.58	82.24	17.76	45.0
1991	15 462.71	12 660.58	2 802.13	7 044.32	81.88	18.12	45.6
1992	15 630.06	12 768.95	2 861.11	7 125.20	81.69	18.31	45.6
1993	15 776.06	12 808.13	2 967.93	7 179.08	81.49	18.51	45.5

注:本表未扣除区域变动因素,年度之间不可比。下同。

民族自治地方分地区年末总人口及构成

(1993年)

单位:万人

地　区	总人口	#少数民族人口	少数民族占人口的%	按城乡分		按农业非农业分	
				城镇总人口	乡村总人口	农业人口	非农业人口
合　计	**15 776.06**	**7 179.08**	**45.51**	**7 278.54**	**8 497.52**	**12 808.13**	**2 967.93**
河　北	189.29	103.12	54.48	60.64	128.65	173.80	15.49
内蒙古	2 198.01	418.62	19.05	1 134.50	1 063.51	1 501.75	696.26
辽　宁	446.05	248.46	55.70	163.21	282.84	350.35	95.70
吉　林	316.02	116.90	36.99	217.01	99.01	171.20	144.82
黑龙江	24.12	4.82	19.98	11.32	12.80	18.29	5.83
浙　江	17.30	1.72	9.94	7.28	10.02	15.96	1.34
湖　北	431.74	204.13	47.28	210.34	221.40	389.53	42.21
湖　南	443.17	295.26	66.62	99.97	343.20	390.13	53.04
广　东	43.70	15.75	36.04	21.24	22.46	35.69	8.01
广　西	4 408.80	1 700.89	38.58	2 443.65	1 965.15	3 735.43	673.37
海　南	223.86	98.95	44.20	118.40	105.46	176.45	47.41
四　川	834.21	450.58	54.01	219.41	614.80	741.55	92.66
贵　州	1 377.95	769.60	55.85	839.14	538.81	1 266.00	111.95
云　南	1 959.88	1 050.97	53.62	613.15	1 346.73	1 751.55	208.33
西　藏	228.88	222.24	97.10	37.59	191.29	197.46	31.42
甘　肃	280.57	153.16	54.59	60.80	219.77	251.60	28.97
青　海	284.55	163.64	57.51	60.82	223.73	226.28	58.27
宁　夏	490.86	166.12	33.84	228.34	262.52	371.31	119.55
新　疆	1 577.10	994.15	61.93	743.04	862.22	1 062.43	542.83

注:海南省人口数为1992年数。

民族自治地方年末社会劳动者

单位：万人

年份	合计	国有单位职工	城镇集体单位职工	其他单位职工	城镇个体劳动者	乡村劳动者
1965	3 285.28	444.14	50.96			2 790.18
1978	4 359.67	814.60	118.85			3 426.22
1980	4 745.67	889.85	165.47			3 690.35
1981	4 816.16	923.84	174.58		14.36	3 703.38
1982	5 203.18	956.02	185.69		20.23	4 041.24
1983	5 511.64	1 001.88	192.83		35.24	4 281.69
1984	5 717.66	987.11	233.50		54.70	4 442.35
1985	5 965.34	1 022.31	243.55		77.33	4 622.15
1986	6 186.55	1 098.13	256.46		86.07	4 745.89
1987	6 489.21	1 138.36	258.43		93.47	4 998.95
1988	6 831.57	1 173.16	263.63		113.82	5 280.96
1989	7 071.31	1 227.86	269.59	4.40	98.13	5 471.33
1990	7 293.78	1 268.57	270.88	3.94	97.81	5 652.58
1991	7 404.84	1 310.59	276.74	5.41	111.42	5 700.67
1992	7 575.93	1 345.34	278.05	7.12	120.92	5 824.50
1993	7 761.69	1 339.20	262.22	17.65	131.23	6 011.39

民族自治地方年末社会劳动者构成

单位：%

年份	合计	国有单位职工	城镇集体单位职工	其他单位职工	城镇个体劳动者	乡村劳动者
1965	100	13.52	1.55			84.93
1978	100	18.68	2.73			78.59
1980	100	18.75	3.49			77.76
1981	100	19.18	3.63		3.30	76.89
1982	100	18.37	3.57		0.39	77.67
1983	100	18.18	3.50		0.64	77.68
1984	100	17.26	4.08		0.96	77.70
1985	100	17.14	4.08		1.30	77.48
1986	100	17.75	4.15		1.39	76.71
1987	100	17.54	3.98		1.44	77.04
1988	100	17.17	3.86		1.67	77.30
1989	100	17.36	3.81	0.06	1.39	77.38
1990	100	17.39	3.71	0.06	1.34	77.50
1991	100	17.70	3.74	0.07	1.50	76.99
1992	100	17.76	3.67	0.09	1.60	76.88
1993	100	17.25	3.38	0.23	1.69	77.45

民族自治地方分地区年末从业人员

（1993年）

单位：人

地　区	职工年末人数	国有单位	集体单位	其他单位	城镇其他从业人员	乡村劳动者（万人）
合　计	**16 190 808**	**13 391 993**	**2 622 215**	**176 500**	**371 157**	**6 011.39**
河　北	110 139	88 284	21 255	600	3 883	73.91
内蒙古	3 921 565	3 011 110	873 958	36 497	100 641	574.30
辽　宁	362 818	259 289	100 792	2 737	7 905	144.72
吉　林	821 697	628 050	181 938	11 709	4 122	72.59
黑龙江	27 416	22 555	4 861			5.36
浙　江	9 912	7 632	2 280		87	7.09
湖　北	238 609	201 785	35 338	1 486	9 333	189.87
湖　南	261 754	217 158	43 321	1 275	5 964	202.01
广　东	41 621	35 440	3 954	2 227	607	15.95
广　西	3 446 148	2 874 016	484 374	87 758	111 775	1 891.68
海　南	119 349	107 633	10 974	742	1 441	57.56
四　川	552 000	490 831	59 138	2 031	9 559	406.30
贵　州	543 686	469 734	70 984	2 968	24 852	668.89
云　南	1 313 330	1 133 379	179 506	345		937.78
西　藏	167 790	155 940	11 043	807		91.60
甘　肃	121 987	109 259	12 601	127		112.68
青　海	247 645	227 305	20 283	57	3 123	101.73
宁　夏	718 790	606 547	106 304	5 939	11 327	153.50
新　疆	3 164 552	2 746 046	399 311	19 195	76 538	303.87

主要统计指标解释

人口数 指一定时间、一定地区范围内的有生命的个人的总和。

年度统计的年末人口数是指每年 12 月 31 日 24 时的人口数。年度统计的全国人口总数内未包括台湾省和港澳同胞以及海外华侨人数。

市镇总人口和乡村总人口 一般是按常住人口划分的。

市镇总人口 指市、镇辖区的全部人口。

乡村总人口 指县（不含镇）的全部人口。

市 是指经国家批准成立“市”建制的城市。

镇 是指经省、自治区、直辖市批准的镇。1963 年以前为常住人口在 2 000 人以上，非农业人口占 50%以上的。1964 年起改为常住人口在 3 000 人以上，非农业人口占 70%以上，或常住人口在 2 500 人以上，不满 3 000 人，非农业人口占 85%以上的。1984 年后又调整为，凡县级地方国家机关所在地；或总人口在 20 000 人以下的乡，乡政府驻地非农业人口超过 2 000 人的；或总人口在20 000 人以上的乡，乡政府驻地非农业人口占全乡人口 10%以上；或少数民族地区、人口稀少的边远地区、山区和小型工矿区、小港口、风景旅游区、边境口岸等地，非农业人口虽不足 2 000 人，都可建镇。

性别比 反映两性人口间比例的指标，指标在总人口中或各年龄组人口中，男性人数与女性人数之比。通常以每 100 名女性人口中相应有多少男性人口来表示：

$$性别比=\frac{男性人口}{女性人口}\times 100$$

从业人员 是指从事一定社会劳动并取得劳动报酬或经营收入的全部人员。从业人员的范围包括：

1. 全部职工（国有经济单位，城镇集体经济单位和其它各种所有制单位的全部职工）；
2. 城镇私营企业从业人员；
3. 城镇个体劳动者；
4. 农村社会劳动者；
5. 其它社会劳动者；

从业人员不包括下列人员：

1. 城镇失业人员；
2. 16 岁以上在校学生；
3. 待学人员；
4. 家务劳动者。

职工 是指在国有经济、城镇集体经济、联营经济、股份制经济、外商和港、澳、台投资经济、其他经济单位及其附属机构工作，并由其支付工资的各类人员。

在计算职工人数时应注意，不论是编制内的还是编制外的人员；不论是出勤的还是因故未出勤的人员；不论是在国内工作的还是在国外工作的人员；不论是正式的还是试用期间的人员；不论是在本单位工作的还是临时借到外单位工作的人员，只要由本单位支付工资均应统计为职工。

职工统计中不包括下列人员：

（1） 乡镇企业从业人员；

（2） 私营企业从业人员；

（3） 城镇个体劳动者；

（4） 离休、退休、退职人员；

（5） 聘用和留用的离、退休人员；

（6） 民办教师；

(7)其他按有关规定不列入职工统计范围的人员。

三、农　　业

全国分地区农村基层组织情况

单位:个

地　区	乡镇个数		乡个数		镇个数	
	1992年	1993年	1992年	1993年	1992年	1993年
全国总计	**48 250**	**48 179**	**34 115**	**32 956**	**14 135**	**15 223**
北　京	290	283	210	198	80	85
天　津	222	223	184	180	38	43
河　北	3 298	3 239	2 586	2 468	712	771
山　西	1 930	1 930	1 435	1 432	495	498
内蒙古	1 550	1 550	1 299	1 298	251	252
辽　宁	1 221	1 215	755	732	466	483
吉　林	926	926	567	530	359	396
黑龙江	1 158	1 158	796	797	362	361
上　海	210	210	188	136	22	74
江　苏	2 021	2 012	1 322	1 174	699	838
浙　江	1 844	1 839	950	922	894	917
安　徽	1 767	1 855	972	1 047	795	808
福　建	960	971	465	434	495	537
江　西	1 729	1 837	1 517	1 419	212	418
山　东	2 438	2 407	1 495	1 383	943	1 024
河　南	2 142	2 143	1 739	1 718	403	425
湖　北	1 939	1 917	1 091	1 069	848	848
湖　南	3 427	3 423	2 773	2 727	654	696
广　东	1 668	1 643	322	156	1 346	1 487
广　西	1 356	1 364	957	865	399	508
海　南	305	303	101	100	204	203
四　川	6 216	6 095	4 520	4 321	1 696	1 774
贵　州	1 467	1 464	808	803	659	661
云　南	1 575	1 576	1 212	1 214	363	362
西　藏	938	938	908	908	30	30
陕　西	2 601	2 602	2 204	2 204	397	398
甘　肃	1 528	1 528	1 365	1 362	163	166
青　海	430	431	403	404	27	27
宁　夏	291	292	248	241	43	51
新　疆	803	805	723	723	80	82

全国民族乡(镇)基本情况

(1993年)

地　区	民族乡(镇)(个)	#实际汇总数	年末总人口(人)	#少数民族人口	农业总产值(万元)	工业总产值(万元)	粮食总产量(吨)	财政收入(万元)	财政支出(万元)
合　计	**1 262**	**1 238**	**17 598 699**	**8 682 838**	**1 571 990**	**1 879 869**	**11 208 076**	**103 445**	**134 587**
北　京	5	5	36 540	15 193	5 976	13 056	26 897	316	565
天　津	2	2	17 408	4 429	1 888	19 378	7 300	411	207
河　北	57	57	1 135 264	389 227	6 352	122 839	557 050	8 096	7 707
内蒙古	18	18	138 462	40 541	19 380	7 167	102 384	18 700	18 625
辽　宁	142	142	2 485 000	1 237 000	351 108	805 787	5 036 716	18 333	30 865
吉　林	32	32	436 895	179 311	56 637	24 292	504 354	2 057	2 465
黑龙江	68	68	976 856	409 116	225 594	158 844	1 354 499	4 619	5 394
江　苏	1	1	22 620	6 637	4 060	11 958	20 885	259	259
浙　江	18	18	164 289	35 282	14 360	17 758	85 008	813	1 022
安　徽	5	5	61 657	26 182	7 556	8 004	39 951	173	273
福　建	17	17	340 912	106 540	51 332	64 537	149 241	2 395	2 664
江　西	2	2	3 294	1 517	261	894	948	34	42
山　东	7	7	146 259	29 208	19 024	63 029	90 388	1 254	1 358
河　南	20	20	495 597	118 743	36 558	170 420	98 775	2 854	1 746
湖　北	11	11	109 600	45 801	14 736	11 090	68 017	651	546
湖　南	91	87	757 578	463 686	44 481	8 911	310 857	3 767	4 316
广　东	6	6	56 981	24 236	7 601	2 536	14 766	284	1 000
广　西	60	60	881 205	669 839	68 763	20 765	293 583	3 062	6 237
海　南	12	12	113 463	82 399	22 660	4 763	44 525	1 054	1 130
四　川	109	109	611 342	296 357	52 421	32 087	233 113	2 465	6 040
贵　州	255	255	4 610 398	2 205 238	162 679	239 211	986 540	13 053	14 570
云　南	197	178	2 919 950	1 723 985	322 779	52 490	808 352	14 788	23 104
西　藏	8	8	3 215	2 455	196	93	1 221	1	43
陕　西	4	4	19 124	8 794	1 321	232	621	28	61
甘　肃	39	38	273 814	174 846	14 314	10 094	99 764	485	617
青　海	34	34	535 300	192 004	19 221	2 474	86 477		
新　疆	42	42	245 676	194 272	40 735	7 160	185 844	3 494	3 731

民族自治地方农村基层组织情况

年　　份	乡　镇　数 (个)	乡村户数 (万户)	乡村人口 (万人)	乡村劳动力 (万人)	#农林牧渔业劳动力
1983	10 129	2 024.28	10 268.99	4 281.58	4 141.33
1984	17 742	2 083.79	10 443.52	4 442.34	4 219.30
1985	18 429	2 189.20	10 968.25	4 738.05	4 411.43
1986	19 165	2 303.86	11 198.14	4 976.72	4 537.43
1987	18 776	2 361.84	11 794.22	5 119.94	4 679.94
1988	11 594	2 451.26	12 033.54	5 280.97	4 789.85
1989	11 792	2 575.50	12 998.49	5 471.33	4 868.75
1990	11 295	2 591.42	12 358.22	5 652.58	5 103.59
1991	11 149	2 700.09	12 446.36	5 795.14	5 194.16
1992	11 031	2 741.34	12 510.66	5 497.98	5 270.34
1993	10 501	3 444.17	12 602.12	6 011.39	5 273.05

民族自治地方分地区农村基层组织情况

(1993 年)

地　　区	乡镇个数 (个)	#镇个数	乡村户数 (万户)	乡村人口 (万人)	乡村实有劳动力(万人)	#农村牧渔业劳动力	#工业劳动力
全国总计	**48 179**	**15 223**	**22 983.80**	**91 333.50**	**44 255.70**	**33 258.20**	**3 659.00**
合　计	**10 501**	**2 104**	**3 444.17**	**12 602.12**	**6 011.39**	**5 273.05**	**153.32**
河　北	154	31	46.23	174.59	73.91	59.71	3.34
内蒙古	1 550	252	341.00	1 429.00	574.30	499.70	15.70
辽　宁	229	94	95.34	362.41	144.72	115.46	15.16
吉　林	165	76	40.18	161.90	72.59	62.21	2.01
黑龙江	11	4	3.87	16.41	5.36	4.76	0.16
浙　江	25	5	3.97	15.96	7.09	6.01	0.13
湖　北	625	92	109.19	390.12	189.87	167.35	4.01
湖　南	408	82	97.99	391.61	202.01	180.32	2.91
广　东	42	15	8.85	40.66	15.95	12.98	0.56
广　西	1 364	508	801.00	3 833.02	1 891.68	1 572.83	56.40
海　南	100	58	22.30	123.42	57.56	49.66	0.68
四　川	1 441	138	172.96	738.24	406.30	377.07	6.65
贵　州	747	333	957.88	1 330.21	668.89	614.14	13.01
云　南	951	205	370.84	1 734.60	937.78	869.97	14.63
西　藏	938	30	34.20	195.70	91.60	86.60	0.70
甘　肃	299	23	48.25	248.77	112.68	89.88	3.76
青　海	355	25	41.38	212.13	101.73	91.65	2.29
宁　夏	292	51	72.46	358.00	153.50	134.06	3.77
新　疆	805	82	176.28	845.37	303.87	278.69	7.45

民族自治地方农业总产值

单位:亿元

年 份	农业总产值					
		农 业	林 业	牧 业	副 业	渔 业
1980	159.61	105.25	7.68	35.39	10.57	0.72
1981	171.49	110.66	9.22	39.43	11.35	0.83
1982	268.92	167.03	18.24	59.22	22.51	1.92
1983	289.76	178.17	20.41	63.03	25.95	2.20
1984	317.05	190.87	25.05	68.35	30.40	2.38
1985	351.24	206.41	28.61	79.46	33.90	2.86
1986	363.53	209.93	27.31	85.38	37.63	3.28
1987	384.26	222.83	27.14	89.96	40.61	3.72
1988	406.40	234.36	27.88	95.04	44.96	4.16
1989	431.25	245.62	29.87	103.35	47.70	4.70
1990	475.18	283.19	31.61	108.13	45.35	6.90
1991	1 124.94	629.84	92.01	299.73	80.92	22.43
1992	1 209.99	677.76	98.43	324.80	83.06	25.94
1993	1 271.12	783.09	102.86	353.94		31.23

注:1. 本表农业总产值1980年—1981年按1970年不变价格计算;1982年—1990年按1980年不变价格计算;1991年—1993年按1990年不变价格计算。

2. 1993年开始,农业总产值中包括农、林、牧、渔四业。

3. 本表未扣除区域变动因素,年度之间不可比。下同。

民族自治地方农、林、牧、副、渔业产值比重

单位:%

年 份	农业总产值					
		农 业	林 业	牧 业	副 业	渔 业
1980	100	65.94	4.82	22.17	6.62	0.45
1981	100	64.53	5.38	22.99	6.62	0.48
1982	100	62.11	6.78	22.02	8.37	0.72
1983	100	61.49	7.04	21.75	8.96	0.76
1984	100	60.20	7.90	21.56	9.59	0.75
1985	100	58.77	8.15	22.62	9.65	0.81
1986	100	57.75	7.51	23.49	10.35	0.90
1987	100	57.99	7.06	23.41	10.57	0.97
1988	100	57.67	6.87	23.38	11.06	1.02
1989	100	56.96	6.92	23.97	11.06	1.09
1990	100	59.60	6.65	22.75	9.55	1.45
1991	100	55.99	8.19	26.64	7.19	1.99
1992	100	56.02	8.13	26.84	6.86	2.15
1993	100	61.61	8.09	27.84		2.46

民族自治地方分地区农、林、牧、渔业增加值

（1993年）

单位：万元

地区	总产值	中间消耗	增加值
全国总计（亿元）	**10 995.53**	**4 113.24**	**6 882.29**
合　　计	**14 070 733**	**4 752 736**	**9 317 997**
河　北	159 222	60 652	98 570
内蒙古	2 208 047	728 160	1 479 887
辽　宁	550 776	199 511	351 265
吉　林	277 167	108 701	168 466
黑龙江	36 558	19 822	16 736
浙　江	18 328	6 655	11 673
湖　北	306 443	111 090	195 353
湖　南	353 686	114 481	239 205
广　东	46 044	13 637	32 407
广　西	3 901 090	1 234 837	2 666 253
海　南	200 587	65 558	135 029
四　川	693 174	218 386	474 788
贵　州	922 113	323 638	598 475
云　南	1 497 722	498 237	999 485
西　藏	230 500	43 800	186 700
甘　肃	127 296	39 147	88 149
青　海	241 117	64 757	176 360
宁　夏	318 863	110 467	208 396
新　疆	1 982 000	791 200	1 190 800

民族自治地方分地区农业总产值

（1993年）

单位：万元

地区	农业总产值	农业	林业	牧业	渔业
全国总计（亿元）	**10 995.53**	**6 605.14**	**494.00**	**3 014.40**	**881.99**
合计	**14 006 352**	**8 599 143**	**921 261**	**4 129 189**	**356 759**
河北	159 182	80 960	21 199	56 122	901
内蒙古	2 208 047	1 420 784	91 549	677 461	18 253
辽宁	483 537	272 421	40 349	163 093	7 674
吉林	277 167	189 933	12 391	68 596	6 247
黑龙江	36 558	15 205	588	15 553	5 212
浙江	18 328	8 032	7 200	2 995	101
湖北	306 440	190 314	31 329	83 430	1 367
湖南	353 681	208 479	41 825	95 208	8 169
广东	44 007	21 860	8 994	11 618	1 535
广西	3 901 090	2 142 355	274 728	1 256 373	227 634
海南	209 123	117 132	23 172	42 531	26 288
四川	693 174	409 110	48 477	232 168	3 419
贵州	921 321	580 462	79 034	251 923	9 902
云南	1 497 722	972 882	168 198	339 871	16 771
西藏	230 600	100 500	5 700	124 300	100
甘肃	125 400	65 425	4 795	54 855	325
青海	240 087	108 243	4 954	126 336	554
宁夏	318 863	226 870	9 042	74 997	7 954
新疆	1 982 025	1 468 176	47 737	451 759	14 353

注：本表按当年价格计算。

民族自治地方分地区农业总产值

（1993年）

单位:万元

地　区	农业总产值	农业	林业	牧业	渔业
全国总计（亿元）	**9 692.87**	**5 747.23**	**475.26**	**2 686.77**	**783.61**
合　计	**12 711 216**	**7 830 914**	**1 028 566**	**3 539 387**	**312 349**
河　北	136 315	71 405	16 144	48 058	708
内蒙古	1 947 384	1 210 013	88 857	632 475	16 039
辽　宁	476 468	279 305	44 977	144 592	7 594
吉　林	271 953	187 499	15 520	63 575	5 359
黑龙江	33 184	13 387	556	13 661	5 580
浙　江	16 512	6 902	7 213	2 336	61
湖　北	283 758	163 037	33 907	85 807	1 007
湖　南	302 614	173 708	45 409	77 469	6 028
广　东	39 216	19 337	9 864	8 829	1 186
广　西	3 559 199	2 063 550	326 975	956 385	212 289
海　南	147 925	76 047	24 844	29 212	17 822
四　川	663 340	364 503	50 012	246 878	1 947
贵　州	799 258	504 667	83 791	205 317	5 483
云　南	1 390 977	881 574	209 962	287 002	12 439
西　藏	210 300	76 500	7 200	126 500	100
甘　肃	119 084	60 415	4 954	53 524	191
青　海	205 932	93 229	4 809	107 330	564
宁　夏	292 538	208 422	9 173	68 689	6 254
新　疆	1 815 259	1 377 414	44 399	381 748	11 698

注:本表按1990年不变价格计算。

民族自治地方分地区农业总产值构成

（1993年，以农业总产值为100）

地区	农业	林业	牧业	渔业
全国总计	**60.1**	**4.5**	**27.4**	**8.0**
合计	**61.4**	**6.6**	**29.5**	**2.5**
河北	50.9	13.3	35.3	0.6
内蒙古	64.3	4.1	30.7	0.8
辽宁	56.3	8.3	33.7	1.6
吉林	68.5	4.5	24.7	2.3
黑龙江	41.6	1.6	42.5	14.3
浙江	43.8	39.3	16.3	0.6
湖北	62.1	10.2	27.2	0.4
湖南	58.9	11.8	26.9	2.3
广东	49.7	20.4	26.4	3.5
广西	54.9	7.0	32.2	5.8
海南	56.0	11.1	20.3	12.6
四川	59.0	7.0	33.5	0.5
贵州	63.0	8.6	27.3	1.1
云南	65.0	11.2	22.7	1.1
西藏	43.6	2.5	53.9	
甘肃	52.2	3.8	43.7	0.3
青海	45.1	2.1	52.6	0.2
宁夏	71.1	2.8	23.5	2.5
新疆	74.1	2.4	22.8	0.7

注：本表按当年价格计算。

民族自治地方耕地面积、总播种面积和粮食播种面积

单位:万公顷

年　份	耕地面积	总播种面积	#粮食播种面积	粮食播种面积占总播种面积的%
1952	1 347.97	1 548.56	1 344.16	86.80
1957	1 535.43	1 846.69	1 568.33	84.93
1962	1 629.33	1 770.48	1 531.27	86.49
1965	1 672.33	1 897.81	1 637.43	86.28
1975	1 635.47	1 962.02	1 659.29	84.57
1978	1 639.60	2 018.10	1 674.34	82.97
1980	1 657.56	1 939.90	1 583.71	81.64
1981	1 650.33	1 898.34	1 544.39	81.35
1982	1 651.91	1 933.57	1 561.88	80.78
1983	1 685.61	1 972.06	1 609.35	81.61
1984	1 661.42	1 965.80	1 576.22	80.18
1985	1 747.06	2 022.08	1 542.37	76.28
1986	1 697.07	2 061.43	1 579.60	76.63
1987	1 698.51	2 084.79	1 622.16	77.81
1988	1 725.04	2 139.69	1 619.59	75.69
1989	1 751.54	2 231.22	1 685.37	75.54
1990	1 763.39	2 274.08	1 717.69	75.53
1991	1 743.00	2 266.62	1 666.78	73.54
1992	1 766.25	2 352.48	1 697.90	72.17
1993	1 776.09	2 424.17	1 341.07	55.32

民族自治地方分地区耕地面积和播种面积

(1993年)

单位:千公顷

地区	年末实有耕地面积	农作物播种面积	#谷物	#豆类	#油料	#棉花
全国总计	**95 101.40**	**147 740.70**	**88 911.90**	**12 376.50**	**11 142.30**	**4 985.40**
合计	**17 760.91**	**24 241.69**	**13 410.72**	**2 143.27**	**1 728.18**	**625.41**
河北	233.42	229.53	168.45	17.13	14.94	2.85
内蒙古	5 171.70	4 868.29	2 935.70	788.50	502.69	
辽宁	919.65	1 495.54	547.27	167.60	43.92	4.99
吉林	214.33	511.77	229.05	114.51	8.06	
黑龙江	64.00	53.32	32.17	14.51	0.39	
浙江	6.98	15.80	7.00	1.28	0.14	
湖北	341.41	706.71	270.80	34.60	61.78	0.32
湖南	263.16	608.27	290.22	28.59	78.30	2.66
广东	29.09	56.67	30.52	1.98	4.61	
广西	2 606.57	5 385.20	2 981.90	285.80	235.30	3.80
海南	105.83	241.09	109.35	7.72	13.51	
四川	715.82	1 224.33	665.58	85.95	52.68	0.12
贵州	513.51	1 486.12	849.33	55.50	165.77	2.27
云南	1 717.39	2 581.14	1 612.65	275.11	72.15	2.04
西藏	223.60	215.00	172.60	18.50	11.50	
甘肃	285.33	262.97	74.75	33.58	25.01	
青海	425.82	402.24	229.88	32.57	109.64	
宁夏	803.10	905.00	577.10	109.34	95.77	0.01
新疆	3 120.20	2 992.70	1 626.40	70.50	232.02	606.35

民族自治地方主要农产品产量

单位:万吨

年份	粮食	棉花	油料	烟叶	#烤烟	甜菜	甘蔗
1949	1 155.50	1.02					
1952	1 581.50	3.14	21.47	1.90	1.90	0.16	109.36
1957	1 882.50	5.98	28.79	3.68	3.68	24.48	132.38
1962	1 717.50	3.02	13.03			12.41	49.72
1965	2 217.00	8.87	27.49	5.47	5.47	39.43	232.56
1975	3 069.50	5.39	32.01	10.62	10.62	56.83	360.87
1978	3 123.50	5.97	36.15	12.29	12.29	65.68	512.78
1980	3 300.10	8.33	36.68	8.53	8.53	133.14	561.06
1981	3 371.00	11.73	106.79	17.33	13.51	127.21	727.94
1982	3 744.15	15.21	129.40	27.58	21.51	196.50	1 012.21
1983	4 026.64	16.83	140.51	17.72	13.61	207.68	1 019.47
1984	4 114.67	20.92	153.95	26.22	20.79	235.36	1 103.44
1985	4 006.33	19.36	192.82	46.40	33.72	243.59	1 537.09
1986	4 065.04	22.40	198.79	31.32	23.15	270.50	1 683.76
1987	4 338.74	28.58	175.58	35.14	26.66	306.06	1 702.23
1988	4 361.40	28.26	174.16	51.67	41.43	397.04	1 938.43
1989	4 662.37	29.80	169.33	53.65	42.29	335.89	1 803.46
1990	5 372.98	47.37	208.13	48.76	39.30	532.30	2 141.68
1991	5 516.37	65.24	230.06	63.69	51.96	655.32	2 749.17
1992	5 612.34	67.89	235.23	85.11		652.16	3 187.90
1993	5 157.09	68.93	226.29	90.50	77.08	571.25	3 085.91

注:油料总产量,1952 年—1980 年期间是花生、芝麻、油菜籽产量之和,1981 年以后为油料总产量。

民族自治地方分地区主要农产品产量(一)

(1993年)

单位:吨

地区	谷物						
		稻谷	小麦	玉米	谷子	高粱	其他谷物
全国总计(万吨)	**40 517.4**	**17 770.2**	**10 639.0**	**10 270.4**	**399.9**	**551.1**	**886.9**
合计	**51 570 857**	**21 939 663**	**10 704 351**	**14 969 826**	**634 944**	**1 134 105**	**2 187 968**
河北	513 959	19 709	79 530	261 515	68 461	54 714	30 030
内蒙古	9 309 233	329 628	2 984 509	4 539 468	483 508	468 120	504 000
辽宁	2 011 992	222 038	94 424	1 179 993	51 989	418 916	44 632
吉林	1 706 249	294 004	25 134	1 300 224	7 671	57 910	21 306
黑龙江	89 361	8 666	170	69 957	3 081	6 037	1 450
浙江	43 948	43 294	316	338			
湖北	786 088	278 997	119 577	380 583	21	1 631	5 279
湖南	1 202 999	1 062 984	34 693	99 321		1 651	4 350
广东	119 451	110 708	46	3 817		61	4 819
广西	13 865 000	12 283 000	17 000	1 544 000	4 000	3 000	14 000
海南	655 403	520 993		22 621			111 789
四川	2 343 614	815 538	438 863	824 547		2 779	261 887
贵州	3 218 564	2 068 937	244 128	768 118	6 901	4 106	126 374
云南	5 340 239	3 116 167	686 486	1 350 723	408	3 124	183 331
西藏	610 000	4 000	196 000	9 000			401 000
甘肃	428 929		277 174	84 601	904	56	66 194
青海	675 828		481 301				194 527
宁夏	1 885 000	435 000	864 000	465 000	7 000	11 000	103 000
新疆	6 765 000	326 000	4 161 000	2 066 000	1 000	101 000	110 000

民族自治地方分地区主要农产品产量(二)

(1993 年)

单位:吨

地　区	豆类合计	油料合计	棉　花	麻类合计	糖类合计	甘　蔗	甜　菜
全国总计(万吨)	**1 950.4**	**1 803.9**	**373.9**	**96.0**	**7 624.2**	**6 419.4**	**1 204.8**
合　计	**2 632 219**	**2 262 929**	**689 349**	**54 631**	**36 571 591**	**30 859 058**	**5 712 533**
河　北	15 388	10 430	850	142	9 769		9 769
内蒙古	1 136 000	725 601	12	1 836	2 785 903		2 785 903
辽　宁	106 446	64 490	4 614	337	43 956		43 956
吉　林	162 468	18 422	35	676	28 814		28 814
黑龙江	13 000	344			17 202		17 202
浙　江	1 838	106		1	83	54	29
湖　北	27 937	75 303	171	111	1 884	1 884	
湖　南	19 017	84 721	1 179	571	19 249	19 249	
广　东	1 310	5 462			8 852	8 852	
广　西	277 000	368 630	1 176	30 894	23 052 926	23 052 926	
海　南	6 854	24 169		30	666 699	666 699	
四　川	134 513	58 604	68	3 457	524 354	522 696	1 658
贵　州	54 815	147 043	732	1 180	214 826	214 447	379
云　南	378 578	71 581	505	1 566	6 372 251	6 372 251	
西　藏	43 000	17 847					
甘　肃	78 766	32 031	4	202	2 575		2 575
青　海	74 882	124 677					
宁　夏	86 407	63 302	3	254	453 106		453 106
新　疆	14 000	370 166	680 000	13 374	2 369 142		2 369 142

民族自治地方分地区主要农产品产量(三)

(1993年)

单位:吨

地　区	烟叶合计	#烤烟叶	茶叶合计	水果合计
全国总计(万吨)	**345.1**	**303.6**	**60.0**	**3 011.2**
合　计	**905 023**	**770 786**	**76 756**	**4 106 127**
河　北	258	48		103 435
内蒙古	13 776	4 347		117 799
辽　宁	22 498	13 043		139 158
吉　林	21 319	12 649		67 957
黑龙江				434
浙　江	2	2	318	3 482
湖　北	105 514	52 823	12 242	40 808
湖　南	41 949	29 566	724	68 455
广　东	1 177	5	125	9 668
广　西	76 661	55 742	19 152	1 843 460
海　南	355	273	6	43 214
四　川	96 726	91 521	2 940	149 938
贵　州	173 562	165 417	4 666	80 962
云　南	347 247	343 973	36 464	304 361
西　藏			119	5 522
甘　肃	48			20 651
青　海	9			23 066
宁　夏	696	667		85 567
新　疆	3 226	710		998 190

民族自治地方分地区林业主要指标

（1993年）

地　区	当年造林面积（千公顷）	村及村以下各种组织和农民竹木采伐	
		木材（万立方米）	竹材（万根）
全国总计	**5 903.40**	**4 392.60**	**83 165.90**
合　计	**2 159.51**	**1 042.07**	**30 264.20**
河　北	40.00	7.86	
内蒙古	435.40	18.83	
辽　宁	45.76	42.07	
吉　林	115.09	5.84	33.09
黑龙江	2.02	0.30	
浙　江	3.00	7.24	62.00
湖　北	60.06	20.00	4 746.37
湖　南	40.74	59.52	173.43
广　东	6.53	14.64	24.46
广　西	785.90	315.40	1 945.60
海　南	16.47	2.12	59.01
四　川	113.28	10.09	216.50
贵　州	185.96	100.03	645.74
云　南	186.98	395.74	22 358.00
西　藏	3.70		
甘　肃	17.15	3.40	
青　海	20.81	2.19	
宁　夏	24.20	13.70	
新　疆	56.46	23.10	

民族自治地方牲畜年末头(只)数及比重

单位:万头(只)

地　区	牲　畜 总头数				比重(以牲畜总头数为100)		
		大牲畜	生　猪	羊	大牲畜	生　猪	羊
1949	4 108.00	1 646.00	796.00	1 666.00	40.07	19.38	40.55
1952	7 606.50	2 439.20	1 136.90	4 030.40	32.07	14.95	52.98
1957	9 914.20	2 926.30	1 589.00	5 398.90	29.52	16.03	54.45
1962	10 421.60	2 560.60	1 255.30	6 605.70	24.57	12.05	63.38
1965	14 119.70	3 372.90	2 151.40	8 595.40	23.89	15.24	60.87
1975	16 226.95	3 848.53	3 031.85	9 346.57	23.72	18.68	57.60
1978	16 646.50	3 807.20	3 259.70	9 579.60	22.87	19.58	57.55
1980	17 168.30	3 928.32	3 256.26	9 983.72	22.88	18.97	58.15
1981	17 713.95	4 057.86	3 314.11	10 341.98	22.91	18.71	58.38
1982	18 026.93	4 244.84	3 635.67	10 146.42	23.55	20.17	56.28
1983	17 983.04	4 339.77	3 970.58	9 672.69	24.13	22.08	53.79
1984	18 198.34	4 462.62	4 047.20	9 688.52	24.52	22.24	53.24
1985	19 038.77	4 748.79	4 532.86	9 757.12	24.94	23.81	51.25
1986	19 808.61	4 950.94	4 869.33	9 988.34	24.99	24.58	50.43
1987	20 260.96	5 046.00	4 968.82	10 246.14	24.91	24.52	50.57
1988	20 938.16	5 130.19	5 085.00	10 722.97	24.50	24.29	51.21
1989	21 948.68	5 229.87	5 434.73	11 284.08	23.83	24.76	51.41
1990	22 312.78	5 285.92	5 665.05	11 361.81	23.69	25.39	50.92
1991	22 151.91	5 308.61	5 564.71	11 278.59	23.96	25.12	50.91
1992	23 039.85	5 391.81	6 726.06	10 921.98	23.40	29.19	47.41
1993	22 799.51	5 429.58	6 443.30	10 926.63	23.81	28.26	47.93

民族自治地方大牲畜、生猪、羊年末头(只)数占全国比重

单位:%

地　区	牲畜总头数	大 牲 畜	生　　猪	羊
1949	25.66	27.42	13.78	39.34
1952	33.36	31.90	12.66	65.24
1957	30.20	34.91	10.89	54.77
1962	34.19	36.48	12.56	49.06
1965	36.20	40.05	12.89	61.82
1975	30.75	39.73	10.78	57.21
1978	28.71	40.55	10.82	56.37
1980	29.20	41.24	10.66	53.30
1981	30.58	41.56	11.28	55.09
1982	30.89	41.97	12.09	55.81
1983	31.61	41.93	13.30	57.94
1984	31.73	41.17	13.19	61.16
1985	31.67	41.72	13.67	62.48
1986	31.83	41.64	14.45	60.23
1987	32.16	41.39	15.16	56.82
1988	31.34	41.04	14.87	53.35
1989	31.69	40.84	15.40	53.32
1990	31.76	40.59	15.63	54.10
1991	31.30	40.23	15.05	54.69
1992	31.72	39.98	17.51	52.68
1993	30.39	38.82	16.40	50.28

民族自治地方主要畜产品产量

单位:万吨

年　份	猪　肉	牛　肉	羊　肉	牛　奶	羊　毛
1980	131.04	14.30	19.66	43.78	10.70
1981	124.29	19.34	20.56	54.41	11.66
1982	136.55	15.30	23.14	61.08	12.18
1983	135.20	18.58	29.08	65.02	12.59
1984	151.09	20.46	28.54	76.37	12.64
1985	179.85	27.41	31.13	86.76	15.76
1986	191.05	29.60	35.35	111.18	13.00
1987	212.84	30.18	36.32	123.15	13.86
1988	217.22	33.94	35.37	119.51	14.57
1989	235.76	39.12	43.31	126.07	15.62
1990	245.99	40.59	31.33	135.06	17.96
1991	301.63	45.97	51.21	129.32	15.82
1992	304.09	51.50	53.44	150.90	15.45
1993	336.61	56.56	37.20	159.31	15.15

民族自治地方分地区牲畜出栏数和年底存栏数

单位:万头(只)

	牲畜当年出栏数			牲畜年末存栏数		
	大牲畜	猪	羊	大牲畜	猪	羊
全国总计		**37 823.80**	**11 146.90**	**13 987.50**	**39 300.10**	**21 731.40**
合　计	**648.58**	**4 348.02**	**3 771.72**	**5 429.58**	**6 443.30**	**10 926.63**
河　北	12.65	72.80	51.51	39.02	76.02	76.20
内蒙古	140.30	525.40	1 171.50	685.80	685.90	2 860.30
辽　宁	17.59	146.38	39.56	88.12	215.45	81.30
吉　林	47.15	59.66	88.00	55.93	66.74	34.18
黑龙江	2.38	6.37	2.53	10.19	6.23	6.68
浙　江	0.30	4.84	0.50	1.30	8.04	0.78
湖　北	2.57	218.81	13.21	38.75	259.93	29.33
湖　南	15.35	198.85	14.45	83.21	217.24	29.65
广　东	1.22	15.24		7.43	17.16	0.01
广　西	68.80	1 546.70	36.50	787.80	2 073.90	97.90
海　南	4.41	32.77	5.71	42.83	79.68	14.18
四　川	56.82	358.93	149.06	635.20	654.86	704.33
贵　州	28.80	376.20	42.31	372.87	603.90	100.52
云　南	34.18	529.04	80.03	595.91	1 160.91	387.21
西　藏		9.00	357.00	618.10	18.60	1 778.70
甘　肃	23.99	35.74	91.98	164.66	52.63	331.79
青　海	71.35	35.48	346.00	562.36	58.56	1 301.64
宁　夏	7.14	87.07	87.07	76.34	79.42	249.30
新　疆	113.58	88.74	1 194.80	563.76	108.13	2 842.83

民族自治地方分地区畜产品和水产品产量(一)

(1993年)

单位:吨

地　区	牛　肉	猪　肉	羊　肉	家　禽	奶　类	#牛　奶
全国总计(万吨)	**233.6**	**2 854.4**	**137.3**	**573.6**	**563.7**	**498.6**
合　计	**565 584**	**3 366 132**	**372 024**	**429 110**	**1 712 036**	**1 593 073**
河　北	1 409	59 149	5 950	1 831	8 222	8 203
内蒙古	106 208	394 578	158 697	24 735	449 192	421 726
辽　宁	23 715	142 734	6 221	13 976	2 085	1 881
吉　林	17 711	53 648	1 788	13 218	68 022	66 085
黑龙江	2 776	5 736	378	668	53 304	53 304
浙　江	56	4 003	36	205		
湖　北	1 933	156 013	1 775	2 636	86	86
湖　南	3 923	128 994	1 880	10 528	2 654	2 654
广　东	429	13 152		1 328		
广　西	60 000	1 262 000	6 000	280 000	9 562	9 386
海　南	3 003	21 017	702	6 896	270	270
四　川	56 731	250 830	24 208	14 503	162 998	162 269
贵　州	23 565	303 732	6 153	15 946	670	665
云　南	28 643	405 304	12 851	31 680	64 104	59 290
西　藏	49 000	5 000	43 000		186 000	148 000
甘　肃	32 757	24 611	15 871	3 052	55 722	55 466
青　海	52 149	23 323	52 342	771	169 607	162 589
宁　夏	8 356	50 552	14 172	7 137	71 003	70 897
新　疆	93 220	61 756	20 000		408 535	370 302

民族自治地方分地区畜产品和水产品产量(二)

(1993年)

单位:吨

地　　区	山羊毛	绵羊毛	羊　绒	禽　蛋	水产品
全国总计(万吨)	**1.9**	**24.0**	**0.6**	**1 179.8**	**1 823.1**
合　　计	**7 448**	**144 043**	**4 085**	**545 032**	**811 414**
河　北	340	1 239	76	10 177	1 735
内蒙古	2 641	55 305	2 420	151 530	38 358
辽　宁	200	1 749	167	56 244	11 874
吉　林	7	1 481		16 460	11 840
黑龙江		290		3 478	13 150
浙　江				257	80
湖　北		7		13 012	2 502
湖　南		4		10 726	14 070
广　东				479	3 105
广　西				105 097	565 099
海　南				2 520	56 708
四　川	258	2 945	3	20 409	4 596
贵　州		306		16 338	12 310
云　南	45	480		20 729	27 365
西　藏	995	8 376	445	1 000	910
甘　肃	279	3 928	48	8 465	462
青　海	477	14 094	140	4 849	3 259
宁　夏	262	3 021	144	26 078	15 160
新　疆	1 944	50 818	642	77 184	28 831

民族自治地方平均每人农业总产值和主要农产品产量

年份	农业总产值（元）	粮食（公斤）	棉花（公斤）	油料（公斤）	大牲畜（头）	猪（头）	羊（只）
1980	139.27	287.96	0.73		0.34	0.28	0.87
1981	146.86	288.69	1.01	9.15	0.35	0.28	0.89
1982	225.09	313.39	1.28	10.83	0.36	0.30	0.85
1983	233.81	324.91	1.36	11.34	0.35	0.32	0.78
1984	248.10	321.97	1.64	12.05	0.35	0.32	0.76
1985	265.61	302.96	1.47	14.58	0.36	0.34	0.74
1986	264.63	295.91	1.63	14.47	0.36	0.35	0.73
1987	272.78	308.00	2.03	12.46	0.36	0.35	0.73
1988	282.05	302.60	1.96	12.08	0.36	0.35	0.74
1989	290.99	314.60	2.01	11.43	0.35	0.37	0.76
1990	303.10	342.70	3.00	13.30	0.34	0.36	0.72
1991	727.52	356.75	4.22	14.88	0.34	0.36	0.73
1992	774.10	359.10	4.30	15.00	0.34	0.40	0.70
1993	819.20	330.90	4.40	14.60	0.35	0.40	0.70

注：人均农业总产值1980年—1981年按1970年不变价格计算，1982年—1990年按1980年不变价格计算，1991年—1993年按1990年不变价格计算，并用新口径统计。

民族自治地方分地区平均每人农业总产值和主要农产品产量

（1993年）

地区	农业总产值（元）	粮食（公斤）	棉花（公斤）	油料（公斤）	大牲畜（头）	猪（头）	羊（只）
合计	**819.2**	**330.9**	**4.4**	**14.6**	**0.4**	**0.4**	**0.7**
河北	720.1	271.5	0.4	5.5	0.2	0.4	0.4
内蒙古	886.0	423.5		33.0	0.3	0.3	1.3
辽宁	1 068.2	451.1	1.0	14.5	0.2	0.5	0.2
吉林	860.6	539.9		5.8	0.2	0.2	0.1
黑龙江	1 375.8	370.5		1.4	0.4	0.3	0.3
浙江	954.5	254.0		0.6	0.1	0.5	
湖北	657.2	182.1		17.4	0.1	0.6	0.1
湖南	682.8	271.5	0.3	19.1	0.2	0.5	0.1
广东	897.4	273.3		12.5	0.2	0.4	
广西	807.3	314.5		8.4	0.2	0.5	
海南	894.9	257.7		14.6	0.3	0.5	0.1
四川	795.2	280.9		7.0	0.8	0.8	0.8
贵州	580.0	233.6	0.1	10.7	0.3	0.4	0.1
云南	709.7	272.5		3.7	0.3	0.6	0.2
西藏							
甘肃	424.4	152.9		11.4	0.6	0.2	1.2
青海	723.7	237.5		43.8	2.0	0.2	4.6
宁夏	596.0	384.0		12.9	0.2	0.2	0.5
新疆	1 130.8	421.4	42.4	23.1	0.4	0.1	1.8

民族自治地方农业机械总动力和大中小型拖拉机拥有量

年份	农业机械总动力（万千瓦）	大中型农用拖拉机		小型拖拉机	
		万台	万千瓦	万台	万千瓦
1980		12.08	410.2	20.75	183.2
1981		12.28	428.2	21.33	188.2
1982		12.45	452.5	23.25	207.1
1983	1 869.9	13.07	454.1	27.85	245.8
1984	1 964.5	13.25	480.5	33.83	301.3
1985	2 144.4	14.37	492.7	40.27	360.3
1986	2 468.7	15.25	501.0	51.46	478.0
1987	2 643.8	15.27	473.0	58.15	568.8
1988	2 908.4	16.41	562.2	75.53	668.6
1989	3 329.5	16.10	564.3	84.86	783.8
1990	3 817.1	15.89	646.0	90.74	1 019.6
1991	3 569.0	15.21	570.0	99.74	975.0
1992	3 675.7	15.01	551.7	105.37	983.9
1993	4 104.7	13.97	540.2	95.22	1 049.1

民族自治地方机耕地面积、灌溉面积、农村用电量和化肥施用量

年份	机耕地面积（万公顷）	灌溉面积（万公顷）	农村用电量（万千瓦小时）	化肥施用量（折纯、万吨）
1980	538.73	684.39	237 400	99.90
1981	439.34	677.29	260 443	98.30
1982	411.99	672.67	278 432	116.37
1983	393.42	689.30	292 538	138.72
1984	424.71	673.01	328 503	140.87
1985	377.02	685.53	335 832	154.74
1986	399.10	705.20	422 109	179.52
1987	456.23	717.61	463 331	197.23
1988	529.07	723.44	485 995	209.46
1989	577.02	736.79	568 346	245.69
1990	700.36	764.37	702 621	266.86
1991	732.08	749.83	691 599	307.51
1992	798.16	825.83	927 593	323.79
1993		821.52	991 140	363.87

民族自治地方分地区农业机械化情况

（1993 年）

	农业机械总动力（千瓦特）	大中型拖拉机		小型拖拉机		农用载重汽车（辆）	农用运输车（辆）
		台	千瓦特	台	千瓦特		
全国总计（万千瓦特）	**31 816. 60**	**721 216**	**2 532. 5**	**8 657 000**		**690 469**	**546 606**
合　计	**41 046 722**	**139 722**	**5 402 313**	**952 209**	**10 491 246**	**85 828**	**48 472**
河　北	466 436	476	21 116	11 974	108 734	1 198	1 604
内蒙古	8 340 000	38 403	1 560 000	225 000	2 890 000	12 148	1 521
辽　宁	2 999 193	5 285	310 569	17 501	221 274	4 492	4 832
吉　林	930 560	6 831	160 250	30 436	212 706	1 281	
黑龙江	78 430	452	18 841	4 182	37 977	5	27
浙　江	29 560			580	5 092	25	40
湖　北	366 910	3 692	65 240	2 065	17 954	909	1 292
湖　南	726 004	52	2 453	7 309	60 886	1 004	1 504
广　东	46 283	17	423	1 685	9 718	310	93
广　西	9 391 000	12 429	403 000	231 000	2 289 000	19 534	13 555
海　南	639 306	445	41 596	5 057	95 755	2 104	1 650
四　川	931 526	1 214	21 848	22 232	180 320	4 293	2 908
贵　州	1 419 856	2 841	72 034	14 859	138 469	2 297	2 958
云　南	4 220 908	6 327	246 631	112 507	975 749	11 148	7 236
西　藏	572 000	2 541	104 000	1 000		4 578	
甘　肃	628 224	1 096	40 438	23 956	224 101	1 088	144
青　海	1 001 360	2 881	114 437	49 866	448 871	2 438	4 514
宁　夏	2 175 811	4 693	178 691	73 000	988 956	4 072	928
新　疆	6 083 355	50 047	2 040 746	118 000	1 585 684	12 864	3 666

民族自治地方分地区灌溉面积、化肥施用量、乡办水电站和农村用电量

（1993年）

地　区	乡、村办水电站		农村用电量（万千瓦小时）	农用化肥施用量（折纯）（万吨）	有效灌溉面积（千公顷）
	个数（个）	发电量（万千瓦小时）			
全国总计	**41 233**	**1 543 000**	**12 194 000**	**3 150.10**	**48 646.40**
合　计	**8 544**	**232 365**	**991 140**	**363.87**	**8 215.22**
河　北	7	46	16 961	4.54	47.32
内蒙古	9	145	134 761	45.40	1 751.00
辽　宁	69	9 398	187 537	9.97	73.95
吉　林	27	2 692	83 982	18.94	125.21
黑龙江			1 599	0.34	8.55
浙　江	30	1	782	1.19	4.60
湖　北	239	20 753	11 881	12.65	52.47
湖　南	601	25 957	21 892	8.25	146.35
广　东	77	23 312	3 019	0.74	16.68
广　西	2 596	29 184	189 800	105.40	1 496.90
海　南	25	30 421	2 472	2.51	49.62
四　川	1 543	37 607	28 216	12.22	197.61
贵　州	671	4 777	18 705	28.03	276.76
云　南	2 260	31 234	75 711	38.88	675.88
西　藏					
甘　肃	69	2 868	16 185	6.74	74.29
青　海	40	1 970	12 202	4.47	132.63
宁　夏			47 733	13.00	275.39
新　疆	281	12 000	137 702	50.60	2 810.01

民族自治地方分地区乡镇企业情况(一)

(1993年)

单位:万元

地　区	个数(个)	人数(人)	总收入	费用总额	国家税金	纯利润
合　计	**3 093 275**	**9 379 474**	**17 137 229**	**4 454 438**	**453 457**	**558 429**
河　北	44 192	153 798	253 158	178 822	6 885	31 625
内蒙古	427 969	1 454 467	2 301 873	1 782 704	47 822	189 604
辽　宁	107 188	424 955	921 407	599 474	42 030	85 219
吉　林	73 529	195 643	325 395	66 620	7 749	13 484
黑龙江	3 590	9 390	16 390		541	1 793
浙　江	2 345	4 665	7 460	4 169	326	362
湖　北	78 886	192 748	133 419	96 504	2 728	2 396
湖　南	101 947	235 587	333 551	184 975	9 002	24 780
广　东	9 626	25 839	36 614	27 631	1 026	7 935
广　西	1 212 334	3 663 529	7 357 741	153 257	68 425	642
海　南	21 916	65 814	214 069	30 109	2 821	7 984
四　川	130 128	415 722	373 493	151 326	159 731	16 026
贵　州	214 665	540 017	357 194	216 375	13 710	29 270
云　南	297 233	320 590	712 861	502 257	41 760	53 685
西　藏						
甘　肃	41 213	179 641	113 966	62 397	5 889	13 979
青　海	25 549	73 795	53 789	41 337	2 536	3 784
宁　夏	98 691	322 596	3 040 760	37 362	13 122	23 981
新　疆	202 274	600 687	584 089	319 119	27 354	51 880

注:乡镇企业各项指标均为乡、村及村以下全部的乡镇企业数。

民族自治地方分地区乡镇企业情况(二)

(1993 年)

单位:万元

地 区	工资总额	固定资产		年末占用流动资金	出口产品交货总额
		原值	净值		
合 计	**1 032 043**	**2 725 657**	**2 013 765**	**1 800 988**	**257 188**
河 北	64 537	78 124	62 930	98 000	7 110
内蒙古	264 071	603 506	505 278	331 014	15 982
辽 宁	64 253	160 119	125 025	206 109	20 686
吉 林	19 229	84 263	84 982	87 374	69 616
黑龙江	2 085	4 884			
浙 江	509	2 775	2 371	3 604	438
湖 北	10 075	45 721	31 784	29 222	2 154
湖 南	36 992	69 077	59 767	41 961	2 492
广 东	5 900	15 151	5 922	2 736	240
广 西	180 844	569 166	441 615	499 773	101 909
海 南	8 619	19 407	16 848	6 240	240
四 川	34 009	68 345	53 532	36 673	1 583
贵 州	66 526	111 130	73 755	48 125	4 831
云 南	116 742	360 921	259 219	127 831	12 715
西 藏					
甘 肃	4 580	38 459	5 931	3 807	558
青 海	10 908	34 054	24 126	13 496	
宁 夏	40 274	141 436	107 497	55 000	9 666
新 疆	101 890	319 119	153 183	210 023	6 968

主 要 统 计 指 标 解 释

农林牧渔业总产值 农林牧渔业总产值是指以货币表现的农林牧渔业全部产品总量。它用价值量形式综合说明了一定时期(通常指一年)农林牧渔业生产的总成果和总规模，是观察农林牧渔业生产水平和发展速度，研究农林牧渔业内部比例关系和农林牧渔业在国民经济中的产业布局的一个重要指标,同时,也是计算农林牧渔业劳动生产率和农林牧渔业增加值的基础资料。

农林牧渔业总产值的计算方法，一般采用“产品法”进行计算,即凡是有产品产量的,都按产品产量乘以其产品单价求得每一种农产品的产值，然后将四业产品的产值相加求得。

农林牧渔业的总产值的计算范围，是指在日历年度内行政辖区内各种经济类型及各种经营方式所生产的农林牧渔业产品总量。包括农民和集体、机关、团体、学校及国营农林牧渔场生产的产品。但是不包括农业科学试验单位作为试验用的农产品和军事部门的军马生产。农、林、牧、渔业各自的统计范围是：

1. 农业产值：包括种植业即谷物、豆类、油料、棉花、麻类、糖类、烟叶、药材、薯类、蔬菜、瓜类和其他种植业产值以及其它农业即采集野生植物和农民家庭兼营的商品性工业产值。

2. 林业产值：包括营林、林产品和村及村以下竹木采伐产值。

3. 牧业产值：包括大牲畜的繁殖、增长、增重产值，猪、羊和其它牲畜的产值，家禽饲养与畜禽产品产值，捕猎与其它动物及产品产值。

4. 渔业产值：包括捕捞和养殖的海水与淡水的动植物产品产值。

农村工业总产值 是以货币表现的乡办工业、村办工业和村以下办工业(即组办工业、农民联办工业和个体办工业)企业生产的产品总量。包括成品价值和对外承做的工业性作业价值两部分。出售的半成品的价值也计入总产值。

农村工业总产值按“工厂法”计算，即按每个企业工业生产活动的最终成果计算，在企业内部不允许重复，即不能将企业内部各个车间生产的成果相加。计算工业总产值的工业产品必须符合国务院和各省、自治区、直辖市主管部门规定的质量标准或订货合同规定的技术条件。凡不符合产品质量标准的不合格品，一律不准计算产量、产值。工业性作业只恢复或提高原来产品使用价值或只完成成品生产中的个别工序，应按加工费计算总产值，不包括原材料的价值。

农村经济总收入 指农村集体经济组织和农民家庭当年经营生产性和服务性活动所得到的可以用于抵偿本年开支，并在国家、集体和农民个人之间进行分配的全部收入。包括农林牧渔业、农村工业、建筑业、运输业、商业、饮食业、服务、劳务等各项经营收入和利息、租金等收入。但不包括那些不能用来分配，属于借贷性质或暂收性质的收入，如贷款收入、预购定金、国家投资、农民投资等。

农村经济总收入和农业总产值是两个不同的概念：第一，两者包括的范围不同。总收入除了包括农林牧渔四业的收入以外，还包括其他生产性和非生产性事业活动所得到的可以直接支配的全部收入；而农业总产值则不包括后面这些。第二，就农林牧渔四业而言，总产值要计算当年的全部成果，而总收入只计算当年可用于开支和分配的部分。例如，总产值要计算人造林木的生产量、大小家畜的繁殖、增长和增重的产值，总收入则不包括。第三，计算的价格不同。计算总产值，全部产品都按统一的不变价格或当年价格计算。而计算总收入一般只按当年价格计算（出售部分按实际出售价格计算，自用部分有合同订购价的按合同订购综合平均价计算，没有合同订购价的，按大量上市时的综合平均价计算）。

粮食产量 指全社会的产量。包括国有经济经营的、集体统一经营的和农民家庭经营的粮食产量，还包括工矿企业家属办的农场和其他生产单位的产量。粮食除包括稻谷、小麦、玉米、高粱、谷子及其他杂粮外，还包括薯类和大豆。其产量计算方法，豆类按去豆荚后的干豆计算；薯类（包括甘薯和马铃薯，不包括芋头和木薯）1963 年以前按每 4 公斤鲜薯折 1 公斤粮食计算，从 1964 年开始及以后改为按 5 公斤鲜薯折 1 公斤粮食计算。其他粮食一律按脱粒后的原粮计算。

油料产量 指全部油料作物的生产量。包括花生、油菜籽、芝麻、向日葵籽、胡麻籽（亚麻籽）和其他油料。不包括大豆，也不包括木本油料和野生油料。花生以带壳干花生计算。

水产品产量 指人工养殖的水产品和天然生长的水产品的捕捞量。包括海水的鱼类、虾蟹类、贝类和藻类以及淡水的鱼类、虾蟹类和贝类，不包括淡水生植物。

猪、牛、羊肉产量 指当年出栏并已屠宰后除去头蹄下水后带骨肉（即胴体重）的重量。

耕地面积 指可以用来种植农作物、经常进行耕锄的田地，除包括熟地、当年新开荒地、连续撂荒未满三年的耕地和当年的休闲地（轮歇地）外，还包括以种植农作物为主并附带种植桑树、茶树、果树和其他林木的土地，以及沿海、沿湖地区已围垦利用的“海涂”、“湖田”等面积。但不包括属于专业性的桑园、茶园、果园、果木苗圃、林地、芦苇地、天然或人工草地面积。

农作物播种面积 指实际播种或移植有农作物的面积。凡是实际种植农作物的面积，不论种植在耕地上还是种植在非耕地上，均包括在农作物播种面积中，同时还包括因遭灾而重新改种和补种的农作物面积，种一公顷算一公顷。

灌溉面积 指有效灌溉面积，即具有一定的水源，地块比较平整，灌溉工程或设备已经配套，在一般年景下当年能够进行正常灌溉的耕地面积。

农用化肥施用量 指实际用于农业生产的化肥数量。包括氮肥、磷肥、钾肥和复合肥。化肥施用量分别按实物量和折纯量两种方法计算。折纯法化肥施用量是把氮肥、磷肥和钾肥分别按含氮、含五氧化二磷、含氧化钾的百分之一百成份折算后的数量。复合肥按其所含主要成分折算。

农业机械总动力 指主要用于农、林、牧、渔业的各种动力机械的动力总和。包括耕作机械、排灌机械、收获机械、农产品加工机械、运输机械、植物保护机械、牧业机械、林业机械、渔业机械和其他农业机械〔内燃机按引擎马力折成瓦（特）计算。电动机按功率折成瓦（特）计算〕。不包括专门用于乡、镇、村、组办工业、基本建设、非农业运输、科学试验和教学等非农业生产方面用的动力机械与作业机械。

乡镇企业 原来仅指农村人民公社和生产大队两级集体经济举办社队企业。在农村政社组织管理体制分设以后，除了包括乡、村合作经济组织办企业外，还包括组办、联户办和个体办的企业。1984 年 3 月确定将这类企业统称“乡镇企业”。

乡镇企业单位一般拥有固定的组织、生产场所、生产设备和人员。有核算制度，承担经济责任和纳税义务，是一个比较稳定的经济实体。

附录：牧区畜牧业

全国牧区、半农半牧区县(旗)分布(一)

(1993年)

单位:个

地区	合计	牧区	半农半牧区	县(旗)名称
总计	**266**	**120**	**146**	
河北	6		6	张北、康保、沽源、尚义、丰宁、围场
山西	1		1	右玉
内蒙古	54	33		阿鲁科尔沁、巴林左、巴林右、克什克腾、翁牛特、鄂温克、新巴尔虎右、新巴尔虎左、陈巴尔虎、科尔沁右翼中、科尔沁左翼中、科尔沁左翼后、扎鲁特、锡林浩特市、阿巴嘎、苏尼特左、苏尼特右、东乌珠穆沁、西乌珠穆沁、镶黄、正镶白、正蓝、达茂、四子王、鄂托克前、鄂托克、杭锦、乌审、乌拉特中、乌拉特后、阿拉善左、阿拉善右、额济纳
			21	林西、敖汉、扎兰屯市、阿荣、莫力达瓦、科尔沁右翼前、扎赉特、突泉、通辽市、开鲁、库伦、奈曼、太仆寺、察右中、察右后、东胜市、达拉特、准格尔、伊金霍洛、磴口、乌拉特前
辽宁	6		6	阜新、彰武、康平、北票市、建平、喀左
吉林	10	1		通榆
			9	双辽、白城市、扶余、洮安、长岭、前郭尔罗斯、大安、镇赉、乾安
黑龙江	15	7		龙江、甘南、杜尔伯特、富裕、安达、青冈、肇源
			8	泰来、林甸、同江、虎林、肇东、兰西、肇州、明水

全国牧区、半农半牧区县(旗)分布(二)

(1993年)

单位:个

地区	合计	牧区	半农半牧区	县(旗)名称
四川	48	10		松潘、壤塘、阿坝、若尔盖、红原、德格、白玉、石渠、色达、理塘
			38	汶川、理县、茂汶、南坪、金川、小金、黑水、马尔康、康定、沪定、丹巴、九龙、雅江、道孚、沪霍、甘孜、新龙、巴塘、乡城、稻城、得荣、西昌市、木里、盐源、德昌、会理、会东、宁南、普格、布施、金阳、昭觉、喜德、冕宁、越西、甘洛、美姑、雷波
西藏	37	13		当雄、仲巴、萨嘎、那曲、嘉黎、聂荣、安多、申扎、班戈、巴青、革吉、改则、措勤
			24	林周、昌都、江达、贡觉、类乌齐、丁青、察雅、八宿、曲松、措美、错那、昂仁、谢通门、比如、索县、普兰、札达、噶尔、日土、工布江达、浪卡子、康马、亚东、岗巴
甘肃	19	7		肃北、阿克塞、肃南、天祝、玛曲、碌曲、夏河
			12	永登、永昌、靖远、安西、山丹、民勤、漳县、岷县、环县、华池、卓尼、迭部
青海	30	26		祁连、海晏、刚察、泽库、河南、共和、同德、兴海、贵南、玛沁、班玛、甘德、达日、久治、玛多、玉树、杂多、称多、治多、囊谦、曲麻莱、格尔木市、德令哈市、乌兰、都兰、天峻
			4	门源、同仁、尖扎、贵德
宁夏	3	1		盐池
			2	同心、海原
新疆	37	22		伊吾、木垒、温泉、和静、阿合奇、乌恰、塔什库尔干、民丰、新源、昭苏、特克斯、尼勒克、托里、裕民、和布克赛尔、阿勒泰市、布尔津、富蕴、福海、哈巴河、青河、吉木乃
			15	乌鲁木齐、哈密、巴里坤、奇台、博乐市、精河、尉犁、且末、和硕、温宿、沙雅、阿克陶、巩留、塔城市、额敏

全国牧区、半牧区草原面积

（1993年）

单位：千公顷

地　区	草原总面积	#可利用草原面积	#已利用的草原面积
全国总计	**279 691.31**	**213 683.82**	**199 356.59**
河　北	1 660.00	1 534.00	1 316.67
山　西	26.67	25.33	25.33
内蒙古	73 428.60	58 895.27	57 124.27
辽　宁	1 092.00	1 090.00	1 090.00
吉　林	1 877.07	1 377.33	1 377.33
黑龙江	1 780.67	1 544.00	1 310.00
四　川	16 365.78	14 228.77	13 093.65
西　藏	79 652.37	46 447.02	36 099.37
甘　肃	9 048.94	8 017.19	7 409.13
青　海	36 198.93	31 399.95	31 399.95
宁　夏	1 301.51	1 118.13	1 104.06
新　疆	57 258.77	48 006.83	48 006.83

全国分地区草山草坡情况

（1993年）

单位:千公顷

地　区	草山草坡总面积	#可利用草山草坡面积	#已利用的草山草坡面积
全国总计	**112 248.13**	**89 994.45**	**58 607.53**
北　京	488.67	266.62	232.40
天　津	16.33	15.53	9.33
河　北	3 066.66	2 452.07	1 827.50
山　西	4 450.03	3 041.91	2 191.14
内蒙古	5 375.87	4 695.80	2 909.93
辽　宁	2 296.67	2 149.33	95.22
吉　林	1 081.53	733.40	580.20
黑龙江	5 615.27	4 164.13	1 600.00
上　海			
江　苏	357.89	244.44	110.43
浙　江	692.00	572.00	166.67
安　徽	1 663.18	1 485.17	400.00
福　建	2 046.67	1 938.00	1 236.00
江　西	4 442.40	3 847.53	1 364.78
山　东	2 217.19	1 687.93	1 068.14
河　南	3 327.95	1 921.64	1 966.23
湖　北	5 779.98	4 327.17	1 881.33
湖　南	6 216.53	5 180.17	3 058.91
广　东	3 267.39	2 677.25	92.53
广　西	6 899.33	6 501.33	4 715.33
海　南	733.43	575.37	439.58
四　川	6 608.12	5 458.23	2 583.83
贵　州	4 286.67	3 759.33	2 593.33
云　南	18 526.85	14 931.85	12 226.07
西　藏	3 145.23	2 463.67	2 463.67
陕　西	5 444.67	4 526.67	3 353.33
甘　肃	10 099.51	6 855.25	5 924.68
青　海	2 388.37	2 050.44	2 050.44
宁　夏	1 713.74	1 472.26	1 466.53
新　疆			

全国牧区、半农半牧区县(旗)牲畜年末头(只)数

单位:万头(只)

年 份	牲畜总头数	大 牲 畜	羊	生猪
1949	2 916.5	1 014.2	1 902.3	
1952	3 688.4	1 226.9	2 461.5	
1957	5 085.8	1 462.7	3 623.1	
1965	7 394.0	1 802.9	5 591.1	
1978	8 386.5	2 166.0	6 220.5	
1979	9 152.7	2 270.6	6 882.1	
1980	9 443.6	2 358.0	7 085.6	
1981	10 118.7	2 495.5	7 623.2	1 107.9
1982	10 202.8	2 703.8	7 498.0	1 125.8
1983	9 568.9	2 549.2	7 019.7	1 000.2
1984	9 678.9	2 624.5	7 054.4	1 063.0
1985	10 008.7	2 763.3	7 245.4	1 332.5
1986	9 905.8	2 781.0	7 124.8	1 159.1
1987	10 096.0	2 795.6	7 300.4	2 053.6
1988	10 531.0	2 817.0	7 714.4	2 123.0
1989	10 524.9	2 780.5	7 744.4	1 232.9
1990	10 630.7	2 810.8	7 819.9	1 330.1
1991	10 568.0	2 872.2	7 695.8	1 406.6
1992	10 684.9	2 848.7	7 836.2	1 490.3
1993	10 449.0	2 844.7	7 604.3	1 466.9

注:生猪头数未包括在牲畜总头数中。

全国牧区、半农半牧区畜牧业情况

年 份	年末总人口（万人）	农业总产值（万元）	#牧业产值	农业机械总动力（万瓦特）	农村用电量（万千瓦时）	猪牛羊肉产量（吨）	猪牛羊肉出售量（吨）
1985	3 845.7	1 334 898.1	378 250.7			862 883.6	424 496.2
1986	3 831.1	1 381 465.0	395 790.1	1 030 099.0	175 945.7	921 806.1	442 018.7
1987	3 937.7	1 438 841.6	414 137.6	1 119 410.9	190 124.3	988 382.9	499 887.1
1988	4 333.0	1 681 331.0	467 047.0	1 240 220.0	201 925.0	1 057 875.0	594 963.0
1989	3 971.6	1 461 285.6	490 283.2	1 272 478.3	211 667.3	1 141 150.4	573 594.7
1990	4 116.5	1 814 671.6	496 960.1	1 414 599.0	244 873.7	1 249 826.0	641 551.6
1991	4 162.5	3 879 618.8	1 372 174.5	1 391 653.0	264 382.0	1 422 267.3	762 765.4
1992	4 196.7	4 151 682.9	1 466 409.7	1 439 020.3	278 109.5	1 516 226.1	900 303.2

年 份	牛、羊奶产量（吨）	牛、羊奶出售量（吨）	绵羊毛产量（吨）	绵羊毛出售量（吨）	年末猪存栏头数（万头）	年末羊存栏只数（万只）	年末大牲畜存栏头数（万头）
1985	926 300.1	333 730.7	102 041.8	93 589.1	1 123.8	7 045.2	2 712.5
1986	941 060.5	331 636.2	101 165.7	84 493.2	1 159.1	7 124.8	2 781.0
1987	1 058 565.0	418 758.2	105 652.9	93 243.3	2 053.6	7 300.4	2 795.6
1988	1 157 753.0	432 822.0	110 611.0	101 118.0	2 123.0	7 714.0	2 817.0
1989	1 177 373.5	497 493.9	113 967.5	90 363.9	1 232.9	7 744.4	2 780.5
1990	1 343 265.9	644 988.2	116 592.8	95 859.5	1 330.1	7 819.9	2 810.8
1991	1 458 631.4	726 623.8	117 449.3	102 870.3	1 406.6	7 695.8	2 872.2
1992	1 538 400.3	766 123.3	117 752.2	103 033.2	1 490.3	7 836.2	2 848.7

注：农业总产值 1985 年—1990 年按 1980 年不变价格计算，1991 年—1992 年按 1990 年不变价格计算，下同。

全国分地区牧区畜牧业情况

地　区	肉类总产量（吨）	牛奶产量（吨）	羊奶产量（吨）	山羊毛产量（吨）	绵羊毛产量（吨）	山羊绒产量（吨）	牛皮产量（万张）	羊皮产量（万张）
全国总计	**660 266**	**936 522**	**66 997**	**4 382**	**70 339**	**2 572**	**174.18**	**1 292.46**
内蒙古	276 148	236 115	20 577	1 600	30 440	1 892	30.80	543.00
吉　林	11 632	3 809			981		1.40	8.10
黑龙江	78 212	269 840	65	12	2 881		8.00	24.60
四　川	33 741	103 183	558	72	962	2	30.32	24.86
西　藏	31 144	23 914	14 468	193	4 740	249	12.27	123.06
甘　肃	31 751	42 858	1 726	112	3 750	64	6.78	28.81
青　海	93 729	130 868	6 527	310	12 861	127	58.60	282.06
宁　夏	4 596	448	6	30	364	30	0.01	6.97
新　疆	99 313	125 487	23 070	2 053	13 360	208	26.00	251.00

地　区	肉猪出栏（头）	菜牛出栏（头）	出栏率（%）	菜羊出栏（只）	出栏率（%）	大牲畜年末存栏（头）	猪年末存栏（头）	绵羊年末存栏（头）
全国总计	**1 848 546**	**2 091 177**	**15.0**	**15 590 105**	**31.8**	**16 960 942**	**2 998 771**	**36 924 236**
内蒙古	918 473	572 237	22.3	6 601 465	38.7	3 916 892	1 704 158	10 771 312
吉　林	80 981	17 721	32.2	101 360	38.6	120 963	109 635	245 280
黑龙江	570 193	80 619	25.3	246 747	34.4	667 395	826 788	697 483
四　川	25 164	303 152	11.4	248 609	16.5	2 892 173	42 125	1 248 216
西　藏		126 816	8.2	1 507 259	24.9	1 870 306		6 216 915
甘　肃	60 500	145 000	17.8	623 000	26.0	934 100	89 800	1 983 600
青　海	39 700	587 100	12.3	2 820 600	24.8	4 835 600	63 600	9 804 500
宁　夏	30 910	88	15.7	182 516	40.4	29 495	32 759	302 925
新　疆	122 625	258 444	25.0	3 258 549	45.0	1 694 018	129 906	5 654 005

全国分地区半农半牧区畜牧业情况

地 区	肉类总产量（吨）	牛奶产量（吨）	羊奶产量（吨）	山羊毛产量（吨）	绵羊毛产量（吨）	山羊绒产量（吨）	牛皮产量（万张）	羊皮产量（张）
全国总计	**1 075 080**	**464 158**	**25 620**	**1 990**	**43 712**	**751**	**93.8**	**777.8**
河 北	99 414	15 755	36	292	3 569	68	7.1	59.3
山 西	3 579	60	19	5	213	2	0.3	7.2
内蒙古	221 516	40 776	3 782	450	12 555	381	6.0	170.6
辽 宁	180 320	5 049	27	12	3 967	2	6.7	50.8
吉 林	150 923	18 982	173	33	6 989	2	7.3	34.0
黑龙江	95 757	198 082	1 129		2 446		7.6	21.2
四 川	201 294	59 059	170	187	1 944	1	20.6	85.8
西 藏	43 616	51 530	13 599	279	1 931	63	18.7	119.2
甘 肃	6 048	6 988	12	51	97		1.5	2.9
青 海	10 422	14 792	610	118	1 182	9	4.1	27.2
宁 夏	6 336			40	708	25	0.9	32.6
新 疆	55 855	53 085	6 063	523	8 111	198	13.0	167.0

地 区	肉猪出栏（头）	菜牛出栏（头）	出栏率（%）	菜羊出栏（只）	出栏率（%）	大牲畜年末存栏（头）	猪年末存栏（头）	绵羊年末存栏（头）
全国总计	**7 926 899**	**1 213 166**	**17.4**	**8 708 027**	**33.2**	**11 486 431**	**11 670 398**	**18 246 078**
河 北	869 100	122 600	34.6	882 200	69.2	619 587	900 078	841 886
山 西	17 899	2 726	16.8	71 753	72.0	27 564	17 531	89 435
内蒙古	1 599 867	130 106	20.3	2 015 022	37.0	1 665 671	2 791 146	4 026 135
辽 宁	1 203 296	157 913	68.1	563 790	61.0	763 260	1 635 868	902 674
吉 林	1 119 940	110 504	38.8	569 072	42.0	819 564	1 407 716	1 574 057
黑龙江	738 647	76 378	27.8	212 637	34.5	569 247	1 001 602	612 168
四 川	2 146 257	206 851	8.1	908 112	18.3	2 992 931	3 579 627	2 195 027
西 藏	8 005	187 276	11.7	843 429	17.5	2 502 322	20 106	2 968 091
甘 肃	43 200	25 600	13.4	54 900	26.4	198 300	65 700	103 200
青 海	28 500	52 600	17.9	273 400	28.6	331 400	46 000	811 800
宁 夏	17 676	9 353	35.6	285 412	44.7	120 288	20 531	453 592
新 疆	134 512	131 259	24.0	2 028 300	40.0	876 297	184 493	3 668 013

四、工　业

民族自治地方工业总产值

（按经济类型分类）

单位：亿元

年 份	工业总产值	国有工业	集体工业	＃乡办工业	＃村办工业	城乡个体工业	其他经济类型工业
1980	240.14						
1981	245.24				11.27		
1982	296.01	238.75	56.52		12.06		0.74
1983	331.51	267.06	62.92		14.18		1.53
1984	364.63	283.58	75.96	12.11	15.02	2.59	2.50
1985	449.72	343.02	96.31	17.30	21.15	5.62	4.77
1986	508.84	378.07	125.70	23.02	33.51	3.72	1.35
1987	585.92	428.89	126.24	26.28	20.47	27.99	2.80
1988	685.93	487.73	154.15	31.21	25.74	35.73	8.32
1989	772.93	531.13	186.43	40.66	33.20	44.42	10.93
1990	814.99	558.24	193.00	42.95	33.96	53.62	10.13
1991	1 548.96	1 108.70	326.39	82.58	37.27	94.24	19.63
1992	1 835.50	1 266.64	401.67	111.72	51.37	141.15	26.04
1993	2 245.70	1 381.41	517.54	151.09	80.62	262.97	83.78

注：工业总产值1980年、1981年按1970年不变价格计算；1982年－1990年按1980年不变价格计算，1991年－1993年按1990年不变价格计算。

民族自治地方工业总产值构成

单位：％

年 份	工业总产值	国有工业	集体工业	＃乡办工业	＃村办工业	城乡个体工业	其他经济类型工业
1980	100						
1981	100				4.60		
1982	100	80.66	19.09		4.07		0.25
1983	100	80.56	18.98		4.28		0.46
1984	100	77.77	20.83	3.32	4.12	0.71	0.69
1985	100	76.27	21.41	3.85	4.70	1.26	1.06
1986	100	74.30	24.70	4.52	6.58	0.73	0.27
1987	100	73.20	21.54	4.49	3.49	4.78	0.48
1988	100	71.11	22.47	4.55	3.75	5.21	1.21
1989	100	68.72	24.12	5.26	4.30	5.75	1.41
1990	100	68.50	23.68	5.27	4.17	6.58	1.24
1991	100	71.58	21.07	5.33	2.41	6.08	1.27
1992	100	69.01	21.88	6.09	2.80	7.69	1.42
1993	100	61.51	23.05	6.73	3.59	11.71	3.73

注：1990年以前的村办工业中包括城乡合作经营工业，比重偏大。

民族自治地方年末工业企业单位数和工业总产值

（按轻重工业分类）

单位：亿元

年　份	工业企业单位数（个）	工业总产值	轻工业	重工业
1980	37 881	240.14	122.32	117.82
1981	35 526	245.24	130.03	115.20
1982	37 184	296.01	149.53	146.49
1983	36 838	331.51	164.97	166.54
1984	39 769	364.63	180.09	184.54
1985	43 762	449.72	215.49	234.23
1986	46 588	508.84	249.39	259.45
1987	46 435	585.92	289.62	296.30
1988	53 495	685.93	341.13	344.80
1989	57 443	772.93	378.72	394.21
1990	53 451	814.99	405.73	409.26
1991	48 784	1 548.96	738.56	810.40
1992	48 938	1 835.50	876.65	958.85
1993	50 340	2 245.70	988.65	1 257.05

注：1. 工业总产值1980年、1981年按1970年不变价格计算；1982年—1990年按1980年不变价格计算，1991年—1993年按1990年不变价格计算。

2. 工业总产值各年度均按新口径计算，产值中包括村办工业。

3. 工业企业单位数未包括村及村以下工业。

民族自治地方乡村工业产值及占工业总产值比重

单位：万元

年　份	工业总产值	乡村工业产值	乡办工业	村及村以下工业	乡村工业产值占工业总产值比重（%）
1984	3 646 306	271 348	121 104	150 244	7.44
1985	4 497 182	384 562	173 018	211 544	8.55
1986	5 088 353	565 316	230 241	335 075	11.11
1987	5 859 215	747 407	262 797	484 610	12.76
1988	6 244 628	926 765	312 092	614 673	14.84
1989	7 729 294	1 182 907	406 573	776 334	15.30
1990	8 149 929	1 305 324	429 500	875 824	16.02
1991	15 489 582	2 304 026	825 770	1 478 256	14.87
1992	18 354 947	3 309 161	1 117 165	2 191 996	18.03
1993	22 457 000	5 027 270	1 510 900	3 516 370	22.39

注：本表1984年—1990年按1980年不变价格计算；1991年—1993年按1990年不变价格计算。

民族自治地方分地区乡及乡以上工业企业单位数(一)

(1993 年,按经济类型分)　　　　单位:个

地区	企业单位数	国有单位	中央企业	地方企业	集体单位	#乡办工业	其他经济类型
合　计	**50 340**	**15 486**	**1 579**	**13 907**	**32 467**	**15 177**	**2 387**
河　北	570	170	3	167	378	228	22
内蒙古	8 217	2 097	56	2 041	5 906	2 490	214
辽　宁	2 310	415		415	1 868	1 432	27
吉　林	1 959	526	11	515	1 340	164	93
黑龙江	108	27		27	81	44	
浙　江	131	11		11	120	22	
湖　北	1 466	385		385	1 057	905	24
湖　南	1 633	470	7	463	1 154	760	9
广　东	270	99	1	98	153	81	18
广　西	12 736	3 575	91	3 484	8 682	4 375	479
海　南	247	138	1	137	90	54	19
四　川	2 559	859	5	854	1 618	249	82
贵　州	2 752	867	20	847	1 734	883	151
云　南	3 922	1 420	32	1 388	2 422	1 161	80
西　藏	285	185		185	98	20	2
甘　肃	552	122	6	116	394	279	36
青　海	1 732	397	8	389	408	217	927
宁　夏	1 903	562	23	539	1 300	675	41
新　疆	6 988	3 161	1 315	1 846	3 664	1 138	163

民族自治地方分地区乡及乡以上工业企业单位数(二)

(1993年)

单位:个

地区	按轻重工业分		按企业规模分		
	轻工业	重工业	大型企业	中型企业	小型企业
合计	**24 992**	**25 348**	**275**	**1 094**	**48 971**
河北	254	316		2	568
内蒙古	3 946	4 271	66	246	7 905
辽宁	995	1 315	2	20	2 288
吉林	995	964	15	70	1 874
黑龙江	55	53		2	106
浙江	77	54			131
湖北	763	703	1	6	1 459
湖南	792	841	1	12	1 620
广东	82	188		1	269
广西	6 618	6 118	89	406	12 241
海南	109	138	1	8	238
四川	961	1 598	5	20	2 534
贵州	1 236	1 516	19	17	2 716
云南	1 878	2 044	11	70	3 841
西藏	137	148		4	281
甘肃	195	357	4	3	545
青海	1 280	452	11	11	1 710
宁夏	887	1 016	21	55	1 827
新疆	3 732	3 256	29	141	6 818

民族自治地方分地区工业企业单位数和工业总产值

（1993年）

单位:万元

地区	工业企业单位数（个）	工业总产值	国有工业	集体工业	#乡办工业	#村办工业	#城乡合作经营工业	城乡个体工业	其他经济类型工业
合计	**998 078**	**27 574 116**	**17 868 323**	**6 184 501**	**1 647 078**	**989 424**	**699 489**	**2 526 809**	**994 483**
河北	10 996	257 900	83 381	115 733	41 057	39 496	8 529	50 521	8 265
内蒙古	103 241	5 074 799	3 666 500	934 625	203 400	226 239	30 886	360 574	113 100
辽宁	43 135	1 137 528	206 050	588 559	231 559	189 645	91 828	333 317	9 602
吉林	39 759	1 421 794	1 066 495	232 644	61 105	39 831	4 337	95 500	27 155
黑龙江	913	16 078	9 936	3 834	1 655	1 034	5	2 308	
浙江	2 138	24 992	4 277	13 112	1 317	5 003	800	7 603	
湖北	40 568	330 352	228 103	63 743	34 595	9 083	833	34 506	4 000
湖南	38 967	478 036	253 573	106 649	87 750	9 984	10 535	74 054	43 760
广东	2 652	54 307	33 174	13 123	4 920	2 296	1 930	4 633	3 377
广西	358 863	9 059 381	5 013 602	2 341 999	536 937	305 739	487 439	1 069 655	634 125
海南	2 342	133 193	99 713	15 688	4 166	1 538	5 243	7 166	10 626
四川	51 859	771 916	522 737	147 122	24 685	18 435	4 537	91 088	10 969
贵州	85 795	688 857	410 552	140 416	59 476	7 513	6 544	124 993	12 896
云南	109 074	1 732 776	1 246 002	377 107	104 147	47 784	14 340	89 483	20 184
西藏	7 805	46 000	38 140	5 032	184	92	69	2 105	723
甘肃	14 779	196 785	120 132	49 667	17 721	2 192	15 070	25 920	1 066
青海	8 464	444 026	393 267	39 883	16 889	5 336	1 058	8 863	2 013
宁夏	30 208	1 221 354	950 189	191 637	64 215	21 462	4 000	58 606	20 922
新疆	46 520	4 484 042	3 522 500	803 928	151 300	56 722	11 506	85 914	71 700

注:1.本表产值按当年价格计算。

2.工业企业单位数及工业总产值均包括村及村以下工业。

民族自治地方分地区乡及乡以上工业总产值(一)

(1993年,按经济类型分类)　　单位:万元

地　区	工业总产值	国有工业	中央企业	地方企业	集体工业	#乡属企业	其他经济类型工业
合　计	**23 358 394**	**17 868 323**	**5 019 994**	**12 848 329**	**4 495 588**	**1 647 078**	**994 483**
河　北	159 354	83 381	6 604	76 777	67 708	41 057	8 265
内蒙古	4 457 100	3 666 500	738 800	2 927 700	677 500	203 400	113 100
辽　宁	522 738	206 050		206 050	307 086	231 559	9 602
吉　林	1 282 126	1 066 495	291 335	775 160	188 476	61 105	27 155
黑龙江	12 731	9 936		9 936	2 795	1 655	
浙　江	11 586	4 277		4 277	7 309	1 317	
湖　北	285 930	228 103		228 103	53 827	34 595	4 000
湖　南	383 463	253 573	57 902	195 671	86 130	87 750	43 760
广　东	45 448	33 174		33 174	8 897	4 920	3 377
广　西	7 196 548	5 013 602	684 646	4 328 956	1 548 821	536 937	634 125
海　南	119 246	99 713	241	99 472	8 907	4 166	10 626
四　川	657 856	522 737	86 525	436 212	124 150	24 685	10 969
贵　州	549 807	410 552	77 330	333 222	126 359	59 476	12 896
云　南	1 581 169	1 246 002	346 861	899 141	314 983	104 147	20 184
西　藏	43 734	38 140		38 140	4 871	184	723
甘　肃	153 603	120 132	45 062	75 070	32 405	17 721	1 066
青　海	428 769	393 267	67 784	325 483	33 489	16 889	2 013
宁　夏	1 137 286	950 189	278 304	671 885	166 175	64 215	20 922
新　疆	4 329 900	3 522 500	2 338 600	1 183 900	735 700	151 300	71 700

注:本表按当年价格计算。

民族自治地方分地区乡及乡以上工业总产值(二)

(1993 年,按经济类型分类)

单位:万元

地区	工业总产值	国有工业			集体工业		其他经济类型工业
			中央企业	地方企业		#乡属企业	
合计	**18 822 335**	**13 814 113**	**3 471 419**	**10 342 694**	**4 170 446**	**1 510 931**	**837 776**
河北	140 137	72 188	4 828	67 360	61 660	38 883	6 289
内蒙古	3 346 100	2 620 600	440 300	2 180 300	619 300	188 800	106 200
辽宁	502 441	180 014		180 014	313 581	237 279	8 846
吉林	859 380	664 127	171 801	492 326	170 609	63 345	24 644
黑龙江	10 214	7 852		7 852	2 362	1 261	
浙江	13 071	4 167		4 167	8 904	2 353	
湖北	244 292	188 057		188 057	52 297	35 197	3 938
湖南	344 816	226 118	53 082	173 036	79 095	42 989	39 603
广东	31 515	23 293		23 293	6 150	3 969	2 072
广西	6 073 562	4 140 646	534 634	3 606 012	1 421 975	469 791	510 941
海南	84 431	73 416	237	73 179	6 065	2 538	4 950
四川	572 778	433 571	51 212	382 359	131 823	22 245	7 384
贵州	477 314	337 288	67 330	269 958	120 940	64 338	19 086
云南	1 354 880	1 049 164	305 972	743 192	287 156	94 400	18 560
西藏	31 009	25 434		25 434	4 853	215	722
甘肃	156 973	126 871	61 755	65 116	29 149	18 402	953
青海	344 401	309 949	74 834	235 115	32 353	17 986	2 099
宁夏	1 131 321	949 458	263 034	686 424	162 074	63 340	19 789
新疆	3 103 700	2 381 900	1 442 400	939 500	660 100	143 600	61 700

注:本表按 1990 年不变价格计算。

民族自治地方分地区乡及乡以上工业总产值(一)

(1993年,按轻重工业和企业规模分类)　　单位:万元

地区	按轻重工业分		按企业规模分		
	轻工业	重工业	大型企业	中型企业	小型企业
合　计	**8 609 084**	**14 749 310**	**7 627 782**	**5 326 436**	**10 404 176**
河　北	46 087	113 267		18 892	140 462
内蒙古	1 245 200	3 211 900	1 999 600	1 049 100	1 408 400
辽　宁	163 792	358 946	19 437	41 857	461 444
吉　林	361 762	920 364	698 737	225 268	358 121
黑龙江	7 034	5 697		5 307	7 424
浙　江	8 474	3 112			11 586
湖　北	162 789	123 141	37 105	75 937	172 888
湖　南	216 713	166 750	19 404	73 165	290 894
广　东	5 311	40 137		4 167	41 281
广　西	3 166 836	4 029 712	1 898 077	2 157 180	3 141 291
海　南	38 641	80 605	31 636	24 635	62 975
四　川	228 616	429 240	31 355	137 917	488 584
贵　州	244 647	305 160	94 657	97 090	358 060
云　南	747 093	834 076	386 769	366 416	827 984
西　藏	17 091	26 643		3 559	40 175
甘　肃	30 425	123 178	56 866	22 779	73 958
青　海	65 695	363 074	274 655	45 631	108 483
宁　夏	212 978	924 308	494 284	265 536	377 466
新　疆	1 639 900	2 690 000	1 585 200	712 000	2 032 700

注:本表按当年价格计算。

民族自治地方分地区乡及乡以上工业总产值(二)

(1993年,按轻重工业和企业规模分类)　　单位:万元

地区	按轻重工业分		按企业规模分		
	轻工业	重工业	大型企业	中型企业	小型企业
合计	**7 838 822**	**10 983 513**	**5 336 739**	**4 490 791**	**8 994 805**
河北	41 431	98 706		14 591	125 546
内蒙古	1 214 400	2 131 700	1 325 100	794 700	1 226 300
辽宁	159 293	343 148	18 120	41 249	443 072
吉林	351 691	507 689	384 641	169 770	304 969
黑龙江	6 380	3 834		4 956	5 258
浙江	9 560	3 511			13 071
湖北	157 204	87 088	8 328	75 987	159 977
湖南	192 991	151 825	11 372	69 179	264 265
广东	5 135	26 380		2 212	29 303
广西	2 672 667	3 400 895	1 485 883	1 927 770	2 659 909
海南	35 955	48 476	25 568	20 433	38 430
四川	220 361	352 417	25 886	115 059	431 833
贵州	205 233	272 081	84 339	84 292	308 683
云南	700 717	654 163	347 532	325 826	681 522
西藏	9 541	21 468		3 342	27 667
甘肃	31 533	125 440	74 440	17 630	64 903
青海	59 281	285 120	202 691	43 582	98 128
宁夏	247 349	883 972	476 339	243 513	411 469
新疆	1 518 100	1 585 600	866 500	536 700	1 700 500

注:本表按1990年不变价格计算。

民族自治地方主要工业产品产量(一)

单位:万吨

年份	生铁	钢	原煤	原油	发电量(万千瓦小时)	木材(万立方米)	纱(混合数)(吨)	布(混合数)(万米)
1952	0.90		178.00	5.20	8 100	233.00	483	3 500
1957	4.50		545.00	9.50	43 000	645.10	4 785	8 100
1962	41.70	10.30	1 631.00	100.60	234 000	549.90	11 215	8 000
1965	55.80	39.40	2 029.00	97.30	334 000	858.20	29 278	18 200
1975	89.90	66.20	4 561.00	440.90	1 256 500	1 034.40	45 542	25 700
1978	168.20	128.50	6 081.00	577.70	1 739 900	1 211.90	66 554	37 300
1980	177.52	166.60	5 478.15	623.60	1 933 600	1 618.95	79 400	44 300
1981	190.02	166.15	5 429.67	616.54	2 022 416	1 493.29	91 907	45 789
1982	182.76	167.59	5 799.31	625.00	2 212 512	1 545.01	103 619	52 136
1983	195.66	173.38	6 520.80	672.44	2 393 025	1 565.36	105 025	52 995
1984	214.98	197.82	6 992.55	704.63	2 609 017	1 664.70	98 992	47 414
1985	258.12	232.45	8 597.00	804.86	3 890 111	1 825.91	121 984	54 183
1986	295.08	248.06	8 874.54	861.60	4 008 111	2 048.76	146 097	67 766
1987	346.23	281.09	9 260.57	899.38	5 179 745	1 903.31	170 916	67 210
1988	328.60	291.36	10 995.00	973.14	5 533 377	1 931.13	173 602	69 419
1989	362.88	320.04	13 923.69	1 132.58	6 755! 656	1 762.69	187 617	77 916
1990	417.03	368.25	12 076.67	1 264.97	7 388 007	1 761.28	220 499	73 705
1991	376.86	414.14	12 227.37	1 401.88	7 127 151	1 808.44	262 900	71 433
1992	450.92	435.21	13 064.40	1 405.39	8 476 228	1 867.99	272 100	69 287
1993	515.34	489.40	14 157.39	1 636.69	9 920 853	2 007.71	220 850	66 505

民族自治地方主要工业产品产量(二)

单位:万吨

年 份	糖	卷 烟 (万箱)	水 泥	化 肥 (折纯)	机制纸及纸板
1952		2.58			
1957		3.57			
1962			11.92	1.03	5.86
1965	22.20	7.70	91.01	36.43	7.86
1975	32.72	36.28	334.98	48.67	20.97
1978	43.57	51.43	554.00		39.09
1980	65.62	89.39	576.09	57.10	32.07
1981	78.99	107.05	587.12	61.95	31.65
1982	82.30	131.60	699.87	67.11	34.56
1983	101.16	150.99	843.38	74.55	54.30
1984	107.32	174.47	940.78	80.18	44.51
1985	126.91	209.89	1 222.08	85.72	59.21
1986	174.52	257.20	1 343.15	100.03	64.33
1987	187.81	323.60	1 538.03	131.87	72.68
1988	180.75	371.08	1 667.50	128.64	79.68
1989	198.65	413.84	1 714.40	153.93	93.16
1990	222.62	443.10	1 957.83	197.05	94.10
1991	249.06	441.27	2 372.10	203.59	109.52
1992	372.82	444.05	2 828.96	213.31	131.85
1993	373.94	479.78	3 210.18	205.37	151.27

民族自治地方分地区主要工业产品产量(一)

(1993年)

单位:万吨

地区	原煤	原油	天然气	原盐	木材(万立方米)	糖	卷烟(万箱)	纱(吨)
合计	**14 157.39**	**1 636.69**	**110 794**	**359.23**	**2 007.71**	**373.94**	**479.78**	**220 850**
河北	20.77				9.78			55
内蒙古	5 514.00	101.00		110.79	487.41	26.43	31.75	17 742
辽宁	264.82				50.43	0.20		
吉林	379.90	338.00	20 541		403.50		33.50	4 829
黑龙江					0.31			
浙江					8.46			
湖北	189.53			3.11	22.42		51.38	1 620
湖南	34.47				40.56	0.30	29.72	35
广东	6.31				17.69			
广西	1 196.08	3.08		11.78	321.85	234.92	104.45	56 200
海南				29.43	9.04	7.98		
四川	198.63			1.21	252.96	4.48	60.48	
贵州	1 359.49	0.08			55.41	0.97	41.96	954
云南	1 070.02			33.92	262.51	61.58	109.50	11 416
西藏								
甘肃	45.50				24.32			
青海	273.15	108.00	4 579	97.33	2.20			
宁夏	1 371.61	21.00	1 374	0.17	9.54	3.55	4.04	2 599
新疆	2 233.11	1 065.53	84 300	71.49	29.32	33.53	13.00	125 400

民族自治地方分地区主要工业产品产量(二)

(1993年)　　　　单位:万吨

地　区	布 (万米)	机制纸 及纸板	焦炭	农用化肥 (折纯)	水　泥	生　铁	钢	发电量 (万千瓦小时)
合　计	**66 505**	**151.27**	**504.79**	**205.37**	**3 210.18**	**515.34**	**489.40**	**9 920 853**
河　北	10	0.85			23.03	5.38		1021
内蒙古	8 757	12.93	258.45	13.03	353.16	329.95	345.91	2 352 300
辽　宁	2 013	5.33		5.24	103.99	0.01	0.25	36 937
吉　林	1 749	14.37		6.00	28.74	2.03	1.13	608 491
黑龙江								
浙　江	148	0.41						8 540
湖　北	431	0.94	3.35	5.74	65.03			223 116
湖　南	1 892	2.72	2.33	3.82	58.92	0.02	0.10	117 505
广　东	57	0.28	—		17.86	0.93	1.00	91 684
广　西	20 800	75.10	51.39	41.58	1 426.49	80.92	81.68	1 745 000
海　南	49	0.30		0.90	36.35	0.41	0.12	15 324
四　川	135	2.11		1.91	127.94	12.24		500 204
贵　州	1 761	3.72	36.15	25.95	93.98	2.80	0.30	133 701
云　南	4 770	7.94	40.80	21.91	262.89	22.95	1.44	809 483
西　藏								
甘　肃		0.13		5.72	18.52			766 372
青　海		0.03	1.20	10.84	52.61			675 909
宁　夏	683	10.61	35.54	29.27	121.89	1.16	3.84	877 500
新　疆	23 250	13.50	75.58	33.46	418.73	56.54	53.63	957 766

民族自治地方分地区国有独立核算工业企业主要财务指标(一)

(1993年)　　　　单位:万元

地区	企业个数(个)	#亏损企业	工业总产值 当年价格	工业总产值 1990年不变价格	工业增加值(生产法)	全部职工年平均人数(人)	流动资金年平均余额
合计	**12 582**	**3 391**	**16 660 979**	**12 824 900**	**6 060 255**	**4 118 185**	**10 373 189**
河北	153	45	78 834	68 434	27 375	26 767	39 113
内蒙古	2 097	662	3 666 500	2 620 600	1 332 800	1 128 009	2 532 800
辽宁	409	113	179 003	161 760	72 208	82 022	124 440
吉林	488	144	1 059 191	658 317	496 463	252 066	544 013
黑龙江	24	11	9 631	7 613	1 285	4 036	11 166
浙江	11	2	3 144	3 166	1 332		425
湖北	254	98	171 528	162 516	69 139	45 934	137 472
湖南	385	137	246 800	280 336	86 426	69 190	187 988
广东	78	20	23 066	16 526	13 260	3 634	13 204
广西	2 614	712	4 812 394	3 980 211	1 419 322	895 859	2 458 457
海南	89	27	72 554	53 822	5 713	35 898	19 119
四川	379	119	273 600	267 965	164 954	77 559	155 577
贵州	727	206	368 693	285 642	166 272	110 888	262 291
云南	1 071	187	1 138 608	962 184	505 787	277 046	688 781
西藏							
甘肃	244	48	79 372	71 875	56 585	38 065	45 386
青海	353	100	255 279	303 342	191 444	101 995	321 729
宁夏	1 682	375	1 112 210	925 334	350 697	324 443	739 550
新疆	1 524	385	3 110 572	1 995 257	1 099 193	644 774	2 091 678

注：西藏自治区数字缺报。

民族自治地方分地区国有独立核算工业企业主要财务指标(二)

(1993年)

单位:万元

地区	固定资产		产品销售收入	利润总额	利税总额	应交所得税
	原值	净值				
合计	**17 573 976**	**13 121 918**	**16 825 814**	**488 219**	**1 916 718**	**107 654**
河北	51 539	41 704	71 464	5 209	7 594	1 349
内蒙古	4 328 900	3 147 200	3 815 000	56 200	367 200	26 700
辽宁	98 254	83 955	171 231	2 006	12 058	1 196
吉林	897 174	672 290	796 569	49 780	114 184	2 482
黑龙江	8 439	6 116	12 192	−1 232	−461	58
浙江			2 746	62	96	34
湖北	169 128	135 484	194 600	2 188	40 542	419
湖南	198 451	157 786	253 042	3 360	47 866	1 952
广东	29 701	21 028	27 294	4 288	5 787	466
广西	3 100 338	2 278 583	4 920 760	218 527	609 937	38 287
海南	71 312	61 656	66 960	7 317	10 160	2 500
四川	232 665	184 610	245 456	13 255	54 833	2 969
贵州	296 441	222 631	362 616	18 077	66 980	7 997
云南	917 125	679 164	1 194 411	66 301	266 870	12 151
西藏						
甘肃	69 725	52 034	110 459	26 819	11 423	570
青海	1 100 723	867 955	353 378	15 325	26 105	981
宁夏	1 329 613	997 414	1 115 539	14 658	95 294	7 543
新疆	4 674 448	3 512 308	3 112 097	−13 921	180 250	

民族自治地方分地区国有独立核算工业企业主要经济效益指标

（1993年）

单位：元

地　区	企业亏损面（%）	每百元固定资产原值实现的			每百元工业总产值实现的利税额		每百元工业总产值占用的流动资金	
		工业总产值		利润和税金	1990年不变价格	当年价格	1990年不变价格	当年价格
		1990年不变价格	当年价格					
合　计	**27.0**	**73.0**	**94.8**	**10.9**	**14.9**	**11.5**	**80.9**	**62.3**
河　北	29.4	132.8	153.0	14.7	11.1	9.6	57.2	49.6
内蒙古	31.6	60.5	84.7	8.5	14.0	10.0	96.6	69.1
辽　宁	27.6	164.6	182.2	12.3	7.5	6.7	76.9	69.5
吉　林	29.5	73.4	118.1	12.7	17.3	10.8	82.6	51.4
黑龙江	45.8	90.2	114.1	−5.5	−6.1	−4.8	146.7	115.9
浙　江	18.2				3.0	3.1	13.4	13.5
湖　北	38.6	96.1	101.4	24.0	24.9	23.6	84.6	80.1
湖　南	35.6	141.3	124.4	24.1	17.1	19.4	67.1	76.2
广　东	25.6	55.6	77.7	19.5	35.0	25.1	79.9	57.2
广　西	27.2	128.4	155.2	19.7	15.3	12.7	61.8	51.1
海　南	30.3	75.5	101.7	14.2	18.9	14.0	35.5	26.4
四　川	31.4	115.2	117.6	23.6	20.5	20.0	58.1	56.9
贵　州	28.3	96.4	124.4	22.6	23.4	18.2	91.8	71.1
云　南	17.5	104.9	124.1	29.1	27.7	23.4	71.6	60.5
西　藏								
甘　肃	19.7	103.1	113.8	16.4	15.9	14.4	63.1	57.2
青　海	28.3	27.6	23.2	2.4	8.6	10.2	106.1	126.0
宁　夏	22.3	69.6	83.6	7.2	10.3	8.6	79.9	66.5
新　疆	25.3	42.7	66.5	3.9	9.0	5.8	104.8	67.2

民族自治地方国有单位和集体单位独立核算工业企业全员劳动生产率

单位:元

年　份	全员劳动生产率	国有单位	集体单位
1981	6 976		
1982	7 755		
1983	8 343	8 870	5 851
1984	8 088	8 609	5 658
1985	9 192	10 308	
1986	10 315	11 195	7 465
1987	10 371	11 654	7 009
1988	11 484	12 732	8 296
1989	11 853	13 017	8 808
1990	12 627	13 733	9 663
1991	24 458	27 272	17 010
1992	26 691	29 295	19 359
1993	27 992	31 132	20 331

注:本表劳动生产率 1981 年按 1970 年不变价格计算,1982 年—1990 年按 1980 年不变价格计算,1991 年—1993 年按 1990 年不变价格计算。

民族自治地方分地区国有单位和集体单位独立核算工业企业全员劳动生产率

(1993 年)

地　区	国有单位			集体单位		
	职工年平均人数(人)	工业总产值(万元)	全员劳动生产率(元)	职工年平均人数	工业总产值	全员劳动生产率(元)
合　计	**4 119 485**	**12 824 900**	**31 132**	**1 702 776**	**3 461 849**	**20 331**
河　北	26 767	68 434	25 567	24 367	56 980	23 384
内蒙古	1 128 009	2 620 600	23 232	449 110	507 000	11 289
辽　宁	82 022	161 760	19 722	119 655	290 650	24 291
吉　林	252 066	658 317	26 117	120 035	169 306	14 105
黑龙江	4 036	7 613	18 863	2 532	2 362	9 329
浙　江	1 300	3 166	24 354	2 500	8 904	35 616
湖　北	45 934	162 516	35 380	32 567	43 559	13 375
湖　南	69 190	280 336	40 517	42 060	71 468	16 992
广　东	3 634	16 526	45 476	1 178	4 848	41 154
广　西	895 859	3 980 211	44 429	431 839	1 354 000	31 354
海　南	35 898	53 822	14 993	3 296	3 821	11 593
四　川	77 559	267 965	34 550	18 871	31 945	16 928
贵　州	110 888	285 642	25 760	38 080	77 876	20 451
云　南	277 046	962 184	34 730	111 955	248 312	22 180
西　藏						
甘　肃	38 065	71 875	18 882	11 962	21 751	18 183
青　海	101 995	303 342	29 741	12 771	25 561	20 015
宁　夏	324 443	925 334	28 521	89 653	157 516	17 570
新　疆	644 774	1 995 257	30 945	190 345	385 990	20 278

八省区国有独立核算工业企业全员劳动生产率

单位:元

年份	全国	内蒙古	广西	西藏	宁夏	新疆	贵州	云南	青海
1952	4 167	3 853	2 782			2 240	2 078	3 342	2 745
1957	6 336	4 176	4 921			6 218	4 768	5 530	5 453
1962	4 797	2 853	3 347		2 424	3 902	3 194	4 651	3 532
1965	8 943	6 023	7 043		4 368	6 755	6 995	5 751	6 926
1970	10 125	7 774	6 336		5 559	6 477	5 151	6 752	6 550
1975	9 994	6 155	7 729	3 788	8 166	5 543	4 231	6 332	8 314
1978	11 085	6 723	7 846	4 816	8 052	6 466	6 302	7 279	7 884
1979	11 790	6 078	8 017	4 932	8 195	6 804	6 743	7 755	7 775
1980	12 031	6 042	8 664	4 522	7 354	7 260	6 529	7 752	7 667
1981	11 815	6 209	8 882	8 126	6 373	7 486	6 099	8 296	6 395
1982	12 133	7 329	9 333	4 825	7 545	8 502	7 336	9 728	7 745
1983	13 049	7 980	9 820	5 485	8 411	9 530	8 604	10 657	7 392
1984	14 070	8 361	10 528	5 906	9 308	9 970	9 908	11 849	8 378
1985	15 198	9 107	12 319	5 759	10 228	11 534	10 908	12 789	9 989
1986	15 451	8 919	13 248	5 503	10 457	12 045	10 487	12 927	9 571
1987	16 671	9 941	14 934	6 184	11 391	13 165	12 299	14 883	11 984
1988	18 056	10 741	15 889	6 815	12 062	14 879	13 615	16 822	14 879
1989	18 320	11 436	16 340	7 190	13 605	14 270	14 384	17 708	13 611
1990	18 639	11 405	17 099	7 387	13 907	15 400	14 722	18 918	14 666
1991	32 304	21 696	34 107	13 652	31 338	29 796	26 376	36 380	12 762
1992	36 074	22 991	39 075	12 970	28 268	31 473	29 385	41 701	29 291

注:本表 1952 年—1990 年按 1980 年不变价格计算,1991 年—1992 年按 1990 年不变价格计算。

主 要 统 计 指 标 解 释

工业 指从事自然资源的开采，对采掘品和农产品进行加工和再加工的物质生产部门。具体包括：(1)对自然资源的开采，如采矿、晒盐、森林采伐等(但不包括禽兽捕猎和水产捕捞)；(2)对农副产品的加工、再加工，如粮油加工、食品加工、轧花、缫丝、纺织、制革等；(3)对采掘品的加工、再加工，如炼铁、炼钢、化工生产、石油加工、机器制造、木材加工等，以及电力、自来水、煤气的生产和供应等；(4)对工业品的修理、翻新，如机器设备的修理、交通运输工具(包括小卧车)的修理等。

1984 年以前农村的村及村以下办工业归属农业，1984 年以后划归工业。

独立核算工业企业和非独立核算工业生产单位 是按行政和财务核算是否独立划分的工业统计单位。

独立核算工业企业，应同时具备下列三个条件：(1)行政上有独立的组织形式；(2)经济上独立核算，自负盈亏，编制独立的资金平衡表(或资产负债表)；(3)有权与其他单位签订合同，并在银行设有独立户头。(独立核算工业企业不论是单一性生产或联合性生产的企业，均以整个企业作为一个基本填报单位。)

非独立核算工业生产单位，是指不具备独立核算工业企业三个条件，附设于其他企业、事业、机关、团体、学校、科研机构、部队等单位的工业生产单位。但必须同时具备下列三个条件：(1)有固定的生产场所和生产设备；(2)有固定的生产工人和学徒在十人以上；(3)一般单位常年生产，季节性生产的单位全年开工时间在三个月以上。

国有经济工业(即过去的全民所有制工业或国营工业) 指生产资料和产品或收入归国有经济的工业企业(单位)。包括中央和地方各级国家机关、部队、科研机构、学校、人民团体和国有经济企事业单位等举办的国有经济工业。1957 年以前的公私合营和私营工业，后均改造为国营工业，1992 年改为国有工业，这部分工业的资料不单独分列时，均包括在国有工业内。

集体经济工业 指生产资料和产品或收入归劳动群众集体所有的工业企业(单位)。包括城市、县、镇(建制镇)以及城(镇)街道举办的集体经济工业和农村乡镇办工业、村办工业等。

其他经济类型工业 指除国有经济工业、集体经济工业和个体工业以外的其他经济类型工业企业(单位)。包括联营经济、国有与集体联营、国有与私人联营、集体与私人联营、国有和集体与私人联营；股份制经济(股份有限公司、有限责任公司)；外商投资经济(中外合资经营、中外合作经营、外资企业)；港、澳、台投资经济(与大陆合资经营、与大陆合作经营、港、澳、台独资企业)及其他经济类型的工业。

轻工业 指主要提供生活消费品和制作手工工具的工业。按其所使用的原料不同，可分为两大类：(1)以农产品为原料的轻工业，是指直接或间接以农产品为基本原料的轻工业。主要包括食品制造、饮料制造、烟草加工、纺织、缝纫、皮革和毛皮制作、造纸以及印刷等工业；(2)以非农产品为原料的轻工业，是指以工业品为原料的轻工业。主要包括文教体育用品、化学药品制造、合成纤维制造、日用化学制品、日用玻璃制品、日用金属制品、手工工具制造、医疗器械制造、文化和办公用机械制造等工业。

重工业 是指为国民经济各部门提供物质技术基础的主要生产生产资料的工业。按其生产性质和产品用途，可以分为下列三类：(1)采掘(伐)工业，是指对自然资源的开采，包括石油开采、煤炭开采、金属矿开采、非金属矿开采和木材采伐等工业；(2)原材料工业，指向国民经济各部门提供基本材料、动力和燃料的工业。包括金属冶炼及加工、炼焦及焦炭化学、化工原料、水泥、人造板以及电力、石油和煤炭加工等工业；(3)加工工业，是指对工业原材料进行再加工制造的工业。包括装备国民经济各部门的机械设备制造工业、金属结构、水泥制品等工业，以及为农业提供的生产资料如化肥、农药等工业。

根据上述划分原则，修理业中以重工业产品为修理作业对象的划为重工业，反之划为轻工业。

工业总产值 工业总产值是指以货币形式表现的工业企业在报告期内生产的工业产品总量。它是反映一定时间内工业生产的总规模和总水平的重要指标，是计算工业生产发展速度和主要比例关系，计算工业产品销售率和其它经济指标的重要依据。

工业总产值采用“工厂法”计算，即以工业企业作为一个整体，按企业工业生产活动的最终成果来计算，企业内部不允许重复计算，不能把企业内部各个车间生产的成果直接相加。

工业总产值包括成品价值、工业性作业价值和自制半成品、在产品期末期初差额价值。

1.成品价值：是指本企业在报告期内已完成全部生产过程，经检验、包装（规定不需包装的产品除外）入库的产品价值。成品价值包括次品的价值在内。次品是指虽没有完全达到规定的质量标准，但仍可在原定用途上使用并作为工业产品销售的产品。成品价值具体包括以下几项：

①企业自备原材料生产的已经销售和准备销售的成品价值；

②企业生产的提供本企业基本建设部门、其他非工业部门和生活福利部门等单位使用的成品价值；

③企业自制设备的价值；

④用订货者来料加工生产的成品价值（包括定货者来料的价值）；

⑤已经销售和准备销售的半成品价值。

2.工业性作业价值：是指企业在报告期内生产的以生产性劳务形式表现的产品价值。工业性作业按加工费计算工业总产值，即不包括被修理、加工产品的价值，但应包括在工业性作业中所耗用的材料和零件的价值。工业性作业价值具体包括以下几项：

①对外承做的工业品修理的价值；

②对本企业专项工程、生活福利部门提供的加工修理、设备安装等价值；

③对外来材料、零件及未完制品所做的个别工序的加工价值；

④对外来的产品所做的分包和分装工作的价值；

⑤对外来的零件、配件进行简单装配工作的价值。

3. 自制半成品、在产品期末期初差额价值：是指企业在报告期内已经过一定生产过程，但尚未完成生产过程仍需继续加工的中间产品的价值，即报告期自制半成品、在产品期末余额减去报告期自制半成品、在产品期初余额后的差额价值。

计算工业总产值采用的价格有两种：不变价格和现行价格。目前采用1990年编制的不变价格，用以消除不同时期价格变动的影响，以保证计算工业发展速度的可比性。

固定资产原值 是指工业企业购买和建筑各种固定资产时所实际支付的金额，以及以后改建或扩建所追加投资金额的合计。固定资产的来源包括解放后接收的原有固定资产，通过基本建设完成交付使用的固定资产，通过更新改造措施而增加的固定资产等等。

固定资产净值 是指固定资产原值减去历年已提折旧额后的净额。

全部流动资金 是指工业企业的全部流动资金。包括定额流动资金和其他流动资金。

利税总额 指工业企业的产品销售税金、教育费附加、资源税和利润总额四项之和。不包括企业计入生产成本的各项税金。

资金利税率 指在一定时期内已实现的利润、税金总额占同期全部资金（固定资产净值与全部流动资金之和）平均余额的百分比。计算公式：

$$\text{资金利税率}(\%)=\frac{\text{利润税金总额}}{\text{固定资产净值平均余额}+\text{全部流动资金平均余额}}\times 100\%$$

资金利税率反映每单位（通常是每万元）资金所提供的利润税金额。它是考察和评价部门或企业生产经营活动效果的一个综合性指标。

产值利税率 指在一定时期内部门或企业已实现的利润税金额占同期全部工业总产值的百分比。计算公式：

$$\text{产值利税率}(\%)=\frac{\text{利润税金总额}}{\text{工业总产值}}\times 100\%$$

产值利税率表明每单位工业总产值可提供的利润税金额，利用产值利税率指标进行动态对比，可以反映一定时期内经济效果的大小。

全员劳动生产率 指根据产品的价值量指标计算的平均每一个职工在单位时间内的产品生产量。是考核企业经济活动的重要指标，是企业生产技术水平、经营管理水平、职工技术熟练程度和劳动积极性的综合表现。目前我国的全员劳动生产率是将工业企业的工业总产值除以同一时期全部职工的平均人数来计算的。计算公式：

$$\text{全员劳动生产率}=\frac{\text{工业总产值}}{\text{全部职工平均人数}}$$

为了使各年度的全员劳动生产率数字可以比较，1981年以前各年的全员劳动生产率均按指数换算成1980年不变价格。

当年价格与可比价格 当年价格是指各种产品在年内的实际价格。按当年价格计算，是指一些以货币表现的指标，如国民收入、国内生产总值等，按照当年的实际价格来计算总值。使用当年价格计算的数字，是为了使国民经济各项指标互相衔接，便于考察当年社会经济效益，便于对生产与流通、生产与分配、生产与消费进行经济核算和综合平衡。

按当年价格计算的指标，在不同年份之间进行对比时，因为包含有各年间价格变动的因素，不能确切地反映实物量的增减变动，必须在消除价格变动的因素后，才能真实地反映经济发展动态。因此，计算增长速度时都使用按可比价格计算的数字。目前我国按可比价格计算的方法有两种，一种是直接用产品产量乘某一年的不变价格，另一种是用价格指数换算。

本《年鉴》所列"工农业总产值指数"等都是按可比价格计算的，如计算有关年份产值增长情况，可用指数直接进行对比。例如，求 1993 年工农业总产值为 1980 年的百分比，计算指数即：

$$\frac{1\ 549.33}{442.34}=350.3\%\text{或 }3.5\text{ 倍}$$

其他依此类推。

平均每年增长速度 在我国计算平均增长速度有两种方法，一种是习惯上经常使用的"水平法"，也称几何平均法，是以间隔期最后一年的水平同基期水平对比来计算平均每年增长（或下降）速度的；另一种是"累计法"，又称代数平均法或方程法，是以间隔期内各年水平的总和同基期水平对比，来计算平均每年增长（或下降）速度的。

在一般情况下，两种方法计算的平均每年增长速度比较接近，但在经济发展不平衡，出现大起大落时，两种计算结果差异较大。

本《年鉴》所列的平均每年增长速度，除全社会固定资产投资总额是用"累计法"计算以外，其余均用"水平法"计算。从某年到某年平均增长速度的年份，均不包括基期年在内。如改革 15 年的平均每年增长速度是以 1978 年为基期年计算的，则写为 1979 年—1993 年平均增长速度，余类推。

五、运输、邮电

民族自治地方运输、邮电情况

年 份	铁路营业里程（万公里）	公路通车里程（万公里）	全年铁路货运量（万吨）	全年公路货运量（万吨）	邮电局（所）（个）	邮路及农村投递线路（万公里）
1949	0.35	1.14				
1952	0.38	2.95		355.10	3 499	13.13
1957	0.55	6.27		1 425.23	4 452	39.72
1962	0.72	12.75			5 174	45.73
1965		12.55		4 164.67	5 272	36.37
1975		17.71		10 694.75		
1978	0.90	20.80		13 448.21	7 222	94.75
1980	1.20	21.16		10 266.06	7 136	88.68
1981	1.22	21.21		12 058.99	7 121	84.61
1982	1.23	21.65	9 998.54	14 960.01	7 226	86.19
1983	1.21	23.00	11 014.11	11 884.72	7 482	88.11
1984	1.21	23.54	12 065.78	12 864.07	7 578	87.04
1985	1.25	25.41	13 100.56	22 012.92	8 075	90.40
1986	1.26	25.09	13 212.37	31 628.04	8 089	88.37
1987	1.27	27.57	12 283.00	38 566.22	8 219	87.27
1988	1.27	27.68	14 044.97	53 936.53	8 276	86.61
1989	1.29	30.05	15 599.00	61 385.00	8 443	95.10
1990	1.31	29.37	18 077.87	58 371.07	8 436	88.02
1991	1.33	28.67	17 066.29	76 352.30	9 589	81.51
1992	1.35	28.30	17 651.02	68 366.10	8 509	84.25
1993	1.45	30.84	27 038.44	122 362.27	8 422	85.61

注：本表未扣除区域变动因素，年度之间不可比。

民族自治地方分地区运输条件

（1993 年）

单位：公里

地 区	公路线路里 程	内河航道里程	中央铁路营业里程	地方铁路正线里程	民用汽车（辆）
合 计	**308 377**	**18 807**	**12 379**	**2 119**	**845 168**
河 北	2 371		6		2 627
内蒙古	43 789	3 403	5 073		117 586
辽 宁	11 997	80	139		27 055
吉 林	4 573		533		28 189
黑龙江	397		88		537
浙 江	653				
湖 北	11 537	123			15 382
湖 南	7 777	704	640		13 489
广 东	1 241	28			2 045
广 西	38 495	4 521	1 812	482	193 274
海 南	3 300		214		5 073
四 川	27 064	719	387		16 709
贵 州	14 972	1 224	523		28 055
云 南	57 790	7 608	913		105 268
西 藏	21 842				27 071
甘 肃	6 558		52		1 688
青 海	17 759			924	21 647
宁 夏	8 301	397	421	253	41 557
新 疆	27 961		1 578	460	197 916

民族自治地方分地区铁路、公路旅客、货物运输量

（1993年）

地区	客运量合计（万人）	#公路	#铁路	货运量合计（万吨）	#公路	#铁路
合计	**123 763.42**	**102 572.84**	**17 495.78**	**160 204.93**	**122 362.27**	**27 038.44**
河北	330.10	330.10		375.00	375.00	
内蒙古	11 165.00	8 108.00	3 014.00	42 447.00	34 957.00	7 484.00
辽宁	3 371.54	3 005.54	366.00	5 531.09	5 074.09	457.00
吉林	12 331.00	2 290.00	9 231.00	15 865.00	3 385.00	7 480.00
黑龙江	113.00	25.00	78.00	102.00	61.00	41.00
浙江	120.00	120.00		390.00	390.00	
湖北	1 168.00	1 040.00		975.00	888.00	
湖南	3 168.42	3 021.42	147.00	2 526.14	2 414.34	111.80
广东	313.00	313.00		284.40	272.00	
广西	39 292.00	33 968.00	2 980.00	37 011.00	27 723.00	4 434.00
海南	2 892.40	2 718.20	66.20	2 580.40	1 831.10	732.30
四川	3 244.70	2 890.90	193.80	1 833.30	1 515.70	288.60
贵州	5 292.55	4 944.77	334.78	3 931.89	3 590.35	324.74
云南	4 173.34	3 902.34	271.00	1 855.27	1 469.27	386.00
西藏						
甘肃	585.37	582.57		246.44	246.42	
青海	1 152.00	1 078.00	74.00	1 905.00	1 571.00	334.00
宁夏	3 694.00	3 481.00	209.00	4 418.00	1 471.00	2 947.00
新疆	31 357.00	30 754.00	531.00	37 928.00	35 128.00	2 018.00

民族自治地方分地区铁路、公路旅客、货物周转量

（1993年）

地 区	旅客周转量（万人公里）	#公 路	#铁 路	货物周转量（万吨公里）	#公 路	#铁 路
合 计	**8 207 793**	**5 224 108**	**2 586 813**	**19 276 638**	**6 676 112**	**10 978 996**
河 北	16 985	16 985		131 344	131 344	
内蒙古	1 529 500	740 300	744 400	8 065 041	2 600 000	5 464 600
辽 宁	83 619	75 135	8 484	141 850	139 847	2 003
吉 林	179 394	89 349	90 045	290 367	98 755	19 162
黑龙江	1 618	1 296	322	1 029	389	640
浙 江	6 050	6 050		3 867	3 867	
湖 北	71 968	61 843		54 083	26 170	
湖 南	117 136	75 998		100 331	39 755	
广 东	16 139	16 139		24 560	21 107	
广 西	2 837 745	1 640 427	1 120 041	5 119 612	1 032 335	3 352 118
海 南	134 637	128 577	5 813	116 358	74 705	41 489
四 川	167 912	155 832	50	139 375	127 410	50
贵 州	180 596	179 991		183 902	174 478	
云 南	270 781	242 104	28 677	204 427	129 975	74 452
西 藏						
甘 肃	41 614	41 223		25 050	24 853	
青 海	89 067	55 618	33 449	312 750	131 268	181 482
宁 夏	240 722	182 136	55 532	620 387	151 852	
新 疆	2 222 310	1 515 105	500 000	37 423 305	1 768 002	1 843 000

民族自治地方分地区邮电业情况

（1993年）

地区	邮电局、所数（个）	#设在农村的	邮路及农村投递线路总长度（公里）	市内电话机总部数（部）	农村电话机总部数（部）	邮电业务总量（当年价格）（万元）
合计	**8 422**	**6 413**	**856 118**	**1 275 612**	**285 040**	**256 611**
河北	73	52	5 976	11 003	3 857	2 011
内蒙古	1 651	1 139	171 640	251 000	30 000	46 809
辽宁	242	218	17 535	35 396	27 358	7 948
吉林	191	157	11 888	80 965	20 175	19 492
黑龙江	15	14	1 879	2 239	492	270
浙江	37	36	1 450	3 560	75	351
湖北	215	198	35 282	20 528	8 959	4 282
湖南	277	175	12 675	31 375	8 723	5 352
广东	45	27	2 158	6 750	5 061	723
广西	1 456	1 123	166 100	356 394	62 383	78 339
海南	111	95	4 579	7 689	2 191	1 986
四川	556	490	31 321	38 221	11 172	6 353
贵州	538	453	26 638	33 374	41 614	6 978
云南	1 019	857	127 563	98 044	33 598	20 372
西藏			70 394			
甘肃	148	124	20 018	15 095	3 152	1 981
青海	169	98	13 427	24 417	2 087	3 133
宁夏	270	195	15 900	97 770	6 607	10 262
新疆	1 409	962	119 695	161 792	17 536	39 969

主要统计指标解释

铁路营业里程 指办理客货运输业务的铁路正线总长度。凡是全线或部分建成双线及以上的线路，以第一线的实际长度计算；复线、站线、段管线、岔线和特别用途线以及不计算运费的联络线都不计算营业里程。铁路营业里程是反映铁路运输业基础设施发展水平的重要指标，也是计算客货周转量、运输密度和机车车辆运用效率等指标的基础资料。

铁路正线延展里程 是作为计算铁路线上钢轨、枕木及路基砂石需要量的主要依据。正线延展里程是正线第一线、第二线、第三线和其他正线建筑里程之和，不包括站线、段管线、岔线及特殊用途线的延展里程。

公路里程 也称"公路通车里程"是反映公路建设发展规模的重要指标，也是计算运输网密度等指标的基础资料；是指达到交通部制定的公路工程技术标准规定的等级的公路长度。它包括大中城市的郊区公路以及通过小城镇街道部分的公路里程，也包括桥梁、渡口的长度，但不包括大中城市的街道、厂矿、林区和农业生产用道的里程。两条或多条公路共同经由同一路段，只计算一次，不得重复计算里程长度。

内河航道里程 也称"内河通航里程"，也是反映内河水运网规模、水平和发展情况的主要指标；是指在枯水季节水深在0.3米及以上，能通航运输船舶及排筏的天然河流、湖泊水库、运河及通航渠道的长度。包括全年季节性通航累计三个月以上的航道，但不包括仅供零散流放竹、木排的河道。

货(客)运量 指运输业实际运送的货物(旅客)数量。是反映运输业为国民经济和人民生活服务的数量指标，也是制定和检查运输生产计划，研究运输发展规模和速度的重要指标。货运按吨计算，客运按人计算。货物不论运输距离长短，货物类别，均按实际重量统计，旅客不论行程远近或票价多少，均按一人一次为客运量统计。半价票、小孩票也按一人统计。

货物(旅客)周转量 指运输业运送的货物(旅客)数量与其相应运输距离的乘积之总和。是反映运输业生产总成果的重要指标，也是编制和检查运输生产计划、计算运输效率、劳动生产率以及核算运输单位成本的主要基础资料。通常以吨公里和人公里为计算单位。计算货物周转量通常按发出站与到达站之间的最短距离，也就是计费距离计算。

邮电业务总量 指以货币表现的邮电部门用于传递信息和提供其他邮电服务的总数量。它综合反映了一定时期邮电工作的总成果，是研究邮电业务量构成和发展趋势的重要指标。它用各种邮电分类业务量，如函件件数、电报份数、长话张数、内电话和农村电话的年均户数、订销报刊累计份数等，分别乘以相应的平均单价(不变价)，加总后再加上出租电路和设备的收入、代用户维护电话交换机和线路等设备的收入、其他业务收入求得。

六、固定资产投资

民族自治地方国有单位固定资产投资和新增固定资产

单位:万元

年 份	固定资产投资	#基本建设投资	#更新改造投资	新增固定资产
1980		568 100		400 328
1981	616 191	378 850	237 341	292 454
1982	742 016	486 158	255 858	455 622
1983	932 396	626 472	305 924	632 058
1984	1 150 035	808 689	238 664	757 188
1985	1 619 410	1 146 957	332 535	1 188 813
1986	1 718 383	1 116 824	470 687	1 317 236
1987	2 001 690	1 153 559	604 804	2 419 201
1988	2 468 599	1 380 504	836 398	1 764 041
1989	2 309 884	1 335 246	705 143	1 931 483
1990	2 594 494	1 642 687	703 129	2 263 406
1991	3 408 360	2 120 179	857 978	2 509 954
1992	5 310 109	3 537 487	1 152 869	3 542 934
1993	7 914 431	5 177 365	1 761 423	5 430 725

注:1.固定资产投资额中还包括其他固定资产投资。

2.本表未扣除区域变动因素,年度之间不可比。

民族自治地方国有单位基本建设投资

单位:万元

年 份	基建投资	年 份	基建投资
1950—1952	56 000	1986	1 116 824
1953—1957	407 800	1987	1 153 559
1958—1962	1 199 300	1988	1 380 504
1963—1965	450 600	1989	1 335 246
1966—1970	900 500	1990	1 642 687
1971—1975	1 521 200	1991	2 120 179
1976—1980	2 375 800	1992	3 537 487
1981—1985	3 447 126	1993	5 177 365
		1950—1993 累计	27 822 177

民族自治地方分地区全社会固定资产投资

(1993年)　　　　单位：万元

地区	合计	国有单位	集体单位	城乡个体
合计	**9 785 078**	**7 914 431**	**976 870**	**893 777**
河北	67 876	35 035	24 733	8 108
内蒙古	2 075 114	1 865 061	83 471	126 582
辽宁	227 523	100 384	31 593	95 546
吉林	408 794	399 016	3 783	5 995
黑龙江	4 496	1 688		2 808
浙江	3 462	3 462		
湖北	193 212	168 365	8 377	16 470
湖南	115 247	79 412	18 969	16 866
广东	24 073	17 618	4 425	2 030
广西	2 309 108	1 568 351	378 560	362 197
海南	79 576	74 637	1 695	3 244
四川	244 737	197 206	19 985	27 546
贵州	194 478	155 979	13 623	24 876
云南	751 531	520 658	135 955	94 918
西藏				
甘肃	41 124	26 580	2 933	11 611
青海	206 478	197 405	3 370	5 703
宁夏	460 701	372 050	28 584	60 067
新疆	2 377 548	2 131 524	216 814	29 210

民族自治地方分地区国有单位固定资产投资

（1993 年）

单位：万元

地区	合计	基本建设	更新改造	其他	房地产开发
合计	**7 914 431**	**5 177 365**	**1 761 423**	**541 602**	**434 041**
河北	35 035	21 196	11 551	2 076	212
内蒙古	1 865 061	1 314 000	410 654	29 407	111 000
辽宁	100 384	57 617	15 651	6 837	20 279
吉林	399 016	249 507	45 484	96 525	7 500
黑龙江	1 688	1 068	620		
浙江	3 462	3 055	77		330
湖北	168 365	148 662	17 778	471	1 454
湖南	79 412	47 869	21 830	7 211	2 502
广东	17 618	10 051	5 576	1 925	66
广西	1 568 351	906 195	473 149	27 190	161 817
海南	74 637	64 982	3 143	5 806	706
四川	197 206	145 612	42 295	5 502	3 797
贵州	155 979	96 095	27 325	8 558	24 001
云南	520 658	287 037	189 666	21 023	22 932
西藏					
甘肃	26 580	16 162	8 860	724	834
青海	197 405	133 332	14 584	49 369	120
宁夏	372 050	226 477	99 307	17 288	28 978
新疆	2 131 524	1 448 448	373 873	261 690	47 513

民族自治地方分地区国有单位基本建设投资

（1993年，按用途分类） 单位：万元

地区	基本建设投资	第一产业	第二产业	第三产业	#住宅
合计	**5 177 365**	**134 059**	**2 411 018**	**2 632 288**	**682 309**
河北	21 196	2 330	5 275	13 591	5 208
内蒙古	1 314 000	29 930	787 930	496 140	131 471
辽宁	57 617	447	18 030	39 140	22 778
吉林	249 507	3 887	40 170	205 450	89 397
黑龙江	1 068		60	1 008	178
浙江	3 055	60	40	2 955	103
湖北	148 662	1 092	116 860	30 710	14 870
湖南	47 869	2 472	11 437	33 960	9 172
广东	10 051	2 744	5 912	1 395	433
广西	906 195	16 879	336 071	553 245	125 313
海南	64 982	1 344	50 362	13 276	8 373
四川	145 612	12 803	61 486	71 323	24 308
贵州	96 095	4 530	52 061	39 504	15 820
云南	287 037	9 135	91 246	186 658	57 637
西藏					
甘肃	16 162	2 013	5 888	8 261	2 926
青海	133 332	2 476	97 248	33 608	12 616
宁夏	226 477	4 843	71 969	149 665	
新疆	1 448 448	37 074	658 973	752 401	161 706

民族自治地方分地区国有单位基本建设投资

（1993年，按国民经济行业分类和按资金来源分类）　　单位：万元

地区	合计	按国民经济行业分类			按资金来源分类			
		#农林牧渔业	#交通运输、仓储及邮电通讯业	#卫生、体育和社会福利业	#国家预算内投资	#国内贷款	#利用外资	#自筹资金
合计	**5 177 365**	**129 999**	**647 242**	**114 813**	**460 405**	**1 372 853**	**765 779**	**1 887 732**
河北	21 196	714	6 360	2 436	791	1 397		11 787
内蒙古	1 314 000	29 930	195 160	45 825	151 544	380 442	204 468	409 264
辽宁	57 617	1 202	4 569	1 097	1 905	4 820	5 000	32 007
吉林	249 507	1 485	40 002	2 102	13 112	60 260	13 480	110 839
黑龙江	1 068		377	210	20	100		606
浙江	3 055	3	1 620	100	106	600		447
湖北	148 662	1 104	9 332	1 000	8 127	40 919	38 775	44 226
湖南	47 869	1 761	5 473	2 368	5 185	15 060	220	23 125
广东	10 051	1 617	1 741	324	448	2 131	1 152	4 752
广西	906 195	23 499	136 385	21 929	66 602	311 139	57 429	471 025
海南	64 982	1 438	4 962	985	6 596	28 683	3 721	22 973
四川	145 612	5 650	11 699	3 450	10 806	35 349	589	87 133
贵州	96 095	1 428	4 157	1 997	12 505	32 258	9 854	27 903
云南	287 037	14 778	26 188	9 506	14 023	70 911	808	163 834
西藏								
甘肃	16 162	652	525	1 658	1 200	1 170	240	5 726
青海	133 332	3 405	2 609	2 421	11 198	55 466	196	43 928
宁夏	226 477	2 483	94 789	3 259	74 222	71 761	10 755	66 764
新疆	1 448 448	38 850	101 294	14 146	82 015	260 387	419 092	361 393

民族自治地方分地区国有单位更新改造投资

（1993 年）

单位：万元

地　区	合　计	按工程用途分			按行业分	按资金来源分			
		第一产业	第二产业	第三产业	＃农林牧渔业	＃国家预算内投资	＃国内贷款	＃利用外资	＃自筹资金
合　计	**1 761 423**	**23 691**	**1 226 075**	**464 051**	**58 704**	**25 310**	**637 719**	**49 777**	**889 603**
河　北	11 551	135	10 339	1 077	135	412	4 363		5 510
内蒙古	410 654	432	324 414	85 808	432	8 939	101 028	21 691	204 436
辽　宁	15 651		14 645	946			6 365		6 382
吉　林	45 484	122	35 239	10 123		215	18 195	2 302	23 447
黑龙江	620		620				606		14
浙　江	77		77						
湖　北	17 778		15 122	2 656		76	9 240		7 554
湖　南	21 830		19 217	2 613		457	14 087		5 350
广　东	5 576		1 200	3 726		145	1 788		2 667
广　西	473 149	3 863	324 004	122 035	4 575	3 129	217 876	16 974	216 368
海　南	3 143		1 922	1 221		232	321		2 564
四　川	42 295		32 746	9 436	26	1 854	18 885	2 227	11 865
贵　州	27 325	1 134	19 237	6 900	203	187	12 657	546	10 790
云　南	189 666	3 178	107 288	55 787	7 074	1 582	77 284	554	91 359
西　藏									
甘　肃	8 860		5 660	3 071	109	39	463		988
青　海	14 584	173	11 705	2 706	1 817	2 391	2 617		9 249
宁　夏	99 307	587	73 126	25 594	1 907	2 298	46 429	216	50 364
新　疆	373 873	14 067	229 514	130 352	42 426	3 354	105 515	5 267	240 696

民族自治地方分地区国有单位新增固定资产

（1993年）

单位：万元

地区	合计	基本建设	更新改造	其他
合计	**5 430 725**	**3 588 451**	**1 350 532**	**491 742**
河北	30 456	17 389	11 532	1 535
内蒙古	857 905	570 649	259 453	27 803
辽宁	60 015	46 862	9 208	3 945
吉林	903 566	710 851	82 156	110 559
黑龙江	1 238	1 038	200	
浙江	1 910	1 910		
湖北	67 388	54 015	12 845	528
湖南	72 086	44 795	20 461	6 830
广东	11 130	6 113	4 306	711
广西	946 277	566 910	325 104	54 263
海南	33 441	26 072	2 254	5 115
四川	136 920	98 191	32 239	6 490
贵州	98 726	74 274	19 531	4 921
云南	361 687	190 743	155 595	15 349
西藏				
甘肃	17 611	10 783	6 274	554
青海	165 491	107 746	8 315	49 430
宁夏	264 055	155 340	94 712	14 003
新疆	1 400 823	904 770	306 347	189 706

主要统计指标解释

全社会固定资产投资 固定资产投资额(又称固定资产投资完成额)是以货币形式表现的在一定时期建造和购置固定资产的工作量以及与此有关的费用的总称。它是反映固定资产投资规模、结构和发展速度的综合性指标,又是观察工程进度和考核投资效果的重要根据。全社会固定资产投资总额包括国有经济单位固定资产投资、城乡集体经济单位固定资产投资、城镇个人建房投资以及农村个人固定资产投资等。国有经济单位固定资产投资又分为基本建设投资、更新改造投资、商品房建设投资和其他固定资产投资。

固定资产投资额的基本计算方法是一定时期完成的实物量乘以相应的价格。计算固定资产投资额的价格,应该反映一定时期固定资产的价值,即建造和购置固定资产所耗费的社会必要劳动时间。为真实反映固定资产投资活动的规模、水平和效果,便于进行综合平衡,原则上应以实际价格作为计算固定资产投资额的价格依据。

固定资产投资是社会扩大再生产的重要途径。通过固定资产投资活动,可扩大经济活动的规模,提高社会再生产的技术装备水平,改善经济结构和生产力的地区布局,对我国的社会经济水平的发展具有十分重要的意义。

基本建设投资 基本建设是国有企业、事业单位以扩大生产能力或工程效益为主要目的的新建、扩建工程及有关工作。包括工厂、矿山、铁路、桥梁、港口、农田水利、商店、住宅、学校、医院等工程的建造和机器设备、车辆、船舶、飞机等的购置。

基本建设投资额是以货币表现的基本建设完成的工作量,是反映一定时期内基本建设规模和建设进度的综合性指标。它是根据工程的实际进度按预算价格(预算价格是编制施工图预算时所用的价格)计算的工作量,没有形成工程实体的建筑材料和没有开始安装的设备,都不计算投资完成额。

基本建设投资完成额与基本建设财务拨款贷款额和资金运用是含义完全不同的指标,"基本建设投资完成额"是按预算价格计算的工作量;财务拨款贷款额是银行根据国家计划拨给或贷给建设单位用于基本建设的资金;资金运用指标是建设单位实际支出的与投资项目有关的各种资金之和。

更新改造投资 更新改造是指国有企业、事业单位对原有设施进行固定资产更新和技术改造,以及相应配套的工程和有关工作(不包括大修理和维护工程)。更新改造投资是以货币表现的更新改造完成的工作量。根据我国现行统计制度,基本建设和更新改造的划分是:(1)列入基本建设计划的项目作为基本建设投资,列入更新改造计划的项目作为更新改造投资;(2)更新改造计划与基本建设计划结合安排的项目及未列入计划的项目,根据工程性质分别作为基本建设投资或更新改造投资。属于对企业、事业单位原有设施进行技术改造或更新的项目和增建主要生产车间、分厂等,其新增生产能力或效益尚未达到大中型标准的项目,以及由于城市环境保护和安全生产的需要而进行的迁建工程,作为更新改造投资。

其他固定资产投资 是指按照国家规定不纳入基本建设和更新改造计划管理,其总投资在五万元以上的国有经济单位的固定资产投资,具体包括:用油田维护费和石油开发基金进行的油田维护和开发工程;矿山、森林等采掘采伐工业用维简费进行的开拓延伸工程;交通部门用公路养路费对原有公路、桥梁进行改建的工程;商、贸、粮、供销部门用简易建筑费建造的仓库。

新增固定资产 指通过投资活动所形成的新的固定资产价值。包括已经建成投入生产或交付使用的工程价值和达到固定资产标准的设备、工具、器具的价值及有关应摊入的费用。它是以价值形式表示的固定资产投资成果的综合性指标,可以综合反映不同时期、不同部门、不同地区的固定资产投资成果。

七、商　业

民族自治地方社会商品零售总额、国内纯购进总额

单位:万元

年　　份	社会商品零售总额	#农业生产资料	国内纯购进总额	#农副产品购进
1949	98 000			
1952	179 000	8 021	48 000	44 555
1957	397 000	23 508	240 000	143 740
1962	513 000			149 665
1965	644 000	56 069	429 000	245 075
1975	1 223 000	196 042	822 000	367 351
1978	1 508 000	257 278	1 033 000	419 725
1980	2 034 369	267 692	1 312 315	580 922
1981	2 213 028	245 484	1 458 695	637 266
1982	2 453 322	279 043	1 635 685	750 532
1983	2 785 739	311 833	1 855 000	855 536
1984	3 271 982	369 149	1 996 858	871 628
1985	4 115 650	411 172	2 377 386	943 146
1986	4 618 564	464 099	2 776 517	1 059 218
1987	5 331 124	565 122	3 601 207	1 334 979
1988	6 822 764	750 064	4 978 322	1 848 569
1989	7 529 843	892 608	5 547 402	1 978 194
1990	7 805 739	987 318	6 185 838	2 270 140
1991	8 788 178	1 158 564	6 965 967	2 605 173
1992	10 218 137	1 314 060	7 443 181	2 582 836
1993	10 574 371	1 359 864	10 565 961	1 532 927

民族自治地方分地区社会商业机构网点人员

(1993)

地区	批发贸易业			零售贸易业			餐饮业		
	机构（个）	网点（个）	人员（人）	机构（个）	网点（个）	人员（人）	机构（个）	网点（个）	人员（人）
合计	**49 103**	**51 329**	**581 968**	**727 872**	**172 308**	**1 695 208**	**170 036**	**23 597**	**355 486**
河北	370	389	56 895	15 245	12 840	43 051	1 858	1 277	3 308
内蒙古	3 363	3 870	116 571	4 420	14 343	175 647	480	1 053	14 235
辽宁	5 081	6 382	26 972	17 013	14 401	43 191	2 275	2 379	8 916
吉林	344	367	8 724	2 400	583	12 445	446	7	937
黑龙江	49	145	3 264	2 421	245	4 867	321	29	758
浙江	47	20	205	1 239	118	1 836	1 080	80	1 500
湖北	1 240	1 725	13 412	21 935	8 646	48 709	3 504	1 372	8 396
湖南	215	1 050	8 221	6 994	4 543	16 897	1 329	717	2 977
广东	89	588	2 698	4 009	422	9 325	981	31	3 158
广西	24 709	16 952	199 962	410 871	42 462	832 771	77 900	4 338	158 633
海南	219	307	4 172	6 822	7 490	17 553	771	781	2 690
四川	678	2 684	17 545	48 582	26 825	98 946	11 131	4 166	16 322
贵州	7 060	7 457	18 037	7 770	8 575	16 145	738	743	1 176
云南									
西藏									
甘肃	53	120	780	1 671	1 716	3 343	41	26	76
青海	1 021	1 452	5 672	13 409	5 739	32 021	2 851	1 533	5 920
宁夏	645	2 113	26 005	33 757	4 530	79 372	10 205	444	21 347
新疆	3 920	5 708	72 833	129 314	18 830	259 089	54 125	4 621	105 137

注：云南、西藏两省区缺报。

民族自治地方分地区社会商品购进销售库存总额(一)

(1993年)

单位:万元

地区	商品购进总额	从生产者购进	#农副产品购进	从批发零售贸易业购进	进口	其他
合计	**10 565 961**	**5 305 523**	**1 532 927**	**4 983 314**	**98 349**	**178 775**
河北	175 352	69 566	24 289	103 961		1 825
内蒙古	2 236 962	1 189 537	344 839	980 944	8 891	57 590
辽宁	248 738	94 033	35 050	147 463	24	7 218
吉林	126 134	90 239	10 891	33 575	172	2 148
黑龙江	19 794	12 062	6 513	7 482		250
浙江	43 970	24 535	5 245	4 855		14 580
湖北	245 521	154 611	38 446	89 363	1	1 546
湖南	307 570	148 712	40 791	153 341	100	5 417
广东	34 645	5 815	2 558	28 773		57
广西	2 409 919	1 211 672	91 433	1 147 085	27 684	23 478
海南	150 746	47 852	17 321	74 404	22 150	6 340
四川	455 954	240 614	72 028	210 887		4 453
贵州	489 195	248 349	149 728	238 198	92	2 556
云南						
西藏						
甘肃	24 414	7 728	2 180	16 102		584
青海	144 459	47 817	28 766	95 192	132	1 318
宁夏	401 354	178 609	48 018	204 820	17 925	
新疆	3 051 234	1 533 772	614 831	1 446 869	21 178	49 415

民族自治地方分地区社会商品购进销售库存总额(二)

(1993年)

单位:万元

地区	商品销售总额	批发合计					对居民和社会集团商品零售额	年末库存总额
		批发合计	对生产经营者的批发	#对农民农业生产资料销售	对批发零售贸易业批发	出口		
合计	**12 051 023**	**8 467 735**	**2 609 845**	**618 771**	**5 677 798**	**180 092**	**3 583 288**	**3 731 641**
河北	195 024	121 188	47 456	12 548	69 306	4 426	73 836	33 689
内蒙古	2 475 872	1 593 490	512 011	142 912	1 070 901	10 578	882 382	821 257
辽宁	320 351	166 183	49 454	24 640	108 716	8 013	154 168	232 006
吉林	158 123	111 144	81 560	3 863	23 075	6 509	46 979	23 739
黑龙江	19 019	12 705	5 158	3 474	7 547		6 314	11 663
浙江	48 007	41 809	38 854		1 717	1 238	6 198	1 218
湖北	313 546	233 280	71 055	21 698	162 204	21	80 266	15 530
湖南	352 589	254 857	144 552	12 981	104 334	5 971	97 732	156 427
广东	31 437	18 241	10 662	3 313	7 579		13 196	31 793
广西	2 603 189	1 992 080	467 331	119 606	1 500 062	24 687	611 109	436 038
海南	191 018	91 508	37 129	10 090	54 294	85	99 510	40 870
四川	534 763	376 362	121 023	34 282	255 339		158 401	161 050
贵州	611 814	422 788	226 291	59 524	195 233	1 264	189 026	264 914
云南								
西藏								
甘肃	24 559	14 583	3 475	1 603	10 808	300	9 976	2 964
青海	178 790	79 508	25 401	12 619	53 985	122	99 282	99 522
宁夏	451 221	277 527	132 128	25 676	88 085	57 314	173 694	181 233
新疆	3 541 701	2 660 482	636 305	129 942	1 964 613	59 564	881 219	1 217 728

民族自治地方分地区社会消费品零售总额

（1993年，按经营类型分）

单位：万元

地 区	社会消费品零售总额	国有经济	集体经济	私营经济	个体经济	联营经济	股份制经济	外商投资经济	港澳台投资经济	其他经济
合 计	**9 214 507**	**3 744 364**	**1 752 171**	**68 225**	**2 458 726**	**16 902**	**174 607**	**5 930**	**4 777**	**988 805**
河 北	100 471	32 837	30 917	2	31 215	60				5 440
内蒙古	2 021 478	960 520	468 743	1 232	380 071	74	29 081	412	131	181 214
辽 宁	315 022	69 611	77 501	8 616	117 810		2 339	1 000		38 145
吉 林	103 624	31 306	19 428		38 761					14 129
黑龙江	15 408	7 309	3 269		4 137					693
浙 江	9 544	3 567	2 979		2 998					
湖 北	143 924	55 187	32 903	6	53 589	30		100	215	1 894
湖 南	224 121	79 333	37 199	13 162	65 568					28 859
广 东	31 193	11 523	5 047	22	10 514	9				4 078
广 西	3 224 031	1 125 931	511 819	5 076	1 077 491	12 417	111 113	1 371	3 925	374 888
海 南	106 956	39 878	11 782	9 707	38 612	2 271				4 706
四 川	327 482	137 270	51 983	51	95 098	273	3	371	10	42 423
贵 州	351 156	159 961	54 160	39	76 510	190		183		60 113
云 南										
西 藏										
甘 肃	21 446	7 962	3 947	3 252	5 101					1 184
青 海	149 822	84 093	16 309	4 126	34 812	160				10 322
宁 夏	385 091	183 921	67 818	3 127	72 197	182				57 846
新 疆	1 683 738	754 155	356 367	19 807	354 242	1 236	32 071	2 493	496	162 871

民族自治地方分地区社会消费品销售量(一)

(1993年,批发量)

地区	粮食(吨)	食用植物油(吨)	猪和猪肉(吨)	盐(吨)	各种布(米)	自行车(辆)	电视机(台)	#彩色电视机
合计	**5 767 488**	**477 725**	**247 194**	**561 572**	**489 228 853**	**1 891 075**	**1 175 342**	**457 535**
河北	95 489	4 576	4 024	10 025	1 797 429	17 470	7 054	2 983
内蒙古	2 005 957	228 576	23 257	114 908	23 631 212	42 802	159 158	100 009
辽宁	350 493	34 535	325	6 654	1 074 889	11 320	6 219	5 490
吉林	33 984	27	520	2 537	200	4 018	2 532	1 436
黑龙江	40 173	4		1 376	54 564	264	135	12
浙江	2 593	83		1 214		185	2 564	1 446
湖北	43 162	3 067	3 803	18 731	2 529 373	17 585	28 120	4 257
湖南	69 702	4 460	3 900	6 491	4 134 102	32 536	26 193	5 032
广东	6 416	30		374	237 051	7 953	2 758	376
广西	2 083 649	85 620	86 491	274 013	392 058 115	1 297 888	737 234	209 933
海南	10 464	103	53 086	1 430	54 376	213		
四川	37 102	3 961	63 210	21 727	6 399 609	24 820	24 205	14 276
贵州	187 050	10 477	1 870	84 732	4 410 960	14 195	16 935	3 973
云南								
西藏								
甘肃	17 549	834		780	195 303	473	219	59
青海	87 881	14 046	580	3 960	1 816 088	2 588	2 167	1 128
宁夏	86 240	916	332	4 000	475 700	79 637	26 898	24 699
新疆	609 584	86 410	5 798	8 620	50 356 882	337 128	132 951	82 426

民族自治地方分地区社会消费品销售量(二)

(1993年,零售量)

地区	粮食(吨)	食用植物油(吨)	猪和猪肉(吨)	盐(吨)	各种布(米)	自行车(辆)	电视机(台)	#彩色电视机
合计	**7 477 734**	**441 236**	**78 942**	**175 219**	**82 930 154**	**1 395 867**	**839 993**	**386 642**
河北	143 812	2 514	6 427	4 054	2 829 554	18 442	13 264	6 181
内蒙古	1 367 244	116 845	12 660	32 716	21 322 304	292 324	157 350	97 321
辽宁	180 854	9 972	6 806	11 633	2 942 046	40 987	17 172	11 516
吉林	201 498	1 009	4 300	536	914 093	18 326	8 032	3 502
黑龙江	12 981	54		201	148 498	680	603	76
浙江	4 038	162	173	1 034	111 620	1 678	1 420	228
湖北	77 515	5 170	3 358	6 842	4 347 850	19 880	39 685	7 868
湖南	129 819	7 226	5 714	2 400	4 151 633	17 750	36 703	8 730
广东	4 806	106	218	383	170 306	8 383	5 536	285
广西	1 421 217	98 595	20 047	55 344	1 84 333 34	785 112	390 263	146 141
海南	21 675	1 424	6 150	876	623 781	5 864	648	338
四川	147 278	12 447	2 813	1 115	6 695 054	25 399	23 152	12 357
贵州	1 529 521	47 090	3 429	30 828	4 677 013	21 113	25 711	7 138
云南								
西藏								
甘肃	18 825	452	319	594	256 170	350	856	378
青海	179 153	10 032	1 110	6 947	5 577 193	10 080	8 538	4 688
宁夏	104 776	1 648	412	6 500	22 365		26 070	18 545
新疆	1 932 722	126 490	5 007	3 180	9 707 340	129 499	84 990	61 350

全国分地区居民消费价格指数和商品零售物价指数

（1993 年，以上年为 100）

地区	居民消费价格指数			商品零售物价指数		
	全省（区、市）	城镇	农村	全省（区、市）	城镇	农村
全国总计	**114.7**	**116.1**	**113.7**	**113.2**	**114.2**	**112.6**
北京	119.0			116.9		
天津	117.6			114.3		
河北	113.8	115.5	111.9	110.5	111.7	109.5
山西	115.1	116.1	112.7	113.1	113.7	111.7
内蒙古	114.1	114.7	112.5	112.5	113.2	110.8
辽宁	115.2	116.7	110.9	113.5	114.4	110.5
吉林	112.6	113.2	108.8	111.3	111.9	108.6
黑龙江	114.8	115.2	113.7	114.6	113.5	117.0
上海	120.2			117.5		
江苏	118.2	118.7	117.3	115.4	116.6	114.0
浙江	119.8	121.4	117.4	116.7	119.1	115.2
安徽	114.7	114.4	115.4	112.9	112.1	114.0
福建	115.4	116.8	114.2	113.4	115.7	111.8
江西	114.6	115.8	112.5	111.1	112.6	110.1
山东	112.7	114.6	110.7	110.7	112.3	109.1
河南	110.4	110.6	110.3	108.4	108.5	108.4
湖北	118.4	118.8	117.6	115.0	116.2	113.2
湖南	116.8	117.4	116.4	115.1	115.7	114.6
广东	121.6	122.0	120.6	118.2	120.9	116.7
广西	122.0	123.3	119.1	118.9	121.9	114.8
海南	123.3	123.7	116.5	123.9	124.2	119.1
四川	116.8	116.9	116.7	113.9	114.7	113.7
贵州	116.0	115.8	116.2	114.8	113.6	116.1
云南	121.3	118.3	123.3	118.9	116.3	120.2
西藏						
陕西	113.1	114.0	113.0	111.8	110.6	112.2
甘肃	115.4	115.2	115.8	113.0	112.3	114.5
青海	113.2	114.0	110.5	112.5	112.9	111.9
宁夏	114.3	115.2	113.8	112.8	112.4	113.4
新疆	113.0	113.6	110.0	112.6	113.4	110.1

注：居民消费价格指数和商品零售物价指数是按照全国统一规定的商品目录，根据各调查市县上报的商品零售价格服务项目价格直接汇总计算的，而不是各地区相应指数的简单平均数或加权平均数。

主要统计指标解释

社会消费品零售总额 是指各种经济类型的批发零售贸易业、餐饮业、制造业和其它行业对城乡居民和社会集团的消费品零售额和农民对非农业居民零售额的总和。这个指标反映通过各种商品流通渠道向居民和社会集团供应的生活消费品来满足他们生活需要,是研究人民生活、社会消费品购买力、货币流通等问题的重要指标。对居民的消费品零售额:指售给城乡居民用于生活消费的商品。对社会集团的消费品零售额:指售给机关、团体、部队、学校、企业、事业单位和城市街道居民委员会、农村村民委员会用公款买的用作非生产、非经营使用的消费品。农民对非农业居民的零售额:指农民在集市和集市外售给非农业居民和社会集团的消费品。

物价指数 本《年鉴》所列的物价指数,包括零售物价总指数、全国居民消费价格总指数、城镇居民生活费用价格指数、农民生活费用价格指数,农副产品收购价格总指数、集市贸易消费品价格指数、购进价格、工业品出厂价格。

1.零售物价总指数是根据实际调查的全社会综合平均价格,采用加权算术平均公式计算的。每年根据商品流转资料及住户调查资料及住户调查对部分代表商品的权数进行调整。1993年有146个市、80个县城作为国家调查点。全社会综合平均价格是指同一种商品在同一时期内的零售牌价、议价和市价各按其零售量加权计算的综合平均单价。

2.全国居民消费价格总指数是反映一定时期城镇和农村居民所购买的生活消费品价格和服务项目价格变动趋势和程度的相对数。包括城镇居民生活费用价格指数和农村居民生活费用价格指数。各省(区)城镇和农村居民生活费用价格指数,采用先汇总计算省(区)重点城镇,农村全社会综合平均价格,然后再根据各重点市(县)城镇和农村住户调查资料,并参照零售额资料研究确定的权数,按加权算术平均公式,分别计算全省(区)城镇、农村指数。包括城镇和农村的全省(区)生活费用价格指数,根据全省(区)城镇和农村的综合平均价格用城乡比重加权计算出全省(区)综合平均价格,再加权平均计算全国居民生活费用价格总指数。

3.城镇居民生活费用价格指数是根据城镇零售物价指数与服务项目价格指数加权计算的。目前计算这一指数所选消费品为352种和服务项目30种。

4.农民生活费用价格指数是用农村零售物价指数与服务项目价格指数加权计算的。目前计算农村零售物价指数,所选消费品352种、农业生产资料52种和服务项目30种。

5.农副产品收购价格总指数,采用加权倒数平均公式(即按报告期实际收购金额加权综合法)计算。目前计算这一指数所选的商品有11个大类,25个小类,包括276种农副土特产品。

八、民族贸易、民族用品生产

全国民族贸易县(旗、市)分布(一)

地　区	民族贸易县(旗、市)数(个)	民族贸易县(旗、市)名称
合　计	**426**	
河　北	3	青龙满族自治县、丰宁满族自治县、围场满族蒙古族自治县
内蒙古	48	苏尼特左旗、阿巴嘎旗、锡林浩特市、西乌珠穆沁旗、镶黄旗、正镶白旗、正蓝旗、苏尼特右旗、达尔罕茂明安联合旗、四子王旗、乌拉特中旗、乌拉特后旗、鄂托克旗、杭锦旗、准格尔旗、乌审旗、伊金霍洛旗、东乌珠穆沁旗、林西县、巴林右旗、阿鲁科尔沁旗、克什克腾旗、翁牛特旗、巴林左旗、科尔沁右翼前旗、科尔沁左翼后旗、库伦旗、奈曼旗、扎鲁特旗、科尔沁右翼中旗、陈巴尔虎旗、新巴尔虎左旗、新巴尔虎右旗、额尔古纳左旗、鄂温克族自治旗、莫力达瓦达斡尔族自治旗、鄂伦春自治旗、阿拉善左旗、阿拉善右旗、宁城县、科尔沁左翼中旗、敖汉旗、喀喇沁旗、乌兰浩特市、二连浩特市、额尔古纳右旗、额济纳旗、鄂托克前旗
辽　宁	5	阜新蒙古族自治县、喀喇沁左翼蒙古族自治县、新宾满族自治县、岫岩满族自治县、凤城满族自治县
吉　林	6	安图县、珲春市、和龙县、长白朝鲜族自治县、龙井市、汪清县
黑龙江	1	杜尔伯特蒙古族自治县
浙　江	1	景宁畲族自治县
湖　北	10	来凤县、鹤峰县、咸丰县、利川县、巴东县、建始县、宣恩县、恩施市、五峰土家族自治县、长阳土家族自治县
湖　南	14	龙山县、桑植县、大庸市永定区、永顺县、保靖县、花垣县、古丈县、吉首市、泸溪县、凤凰县、新晃侗族自治县、通道侗族自治县、城步苗族自治县、江华瑶族自治县
广　东	3	连山壮族瑶族自治县、连南瑶族自治县、乳源瑶族自治县
广　西	37	防城各族自治县、那坡县、马山县、上林县、天等县、钦州县、上思县、百色市、凌云县、乐业县、西林县、隆林各族自治县、平果县、田林县、德保县、河池市、巴马瑶族自治县、环江毛南族自治县、罗城仫佬族自治县、东兰县、凤山县、都安瑶族自治县、天峨县、南丹县、金秀瑶族自治县、融水苗族自治县、三江侗族自治县、忻城县、资源县、龙胜各族自治县、大新县、靖西县、凭祥市、龙州县、宁明县、大化瑶族自治县、富川瑶族自治县
海　南	9	保亭黎族苗族自治县、三亚市、白沙黎族自治县、乐东黎族自治县、琼中黎族苗族自治县、东方黎族自治县、陵水黎族自治县、昌江黎族自台县、通什市

全国民族贸易县(旗、市)分布(二)

地区	民族贸易县(旗、市)数(个)	民族贸易县(旗、市)名称
四川	59	马尔康县、茂县、红原县、阿坝县、汶川县、若尔盖县、理县、黑水县、小金县、松潘县、金川县、南坪县、壤塘县、峨边彝族自治县、马边彝族自治县、冕宁县、宁南县、德昌县、会东县、会理县、米易县、盐边县、西昌市、金河口工农区、康定县、九龙县、炉霍县、甘孜县、雅江县、新龙县、道孚县、白玉县、理塘县、德格县、乡城县、石渠县、稻城县、色达县、巴塘县、泸定县、得荣县、丹巴县、昭觉县、金阳县、甘洛县、布拖县、普格县、喜德县、雷波县、越西县、美姑县、木里藏族自治县、盐源县、酉阳土家族苗族自治县、秀山土家族苗族自治县、黔江土家族苗族自治县、彭水苗族土家族自治县、石柱土家族自治县、攀枝花市仁和区
贵州	53	剑河县、台江县、黎平县、榕江县、从江县、雷山县、丹寨县、荔波县、罗甸县、惠水县、三都水族自治县、松桃苗族自治县、贞丰县、望谟县、册亨县、安龙县、水城县、威宁彝族回族苗族自治县、赫章县、纳雍县、镇宁布依族苗族自治县、紫云苗族布依族自治县、黄平县、锦屏县、天柱县、凯里市、麻江县、施秉县、镇远县、三穗县、岑巩县、平塘县、独山县、长顺县、贵定县、龙里县、福泉县、瓮安县、都匀市、晴隆县、兴仁县、兴义市、普安县、大方县、黔西县、织金县、毕节县、金沙县、盘县特区、六枝特区、关岭布依族苗族自治县、务川仡佬族苗族自治县、沿河土家族自治县
云南	57	富宁县、麻栗坡县、马关县、屏边苗族自治县、武定县、禄劝彝族苗族自治县、巍山彝族回族自治县、南涧彝族自治县、景谷傣族彝族自治县、峨山彝族自治县、新平彝族傣族自治县、元江哈尼族彝族傣族自治县、云龙县、河口瑶族自治县、金平苗族瑶族傣族自治县、绿春县、元阳县、红河县、勐海县、勐腊县、景洪县、潞西县、陇川县、瑞丽县、盈江县、畹町市、梁河县、福贡县、泸水县、贡山独龙族怒族自治县、兰坪白族普米族自治县、中甸县、维西傈僳族自治县、德钦县、江城哈尼族彝族自治县、孟连傣族拉祜族佤族自治县、西盟佤族自治县、澜沧拉祜族自治县、宁蒗彝族自治县、耿马傣族佤族自治县、镇康县、沧源佤族自治县、双江拉祜族佤族布朗族傣族自治县、路南彝族自治县、寻甸回族彝族自治县、文山县、砚山县、丘北县、广南县、景东彝族自治县、墨江哈尼族自治县、漾濞彝族自治县、剑川县、鹤庆县、丽江纳西族自治县、龙陵县、镇沅彝族哈尼族拉祜族自治县

全国民族贸易县(旗、市)分布(三)

地区	民族贸易县(旗、市)数(个)	民族贸易县(旗、市)名称
甘 肃	20	张家川回族自治县、临潭县、舟曲县、玛曲县、夏河县、卓尼县、迭部县、碌曲县、临夏市、永靖县、和政县、康乐县、广河县、东乡族自治县、天祝藏族自治县、肃南裕固族自治县、肃北蒙古族自治县、阿克塞哈萨克族自治县、积石山保安族东乡族撒拉族自治县、临夏县
青 海	35	循化撒拉族自治县、门源回族自治县、尖扎县、同仁县、贵德县、河南蒙古族自治县、祁连县、刚察县、泽库县、同德县、兴海县、贵南县、玛沁县、班玛县、甘德县、达日县、久治县、玛多县、玉树县、杂多县、称多县、治多县、囊谦县、曲麻莱县、乌兰县、都兰县、天峻县、格尔木市、海晏县、共和县、化隆回族自治县、互助土族自治县、民和回族土族自治县、大通回族土族自治县、德令哈市
宁 夏	10	同心县、盐池县、固原县、西吉县、泾源县、海原县、隆德县、吴忠市、灵武县、彭阳县
新 疆	55	且末县、洛浦县、民丰县、策勒县、墨玉县、于田县、柯坪县、伽师县、英吉沙县、岳普湖县、麦盖提县、莎车县、泽普县、尼勒克县、新源县、巩留县、伊吾县、巴里坤哈萨克自治县、和田县、皮山县、乌什县、温宿县、塔什库尔干塔吉克自治县、叶城县、阿图什市、阿克陶县、阿合奇县、乌恰县、奇台县、博乐市、木垒哈萨克自治县、温泉县、察布查尔锡伯自治县、霍城县、昭苏县、和布克赛尔蒙古自治县、裕民县、塔城市、额敏县、托里县、阿勒泰市、布尔津县、青河县、哈巴河县、富蕴县、福海县、吉木乃县、特克斯县、若羌县、和静县、喀什市、巴楚县、疏附县、疏勒县、和田市

全国轻工业系统1791个民族用品定点生产企业名单

北京市：

北京市花丝镶嵌厂　北京金属工艺品厂　北京地毯一厂　北京地毯四厂

天津市：

天津铝品厂　天津盛锡福帽厂　天津新华铁制品厂　天津回民日用化学厂

河北省：

张家口市民族裘皮制品厂　张家口市民族用品厂　石家庄市回民食品厂

山西省：

长治市回民化学厂

内蒙古自治区：

呼盟民族木制品实验厂　海拉尔市木器厂　海拉尔市民族用品厂　海拉尔市皮鞋厂　海拉尔市皮毛厂　海拉尔市五金厂　海拉尔市金属容器厂　海拉尔市民族制帽厂　海拉尔市帐篷厂　海拉尔市工艺皮毛厂　海拉尔市鞍具厂　海拉尔市牧业机械配件厂　海拉尔市制鞋厂　海拉尔市第一塑料厂　满洲里市扎区五金厂　满洲里市扎区皮毛厂　满洲里市扎区民族铁木器具厂　满洲里市地毯厂　鄂温克族自治旗皮毛厂　鄂温克族自治旗民族靴鞋厂　陈巴尔虎旗民族用品综合厂　新巴尔虎右旗马靴厂　新巴尔虎右旗民族用品综合厂　新巴尔虎右旗皮毛厂　莫力达瓦民族靴鞋厂　陈巴尔虎旗民族木器厂　新巴尔虎左旗民族用品木器厂　新巴尔虎左旗嵯岗民族用品厂　鄂温克族自治旗民族木器厂　鄂温克族自治旗五金薄铁厂　鄂伦春自治旗帆布制品厂　乌兰浩特市民族皮革厂　乌兰浩特市民族制鞋厂　乌兰浩特市民族靴鞋厂　科尔沁右翼中旗民族靴鞋厂　突泉县皮毛厂　乌兰浩特市民族木器制板厂　科尔沁右翼前旗木器厂　扎赉特旗薄铁厂　科尔沁右翼中旗五金容器厂　科尔沁右翼中旗毛毡厂　突泉县民族靴鞋厂　通辽市工艺美术厂　通辽市二轻蒙文印刷厂　通辽市旗家店民族木器厂　通辽市第一塑料厂　通辽市皮鞋厂　科尔沁左翼中旗木器厂　扎鲁特旗民族用品厂　开鲁县民族靴鞋厂　科尔沁左翼皮毛厂　科尔沁左翼后旗皮鞋厂　科尔沁左翼后旗民族用品厂　库伦旗民族用品厂　扎鲁特旗民族五金厂　奈曼旗民族靴鞋厂　科尔泌左翼中旗民族靴鞋厂　扎鲁特旗巴区民族用品厂　通辽市皮革厂　哲盟民族皮件厂　科尔沁左翼后旗民族木器厂　科尔沁右翼前旗印刷厂　奈曼旗民族用品皮毛厂　科尔沁左翼中旗宝龙山皮革厂　扎鲁特旗农牧机械厂　库伦旗五金厂　赤峰市皮革厂　赤峰市皮毛总厂　赤峰市民族皮件厂　赤峰市民族制帽厂　赤峰市民族玩具厂　赤峰市第一工艺美术厂　赤峰市民族绣珠片厂　赤峰市元宝山区仿古刺绣厂　赤峰市蒙文印刷厂　敖汉旗皮毛厂　赤峰市长城地毯总厂　赤峰乌丹民族靴鞋厂　阿鲁克尔沁旗电器修造厂　林西县皮毛厂　翁牛特旗民族皮毛厂　宁城县皮毛厂　巴林右旗民族木器厂　克什克腾旗木器厂　阿鲁科尔沁旗家具厂　克什克腾旗工艺美术厂　翁牛特旗地毯厂　宁城县地毯厂　锡盟第一制革厂　东乌珠穆沁旗民族皮件厂　西乌珠穆沁旗民族靴鞋厂　太仆寺旗皮毛厂　正蓝旗皮毛厂　正镶白旗民族用品厂　锡盟民族靴鞋厂　锡盟皮件厂　西乌珠穆沁旗民族用品厂　正蓝旗蒙古包厂　锡林浩特市民族木器厂　东乌珠穆沁旗木器厂　东乌珠穆沁旗民族用品厂　多伦县民族用品厂　正蓝旗金属制品厂　锡林浩特市皮毛制毡厂　阿巴嘎旗民族用品厂　镶黄旗民族用品厂　多伦县民族靴鞋厂　二连浩特市皮毛厂　太仆寺旗制帽厂　多伦县皮毛厂　西乌珠穆沁旗民族鞍具厂　察哈尔右翼后旗民族服装皮件厂　四子王旗民族皮件厂　四子王旗民族用品厂　卓资县地毯厂　集宁市皮毛厂　集宁市铝制品厂　集宁市皮件厂　武川县皮毛制革厂　和林格尔县皮毛厂　化德县制帽厂　察

哈尔右翼前旗民族木器厂　察哈尔右旗民族木器厂　达尔罕茂明安联合旗民族用品厂　商都县木器厂　清水河县民族用品厂　凉城县工艺美术厂　化德县民族用品厂　丰镇市五金厂　丰镇市民族工艺厂　清水河县五金厂　察哈尔右翼中旗制鞋厂　达尔罕茂明安联合旗五金厂　丰镇市第三塑料厂　包头市帆布制品厂　包头市第二塑料厂　包头市第五塑料厂　包头市第一服装厂　包头市民族绣品厂　包头市地毯厂　包头市皮鞋皮革总厂　包头市金属制品厂　包头市皮毛厂　包头市第二皮毛厂　包头市民族木器工艺厂　乌审旗皮毛厂　杭锦旗皮革厂　达拉特旗鞋厂　伊金霍洛旗鞋厂　鄂托克旗民族木器厂　伊盟工艺美术厂　准格尔旗民族地毯厂　鄂托克前旗民族地毯厂　鄂托克前旗农具厂　鄂托克前旗民族木器厂　包头市民族制镜厂　乌拉特中旗民族用品厂　巴盟皮革制鞋厂　乌拉特后旗民族用品厂　乌拉特后旗民族皮毛厂　乌拉特后旗皮毛厂　杭锦后旗木器厂　乌拉特前旗木器厂　乌拉特中旗木器厂　乌拉特后旗民族木器厂　乌拉特后旗民族工艺厂　磴口县民族用品厂　乌拉特中旗地毯厂　阿拉善左旗皮革制鞋厂　阿拉善左旗皮毛厂　阿拉善左旗木器厂　阿拉善左旗地毯厂　阿拉善左旗巴诺民族用品厂　阿拉善右旗皮毛厂　阿拉善右旗民族用品厂　额济纳旗民族用品厂　阿拉善左旗民族五金用品厂　呼和浩特市民族用品厂　呼和浩特市民族乐器厂　土默特左旗民族皮毛厂　土默特左旗木器厂　呼和浩特市民族用品厂　呼和浩特市制镜厂　乌海市乌达五金厂　和林格尔县地毯厂　呼和浩特市民族制帽厂　乌海市海渤湾制鞋厂　呼和浩特市板金厂　内蒙古民族工艺品实验厂　翁牛特旗民族绒帽厂　巴盟民族用品厂　达拉特旗民族地毯厂　东乌珠穆沁旗皮毛厂　西乌珠穆沁旗民族用品厂

辽宁省：

辽宁省硅酸盐研究所陶瓷实验厂　沈阳市电热炊具厂　沈阳市人造毛皮厂　沈阳市高级家具厂　沈阳市皮鞋三厂　沈阳市制镜厂　沈阳市莱刀厂　沈阳市双喜压力锅制造总厂　沈阳玉器厂　沈阳家具厂　沈阳市印铁制罐厂　沈阳市人民电器厂　沈阳市金属家具厂　沈阳市回民食品厂　鞍山市朝鲜族家具厂　抚顺市雕刻厂　抚顺市民族制鞋厂　抚顺市回民食品厂　抚顺市木器厂　新宾满族自治县民族工艺美术制镜厂　新宾满族自治县木器二厂　清原满族自治县民族食品厂　清原满族自治县民族酒厂　本溪市回民食品厂　本溪市民族塑料玩具厂　本溪满族自治县民族铸造厂　本溪满族自治县民族陶瓷厂　本溪满族自治县民族家具厂　本溪满族自治县造酒厂　桓仁满族自治县民族铝制品厂　桓仁满族自治县民族木器厂　丹东市铝制品厂　丹东市日用金属制品厂　丹东市木器厂　丹东市制镜厂　丹东市凤城民族制鞋皮件总厂　凤城满族自治县民族木制品厂　凤城满族自治县民族金属制品厂　凤城满族自治县民族皮鞋厂　凤城满族自治县民族工艺制品厂　辽宁玩具厂　岫岩满族自治县民族木器厂　岫岩满族自治县玉器厂　宽甸满族自治县民族工艺美术厂　宽甸满族自治县民族印刷厂　宽甸满族自治县民族木制品厂　锦州市陶瓷厂　锦州市辽瓷厂　锦州市刀剪厂　锦州市玉雕厂　锦州市塑料花厂　兴城市塑料二厂　兴城市民族靴鞋厂　兴城市金属家具制品厂　绥中县民族地毯厂　北镇满族自治县民族家具厂　北镇满族自治县民族靴鞋厂　北镇满族自治县民族香厂　义县民族皮毛厂　阜新市眼镜厂　阜新蒙古族自治县民族皮毛厂　阜新蒙古族自治县民族木器厂　阜新蒙古族自治县民族靴鞋厂　阜新蒙古族自治县民族印刷厂　阜新民族酒厂　朝阳市民族铜器厂　朝阳市民族皮毛厂　朝阳县地毯总厂　喀喇沁左翼蒙古族自治县民族家具厂　喀喇沁左翼蒙古族自治县制鞋厂　喀喇沁左翼蒙古族自治县美术陶瓷厂　喀喇沁左翼蒙古族自治县紫砂制品厂　喀喇沁左翼蒙古族自治县民族印刷厂　喀喇沁左翼蒙古族自治县民族制革厂　喀喇沁左翼蒙古族自治县民族革制品厂　北票市民族靴鞋厂　北票市民族家具美术厂　阜新蒙古族自治县蒙药厂

吉林省：

龙井市电器总厂　龙井市民族电器厂　龙井市民族搪瓷厂　龙井市工艺美术厂　龙井市家具厂　龙井市木器总厂　龙井市帆布皮件厂　龙井市民族皮鞋厂　龙井市革制品厂　和龙县西城日用品厂　和龙县头道木器厂　和龙县头道民族席垫厂　和龙县民族家具厂　和龙县运动鞋厂　汪清县家具厂　汪清县民族皮鞋厂　延吉市铝制品厂　延吉市民族鞋厂　延吉市工艺美术厂　延吉市民族乐器厂　延吉市制药二厂　延吉市铝餐具厂　延吉市日用铸造厂　延吉市民族塑料厂　延吉市帆布皮件厂　图们

市五金厂　图们市民族家具厂　珲春市木器总厂　珲春市民族陶瓷厂　敦化市家具厂　安图县木器厂　前郭尔罗斯蒙古族自治县民族靴鞋厂　前郭尔罗斯蒙古族自治县民族家具厂　前郭尔罗斯蒙古族自治县民族制帽厂　前郭尔罗斯蒙古族自治县民族服装厂

黑龙江省：

哈尔滨市民族帽厂　哈尔滨市首饰厂　哈尔滨市荣华家用电器器具厂　牡丹江市不锈钢制品总厂　牡丹江市制锅厂　牡丹江市金银首饰厂　牡丹江市皮毛厂　牡丹江市塑料四厂　齐齐哈尔市奶桶厂　宁安县陶瓷厂　林口县五林陶瓷厂　杜尔伯特蒙古族自治县民族服装厂　杜尔伯特蒙古族自治县皮毛鞋帽厂　杜尔伯特蒙古族自治县木工厂　杜尔伯特蒙古族自治县呼和白铁厂　杜尔伯特蒙古族自治县食品厂　杜尔伯特蒙古族自治县毛毯厂　杜尔伯特蒙古族自治县塑料厂　杜尔伯特蒙古族自治县木制加工厂　杜尔伯特蒙古族自治县锅炉修造厂　杜尔伯特蒙古族自治县乳品厂　杜尔伯特蒙古族自治县民族陈酒厂　杜尔伯特蒙古族自治县编织厂　杜尔伯特蒙古族自治县牧业机械厂　逊克县民族工艺美术厂

江苏省：

南京市宝庆首饰厂　南京市金线金箔总厂　南京市工艺美术品厂　南京市工艺雕刻厂　苏州织锦厂　苏州金属工艺厂　苏州花线厂　苏州排须花边厂　苏州市剧装戏具厂　苏州珠宝厂　苏州绣品厂

江西省：

景德镇市新华瓷厂　景德镇市东风瓷厂　景德镇市春光瓷厂　景德镇市勤俭瓷厂　景德镇市红光瓷厂　南昌市铜工艺品厂　上饶市手电筒厂　德兴县通用机械厂

山东省：

临清工艺丝织厂

河南省：

社旗县五金厂　新乡市乐器厂

湖北省：

恩施市民族皮鞋一厂　恩施市民族皮鞋二厂　恩施市民族皮革厂　恩施市民族皮件厂　恩施市民族童鞋橡胶厂　恩施市民族塑料一厂　恩施市民族橡胶制品厂　恩施市民族红光五金厂　恩施市民族铁锅厂　恩施市民族五金厂　恩施市民族十大五金厂　恩施市民族为民家具厂　恩施市民族油漆工艺制镜厂　恩施市民族兴华印刷厂　恩施市民族食品厂　恩施市民族火柴厂　恩施市民族瓦楞纸箱厂　恩施市民族肥皂厂　恩施市民族玻璃厂　恩施市民族金属喷涂厂　利川市民族皮革厂　利川市民族工艺美术厂　利川市民族绣品服装厂　利川市民族包装厂　来凤县民族皮革塑料厂　来凤县民族漆器工艺厂　来凤县民族工艺品厂　来凤县民族服装厂　来凤县民族五金厂　来凤县民族印刷厂　来凤县民族陶瓷厂　咸丰县民族制鞋厂　咸丰县民族陶瓷厂　鹤峰县民族皮革厂　鹤峰县民族印刷厂　鹤峰县国营民族百鹤玉厂　巴东县民族家具厂　巴东县国营民族钉丝厂　建始县民族工艺厂　建始县民族印刷厂　宣恩县民族童装工艺厂　宣恩县民族综合厂　鄂西州民族绣品厂　湖北省工艺美术厂　天门市岳口民族鞋厂　天门市民族童装厂　仙桃市民族鞋厂　仙桃民族工艺品厂　松滋县民族童装绣品厂　石首市民族童装厂　公安县振兴民族塑料厂　天门市彭市民族工艺美术厂　天门市土家族友好工艺厂　襄阳县双沟民族皮件厂　襄阳县双沟民族童装工艺厂　襄阳县襄樊民族五金厂　襄阳县民族罐头厂　枣阳市民族皮革厂　枣阳市民族篷布厂　随州市民族帽厂　襄樊市民族刺绣厂　随州市民族皮革制品厂　长阳土家族自治县民族藤器厂　长阳土家族自治县民族服装厂　长阳土家族自治县民族家具厂　长阳土家族自治县民族皮件厂　长阳土家族自治县民族蘑芋粉条厂　五峰土家族自治县民族烟花鞭炮厂　五峰土家族自治县民族茶厂　五峰土家族自治县渔洋关民族制鞋厂　宜昌市清真食品厂　远安县民族工艺陶厂　湖北省民族帽厂　孝感市民族工艺厂　孝感市民族塑料工艺厂　汉川县民族丝织厂　汉川县脉旺民族工艺厂　汉川县民族童装厂　汉川县民族织毯厂　武汉市金银制品厂　武汉市民族乐器厂　武汉市戏剧用品厂　武汉市锣厂　武汉市清真食品厂　武汉市陨县金属加工厂　丹江口市民族工艺木制品厂　丹江口市民族丝毯厂　房县民族工艺厂　蒲圻市民族绣衣厂　黄冈县民族特种灯县厂　黄石市民族绣品厂　武汉市民族竹器工艺厂　房县民族皮件厂　石首市民族抽纱刺绣厂　咸丰县民族酒厂　恩施市民族软木厂　鄂西土家族苗族自治州民族制药厂

湖南省：

湘西土家族苗族自治州民族塑料厂　湘西土家族

苗族自治州轻工机械厂　湘西土家族苗族自治州试制工场　湘西土家族苗族自治州民族彩印厂　吉首市民族羽绒厂　吉首市民族布鞋厂　吉首市民族皮件厂　吉首市民族皮鞋厂　吉首市民族制革厂　吉首市民族家具厂　吉首市民族塑料厂　吉首市民族五金厂　吉首市民族制镜厂　吉首市民族包装工艺厂　吉首市轻修厂　吉首市民族玻纤厂　吉首市民族装璜厂　吉首市民族酿酒总厂　吉首市民族火柴厂　永顺县民族皮鞋厂　永顺县胶塑厂　永顺县民族锁厂　永顺县金刚石厂　龙山县民族皮鞋厂　龙山县民族家具厂　龙山县民族五金厂　龙山县民族织锦厂　龙山县民族建材厂　龙山县鞭炮厂　龙山县民族纸箱厂　龙山县民族陶器厂　龙山县纸厂　龙山县民族彩印厂　凤凰县民族皮鞋厂　凤凰县民族家具厂　凤凰县民族五金厂　凤凰县民族制镜厂　凤凰县民族纸纤厂　凤凰县民族金属制品厂　凤凰县民族造纸厂　凤凰县民族彩印厂　泸溪县民族皮件厂　泸溪县民族家具厂　泸溪县民族塑料厂　泸溪县民族日用五金厂　泸溪县民族综合厂　泸溪县民族食品厂　泸溪县民族竹器厂　泸溪县民族木器厂　花桓县民族皮鞋厂　花桓县民族五金厂　花桓县民族工艺厂　花桓县民族民间工艺厂　古丈县民族皮鞋厂　古丈县民族五金厂　古丈县民族工艺美术厂　古丈县竹木家具厂　保靖县民族木件厂　保靖县民族家具厂　保靖县民族五金厂　保靖县瓷厂　保靖县肥皂厂　通道侗族自治县民族五金厂　通道侗族自治县民族皮件厂　通道侗族自治县民族竹木制品厂　通道侗族自治县民族文化用品厂　通道侗族自治县民族棉织厂　通道侗族自治县民族服装厂　新晃侗族自治县民族皮鞋厂　新晃侗族自治县民族布鞋厂　新晃侗族自治县民族织染厂　新晃侗族自治县民族用品厂　新晃侗族自治县民族包装装璜厂　新晃侗族自治县民族造纸厂　靖州苗族侗族自治县民族羽绒制品厂　靖州苗族侗族自治县民族皮革制品厂　靖州苗族侗族自治县活性碳厂　靖州苗族侗族自治县第二造纸厂　靖州苗族侗族自治县食品罐头厂　麻阳苗族自治县民族塑料厂　麻阳苗族自治县民族食品厂　麻阳苗族自治县民族禾镰厂　麻阳苗族自治县民族五金厂　麻阳苗族自治县民族服装厂　麻阳苗族自治县民族皮件厂　麻阳苗族自治县民族二木器厂　麻阳苗族自治县民族卫华纸厂　麻阳苗族自治县民族铸造厂　麻阳苗族自治县民族一木器厂　麻阳苗族自治县民族彩印厂　麻阳苗族自治县日化厂　芷江侗族自治县民族皮革制品厂　芷江侗族自治县民族金银工厂　芷江侗族自治县民族木工厂　芷江侗族自治县民族五金电镀厂　大庸市民族人造板厂　大庸市民族皮件厂　大庸市民族橡塑厂　大庸市民族彩印厂　桑植县民族工艺美术厂　桑植县民族五金厂　桑植县民族陶瓷厂　桑植县民族塑料厂　桑植县民族造纸厂　桑植县民族罐头食品厂　江华瑶族自治县民族棉织厂　江华瑶族自治县民族服装厂　江华瑶族自治县民族木器厂　江华瑶族自治县民族人造板厂　江华瑶族自治县民族五金厂　江华瑶族自治县民族包装装璜印刷厂　江华瑶族自治县民族日用家具厂　江华瑶族自治县民族水晶石眼镜厂　城步苗族自治县民族木器厂　城步苗族自治县民族建材厂　城步苗族自治县民族竹器厂　城步苗族自治县民族塑料厂　城步苗族自治县日用玻璃厂　城步苗族自治县造纸厂　城步苗族自治县罐头厂　洞口县民族五金厂　长沙民族乐器厂

广东省：

连山壮族瑶族自治县民族服装厂　连山壮族瑶族自治县民族五金厂　连山壮族瑶族自治县民族工艺厂　连山壮族瑶族自治县塑化厂　连山壮族瑶族自治县制罐厂　连山壮族瑶族自治县木制厂　连南瑶族自治县民族家具厂　连南瑶族自治县二轻民族美术工艺厂　连南瑶族自治县铁木工厂　连南瑶族自治县二轻民族服装厂　连南瑶族自治县二轻综合厂　连南瑶族自治县二轻五金修配厂　乳源瑶族自治县服装厂　乳源瑶族自治县五金厂　乳源瑶族自治县木器厂　乳源瑶族自治县塑胶厂　乳源瑶族自治县锻压铸造厂

广西壮族自治区：

南宁市织锦制衣厂　南宁市制帽厂　南宁市线带厂　南宁市钢精厂　南宁市伞厂　南宁市民族镜画厂　南宁市皮件厂　南宁市铝制品厂　南宁市服装厂　南宁市工艺美术厂　南宁市儿童服装厂　宜山德胜红蓝酒厂　靖西县电池厂　武鸣县民族皮鞋厂　苍梧县陶瓷厂　河池地区电池厂　柳州市日用搪瓷厂　田阳县造纸厂　百色市塑料厂　富川县蜜饯厂　防城县罐头食品厂　田阳县综合食品厂　贺县瓷厂　北流县瓷厂　南宁肥皂厂　梧州市电筒厂　梧州市制帽厂　梧州市车绣厂　梧州市工艺厂　龙胜县猕猴桃制品厂　龙胜县工艺美术厂　龙胜县被服厂　龙胜县鞋帽厂　大化县

民族皮鞋厂　大化县二轻榨油厂　玉林市皮鞋厂　玉林市工艺美术厂　玉林市服装厂　玉林市染织厂　玉林市织袋厂　玉林市制鞋厂　贵港市民族服装厂　贵港市日用制品厂　贵港市家具厂　贵港市染织厂　贵港市皮鞋厂　桂平县橡胶皮鞋厂　桂平县木器厂　平南县刀具厂　容县皮革制品厂　容县金属制品厂　容县童装厂　扶绥县服装厂　宁明县服装厂　象州县儿童食品厂　鹿寨县木器厂　来宾县服装二厂　融安县皮鞋厂　钦州地区二轻塑料五金厂　合浦县工艺厂　田林县被服厂　靖西县纺织厂　百色市软木厂　防城县工艺藤器厂　罗城县美术镜画厂　东兰县钢精厂　南丹县二轻油脂厂　北流县工艺厂　北流县轻工机械厂　北流县被服厂　博白县塑料制品厂　博白县炮竹厂　陆川县乐鼓厂　陆川县童装厂　邕宁县被服厂　武鸣县服装二厂　北海市制伞厂　北海市日用塑料厂　桂林市金属工艺品总厂　桂林市桂绣制品厂　桂林市民族童装厂　河池市服装厂　河池市制鞋厂　河池市棉织厂　宜山县工艺美术厂　宜山县服装二厂　宜山县手套厂　罗城县服装厂　罗城县家具厂　环江县铁木厂　环江县棕编厂　南丹县被服厂　南丹县制鞋厂　天峨县农具厂　天峨县木器厂　东兰县铁木厂　东兰县木材加工厂　巴马县家具厂　巴马县陶瓷厂　凤山县木器厂　凤山县被服厂　都安县书面纸厂　都安县工艺厂　都安县炮竹厂　钦州市橡胶皮鞋厂　钦州市抽纱绣品厂　钦州市服装厂　钦州市木器厂　钦州市炮竹厂　钦州市泥兴厂　防城县服装厂　防城县皮塑厂　防城县家用工艺厂　防城县二轻食品厂　防城县木器厂　上思县陶瓷厂　上思县炮竹厂　上思县服装厂　融水县工艺美术厂　融水县织锦厂　融水县竹器厂　融水县服装厂　融水县棉织厂　融水县染织厂　融水县木器厂　融水县家具厂　融水县塑料编织袋厂　三江县服装厂　三江县五金农具厂　三江县木器厂　融安县染织厂　融安县木器厂　金秀县民族用品厂　恭城县民族服装厂　恭城县民族五金厂　资源县染织厂　资源县陶瓷厂　富川县服装厂　富川县家具厂　富川县民族用品厂　富川县工艺厂　富川县竹器工艺厂　富川县花炮厂　昭平县木器制品厂　昭平县陶瓷厂　昭平县被服厂　蒙山县染织厂　蒙山县五金厂　蒙山县炮竹厂　贺县皮革厂　横县皮革厂　横县民族针织服装厂　横县民族木器厂　宾阳县民族织锦厂　宾阳县新兴锁厂　上林县民族服装厂　崇左县服装厂　大新县服装厂　龙州县刀具厂　龙州县制鞋厂　凭祥市五金厂　忻城县壮锦厂　靖西县民族服装总厂　乐业县服装厂　乐业县炮竹厂　西林县服装厂　百色市五金厂　百色市棉织厂　百色市工艺美术厂　百色市木器厂　百色市皮革厂　百色市民族服装厂　百色市炮竹厂　百色市民族棉线厂　平果县铁锅厂　靖西县五金厂　靖西县壮锦厂　靖西县日用工艺厂　田阳县铁锅厂　田阳县染织厂　田阳县制鞋厂　田东县棉织厂　田东县皮鞋厂　德保县藤编工艺厂　那坡县木器厂　柳州市美陶厂　柳州市飞羚塑料皮件总厂　柳州市民族塑料彩印厂　柳州市铝制品厂　柳州市旅游品厂　柳州地区民族服饰厂　柳州市工艺美术厂　柳州市纺织制品厂　柳州制衣厂　柳州市铁锅厂　柳州市制毯厂　隆林县棉胎厂　隆林县五金厂　隆林县被服厂　三江县综合木器厂　武宣县民族服装厂　武宣县民族机械厂　荔浦县第一塑料厂　北海市电筒厂　防城县玻璃制品厂　北海市制线厂　横县桂南羽绒制品厂　广西少数民族用品服务部总部　柳州分部　钦州分部　防城分部　贵港分部　桂林少数民族用品服务部

海南省：

屯昌县服装厂　海南联合珠宝首饰加工厂　保亭黎族苗族自治县服装厂　保亭黎族苗族自治县民族家具厂　陵水黎族自治县被服厂　陵水黎族自治县二轻综合厂　琼中黎族苗族自治县服装厂　通什市服装厂　通什市二轻机械厂　三亚市工艺厂

四川省：

阿坝县地毯厂　阿坝县五金厂　阿坝县毛绒分梳厂　阿坝县民族皮革厂　成都市进军皮鞋厂　南坪县五金厂　红原县皮毛厂　红原县奶粉厂　若尔盖县民族制革厂　若尔盖县牧机厂　松潘县五金厂　金川县五金修造厂　金川县民族服装厂　金川县民族木制品厂　壤塘县民族服装厂　马尔康县民族服装厂　马尔康县特需用品厂　马尔康县五金厂　汶川县民族服装厂　汶川县民族用品厂　茂县地毯厂　茂县五金厂　茂县民族服装厂　茂县民族工艺美术厂　黑水县五金厂　黑水县民族服装厂　理县薛城铁木加工厂　阿坝州制革厂　阿坝州

印刷厂　布拖县民族皮革厂　布拖县民族服装厂　昭觉县民族工艺厂　昭觉县民族服装厂　昭觉县皮革厂　昭觉县羊毛制品厂　美姑县民族工艺服装厂　西昌市民族用品厂　西昌市棉织厂　凉山州红旗印刷厂　会理县美术玻璃厂　会理县民族棉织用品厂　会理县五金厂　会理县民族服装厂　木里县铁木综合厂　木里县民族皮毛厂　盐源县民族五金制品厂　金阳县民族服装社　喜德县民族用品厂　甘孜州民族用品厂　丹巴县农机具厂　甘孜县民族金属制品厂　康定县民族五金制品厂　康定县民族制革厂　康定县金银工艺厂　康定县民族服装厂　康定县康娃社　康定县民族文化用品厂　彭水县民族服装制伞厂　彭水县弹纺厂　彭水县小河陶瓷厂　彭水县五金厂　石柱县竹藤工艺厂　石柱县红旗服装厂　酉阳县皮鞋厂　酉阳县布鞋厂　酉阳县服装一厂　酉阳县民族皮件厂　秀山县戈铧厂　秀山县民族瓷厂　黔江县二轻化工厂　成都市塑料九厂　成都市星火皮件厂　成都市铝制品厂　成都市制镜厂　成都市金银制品厂　成都市地毯厂　成都市锡金工艺品厂　成都市民族乐器厂　成都市文化用品厂　成都市制伞厂　成都市剧装厂　成都市搪瓷总厂　成都市东方瓷厂　成都市民族用品厂　新都县刀剪厂　蒲江县五金厂　都江堰市地毯厂　都江堰市民族金属制品厂　金堂县地毯厂　都江瓷厂　汉源县五金工具厂　汉源县民族用品厂　宝兴县硗碛银工组　宝光县二轻民族银制工艺品厂　雅安地区印刷厂　汉源县民族用品厂　峨边县民族服装厂　峨边县五金厂　沐川县木器厂

贵州省：

贵州市新光标牌厂　贵州市皮件厂　贵州市民族制镜厂　贵阳市民族乐器厂　贵州市天乐金属工艺厂　贵州市绣品厂　锦屏县木器厂　镇远县清溪铁锅厂　镇远县民族绣品厂　镇远县民族工艺厂　镇远县制镜厂　印江县食品厂　铜仁民族车木厂　务川县皮革制品厂　贵阳花溪食品厂　荔波工艺美术社　龙里县藤制品厂　贵阳清江民族服装厂　都匀市华匀皮革厂　台江县民族刺绣厂　从江县民族工艺厂　从江县民族陶瓷厂　凯里市民族花边厂　三惠羽绒厂　雷山银球茶厂　雷山民族工艺美术厂　雷山民族陶瓷厂　黎平民族布鞋厂　黎平民族服装厂　松桃民族特需品厂　玉屏县萧笛厂　玉屏县民族服装绣品厂　石阡民族丝织厂　印江县民族用品厂　印江县民族竹木制品厂　印江县花炮厂　沿河县凉席厂　沿河县民族工艺厂　安顺市蜡染总厂　安顺市布依地毯厂　安顺市民族手工艺品厂　安顺市民族工艺鞋厂　安顺市彩印厂　黔西南州工艺厂　兴义市民族商品厂　天柱民族时装厂　独山县民族制帽厂　独山县民族布伞厂　独山县铁锅厂　独山县盐酸菜厂　镇宁县蜡染厂　镇宁县民族工艺美术厂　关岭县民族工艺厂　晴隆县日化厂　湄潭绣品厂　遵义市民族商品厂　荔波县民族银饰厂　平圹美术陶瓷厂　毕节县雨伞厂　威宁县民族商品厂　威宁县毛制品厂　大方县漆器厂　榕江鞭炮厂　镇远县民族花炮厂　桐梓县印刷厂　赤水县印刷厂　都匀市第二印刷厂　都匀市制鞋厂　都匀市木器厂　普安民族蜡染厂　剑河县罐头食品厂　兴义市民族被服厂　普安铁锅厂　安龙县铁锅厂　施秉县民族绣品厂

云南省：

楚雄市鞋帽厂　楚雄市民族家具厂　楚雄市民族工艺饰品厂　南华铸锅厂　姚安工艺美术厂　永仁民族家具厂　永仁民族皮件厂　牟定县五金厂　牟定县瓷厂　牟定县轻工锻压厂　禄丰剪刀厂　武定县民族工艺饰品厂　武定县印刷厂　双柏皮革厂　建水县民族银首饰厂　元阳县民族首饰五金厂　屏边县人造板厂　建水县瓷厂　屏边县棕制品厂　绿春县铁工厂　绿春县编织厂　绿春县木器厂　河口县木器厂　河口县五金社　元阳县棕麻厂　建水县工艺美术陶瓷厂　红河县棕麻厂　石屏县民族工艺美术厂　红河县五金厂　个旧市民族料珠厂　个旧市民族橡塑厂　个旧市制鞋厂　个旧市锡工艺美术厂　建水土陶厂　红河县木器厂　绿春县五金厂　金平县造纸厂　文山县民族用品厂　马关县民族用品综合厂　马关县五金厂　马关县民族布鞋厂　广南县民族银饰工艺厂　广南县清真食品厂　砚山县五金修理厂　砚山县染织厂　砚山县农具厂　邱北县家具厂　邱北县民族用品厂　邱北县云南制球厂　富宁县民族工艺厂　麻栗坡藤木家具厂　文山壮族苗族自治州塑料厂　马关县农具厂　麻栗坡县农具厂　西双版纳民族工艺品厂　西双版纳香料厂　景洪县民族制鞋厂　景洪县版料五金建材厂　景洪县民族家具厂　景洪县陶器厂　勐海县民族银饰品厂　勐海县陶器厂　勐海县民族家具厂　勐腊县综合社　勐

腊县陶器社　大理白族自治州下关皮革厂　大理白族自治州下关工艺美术厂　大理白族自治州大理工艺美术厂　大理市民族木制品厂　大理市民族木雕家具厂　大理市皮件厂　大理市下关鞋厂　大理市民族塑料厂　巍山县民族鞋厂　巍山县民族织染厂　巍山县民族五金厂　巍山县蜜饯厂　大理市皮鞋一厂　祥云县农具厂　剑川民族木器厂　剑川县民族果品厂　弥渡县回族糕点厂　中甸民族毛纺厂　中甸民族木碗厂　中甸民族木器厂　迪庆藏族自治州民族用品厂　迪庆藏族自治州民族副食品加工厂　维西县瓷厂　维西县木器社　维西县民族用品厂　维西县民族皮毛厂　德钦县民族皮革厂　德钦县民族银饰品厂　德钦县综合食品厂　德钦县地毯厂　泸水县木器厂　泸水县陶瓷厂　泸水县六库民族服装厂　怒江傈僳族自治州木器厂　兰坪县竹藤家具厂　芒市民族银器厂　芒市民族布鞋厂　德宏芒市民族塑料一厂　德宏芒市塑料二厂　潞西县民族木器厂　潞西县民族制革皮鞋厂　潞西县民族胶鞋厂　潞西县民族联营紫胶厂　潞西县五金厂　畹町县民族综合厂　畹町市造纸厂　瑞丽县民族皮革厂　瑞丽县民族家具厂　瑞丽县饮食制品厂　陇川县户撒刀具厂　陇川县民族家具厂　陇川县民族陶瓷厂　陇川县民族皮鞋皮革厂　盈江县民族藤木器厂　盈江县五金厂　盈江县民族皮革厂　梁河县五金厂　梁河县民族家具厂　德宏傣族景颇族自治州橡胶厂　德宏傣族景颇族自治州民族皮革厂　德宏傣族景颇族自治州香料厂　潞西县民族糖果厂　丽江地区印刷厂　丽江县皮毛皮革厂　丽江县民族工艺美术陶瓷厂　丽江县五金厂　丽江县民族布鞋厂　丽江县民族首饰厂　丽江县光义民族糕点厂　丽江县光义民族铸造厂　丽江县印刷厂　丽江县民族用品厂　丽江县民族糕点厂　永胜县瓷厂　宁蒗县彝族披毡厂　宁蒗县民族餐具厂　丽江地区民族毛纺织厂　保山市民族手帕厂　保山市五金制品厂　保山市民族木器厂　腾冲县工艺美术厂　腾冲县藤帽厂　腾冲县烟花爆竹厂　腾冲县民族制镜厂　腾冲县民族木器厂　龙陵县民族农具厂　昌宁县果脯罐头厂　玉溪地区通海伞厂　通海县民族银饰制品厂　新平县综合厂　华宁县盘溪五金厂　华宁县陶器厂　普洱县民族五金厂　景谷县棉染厂　景谷县五金厂　孟连县陶瓷厂　孟连县五金厂　西盟县陶器厂　西盟县木器厂　江城县竹器厂　墨江木器厂　澜沧县木器厂　澜沧县五金厂　澜沧县陶器厂　双江县制鞋厂　双江县农机厂　双江县五金厂　双江县家具厂　双江县陶器厂　耿马县陶器厂　耿马县印刷厂　耿马县皮革厂　耿马县木器厂　耿马县五金厂　沧源县陶器社　沧源县五金厂　沧源县民族皮鞋厂　沧源县农机厂　云县民族罐头果品厂　沧源县日用品社　昭通市民族毛皮制品厂　昭通市版纳地毯厂　昭通市民族制鞋厂　昭通市剪刀厂　昭通市陶瓷厂　昭通市民族综合厂　鲁甸县清真食品厂　鲁甸县民族综合厂　师宗县民族工艺厂　陆良县民族五金制品厂　昆明市铝制品厂　昆明市民族铜制品厂　昆明市民族铝制品厂　昆明市民族塑料厂　昆明市斑铜厂　昆明市蜡染工艺美术厂　昆明市红光电子玩具厂　昆明市伞厂　昆明市牙雕厂　昆明市制帽厂　昆明市乐器厂　昆明市金银首饰厂　昆明市皮件一厂　昆明市制镜厂　昆明市玉雕厂　昆明市戏剧用品厂　昆明市机绣厂　昆明市民族宝石首饰厂　昆明市回民糕点厂　昆明市布鞋二厂　昆明市塑料四厂　昆明市制锁厂　石屏县民族装璜厂

西藏自治区：

拉萨市城关区工艺美术厂　拉萨市城关区综合一厂　拉萨市城关区儿童服装厂　拉萨市城关区鞋业二厂　拉萨市城关区鞋业三厂　拉萨市城关区民族垫具厂　拉萨市城关区家具一厂　拉萨市城关区家具二厂　拉萨市城关区家具三厂　拉萨市城关区家具四厂　拉萨市城关区农机修造厂　拉萨市城关区铜器加工厂　西藏自治区工艺美术综合加工厂　西藏自治区“三八”服装厂　西藏皮革厂　西藏拉萨塑料厂　日喀则服装一厂　日喀则服装二厂　日喀则服装三厂　日喀则皮革木碗社　日喀则铁器厂　日喀则卡垫厂　日喀则扎西吉影金银铜器厂　日喀则家具厂　江孜县地毯厂　江孜镇民族服装厂　江孜镇铁木家具厂　江孜镇卡垫厂　江孜镇日郊卡垫厂　亚东县家具厂　亚东县帕里卡垫厂　亚东县下司玛综合企业　乃东地毯厂　扎囊卡垫厂　浪卡子地毯厂　浪卡子贡布学卡垫厂　琼结雪康卡垫厂　山南地区姐德秀围裙厂　贡嘎县江雄普鲁厂　贡嘎县岗则普鲁厂　贡嘎县东拉萨被厂　曲松综合厂　琼结水晶玉石厂　错那列布竹器厂　乃东铁器厂　山南地区泽当木器家具厂　山南地区泽当服装厂　山

南地区泽当民族竹器厂　昌都县地毯厂　昌都县第一服装厂　昌都县第二服装厂　昌都县铁器厂　昌都县木器厂　昌都县皮革厂　类乌齐县综合厂　丁青县缝纫厂　丁青县地毯厂　边坝县缝纫厂　察雅县香堆地毯厂　芒康县综合厂　八宿县缝纫厂　那曲综合加工厂　那曲地区地毯厂　那曲地区民族鞋帽厂　加里县民族木器家具厂　拉萨市地毯厂　拉萨市鞋帽厂　拉萨市木器厂　林芝地区民族用品综合加工厂

陕西省：

西安市特种工艺美术总厂　西安市金属工艺厂　西安市锦江刺绣厂　西安市玩具厂　西安市电热器厂　西安市红星皮件厂　西安市凤凰刺绣厂　西安市登峰鞋厂　榆林市地毯厂　安康市棕草制品厂

甘肃省：

甘南州毛革厂　甘南州地毯厂　甘南州民族木器厂　甘南州五金厂　甘南州火柴厂　甘南州民族塑料厂　甘南州制镜厂　甘南州乳制品厂　夏河县皮革厂　夏河县清真罐头厂　夏河县民族五金厂　夏河县民族木器厂　夏河县生活保温制品厂　夏河县青年鞋厂　夏河县畜产品加工厂　迭部县木器厂　迭部县手工业联社综合厂　舟曲县手工业联社综合厂　临潭县手工业联社综合厂　卓尼县手工业联社综合厂　碌曲县手工业联社综合厂　玛曲县手工业联社综合厂　临夏市木器厂　临夏市皮革厂　临夏市民族特需用品厂　临夏市铸造厂　临夏市红旗机械厂　临夏市棉麻制品厂　临夏市印刷厂　临夏市皮鞋厂　临夏市工艺品厂　临夏市雕刻工艺厂　临夏市造纸厂　临夏市皮件厂　临夏市文化用品厂　临夏市民族地毯厂　临夏市畜产品加工厂　临夏市综合加工厂　临夏市民族建筑五金厂　永靖县民族木器厂　永靖县印刷厂　东乡县地毯厂　东乡县五金厂　广河县民族木器厂　广河县五金厂　广河县铁器厂　康乐县民族木器厂　康乐县民族烤箱厂　和政县五金厂　和政县铁器厂　张家川县皮毛厂　张家川县金属厂　张家川县日用五金厂　张家川县民族印刷厂　张家川县木材加工厂　肃南县皮毛加工厂　肃南县民族用品厂　肃南县地毯厂　天祝县皮毛加工厂　天祝县民族印刷厂　天祝县木器厂　平凉市清真食品厂　肃北县畜产品加工厂　兰州市工艺美术厂　白银西铜金属工艺厂

青海省：

青海省铝制品厂　青海省地毯二厂　青海省皮毛被服厂　青海省工艺美术厂　西宁市第二锁厂　西宁市第五皮鞋厂　西宁市民族金银手饰厂　青海省民族靴鞋厂　西宁市胶鞋厂　西宁市制帽厂　西宁市明胶厂　西宁市城东区回民食品厂　西宁市城东区民族皮革厂　西宁市城东区民族皮毛厂　西宁市城东区民族工艺制镜厂　西宁市城东区民族天然色素厂　西宁市城中玻璃制品厂　西宁市城中民族五金厂　西宁市民族毛制品厂　西宁市民族铝制品厂　西宁市城西民族印刷厂　大通县木器厂　大通县五金厂　大通县清真食品厂　大通县电瓷厂　海东地区平安清真食品厂　互助县搪瓷厂　互助县北山鞍子社　互助县林木制品厂　互助县酒厂　互助县地毯厂　湟源县塑料厂　湟源县皮革厂　湟源县五金厂　湟源县木工厂　湟源县副食厂　乐都县民族地毯厂　乐都县民族塑料厂　民和县锅厂　民和县五金厂　民和县木器厂　民和县清真食品厂　循化县五金厂　循化县木器厂　循化县清真食品厂　湟中县大理石厂　湟中县地毯厂　湟中县民族用品厂　湟中县民族鞋厂　湟中县清真食品厂　化隆县五金厂　化隆县农具厂　化隆县清真食品厂　化隆县木器厂　化隆县地毯厂　乌兰木器厂　格尔木五金厂　格尔木清真食品厂　格尔木果酒厂　德令哈木器厂　德令哈五金厂　德令哈塑料厂　德令哈地毯厂　乌兰清真食品厂　都兰皮革厂　玉树县农机厂　玉树县皮毛厂　玉树县民族家具厂　玉树县民族特需用品厂　玉树县民族地毯厂　同仁县地毯厂　同仁县木器厂　河南手联社综合加工厂　尖扎清真食品厂　海南藏族自治州地毯厂　海南藏族自治州牧业机械厂　共和五金厂　共和皮毛绒公司　贵德县五金厂　兴海五金厂　同德五金厂　海南藏族自治州同德地毯厂　贵南五金厂　兴海地毯厂　海北藏族自治州刚察县五金厂　刚察县皮革总厂　海北藏族自治州地毯厂　门源皮毛厂　门源五金厂　门源清真食品厂　祁连五金厂　祁连皮毛服装厂　祁连清真食品厂　海晏木器厂　海晏五金厂　门源青石嘴五金厂　果洛藏族自治州皮革厂　果洛藏族自治州乳品厂

宁夏回族自治区：

灵武县毛皮厂　西吉县毛皮厂　海原县民族毛皮厂　海原县民族服装厂　平罗县皮鞋厂

平罗县民族服装厂　海原县民族综合修配厂　固原县皮鞋厂　固原县金属制品厂　固原县六盘山淀粉厂　固原县民族工艺制镜厂　永宁县东方皮件厂　永宁县木螺钉厂　银川市搪瓷厂　银川市铸锅厂　银川市民族家具厂　银川市制箱厂　银川市日用化工厂　银川市民族服装厂　银川市铝丝厂　银川市塑料厂　石嘴山市民族陶瓷厂　石嘴山市民族工艺美术瓷厂　石嘴山市瓷器厂　贺兰县民族铝制品厂　贺兰县民族家具厂　同心县民族家具厂　泾源县民族家具厂　吴忠市民族工艺制镜厂　吴忠市民族用品厂　吴忠市民族服装厂　吴忠市民族制鞋厂　同心县民族地毯厂　西吉县民族用品厂

新疆维吾尔自治区：

新疆民族工艺厂　乌鲁木齐第一皮鞋厂　伊犁州利群皮革厂　霍城糖厂　伊犁建华皮革总厂　农四师铁厂沟陶瓷厂　伊宁市团结靴鞋厂　伊宁市套具厂　伊宁市光明帽子厂　伊宁市童鞋厂　伊宁市民族服装厂　伊宁市火星农具厂　伊宁市铁锅厂　伊宁市五金厂　伊宁市民族木器厂　伊宁市童装厂　伊宁市金银首饰厂　伊宁市羊毛衫厂　伊宁市围巾厂　伊宁市民族装饰织物厂　霍尔果斯服装厂　霍城县铁皮社　霍城县套具社　霍城县靴鞋厂　伊宁县羽绒服装厂　伊宁县木器厂　伊宁县综合厂　察布查尔县华锡皮鞋厂　察布查尔县木材厂　察布查尔县服装厂　察布查尔县五金厂　巩留县靴鞋厂　巩留县地毯厂　巩留县铁木工厂　特克斯县服装厂　特克斯县皮毛厂　特克斯县农具厂　昭苏县华新皮鞋厂　昭苏县铁工厂　尼勒克县佳丽皮鞋厂　尼勒克县服装厂　新源县民族靴鞋厂　新源县套具社　新源县东风缝纫社　新源县铁木工厂　塔城地区畜产品加工总厂　塔城地区民族服装厂　塔城市丽华靴鞋厂　塔城市被服厂　塔城市五金木器厂　塔城市莫合烟厂　塔城市罐头厂　塔城市修理服务厂　塔城市食品厂　额敏县民族服装厂　额敏县皮毛厂　额敏县铁皮厂　额敏县靴鞋厂　额敏县木器厂　乌苏县呢绒服装厂　乌苏县皮鞋厂　乌苏县皮革厂　乌苏县木器家具厂　沙湾县靴鞋社　沙湾县铁皮制品厂　沙湾县皮毛厂　托里县五金木器社　托里县皮毛厂　和丰县针织厂　阿勒泰地区皮革厂皮鞋分厂　阿勒泰地区毛制品厂　阿勒泰地区民族工艺服装厂　阿勒泰市家具厂　阿勒泰市民族服装厂　哈巴河县白花鞋厂　吉木乃县被服厂　福海县靴鞋厂　青河县民族综合厂　富蕴县靴鞋厂　布尔津县民族家具厂　博尔塔拉州食品加工厂　博尔塔拉州外贸地毯厂　博乐市群众服装厂　博乐市长城修配厂　博乐市民族皮鞋厂　博乐市民族木器厂　温泉县铁器社　精河县民族皮鞋厂　克拉玛依市木器厂　克拉玛依市二轻缝纫厂　克拉玛依市皮鞋厂　新疆昌华皮鞋厂　石河子八一糖厂　昌吉州民族工艺美术厂　昌吉州昌科回民保健食品厂　玛纳斯县民族针织厂　玛纳斯县海华靴鞋厂　玛纳斯县民族地毯厂　呼图壁县友谊服装厂　呼图壁县皮革厂　昌吉市民族服装厂　昌吉市针织厂　米泉县民族皮革厂　米泉县民族木器厂　米泉县民族服装厂　阜康县铁锅厂　阜康县民族绣品针织厂　吉尔木萨县皮毛厂　吉尔木萨县五金厂　吉尔木萨县民族特需用品加工厂　奇台县民族用品厂　奇台县民族皮毛工艺制品厂　奇台县服装厂　奇台县农具厂　木垒县民族工艺刺绣厂　木垒县民族靴鞋厂　新疆搪瓷厂民族用品分厂　乌鲁木齐市瓷厂　乌鲁木齐市玻璃厂　乌鲁木齐市日用化工厂　乌鲁木齐市制胶厂　乌鲁木齐市新潮保温瓶厂　乌鲁木齐市橡胶总厂　乌鲁木齐市地毯总厂　乌鲁木齐市民族绣品厂　乌鲁木齐市先锋皮革厂　乌鲁木齐市铁皮制品厂　乌鲁木齐市钢木家具厂　乌鲁木齐市民族皮件厂　乌鲁木齐市民族服装厂　乌鲁木齐市工艺美术厂　乌鲁木齐市铝制品厂　乌鲁木齐市民族乐器厂　乌鲁木齐市民族金属制品厂　乌鲁木齐市铁铣厂　乌鲁木齐市天山区和平路首饰厂　乌鲁木齐市清真糖果厂　乌鲁木齐市清真糕点厂　乌鲁木齐市天山食品厂　乌鲁木齐市民族儿童服装厂　吐鲁番市皮鞋厂　吐鲁番市民族用品厂　吐鲁番市五金厂　吐鲁番市民族服装厂　鄯善县民族用品厂　托克逊县皮鞋厂　哈密地区红星皮革厂　哈密市食品厂　哈密市青年地毯厂　哈密市民族绣品厂　哈密市服装厂　哈密市木器厂　哈密市铸造厂　哈密市皮革厂　巴里坤县食品厂　巴里坤县轻工修造厂　巴里坤县皮革厂　巴里坤县服装厂　巴州皮毛制品厂　巴州七一皮鞋厂　库尔勒市群众服装厂　库尔勒市民族服装厂　库尔勒市团结皮革厂　库尔勒市民族靴鞋厂　库尔勒市孔雀皮鞋厂　库尔勒市民族工艺家具厂　库尔勒市人民铁器厂　库尔勒市黄河白铁制品厂　和静县民族

服装厂　和静县地毯厂　和静县家具厂　和静县五金厂　焉耆县家具厂　焉耆县铁皮制品厂　焉耆县服装厂　焉耆县地毯厂　尉犁县缝纫社　尉犁县木器社　和硕县综合服务厂　和硕县地毯厂　博湖县家具厂　博湖县地毯厂　博湖县铁皮社　若羌县铁木家具社　若羌县缝纫社　且末县铁木社　且末县白铁社　且末县缝纫社　轮台县五金社　轮台县地毯社　阿克苏地区家具厂　阿克苏地区童装厂　阿克苏地区皮革厂　库车县家具厂　库车县剪刀厂　库车县民族用品厂　库车县民族服装厂　库车县民族服装厂　沙雅县服装厂　沙雅县铁器社　沙雅县皮鞋厂　新和县民族用品厂　新和县民族服装厂　新和县五金厂　拜城县家具厂　拜城县服装厂　拜城县皮毛厂　阿克苏市民族服装厂　阿克苏市昆仑服装厂　阿克苏市农具厂　乌什县服装厂　乌什县第二服装厂　乌什县五金厂　乌什县皮鞋厂　温宿县民族服装厂　温宿县皮鞋厂　温宿县铁器社　阿瓦提县服装厂　阿瓦提县铁器社　阿瓦提县皮革厂　柯坪县服装厂　柯坪县铁器社　阿图什市民族服装厂　阿图什市民族刺绣厂　阿图什市民族家具厂　阿图什市民族五金厂　阿克陶县民族服装厂　阿克陶县民族用品厂　阿合奇县民族用品综合厂　乌恰县民族用品综合厂　喀什市陶瓷厂　喀什市民族食品厂　喀什市钢家具厂　喀什市肥皂厂　喀什市工艺美术厂　喀什市民族家具厂　喀什市民族时装厂　喀什市第一民族服装厂　喀什市第二民族服装厂　喀什市民族童装厂　喀什市民族靴鞋厂　喀什市电镀厂　莎车县民族土陶社　莎车县口袋社　莎车县民族家具厂　莎车县铁皮社　莎车县民族丝绸厂　莎车县地毯厂　莎车县毡子厂　莎车县民族皮鞋厂　莎车县民族服装厂　疏勒县民族服装厂　疏勒县民族家具厂　疏勒县民族铁器社　疏附县民族五金厂　疏附县民族服装厂　疏附县民族家具厂　岳普湖县民族服装厂　岳普湖县民族家具厂　泽普县民族五金厂　泽普县民族服装厂　泽普县毡子厂　叶城县地毯厂　叶城县民族五金厂　叶城县民族家具厂　叶城县民族服装厂　叶城县衣帽厂　伽师县民族服装厂　伽师县家具厂　伽师县皮鞋厂　巴楚县毡筒厂　巴楚县民族五金厂　巴楚县第一民族服装厂　麦盖提县民族五金厂　麦盖提县民族家具厂　麦盖提县民族服装厂　塔什库尔干塔吉克自治县民族服装厂　塔什库尔干塔吉克自治县民族铁器社　英吉沙县小刀厂　英吉沙县民族服装厂　和田地区民族玫瑰香酒厂　和田市清真食品厂　和田市民族服装厂　和田市民族用品厂　和田县家具厂　和田县地毯厂　洛浦县地毯厂　洛浦县农具厂　墨玉县民族服装厂　皮山县地毯厂　皮山县家具厂　皮山县民族服装厂　策勒县民族服装厂　策勒县花毡厂　于田县团结皮毛厂　于田县红星民族服装厂　民丰县二轻家具厂

全国纺织(丝绸)系统500个民族用品定点生产企业名单

河北省：

孟村回族自治县渤海针织厂　青龙满族自治县丝绸厂　青龙满族自治县服装厂

内蒙古自治区：

赤峰市民族色织布厂　鄂伦春阿里河帆布厂　赤峰市民族丝绸厂　扎兰屯丝绸厂　乌兰浩特市民族丝绸厂　奈曼旗棉毛针织厂　通辽民族服装厂　开鲁县民族鞋帽厂　扎鲁特旗民族服装厂　科尔沁左翼后旗民族服装厂　科尔沁左翼中旗服装厂　库伦旗民族服装厂　海拉尔民族服装厂　满洲里服装厂　扎赉诺尔服装厂　扎兰屯市服装厂　鄂伦春自治旗甘河服装厂　莫力达瓦达斡尔族自治旗服装厂　鄂温克族自治旗服装厂　乌兰浩特民族服装厂　突泉县民族

服装厂　科尔沁右翼中旗民族服装厂　扎赉特旗民族服装厂　伊克昭盟民族服装厂　鄂托克前旗服装厂　杭锦旗制帽厂　准格尔旗鞋厂　呼和浩特市民族服装厂　呼和浩特市民族制帽厂　内蒙古民族针织服装厂　四子王旗民族服装厂　达尔罕茂明安联合旗民族服装一厂　达尔罕茂明安联合旗民族服装二厂　清水河县民族服装厂　阿拉善左旗服装厂　临河民族制鞋厂　乌拉特中旗民族服装厂　临河市民族服装厂　乌拉特后旗民族服装厂　杭锦后旗鞋厂　太仆寺旗民族服装厂　锡林郭勒盟民族服装厂　正蓝旗服装厂　海拉尔制鞋厂　锡林郭勒盟民族用品厂

辽宁省：

新宾满族自治县服装厂　岫岩满族自治县服装厂　桓仁满族自治县民族服装厂　本溪满族自治县民族服装厂　鞍山市第三针织厂　北票市民族服装厂　阜新蒙古族自治县民族服装厂　丹东丝绸四厂　喀喇沁左翼蒙古族自治县民族制毯厂　凤城满族自治县丝绸厂　海城丝绸厂　丹东丝绸印染厂　阜新蒙古族自治县民族毛衫厂　辽宁民族用品厂

吉林省：

珲春市民族服装厂　延吉市民族服装厂　前郭尔罗斯蒙古族自治县民族服装厂　龙井市民族服装厂　和龙县和龙民族棉织厂　延吉市针织二厂　图们民族针织一厂　延吉市儿童服装厂　延吉市朝鲜族丝绸厂　图们民族色织布厂　图们市民族针织二厂　安图纺织厂　延吉毛纺厂　羊毛衫分厂　龙井市棉织厂　延吉市针织厂　白城前郭尔罗斯民族服装厂

黑龙江省：

牡丹江丝绸厂　牡丹江民族服装厂　杜尔伯特蒙古族自治县毛线厂　龙江县丝绸厂　密山市丝绸厂　齐齐哈尔市童装厂　富锦刺绣厂　富拉尔基制鞋厂　林甸制鞋厂

上海市：

上海第一丝织厂　上海第七丝织厂　上海丝绒厂　上海第二丝绸印染厂　新港棉毯厂　上海花边商标厂　上海第三制线厂

江苏省：

苏州织带厂　苏州商标带厂　南京市中兴源丝绸厂　南京丝绒厂　南京市艺光丝织厂　南京市溧水县丝织厂　丹阳市漳绒厂　苏州市振亚丝织厂　苏州市东吴丝织厂　苏州市新苏丝织厂　苏州市光明丝织厂　吴县丝织厂　吴县丝织二厂　南通县丝绸厂　常州市锦华绸厂　扬州市第三丝织厂

山东省：

昌邑丝织厂　临清丝织厂

湖北省：

恩施市前进民族服装厂　巴东县民族服装厂　巴东县民族鞋厂　鹤峰县先锋民族服装厂　咸丰县民族服装厂　长阳土家族自治县民族服装厂　枝江县江口民族鞋厂　恩施市民族毛巾厂　鹤峰县民族针织厂　来凤县民族丝织厂　建始县民族针织厂　五峰民族服装厂　鹤峰县红光服装厂　恩施土家族苗族自治州民族麻棉纺织厂　建始县民族服装厂　恩施市针织内衣厂　仙桃市民族舒美绒厂　襄阳县民族制鞋厂　咸丰县民族制鞋厂

湖南省：

吉首市民族服装厂　龙山县民族服装厂　花垣县民族服装厂　凤凰县民族服装厂　城步苗族自治县服装厂　泸溪县民族服装厂　吉首市民族儿童服装厂　龙山县土家织锦厂　新晃侗族自治县民族棉织厂　永顺县民族线带厂　保靖县织布厂　桑植县民族服装厂　古丈县民族服装厂　保靖县民族服装厂　凤凰县民族丝绸厂　吉首纺织印染厂　永顺纺织厂　吉首民族内衣厂　凤凰县民族毛纺厂　芷江侗族自治县苎麻纺织厂　花垣县民族床单厂　大庸苎麻纺织厂　吉首市民族针织厂　大庸市毛巾厂　永顺县民族卫生敷料厂　益阳市地毯厂　凤凰县民族棉织厂　靖州苗族侗族自治县民族服装厂

广东省：

连南瑶族自治县民族染织厂

广西壮族自治区：

梧州西华毛帽厂　玉林前风染织厂　武鸣染织厂　玉林市针织厂　玉林毛巾手帕厂　柳州市第二针织厂　柳州市纬编针织厂　百色民族毛巾厂　百色民族针织厂　贺县丝绸厂　藤县丝绸厂　梧州市丝绸厂　田阳毛绢纺织厂　桂林绢麻纺织印染厂　都安瑶族自治县毛巾厂　东兰毛巾厂　全州袜厂　南宁棉毯厂　富川瑶族自治县民族染织厂　宜山染织厂　全州染织厂　贺县染织厂　宾阳染织厂　平乐染织厂　桂林染织厂　南宁棉毯厂　南宁棉纺织印染厂　桂林棉纺厂　柳州棉纺厂　柳州棉纺织印染厂　柳州印染厂　梧州印染厂

梧州第二丝绸厂　柳州市服装一厂　柳州市服装二厂　东江棉纺织厂　柳州市童装厂

海南省：

保亭黎族苗族自治县纺织厂　通什民族织锦总厂

四川省：

昭觉毛纺厂　康定毛纺厂　酉阳土家族苗族自治县服装厂　甘孜藏族自治州服装厂　马尔康服装厂　峨边彝族自治县布鞋厂　成都市邛崃绸厂　成都市蜀锦厂　成都市东方丝绸厂　成都市丝绸厂　什邡县绸厂　成都市丝绒厂　成都市丝织厂　成都市双流绸厂　成都市新都锦缎厂　德阳市丝绸厂　中江县丝绸厂　巴中县丝绸厂　三台县丝织厂　射洪县丝绸厂　自贡丝绸厂　苍溪丝绸总厂　青川县丝绸厂　西昌绸厂　冕宁丝绸厂　成都市织带厂　成都市纺织厂　邛崃县针棉织厂

贵州省：

都匀民族提花色织厂　凯里市民族服装厂　黔西南布依族苗族自治州民族针织厂　铜仁民族毛帽厂　凯里棉纺厂　安顺市民族用品厂　凯里市民族鞋帽厂　威宁民族服装厂　都匀民族服装厂　安顺民族工艺服装厂　正安县丝织厂　黄平县丝织厂　湄潭丝织厂　剑河民族织布厂　海丰丝织厂　遵义丝织厂　石阡民族服装厂　毕节县棉毛制品厂　黔西针棉织厂　遵义民族线毯厂　贵阳市民族用品厂　德江县纺织厂　贵阳毛巾厂　贵阳印染厂织造分厂　安顺市毛巾厂　安顺市棉毯厂　独山织带厂　毕节县针织厂　丹寨棉纺织厂　安顺床单布厂　凯里床单厂　剑河民族丝织厂　贵阳制线厂　三穗县民族晴纶毛毯厂　贵州省民族服装设计实验厂　都匀毛麻纺织印染总厂　毕节毛纺厂

云南省：

昭通市民族棉织厂　威信县民族织布厂　昭通市民族振兴时装厂　鲁甸县民族服装厂　巧家县民族服装厂　永善县民族服装厂　镇雄县民族服装厂　彝良县民族服装厂　威信县扎西民族服装厂　双江县民族服装厂　耿马县民族服装厂　沧源县民族服装厂　腾冲县民族服装厂　昌宁县民族服装厂　龙陵县民族服装厂　施甸县民族服装厂　祥云县棉毯厂　鹤庆县针织厂　洱源县民族服装厂　漾濞县民族服装厂　巍山县民族服装厂　巍山县大仓民族服装厂　楚雄州丝绸厂　大姚县民族服装厂　双柏县民族服装厂　武定县民族服装厂　楚雄县民族服装厂　禄丰县民族服装厂　元阳民族纺织厂　红河县民族纺织厂　个旧民族床单厂　建水民族织染厂　弥勒县服装厂　红河县民族服装厂　绿春县民族服装厂　屏边县缝纫社　金平服装厂　元阳民族服装厂　文山县民族服装厂　砚山县民族服装厂　邱北县服装厂　西盟县民族服装厂　孟连县民族服装厂　澜沧县民族服装一厂　江城县民族服装厂　普洱县民族服装一厂　墨江县民族服装厂　玉溪民族毛巾厂　思茅县民族服装一厂　景谷县民族服装一厂　峨山县服装厂　新平县服装厂　潞西县民族服装厂　畹町市民族服装厂　瑞丽县民族服装厂　陇川县民族服装厂　盈江县民族服装厂　梁河县民族服装厂　盈江县民族染织厂　中甸县高原民族缝纫厂　中甸县民族服装厂　维西县民族服装厂　德钦县民族服装厂　丽江县民族服装厂　丽江县服装厂　宁蒗县民族服装厂　华坪县民族服装厂　宁蒗县战河服装厂　贡山县民族服装厂　寻甸县民族服装厂　景洪县民族服装厂　勐腊县民族服装厂　勐海县民族服装厂　昭通市民族丝织厂　昆明市民族花边带厂　弥渡县民族线带厂　通海县民族织染厂　大理州民族纺织厂　云南毛巾床单厂　昆明染织厂　云南印染厂　普洱县民族纺织厂　蒙自县民族毛巾厂　滇西纺织印染厂　大理民族毛巾厂　广南县民族织染厂　文山州织染厂　凤庆县针织厂　个旧沙甸云沙针织厂　陆良县丝绸厂　蒙自县丝绸厂　曲靖地区丝绸厂　保山地区丝绸厂　思茅地区民族织染厂　通海县针纺织厂　玉溪市织带厂　大理市床单厂　大理市针织厂　保山地区针织厂　昆湖针织总厂　丽江县民族纺织厂　陆良马街织染厂　腾冲县民族织染厂　临沧民族织染厂　凤庆民族用品针织厂　江川县毛巾厂　保山市棉织厂　寻甸县民族织染厂　个旧市红旗服装厂　澜沧县民族织染厂　景东县民族纺织厂　巧家县民族织染厂　鹤庆县民族服装厂　丽江县民族儿童服装厂　兰坪县民族服装厂　福贡县民族服装厂　思茅民族服装二厂　思茅民族服装三厂　澜沧县民族服装二厂　镇雄县利民棉织厂　景谷县民族服装二厂　耿马县民族服装二厂　昭通市工艺绣品厂　迪庆州民族服装厂　富宁县民族服装厂　临沧县民族服装厂　屏边县民族织染厂　富宁县民族纺织厂　昆明棉毯厂　潞西县芒市服装厂

西藏自治区：

拉萨市城关区毛纺二厂　拉萨市城关区服装二厂　拉萨市城关区民族服装厂

甘肃省：

甘南藏族自治州民族被服厂　夏河县民族被服厂　临夏市民族刺绣厂　临夏市毛针织厂　临夏市民族丝绸厂　永靖县民族毛纺厂　永靖县被服厂　东乡县被服厂　广河县被服厂　积石山保安族东乡族撒拉族自治县被服厂　和政县民族制鞋厂　张家川回族自治县制鞋厂　张家川回族自治县被服厂　天祝藏族自治县民族被服厂　天祝藏族自治县羊毛衫厂　肃南裕固族自治县民族被服厂　平凉市棉毯厂　兰州西固区棉毯厂　秦安县针织厂　临夏市民族帽厂　临夏市民族被服厂　康乐县民族被服厂　秦安县民族被服厂　徽县丝绸厂

青海省：

西宁民族服装厂　西宁童装刺绣厂　大通县民族服装厂　西宁城东区民族服装厂　互助县民族服装厂　化隆县服装鞋帽厂　循化县民族服装厂　民和县民族服装厂　湟中县民族服装厂　乌兰县民族服装厂　玉树州民族服装厂　同仁县民族服装厂　共和县民族服装厂　果洛州民族服装厂　西宁市制帽厂　青海民族用品厂　西宁城东区民族棉毛制品厂　湟源县民族用品厂　海南州毛纺厂　门源县民族服装厂　河南县民族服装厂　贵德县民族服装厂　西宁市第三针织厂　西宁毛毯厂　乐都民族服装厂　西宁二服装厂　西宁织袜厂　格尔木被服厂　西宁民族皮件服装厂

宁夏回族自治区：

银川市民族工艺童装厂　灵武县制鞋厂　固原县民族童装厂　西吉县服装厂　泾源县服装厂　银川市民族制毯厂　固原县毛纺织厂　西吉县民族针织厂　同心县民族丝绸厂　海原县民族毛纺织厂　同心县服装厂　银川市银湖羊毛衫厂　灵武县郝家桥伊斯兰拜毯厂　银川棉纺织厂　灵武县毛纺织厂　固原县针织厂　贺兰县棉毛制品厂　银川市民族服装厂　宁夏服装鞋帽公司吴忠实验厂　永宁县民族服装厂　灵武县服装厂　平罗县服装厂　宁夏服装鞋帽公司服装实验厂

新疆维吾尔自治区：

新疆服装厂　新疆呢绒服装厂　和田丝绸厂　石河子织染厂　石河子针织厂　巴音郭楞蒙古自治州针织厂　巴音郭楞蒙古自治州丝绸厂　阿克苏地区丝绸厂　哈密市丝绸厂　乌鲁木齐市织袜厂　乌鲁木齐市天山织布厂　乌鲁木齐市朝阳针织厂　喀什地区丝绸厂　沙雅针织厂　民族服装中心实验工厂　莎车县民族丝绸厂　喀什市民族针织厂　哈密市毛针织厂　伊宁第二毛针织厂　特克斯县第三羊毛衫厂　库尔勒丝绸厂　霍城县羊毛衫厂　焉耆回族自治县缝纫厂　乌鲁木齐天山布鞋厂　石河子八一毛纺织厂　伊犁毛纺厂服装厂

全国16个民族用品(边销茶)定点生产企业名单

湖北省：咸宁地区赵李桥茶厂

湖南省：益阳茶厂、益阳县茶叶公司茶厂、临湘茶厂、白沙溪茶厂、安化县茶叶公司茶厂、桃江县香炉山茶厂

四川省：天全茶厂、雅安茶厂、荥经茶厂、雅安市茶厂

重庆市：重庆茶厂

贵州省：桐梓茶厂

云南省：下关茶厂、盐津茶厂、勐海茶厂

国家专项安排用于民族用品生产的主要原材料

年份	黄金（两）	白银（万两）	钢材（吨）	铜（吨）	铅（吨）	锌（吨）	锡（吨）	平板玻璃（万标准箱）
1973	100	20.00						
1974	240	20.00		220	60	21	31	
1975	140	20.00		220	60	21	31	
1976	130	31.76		220	60	21	31	
1977	120	19.04		220	60	21	31	
1978	135	19.59	4 500	220	60	21	31	
1979	130	18.50	4 500	220	60	21	31	
1980	130	18.50	4 500	220	60	21	31	
1981	130	18.74	4 500	220	60	21	31	
1982	143	19.52		220	60	21	31	
1983	143	23.00	4 500	250	60	21	31	3
1984	143	27.23	4 500	250	60	21	31	3
1985	40 143	23.23	4 500	250	60	21	31	3
1986	32 143	23.23	4 500	250	60	21	31	3
1987	12 800	26.43	4 500	250	60	21	31	3
1988	7 200	26.43	4 500	250	60	21	31	3
1989	7 200	26.43	4 500	250	60	21	31	3
1990	7 200	26.43	4 500	250	60	21	31	3
1991	8 000	23.23	5 000	250	60	30	31	5.16
1992	8 200	23.23	5 500	250	70	35	31	6.76
1993	14 600	23.23						

中央和地方安排的民族用品生产基本建设和技术改造投资

单位:万元

年　份	基本建设和技术改造投资	中　央	地　方
1981	1 000	700	300
1982	1 480	700	780
1983	2 415	1 215	1 200
1984	3 320	1 520	1 800
1985	4 020	1 620	2 400
1986	5 000	1 915	3 085
1987	7 839	2 184	5 655
1988	5 890	1 390	4 500
1989	5 500	1 000	4 500
1990	6 000	1 500	4 500
1991	2 870	1 300	1 570

注:1.本表1981年、1982年中央基建投资不包括技改费。1983年—1989年中央投资中,基建投资为6 455万元,技改费4 389万元。

2.从1986年起基建投资改为拨改贷,1986年度本息全部豁免,技改费实行全贴或半贴。

1983年国家民委、轻工业部全国轻工系统民族用品优质产品名录

产品名称	单位名称
“星海牌”葫芦丝	北京市民族乐器厂
“三帽牌”礼帽	天津市盛锡福制帽厂
“张家口牌”木马鞍	河北省张家口市民族用品厂
“双喜牌”全套蒙古包	内蒙古自治区苏尼特右旗民族用品厂
“昭君牌”中音马头琴	内蒙古自治区呼和浩特市民族乐器厂
“牡丹牌”全云大拔尖蒙靴	内蒙古自治区呼和浩特市民族用品厂
“阜羊牌”朝鲜族羔皮背心桶	辽宁省阜新蒙古族自治县民族皮毛厂
朝鲜族男三接头牛皮鞋	辽宁省沈阳市皮鞋三厂
蒙古族堆绘紫砂茶具	辽宁省喀喇沁左翼蒙古族自治县紫砂制品厂
“龙井牌”朝鲜族碗柜	吉林省延吉县木器总厂
“白山牌”朝鲜族铁锅	吉林省延吉县朝鲜族日用铸造厂
“天池牌”塑料淘米盆	吉林省图们市民族塑料厂
“松林牌”朝鲜族毛料男西服套装	黑龙江省牡丹江市民族服装厂
“华芳牌”纯毛提花毛毯	黑龙江省杜尔伯特蒙古族自治县民族童装厂
“镜泊牌”朝鲜族餐桌	黑龙江省牡丹江市民族家具厂
“敦煌牌”巴乌	上海民族乐器一厂
“彩云牌”民族用瓷	江西省景德镇市新华瓷厂
蚀刻银光美术镜《龙凤呈祥》(民族镜屏)	湖南省江华瑶族自治县民族工艺厂
土家族织锦打花壁挂《湘西行》	湖南省花垣县民族民间工艺美术厂
民族纯银首饰品针筒牙签	湖南省吉首市民族五金厂
瑶绣坐垫	广西壮族自治区都安瑶族自治县民族工艺厂
壮锦“罗心”	广西壮族自治区宾阳县民族织锦厂
民族首饰银颈圈	广西壮族自治区桂林市第二工艺美术厂
“箭秆山牌”民族马靴	四川省康定民族制革厂
“双龙牌”酥油桶铸铜桶箍	四川省灌县民族金属制品厂
彝族木餐具	四川省喜德县民族餐具厂
“和平牌”民族排须	贵州省石阡县民族丝织厂
龙凤背扇	贵州省独山县民族刺绣工艺厂
“映山红牌”清水绉帕	贵州省遵义市民族商品厂
“孔雀牌”傣族银腰带	云南省通海县民族银饰制品厂
“玉龙牌”玉龙金沙陶	云南省通海县民族银饰制品厂
二龙腾空酥油壶	云南省丽江县民族陶瓷厂
“姣姣牌”白族童装	云南省下关工艺美术公司服装厂
西藏江孜卡垫(藏毯)	西藏自治区日喀则地区江孜卡垫厂
松巴靴	西藏自治区拉萨市冲赛康鞋业社
“谢玛”围裙	西藏自治区山南吉德绣围裙厂
保安族腰刀	甘肃省临夏县民族特需用品厂
“白马牌”毛氆氇	青海省民族用品厂
滩羊二毛皮皮桶	宁夏回族自治区银川皮毛厂
十二头金色民族茶具	新疆维吾尔自治区乌鲁木齐市瓷厂
“热瓦甫”维族乐器	新疆维吾尔自治区喀什市工艺美术厂
新疆民族花帽	新疆维吾尔自治区喀什市工艺美术厂

1985年国家民委、轻工业部全国轻工系统民族用品优质产品名录(一)

产品名称	单位名称
“新声牌”铝锰合金酥油壶	天津铝品厂
“张家口牌”皮马鞍	河北省张家口市民族用品厂
“牧羊牌”蒙古袍	内蒙古自治区海拉尔市民族服装厂
“奔驰牌”马鞍子	内蒙古自治区海拉尔市民族用品厂
“金星牌”铜酒具	内蒙古自治区丰镇县五金厂
“昭君牌”好来宝四胡	内蒙古自治区呼和浩特市民族乐器厂
“金象牌”气电多用灶	辽宁省沈阳市电热炊具厂
“云海牌”半腰蒙古族女靴	辽宁省北票市民族靴鞋厂
“山羊服装革”	辽宁省喀左蒙古族自治县民族制革厂
“双喜牌”多用电菜锅	吉林省龙井县电器厂
“图们江牌”圆饭桌	吉林省图们市民族家具厂
“金达莱牌”朝鲜族童装	吉林省延吉市朝鲜族服装厂
“鸳鸯牌”蒙古族炕方桌	黑龙江省杜尔伯特蒙古族自治县木工厂
“松林牌”朝鲜族女袄裙	黑龙江省牡丹江市民族服装厂
“镜泊牌”朝鲜族碗柜	黑龙江省牡丹江市民族家具厂
“双吉牌”烂花乔其绒	江苏省苏州织锦厂
“彩云牌”青花斗彩民族餐具	江西省景德镇市新华瓷厂
“清江牌”民族连衣裙	湖北省恩施市民族前进服装厂
“沔州牌”民族牧靴	湖北省沔阳县民族鞋厂
“珍珠牌”宝石筷	湖北省来凤县民族漆器厂
“天池河牌”烟花	湖北省五峰县民族烟花鞭炮厂
“五溪牌”土家族织锦挂毯	湖南省花垣县民族工艺厂
“叠翠牌”玻璃山水画屏	湖南省凤凰县民族制镜厂
张家界风光织锦	湖南省龙山县土家族织锦工艺厂
元宝形提篮	广西壮族自治区博白县民族塑料厂
民族花边带	广西壮族自治区玉林市民族织带厂
“双虹牌”银耳环	广西壮族自治区桂林市第二工艺美术厂

1985年国家民委、轻工业部全国轻工系统民族用品优质产品名录(二)

产品名称	单位名称
壮族平底锅	广西壮族自治区平果县民族锅厂
白藤衣钩	海南省陵水县藤竹厂
藏族靴	四川省阿坝藏族自治州制革厂
“新凉山牌”山羊革皮衣	四川省布拖县民族皮革厂
“铁拳牌”羊毛剪刀	四川省新都县刀剪厂
“金龙牌”龙头羊角镀铬马蹬	四川省蒲江县民族用品制品厂
“青龙洞牌”侗族绣花围腰	贵州省镇远县民族绣品厂
“山凤牌”蜡防染花布	贵州省安顺市蜡染厂
“荔字牌”龙头手镯	贵州省荔波县民族银饰社
“玉湖牌”白族女装	云南省洱源县民族服装厂
“吉祥牌”民族火锅	云南省昆明市民族铜器制品厂
“永昌牌”民族筒帕	云南省保山市民族手帕厂
“金塔牌”傣族银镀金别针	云南省芒市民族银器厂
“孔雀牌”傣族铜镀银腰带	云南省通海县民族银饰制品厂
“团结牌”马垫	西藏自治区拉萨市城关区综合一厂
“八宝牌”绣花帐篷	西藏自治区拉萨市城关区儿童服装厂
“吉祥牌”银包木碗	西藏自治区日喀则地区扎西杰彩金、银铜器社
马靴	甘肃省夏河县皮革厂
晴纶毛氆氇	甘肃省秦安县民族用品厂
“雪莲牌”裕固族羊剪绒皮衣	甘肃省肃南县皮毛厂
“海山牌”22公分合金压力锅	青海省青海铝制品厂
“吉星牌”大四平马鞍	青海省互助县木材制品厂
“银湖牌”藏式水勺	青海省西宁市铝制品厂
“兰芝牌”土族女青年套装	青海省西宁民族服装厂
民族盖碗	宁夏回族自治区石嘴山市瓷器厂
“丝路牌”民族地毯	新疆维吾尔族自治区乌鲁木齐市地毯总厂
“惊鸟牌”民族布拉吉	新疆维吾尔族自治区乌鲁木齐市民族服装厂
“白扬牌”民族梳妆台	新疆维吾尔族自治区喀什市木器家具厂
曲克托克	新疆维吾尔族自治区阿图什县民族服装厂

1987年国家民委、轻工业部全国轻工系统民族用品优质产品名录(一)

产品名称	单位名称
手工马毡毯	北京市地毯四厂
“荷叶牌”胶布牧民雨衣	天津市服装二十九厂
“张家口牌”木马鞍	河北省张家口市民族用品厂
“三勾牌”特曲酒	辽宁省阜新民族酒厂
“金象牌”电炭两用火锅	辽宁省沈阳市电热炊具厂
素活岫玉花熏	辽宁省岫岩满族自治县玉器厂
“金星牌”铜火锅	内蒙古自治区丰镇县五金厂
“勇士牌”马靴	内蒙古自治区海拉尔市皮鞋厂
“哲里木牌”35Kg塑料奶桶	内蒙古自治区通辽市塑料一厂
“牡丹牌”鸳鸯蒙古刀	内蒙古自治区呼和浩特市民族用品厂
“天池牌”腌菜盆	吉林省图们市民族塑料厂
“龙井牌”朝鲜族组合柜	吉林省龙井县木器总厂
男牛面胶粘三接头皮鞋	吉林省延吉市民族皮鞋厂
“江鸥牌”马驹皮全毛民族帽	黑龙江省哈尔滨市民族帽厂
“华芳牌”6502纯毛提花毯	黑龙江省杜尔伯特蒙古族自治县毛毯厂
“康煌牌”蒙古族连衣裙	黑龙江省杜尔伯特蒙古族自治县民族服装厂
“白玉牌”不锈钢民族锅	黑龙江省牡丹江市民族炊具总厂
“飞鱼牌”PS型台式维、哈、柯文打字机	上海打字机厂
“吉祥牌”云锦妆花缎	江苏省南京云锦研究所
青花(50头)新疆民族餐具	江西省景德镇新华瓷厂
“楚天牌”民族帽	湖北省湖北民族帽厂
“鄂西牌”儿童牧靴	湖北省恩施市民族童鞋橡胶厂
黄杨木雕“腾龙明珠”	湖北省利川市民族工艺美术厂
“五溪牌”土家织锦工艺服装	湖南省花垣县民族民间工艺美术厂
“边城牌”民族马靴	湖南省吉首市民族皮鞋厂
“喜喜牌”印花木衣箱	湖南省芷江侗族自治县皮革制品厂
松木折台、凳	广东省连南瑶族自治县民族家具厂
瑶族童装	广东省乳源瑶族自治县服装厂
苗族胸套饰	广西壮族自治区桂林市金属工艺品厂
绣球	广西壮族自治区靖西县壮锦厂

1987年国家民委、轻工业部全国轻工系统民族用品优质产品名录(二)

产品名称	单位名称
“黑猫牌”抛光铝茶壶	广西壮族自治区南宁市钢精厂家电炊县分厂
大柄青龙菜刀	广西壮族自治区龙州县刀具厂
“索玛花牌”绵羊皮革服装	四川省西昌市皮革总厂
“草原牌”红色牦牛革	四川省阿坝州制革厂
“杜鹃花牌”藏族服装	四川省康定县民族服装厂
“铁拳牌”民族吊刀	四川省新都县刀剪厂
“山凤牌”彩色蜡防染花布	贵州省安顺市蜡染厂
“犀牛牌”90道打结地毯	贵州省安顺市布依地毯厂
“花兰牌”提花文尚葛	贵州省遵义丝织厂
“杜鹃牌”大理石云木茶桌	云南省大理市民族木雕家具厂
“关刀牌”藏刀	云南省陇川县户撒民族刀具厂
“莲花牌”镀银十二属相项链	云南省广南县民族银饰工艺厂
“玉龙山牌”藏族高统靴	云南省纳西族自治县皮毛皮革厂
城廓式盘龙卡垫	西藏自治区日喀则地区江孜地毯厂
通门银雕腰刀	西藏自治区日喀则地区谢通门铁器社
谢玛哔叽	西藏自治区山南地区姐德秀围裙厂
银雕茶架茶盖	西藏自治区拉萨市城关区工艺美术综合加工厂
夹藏衣	甘肃省夏河县民族被服厂
“河州牌”保安腰刀	甘肃省临夏市民族特需用品厂
“白马牌”毛花氆氇	青海省青海民族用品厂
“山城牌”筒子锅	青海省民和回族土族自治县锅厂
“兰芝牌”藏袍	青海市西宁民族服装厂
“前进牌”棉毯	宁夏回族自治区银川市民族棉毯厂
“利民牌”注塑发泡鞋	宁夏回族自治区灵武县制鞋厂
“友谊牌”纯毛提花毛毯	宁夏回族自治区灵武县毛纺织厂
“天雪牌”线缝民族式皮鞋	新疆维吾尔自治区乌鲁木齐市先锋皮革制品厂
“楼兰牌”梳妆台	新疆维吾尔自治区库尔勒市民族工艺家具厂
“巴依其旦开牌”柯尔克孜族女带花饰服装	新疆维吾尔自治区阿图什市民族刺绣厂
“白杨牌”民族美拉甫大立柜	新疆维吾尔自治区喀什市民族家具厂

1989年国家民委、轻工业部全国轻工系统民族用品优质产品名录(一)

产品名称	单位名称
"工美牌"银木碗	北京市花丝镶嵌厂
"新声牌"酥油壶	天津市铝品厂
"张家口牌"皮马鞍	河北省张家口市民族用品厂
布绒玩具骆驼系列	内蒙古自治区赤峰市民族玩具厂
"金星牌"机制铜奶茶壶	内蒙古自治区丰镇县五金厂
"驼鹿牌"蒙绣肖像	内蒙古自治区包头市民族绣品厂
"骆驼牌"马毡、驼毡	内蒙古自治区阿拉善盟阿拉善左旗地毯厂
"锦塔牌"墨色茶具	辽宁省锦州陶瓷厂
"东藏春牌"东藏春酒	辽宁省阜新民族酒厂
"鸾凤牌"粘胶中跟女皮鞋	辽宁省沈阳市皮鞋三厂
"王竹牌"民族童靴	辽宁省凤城县制鞋厂
"长鼓牌"民族搪瓷盖碗	吉林省龙井市搪瓷厂
"梅花鹿牌"参芪王浆养血精	吉林省延吉市制药二厂
"白山牌"朝鲜铁锅	吉林省延吉市朝鲜族日用铸造厂
"天池牌"淘米瓢	吉林省图们市民族塑料厂
北齐镀锡奶桶	黑龙江省齐齐哈市民族奶桶厂
"昭君牌"兰狐大衣	黑龙江省杜尔伯特蒙古族自治县民族裘皮厂
"花芳牌"羊绒被	黑龙江省杜尔伯特蒙古族自治县毛毯厂
"雪松牌"玛瑙酒杯系列	黑龙江省逊克县民族工艺美术厂
"宝带牌"排须	江苏省苏州排须花边厂
"彩云牌"釉下彩民族瓷	江西省景德镇市新华瓷厂
"珍珠牌"宝石花漆筷	湖北省来凤县民族漆器工艺厂
"金梅牌"漆器首饰盒系列	湖北省恩施市民族油漆工艺制镜厂
"映泉牌"雄鹰民族套服	湖北省孝感市民族工艺厂
"渠江牌"民族羽绒服	湖南省靖州苗族侗族自治县羽绒制品厂
"吉利牌"稀金饰品	湖南省吉首市民族稀金分厂
"玉溪牌"苗绣绒腰裙	湖南省花垣县民族民间工艺美术厂
瑶族服装	广东省连南瑶族自治县二轻服装厂
"钦华牌"女绣衣	广西壮族自治区钦州市抽纱绣品厂
"花蝶牌"民族提花绒毯	广西壮族自治区贵港市染织厂

1989年国家民委、轻工业部全国轻工系统民族用品优质产品名录(二)

产品名称	单位名称
“壮花牌”广西左江花山壁画提包	广西壮族自治区宾阳县民族织锦厂
“双虹牌”银嵌宝戒系列产品	广西壮族自治区桂森市金属工艺品总厂
“新凉山牌”羊皮革服装	四川省凉山布拖民族皮革厂
“火把牌”彝族木餐具	四川省喜德县民族用品厂
“铁拳牌”民族龙凤刀	四川省新都县刀剪厂
“雪花牌”牛正面鞋皮革	四川省若尔盖民族制革厂
“山凤牌”彩色真蜡防染花布	贵州省安顺市蜡染总厂
“玉屏牌”旅游箫笛	贵州省玉屏箫笛厂
“贵康牌”羽绒服	贵州省三穗县羽绒制品厂
“龙凤牌”华银空心花手镯	云南省建水县民族银首饰厂
“春城牌”民族锣锅	云南省昆明市铝制品厂
“兰花牌”民族扎染	云南省巍山县民族织染厂
“吉祥牌”民族火锅	云南省昆明民族铜制品厂
“二龙戏珠”民族卡垫	西藏自治区拉萨市地毯厂
银雕银包木碗	西藏自治区拉萨市城关工艺美术公司
“娘霞”帽	西藏自治区日喀则江孜民族服装厂
“朱雀牌”秦绣制品	陕西省西安市锦江刺绣厂
“羚羊牌”活动羊圈	甘肃省甘南州民族木器厂
白银首饰、戒指	甘肃省兰州工艺美术厂
铜火锅	甘肃省白银市西铜金属工艺制品厂
“白马牌”加翠氆氇	青海省民族用品厂
“海山牌”压力锅系列	青海省铝制品厂
银湖藏式水勺	青海省西宁铝制品厂
滩羊二毛皮褥子	宁夏回族自治区灵武县皮毛制品厂
“光华牌”三件盖碗	宁夏回族自治区石嘴山市瓷器厂
“鹦鹉牌”七件套民族乐器	新疆维吾尔自治区喀什市工艺美术厂
“团结牌”热瓦甫	新疆维吾尔自治区乌鲁木齐市民族乐器厂
“伊犁河牌”方头皮鞋	新疆维吾尔自治区伊犁利群皮革厂
“楼兰牌”雕刻软床	新疆维吾尔自治区库尔勒市民族工艺家具厂

1984年国家民委、轻工业部全国轻工系统民族用品生产先进企业名录

地　　区	单位名称
天津市	盛锡福制帽厂
内蒙古自治区	苏尼特右旗民族用品厂
内蒙古自治区	呼和浩特市民族用品厂
辽宁省	阜新蒙古族自治县民族木器厂
辽宁省	喀喇沁左翼蒙古族自治县民族制革厂
辽宁省	北票县民族靴鞋厂
吉林省	龙井县木器总厂
吉林省	图们市民族塑料厂
吉林省	延吉市朝鲜族日用铸造厂
黑龙江省	牡丹江市民族服装厂
黑龙江省	牡丹江市民族金属炊具总厂
湖北省	湖北民族帽厂
湖北省	恩施市民族一皮鞋厂
湖北省	巴东县民族服装厂
湖南省	凤凰县民族工艺厂
湖南省	新晃侗族自治县民族皮鞋厂
湖南省	花垣县民族服装厂
广东省	海南州制革厂
广东省	连南瑶族自治县二轻民族工艺制衣厂
广西壮族自治区	桂林市第二工艺美术厂
广西壮族自治区	平果县民族铁锅厂
广西壮族自治区	博白县民族塑料制品厂
四川省	彭县日用品厂
四川省	布拖县民族皮革厂
四川省	康定县民族制革厂
贵州省	独山县民族刺绣工艺厂
贵州省	石阡县民族丝织厂
贵州省	镇远县铁锅厂
云南省	昆明市民族铝制品厂
云南省	通海县民族银饰制品厂
云南省	澜沧拉祜族自治县第一民族服装厂
西藏自治区	拉萨城关区民族服装厂
西藏自治区	拉萨城关区综合一厂
甘肃省	临夏市民族特需用品厂
甘肃省	玛曲县手工业联社综合厂
青海省	西宁民族服装厂
青海省	青海铝制品厂
青海省	互助土族自治县木材制品厂
宁夏回族自治区	吴忠市民族用品厂
宁夏回族自治区	灵武县制鞋厂
新疆维吾尔自治区	乌鲁木齐市民族绣品厂
新疆维吾尔自治区	乌鲁木齐市民族乐器厂
新疆维吾尔自治区	喀什市工艺美术厂

1986年国家民委、轻工业部全国轻工系统民族用品生产先进企业名录

地　区	单 位 名 称
内蒙古自治区	海拉尔市金属容器厂
内蒙古自治区	赤峰市民族皮件厂
内蒙古自治区	乌拉特中旗民族用品厂
辽宁省	沈阳市电热炊具厂
辽宁省	沈阳市人造毛皮厂
辽宁省	凤城满族自治县制帽厂
吉林省	延吉市朝鲜族鞋厂
吉林省	图们市民族家具厂
吉林省	龙井县工艺美术厂
黑龙江省	杜尔伯特蒙古族自治县民族毛毯厂
黑龙江省	牡丹江市装饰工艺品总厂
黑龙江省	哈尔滨市民族帽厂
湖北省	恩施市民族前进服装厂
湖北省	利川市民族工艺美术厂
湖北省	来凤县民族丝织厂
湖南省	吉首市民族服装厂
湖南省	花垣县民族五金工具厂
广东省	陵水县藤竹厂
广西自治区	昭平县木器制品厂
广西自治区	容县皮革制品厂
广西自治区	玉林市制鞋厂
广西自治区	百色市五金厂
四川省	阿坝藏族自治州制革厂
四川省	新都县刀剪厂
四川省	灌县民族金属制品厂
四川省	康定县民族服装厂
贵州省	遵义市民族商品厂
贵州省	安顺市蜡染厂
贵州省	镇远县民族绣品厂
云南省	昆明市民族铜器制品厂
云南省	牟定县五金厂
云南省	双江自治县民族服装厂
云南省	陆良县民族金属制品厂
西藏自治区	日喀则镇铁器厂
西藏自治区	拉萨市城关区儿童服装厂
甘肃省	平凉市清真食品厂
甘肃省	临夏市铸造厂
青海省	青海民族用品厂
青海省	西宁市民族金银首饰厂
青海省	互助县搪瓷厂
宁夏自治区	银川市制毯厂
宁夏自治区	银川市建新搪瓷厂
宁夏自治区	固原县民族童装厂
新疆维吾尔自治区	乌鲁木齐市地毯厂
新疆维吾尔自治区	乌鲁木齐市民族乐器厂
新疆维吾尔自治区	伊宁市金银首饰厂
新疆维吾尔自治区	喀什市民族家具厂

1988年国家民委、轻工业部全国轻工系统民族用品生产先进企业名录(一)

地区	单位名称
北京市	北京花丝镶嵌二厂
天津市	天津市铝制品厂
河北省	张家口市民族用品厂
内蒙古自治区	苏尼特右旗民族用品厂
内蒙古自治区	海拉尔市皮鞋厂
内蒙古自治区	丰镇县五金厂
辽宁省	凤城满族自治县制鞋厂
辽宁省	阜新民族酒厂
辽宁省	兴城市塑料二厂
吉林省	图们市民族塑料厂
吉林省	龙井市帆布皮件厂
吉林省	延吉市朝鲜族日用铸造厂
黑龙江省	杜尔伯特蒙古族自治县民族服装厂
黑龙江省	杜尔伯特蒙古族自治县塑料厂
黑龙江省	牡丹江市皮毛厂
江苏省	苏州织锦厂
江西省	景德镇新华瓷厂
湖北省	恩施市民族一皮鞋厂
湖北省	巴东县民族服装厂
湖北省	长阳县民族服装厂
湖南省	花垣县民族工艺厂
湖南省	吉首市民族制革厂
湖南省	新晃侗族自治县民族皮鞋厂
广东省	乳源瑶族自治县服装厂
广西壮族自治区	防城各族自治县五金厂
广西壮族自治区	柳州市民族艺术陶瓷厂
广西壮族自治区	平果县民族铁锅厂

1988年国家民委、轻工业部全国轻工系统民族用品生产先进企业名录(二)

地　区	单 位 名 称
广西壮族自治区	南宁市钢精厂家电炊具分厂
四川省	布拖民族皮革厂
四川省	成都市金属工艺品厂
四川省	若尔盖县民族制革厂
四川省	昭觉县民族餐具厂
贵州省	镇远县铁锅厂
贵州省	兴义市民族商品厂
贵州省	玉屏县箫笛厂
云南省	通海县民族银饰制品厂
云南省	昆明市民族铝制品厂
云南省	芒市民族银器厂
云南省	石屏县工艺美术公司
西藏自治区	乃东地毯厂
陕西省	西安市特种工艺美术总厂
甘肃省	临夏市民族特需用品厂
甘肃省	夏河县皮革制品厂
青海省	湟源县塑料制品厂
青海省	海南毛纺织厂
青海省	青海铝制品厂
宁夏自治区	灵武县毛纺厂
宁夏自治区	吴忠市民族用品厂
宁夏自治区	泾源县民族家具厂
新疆维吾尔自治区	乌鲁木齐市先锋皮革厂
新疆维吾尔自治区	乌鲁木齐市瓷厂
新疆维吾尔自治区	喀什市工艺美术厂
新疆维吾尔自治区	伊宁市五金厂

1989年全国民族用品生产管理先进工作者名单

单 位 名 称	姓 名
北京市工艺美术品总公司	刘春田
内蒙古自治区轻工业厅	宝力达
内蒙古自治区民委	黄占明
辽宁省轻工业厅	刘玉仲
辽宁省轻工业厅	刘长纯
辽宁省沈阳市轻工业局	张少平
辽宁省民委	张占彪
吉林省二轻厅	杜金琪
吉林省延边朝鲜族自治州二轻局	聂景岳
吉林省延边朝鲜族自治州民委	方 琦
黑龙江省轻工业厅	韩行宽
黑龙江省民委	贾云波
湖北省二轻局	谢先钧
湖北省二轻局	孙菊意
湖北省民族宗教局	章孟林
湖南省民委	黄子仪
湖南省湘西自治州二轻局	胡申琪
广东省民委	杨文仕
广西壮族自治区民委	叶向青
广西壮族自治区二轻局	朱方针
广西壮族自治区二轻局	何定勋
四川省民委	李映寰
贵州省轻纺厅	帅光祥
云南省民委	鲁永禄
西藏自治区工业电力厅	旺 姆
甘肃省轻纺厅	刘光源
甘肃省民委	赵俊峰
青海省民委	吴建基
青海省轻纺厅	邓德纯
宁夏回族自治区轻纺厅	许 琪

全国少数民族优秀企业家名单

1989 年 5 月

全国少数民族优秀企业家(特别奖) (以姓氏笔画为序)

马胜利(回)　王果青(满)

全国少数民族优秀企业家 (以姓氏笔画为序)

马正平(回)　马玉康(回)　石山麟(朝)　刘文雄(壮)　刘家驹(满)
何占山(回)　杨丽坤(女,回)　李桐悦(蒙古)　徐崇源(满)　曹守义(藏)

全国少数民族企业家 (以姓氏笔划为序)

丁天水(回)　丁桂英(女,回)　卜文和(达斡尔)　马　力(回)　马万里(回)
马　成(回)　马永治(回)　马　勇(回)　马毓勋(回)　王万昌(黎)
王孝杰(回)　王声云(侗)　王绍清(藏)　王祖礼(回)　王锡炳(土家)
井玉潭(满)　韦　武(壮)　巴哈依丁·阿尤甫(维吾尔)　田昌家(苗)
卢作勤(土家)　刘元庆(回)　刘东海(回)　刘荣喜(回)　次旦扎西(藏)
吐尔逊·托乎提(维吾尔)　买望真(回)　牟一路(土家)　沙宝海(回)
杨文斌(回)　杨生华(回)　杨运福(侗)　杨学明(回)　杨茂永(回)
杨祖堂(回)　杨贯聚(回)　杨家贵(白)　李天惠(白)　李书安(回)
李光辉(土家)　李作杰(土家)　李国录(回)　李树梧(回)　李尊兴(回)
严先明(回)　肖振华(回)　陈瑞福(回)　羌　策(羌)　林松范(朝鲜)
奇跃先(蒙古)　岳　明(满)　张龙男(朝鲜)　张国华(锡伯)　张昌松(壮)
张桂轩(羌)　张桂源(回)　张家钟(布依)　张　鲁(藏)　张瑞琥(彝)
荣文彬(蒙古)　荣庆龙(满)　保国龙(回)　海　涛(回)　唐学仁(满)
索勒坦别克(哈萨克)　徐廷贵(土家)　徐永泰(朝鲜)　钱秀珍(女,回)
曹　良(满)　萨福庆(蒙古)　崔秀镇(朝鲜)　崔金林(回)　满　贵(回)
谢　文(壮)　谢孝志(回)　程　俊(蒙古)　蓝成标(畲)　潘领才(壮)

全国少数民族优秀厂长(经理)名单(一)

1993年9月

姓　　名	性别	民　族	工作单位及职务
张　通	男	回	中国长城工业总公司总经理
佟常印	男	满	中国技术进出口总公司总经理
郎成伟	男	满	中国华能国际电力开发公司总经理
何溥湘	女	满	中国船舶燃料供应总公司总经理
莫日根	男	蒙古	北京民族大世界商场总经理
尼　玛	男	蒙古	武警部队内蒙古安华实业发展公司总经理
李伍全	男	回	北京市机械进出口公司总经理
李渊洙	男	朝鲜	北京吉普汽车有限公司副总经理
仉振亮	男	回	北京房山区窦店农牧工商总公司总经理
何鲁敏	男	满	北京亚都人工环境科技公司总经理
穆成志	男	回	北京穆斯林大厦总经理
哈树旺	男	回	总后3540工厂厂长
穆怀立	男	回	天津市砂布砂纸厂厂长
李文玉	男	回	天津市冷藏食品贸易公司经理
于占海	男	回	天津市天穆回民食品厂厂长
王孝杰	男	回	天津市大站集团公司总经理
马占军	男	回	河北省石家庄市京华石油化工厂厂长
牛学芳	女	满	河北省保定地区少数民族工艺品厂厂长
白桂云	男	满	河北省保定畜牧场场长
吴秀忠	男	回	河北省沧州市冷拉钢材厂厂长
周凤玉	男	满	山西省太原古交钢铁厂厂长

全国少数民族优秀厂长(经理)名单(二)

1993年9月

姓　名	性别	民　族	工作单位及职务
马　铎	男	回	山西省大同五交化批发公司总经理
马俊林	男	回	山西潞华育乐制品工业有限公司总经理
荣文彬	男	蒙古	内蒙古第三毛纺织厂厂长
布　和	男	蒙古	内蒙古包头市啤酒厂厂长
包·特木勒	男	蒙古	内蒙古哲里木盟民贸公司总经理
云文广	男	蒙古	内蒙古民族商场(集团)总公司总经理
乌力吉	男	蒙古	内蒙古电力总公司总经理
关绍臣	男	满	内蒙古包头钢铁稀土公司副经理
陈学正	男	回	辽宁公路水泥厂厂长
安国玉	男	锡伯	辽宁发电厂厂长
王瑞金	男	回	辽宁省鞍山市腾鳌特区民族贸易公司总经理
金泽龙	男	朝鲜	辽宁省丹东装璜印刷工业公司总经理
孙忠成	男	满	辽宁省抚顺石化公司经理
吴鹤瑞	男	朝鲜	沈阳和信集团公司总经理
金三浙	男	朝鲜	沈阳市金山实业公司总经理
吴宣山	男	满	辽宁省土产进出口集团公司老虎屯外贸加工厂厂长
李广富	男	满	华农公司金州油脂厂厂长
金润喜	男	朝鲜	中民经济开发(大连)公司总经理
徐永泰	男	朝鲜	吉林省延吉市百货大楼总经理
金虎德	男	朝鲜	吉林省延吉卷烟厂厂长
关长玉	男	满	吉林国际合作集团股份有限公司总裁

全国少数民族优秀厂长(经理)名单(三)

1993年9月

姓名	性别	民族	工作单位及职务
何培成	男	回	吉林省吉化公司机械厂厂长
范士良	男	满	长春百货大楼股份有限公司总经理
金成群	男	朝鲜	长春北方机电技术开发公司总经理
杨久礼	男	回	中国石化总公司大庆石化总厂厂长
崔秀镇	男	朝鲜	黑龙江省民族经济开发总公司总经理
程　俊	男	蒙古	黑龙江省杜尔伯特蒙古族自治县乳品厂厂长
吴耀斌	男	满	铁道部哈尔滨车辆工厂厂长
金斗焕	男	朝鲜	宝钢(集团)公司无缝钢管厂厂长
马立行	男	回	上海合成洗涤剂厂厂长
王祖礼	男	回	上海正章洗染公司总经理
郑　捷	男	回	上海五香豆厂厂长
吴作权	男	满	上海市飞机制造厂厂长
沙德生	男	回	上海穆斯林合作饮食店经理
李从福	男	回	江苏省南通玻璃一厂厂长
方基浩	男	朝鲜	江苏省苏州汽车电器厂厂长
杨福贵	男	回	江苏省扬州市菱塘回族乡光明电缆厂厂长
哈诚安	男	回	南京市电影剧场公司总经理
沙启玉	男	回	南京无线电厂系统工程公司经理
张有禄	男	满	国营南京无线电厂常务副厂长
马丽华	女	回	浙江杭州市上城区劳动服务公司经理
钟文昌	男	畲	浙江省北仑港发电厂工程公司副经理

全国少数民族优秀厂长(经理)名单(四)

1993年9月

姓　　名	性别	民　　族	工作单位及职务
锁德明	男	回	安徽省农机公司经理
李刚强	男	回	安徽省蚌埠市天桥家电公司总经理
李士兴	男	回	安徽省界首市回族皮件厂厂长
郭廷志	男	回	福建省惠安县百崎回族乡正大鞋业有限公司经理
雷绵水	男	畲	福建省南安市码头裕兴建材公司经理
洪锦汀	男	回	福建拖拉机厂厂长
杨光慈	男	回	福建厦门市厦门海燕实业总公司总经理
庞　军	男	回	江西省定南县商业总公司经理
张静华	女	满	江西省临川912队丝毯厂厂长
马荣建	男	回	山东省莘县酒厂厂长
刘传之	男	回	山东省曲阜市孔府酒庄经理
郭绪福	男	回	山东定陶县中沙海裘革制品总厂经理
关石青	男	满	青岛市市南区饮食服务公司经理
赵国干	男	满	青岛公路运输总公司经理
杨贯聚	男	回	河南省郑州市糖业烟酒总公司总经理
黄全利	男	回	河南省新乡市太行振动机械厂厂长
买望真	男	回	河南省沁阳市民族经济集团公司总经理
赵天河	男	回	河南省宁陵县皮毛皮革技术开发集团公司总经理
朱治国	男	回	河南省淮阳县皮革制品集团公司总经理
马建国	男	回	河南省叶县昆阳皮革厂厂长
姚绍斌	男	土家	湖北省鹤峰县八峰农工商公司总经理

全国少数民族优秀厂长(经理)名单(五)

1993年9月

姓　名	性别	民　族	工作单位及职务
陈鼎益	男	回	湖北襄樊供水总公司总经理
覃德贤	男	土家	湖北省长阳土家族自治县磨市水泥厂厂长
田　圳	男	回	武钢中南轧钢厂副厂长
龚其彪	男	苗	湖南省龙山县卷烟厂厂长
田国兴	男	土家	湖南省湘西自治州永顺纺织厂厂长
李竹青	男	瑶	湖南省江华瑶族自治县磷肥厂厂长
杨顺忠	男	侗	湖南省芷江侗族自治县水泥厂厂长
邓国民	男	瑶	广东省连南瑶族自治县电线厂厂长
梁象超	男	壮	广东省连山三水电站站长
赵志新	男	瑶	广东省乳源瑶族自治县游溪乡子背电站站长
王学维	男	回	广州市华光实业公司总经理
韦　武	男	壮	广西大华化工厂厂长
杨荣明	男	回	广西桂林合成洗涤剂厂厂长
马德侦	男	壮	广西平果县民族铁锅厂厂长
黄受传	男	壮	广西横县东门水泥厂厂长
莫如先	男	壮	广西宾阳县供销社主任
钱进强	男	京	广西水产物资供销公司经理
陈家东	男	黎	海南省海外经济贸易总公司海口分公司经理
唐辉国	男	黎	海南省三亚市麒麟大酒店总经理
黄树锐	男	黎	海南省国营八一糖厂厂长
杨学辉	男	藏	四川甘孜藏族自治州水泥厂厂长

全国少数民族优秀厂长(经理)名单(六)

1993年9月

姓　名	性别	民　族	工作单位及职务
马国刚	男	彝	四川省乐山市金刚实业总公司总经理
张桂轩	男	羌	四川省若尔盖县民族制革厂厂长
徐廷贵	男	土家	四川省黔江卷烟厂厂长
关克立	男	锡伯	成都国营前锋无线电仪器厂厂长
杨泽民	男	回	成都仪器厂厂长
王声云	男	侗	贵州省黔东南州凯里涤纶厂厂长
吴作俊	男	侗	贵州省锦屏县木竹工艺公司经理
周竟平	男	满	贵州省遵义华亚塑胶有限公司总经理
田贵扬	男	土家	贵州省沿河县乡镇航运公司经理
罗克谦	男	布依	贵州省剑河县铅笔厂厂长
马玉康	男	回	云南省昆明钢铁总公司总经理
严先明	男	回	云南省昆明电工厂厂长
李有林	男	彝	云南省五金矿产进出口集团公司总经理
王永隆	男	白	云南化工厂厂长
李畅根	男	白	云南大理造纸厂厂长
群　培	男	藏	西藏拉萨城关区哈达集团公司总经理
吉　利	男	藏	西藏自治区对外贸易运输公司总经理
晋　美	男	藏	西藏拉萨假日酒店总经理
群　培	男	藏	西藏工业电力厅拉萨皮革厂厂长
兰俊德	男	回	陕西省西安市庆华石油电缆厂厂长
海凤祥	男	回	陕西省西安市自来水公司副经理

全国少数民族优秀厂长(经理)名单(七)

1993年9月

姓　　名	性别	民　族	工作单位及职务
马永清	男	回	陕西汉中地区西乡县机床附件厂厂长
马明阳	男	回	陕西西安市饮食公司老孙家饭庄经理
沙鹏程	男	回	西安清真三宝双喜医药保健品厂厂长
马平一	男	回	西安五金机电设备厂厂长
赵长春	男	回	西安中航清真肉联厂厂长
米兆襄	男	回	甘肃白银公司冶炼厂厂长
黄登贵	男	回	甘肃平凉市白坡工业公司总经理
马毓勋	男	回	甘肃甘南州夏河县兰夏绒毛厂总经理
马启华	男	回	甘肃临夏州临夏市城关建筑工程安装公司经理
扈明如	男	藏	青海省祁连县养鹿场场长
席生荣	男	土	青海省互助县青海青稞酒厂副厂长
楞　本	男	藏	青海省果洛州皮革厂厂长
马少华	男	回	青海省祁连县多隆乡煤矿矿长
韩兴旺	男	撒拉	青海循化县建筑建材开发总公司经理
孙景扬	男	回	宁夏水泥厂厂长
王少英	男	回	宁夏吉兴电子股份有限(集团)公司总经理
马　越	男	回	宁夏银川交通饭店总经理
杨俊杰	男	回	宁夏隆德县隆湖运输公司经理
沙地克·托乎提	男	维吾尔	新疆英吉沙县棉麻公司经理
李世昌	男	回	新疆伊犁毛纺厂厂长
艾海提·买买提	男	维吾尔	新疆石油管理局筑路公司经理
何占山	男	回	新疆乌鲁木齐县八家户农工商联合总公司经理
阿不都拉·穆塔力甫	男	维吾尔	新疆米泉县县煤矿矿长
吐尔逊·托乎提	男	维吾尔	新疆乌鲁木齐市民族乐器厂厂长
司地克库完	男	维吾尔	新疆兵团农三师44团副团长
艾尼万	男	维吾尔	新疆兵团农三师53团甘草膏厂厂长
祖侬牙生	男	维吾尔	新疆兵团农三师伽师总场场长

九、对外经济贸易、旅游业

五个自治区对外签订利用外资协议(合同)额

(1993年)

项目单位:个
金额单位:万美元

		全国总计	小 计	内蒙古	广 西	西 藏	宁 夏	新 疆
合 计	项目	**83 595**	**3 435**	413	2 478		181	363
	金额	**12 327 839**	**459 206**	36 571	384 985		11 906	25 744
对外借款	项 目	**158**						
	金 额	**1 130 571**	**1 300**		1 300			
外商直接投资	项 目	**83 437**	**3 435**	413	2 478		181	363
	金 额	**11 143 566**	**454 916**	35 862	381 404		11 906	25 744
外商其他投资	金 额	**53 136**	**2 990**	709	2 281			

五个自治区实际利用外资额

(1993年)

单位:万美元

	全国总计	小 计	内蒙古	广 西	西 藏	宁 夏	新 疆
合 计	**3 895 972**	**104 772**	8 526	89 756		1 190	5 300
对外借款	**1 118 885**	**1 300**		1 300			
外商直接投资	**2 751 495**	**102 219**	8 526	87 203		1 190	5 300
外商其他投资	**25 592**	**1 253**		1 253			

民族自治地方重点城市接待旅游人数

（1993年）

单位：万人

	全国总计	合　计	呼和浩特	南　宁	桂　林	北　海	乌鲁木齐
合　计	**1 235.14**	**55.78**	1.84	2.44	43.91	0.46	7.13
#外国人	**559.49**	**36.21**	1.16	0.97	27.93	0.10	6.05

民族自治地方重点城市旅游外汇收入

（1993年）

单位：外汇人民币万元

全国总计	合　计	呼和浩特	南　宁	桂　林	北　海	乌鲁木齐
2 338 434	**61 619**	1 479	2 315	46 467	463	10 895

民族自治地方重点城市每一旅游者逗留天数和平均消费额

（1993年）

		呼和浩特	南　宁	桂　林	北　海	乌鲁木齐
平均逗留天数（天）		2.4	2.5	2.1	2.3	2.4
平均消费额（外汇人民币元）	每　人	801	951	1 058	1 003	1 528
	每　天	334	383	514	444	632

主 要 统 计 指 标 解 释

利用外资　指我国各级政府、部门、企业和其他经济组织通过对外借款、吸收外商直接投资以及用其他方式筹措的境外现汇、设备、技术等。

对外借款　是我国利用外资的主要部分。包括我国通过外国政府贷款，国际金融组织贷款，外国银行商业贷款，出口信贷以及对外发行债券、股票等方式，从境外筹措的资金。

外商直接投资　是指外国企业和经济组织或个人（包括华侨、港澳同胞以及我国在境外注册的企业）按我国有关政策、法规，用现汇、实物、技术等在我国境内开办外商独资企业、与我国境内的企业或经济组织共同举办中外合资经营企业、合作经营企业或合作开发资源的投资（包括外商投资收益的再投资）以及经政府有关部门批准的项目投资总额内，企业从境外借入的资金。

旅游人数　指来我国参观、访问、旅行、探亲、访友、休养、考察、参加会议和从事经济、科技、文化、教育、体育、宗教等活动的外国人、华侨、港澳和台湾同胞的人数。不包括外国在我国的常驻机构如使领馆、通讯社、企业办事处的工作人员，来我国常住的外国专家、留学生以及在岸逗留不过夜人员。

旅游外汇收入　指国内各部门为来我国旅游的外国人、华侨、港澳和台湾同胞提供商品和劳务而获得的外汇收入。包括供应商品、饮食和提供住宿、交通、邮电、文化娱乐、导游等各项服务所得到的全部外汇收入。

十、财政、金融

民族自治地方财政收支情况

单位:亿元

年份	收入			支出			收支差额
	合计	五个自治区	自治州、县(旗)	合计	五个自治区	自治州、县(旗)	
1952	4.96	3.81	1.15	4.39	3.34	1.05	0.57
1957	11.48	8.91	2.57	12.43	9.58	2.85	−0.95
1960	29.19	21.92	7.27	42.87	35.12	7.75	−13.68
1961	16.58	12.54	4.04	21.36	16.54	4.82	−4.78
1962	13.23	9.93	3.30	14.15	11.10	3.05	−0.92
1963	15.71	11.57	4.14	16.69	12.60	4.09	−0.98
1964	17.62	13.22	4.40	20.55	16.09	4.46	−2.93
1965	19.67	15.09	4.58	23.06	18.48	4.58	−3.39
1966	21.18	16.65	4.53	26.07	21.00	5.07	−4.89
1968	10.68	8.74	1.94	17.02	13.12	3.90	−6.34
1972	22.05	15.94	6.11	43.12	31.55	11.57	−21.07
1973	22.72	15.13	7.59	47.83	34.91	12.92	−25.11
1974	22.87	15.31	7.56	49.66	36.90	12.76	−26.79
1975	23.49	15.80	7.69	50.63	38.01	12.62	−27.14
1976	24.41	16.24	8.17	55.70	41.24	14.46	−31.29
1977	28.46	19.26	9.20	59.97	43.35	16.62	−31.51
1978	40.79	30.18	10.61	83.35	62.02	21.33	−42.56
1979	34.00	25.88	8.12	87.97	69.93	18.04	−53.97
1980	31.07	22.44	8.63	81.20	62.45	18.75	−50.13
1981	29.67	19.77	9.90	76.13	56.17	19.96	−46.46
1982	36.31	23.86	12.45	86.81	63.42	23.39	−50.50
1983	41.48	27.81	13.67	100.62	73.11	27.51	−59.14
1984	45.33	30.65	14.68	131.58	96.28	35.30	−86.25
1985	63.45	42.32	21.13	156.98	112.67	44.31	−93.53
1986	80.66	55.04	25.62	198.62	142.22	56.40	−117.96
1987	97.51	65.62	31.89	210.43	147.92	62.51	−112.92
1988	119.39	78.74	40.65	241.10	167.49	73.61	−121.71
1989	147.65	96.49	51.16	273.26	182.62	90.64	−125.61
1990	166.74	109.28	57.46	304.37	202.37	102.00	−137.63
1991	203.28	136.27	67.01	346.10	227.70	118.40	−142.82
1992	210.04	135.16	74.88	366.56	239.12	127.44	−156.52
1993	296.61	199.59	97.02	433.27	301.47	131.80	−136.66

注:表列五个自治区,系指内蒙古自治区、广西壮族自治区、西藏自治区、宁夏回族自治区和新疆维吾尔自治区。自治州、县(旗)系指除上述五个自治区以外各省所属的少数民族自治州、自治县(旗)。

民族自治地方分地区地方财政收支情况

单位:万元

地区	1992年		1993年		1993年为1992年的%	
	财政收入	财政支出	财政收入	财政支出	财政收入	财政支出
合计	**2 100 366**	**3 665 577**	**2 966 126**	**4 332 736**	**141.2**	**118.2**
河北	12 275	18 873	15 837	24 028	129.0	127.3
内蒙古	390 775	720 731	561 177	882 773	143.6	122.5
辽宁	35 600	77 956	49 618	93 064	139.4	119.4
吉林	77 394	84 638	104 248	111 658	134.7	131.9
黑龙江	1 763	3 774	1 920	3 088	108.9	81.8
浙江	800	3 440	1 159	3 450	144.9	100.3
湖北	43 528	62 825	48 194	68 589	110.7	109.2
湖南	54 711	66 534	74 218	91 096	135.7	136.9
广东	3 725	9 557	5 151	11 885	138.3	124.4
广西	612 000	784 800	959 269	1 074 843	156.7	137.0
海南	24 381	48 799	13 594	28 423		
四川	91 345	185 025	144 762	239 556	158.5	129.5
贵州	98 387	152 664	118 254	168 294	120.2	110.2
云南	263 315	442 819	353 888	550 181	134.4	124.2
西藏	10 869	166 120	15 600	216 100		
甘肃	11 774	45 787	15 198	50 759	129.1	110.9
青海	29 722	71 668	39 771	89 979	133.8	125.5
宁夏	77 265	158 636	108 522	193 959	140.5	122.3
新疆	260 737	560 931	351 346	647 111	134.8	115.4

民族自治地方国家银行信贷及城乡居民储蓄存款

单位:万元

年　份	国家银行信贷(年末余额)		城乡居民储蓄存款年末余额		
	各项存款	各项贷款		城镇储蓄	农户储蓄
1980			383 325	241 884	141 441
1981			488 666	316 823	171 843
1982			628 837	405 095	223 542
1983			824 629	603 007	221 622
1984			1 057 310	784 016	273 293
1985			1 510 399	1 109 248	401 151
1986			2 094 782	1 557 426	537 356
1987			2 822 182	2 178 099	644 083
1988			3 505 988	2 712 953	793 035
1989	8 241 929	10 412 814	4 528 025	3 642 891	855 134
1990	10 489 990	14 497 060	6 234 247	5 061 099	1 173 148
1991	12 264 842	15 256 218	7 910 856	6 443 396	1 467 460
1992	16 716 350	20 124 904	10 077 235	8 195 671	1 881 564
1993	20 448 075	24 516 855	13 162 683	10 781 789	2 380 894

民族自治地方分地区国家银行信贷及城乡居民储蓄存款

(1993 年)

单位:万元

地　区	国家银行信贷		居民储蓄存款年末余额		
	各项存款	各项贷款		城镇储蓄	农户储蓄
合　计	**20 448 075**	**24 516 855**	**13 162 683**	**10 781 789**	**2 380 894**
河　北	126 762	17 606	138 038	68 292	69 746
内蒙古	3 505 394	5 297 191	2 321 390	1 976 128	345 262
辽　宁	607 980	747 268	506 468	340 941	165 527
吉　林	659 076	1 191 121	451 681	410 237	41 444
黑龙江	13 739	31 560	13 111	8 094	5 017
浙　江	18 975	16 039	10 425	6 845	3 580
湖　北	189 577	349 595	115 176	86 855	28 321
湖　南	260 039	416 825	198 765	135 280	63 485
广　东	56 653	62 160	43 630	29 358	14 272
广　西	6 630 686	6 656 219	4 068 057	3 149 736	918 321
海　南	229 312	270 592	171 308	150 476	20 832
四　川	543 823	582 981	355 547	261 926	93 621
贵　州	555 976	764 404	531 890	409 284	122 606
云　南	1 475 546	1 365 672	872 567	722 880	149 687
西　藏					
甘　肃	158 610	150 773	110 577	89 481	21 096
青　海	325 134	567 108	198 282	171 847	26 435
宁　夏	1 027 631	1 353 229	614 522	527 350	87 172
新　疆	4 063 162	4 676 512	2 441 249	2 236 779	204 470

主 要 统 计 指 标 解 释

信贷资金 国家银行用于发放贷款的资金叫信贷资金。中国人民银行信贷资金的来源有各项存款、对国家金融机构负债、流通中货币、银行自有资金及当年结余等。信贷资金的运用有各项贷款、黄金占款、外汇占款、财政借款及在国际金融机构中的资产等。

存款 企业、机关、团体或居民根据可以收回的原则，把货币资金存入银行或其他信用机构保管并取得一定利息的一种信用活动形式。根据存款对象的不同可划分为企业存款、财政存款、机关团体存款、基本建设存款、城镇储蓄存款、农村存款等科目。它是银行信贷资金的主要来源。

贷款 银行或其他信用机构根据必须归还的原则，按一定利率，为企业、个人等提供资金的一种信用活动形式。我国银行贷款分流动资金贷款、固定资产贷款、城乡个体工商户贷款以及农户贷款等科目。

全国城乡储蓄存款余额 全国城乡储蓄存款，包括城镇居民储蓄存款和农民个人储蓄存款两部分。不包括居民的手存现金和工矿企业、部队、机关团体等集团存款。储蓄存款余额，是指城乡居民存入银行及农村信用储蓄的时点数(存入数扣除取出数的余额)，如月末、季末或年末数额。

十一、人民生活

民族自治地方职工年平均工资

单位：元

年份	合计	国有单位	集体单位	其他单位
1981	816	848	650	
1982	845	872	686	
1983	884	917	711	
1984	1 026	1 077	810	
1985	1 142	1 202	899	
1986	1 320	1 392	1 011	
1987	1 465	1 535	1 156	
1988	1 739	1 815	1 396	
1989	1 850	1 931	1 420	
1990	2 040	2 150	1 525	2 033
1991	2 214	2 318	1 718	2 284
1992	2 527	3 006	1 949	2 538
1993	3 074	3 210	2 363	3 652

注：本表未扣除区域变动因素，年度之间不可比。下同。

民族自治地方分地区职工年平均人数和工资(一)

(1993年)

地区	合计			国有单位		
	年平均职工人数(人)	职工工资总额(万元)	平均每一名职工工资(元)	年平均职工人数(人)	职工工资总额(万元)	平均每一名职工工资(元)
合计	**14 519 127**	**4 462 885**	**3 074**	**11 937 266**	**3 831 298**	**3 210**
河北	109 596	26 725	2 439	87 173	22 473	2 578
内蒙古	3 900 072	1 090 634	2 796	2 984 044	894 747	2 998
辽宁	361 084	74 386	2 060	257 246	55 894	2 173
吉林	801 348	206 060	2 571	618 118	172 592	2 792
黑龙江	26 138	5 117	1 958	22 386	4 561	2 037
浙江	9 628	3 145	3 267	7 378	2 557	3 466
湖北	235 140	59 992	2 551	199 261	52 857	2 653
湖南	255 527	78 103	3 057	212 975	66 299	3 113
广东	40 119	15 163	3 780	34 360	13 729	3 996
广西	3 333 392	1 122 805	3 368	2 775 351	952 559	3 432
海南	116 650	42 956	3 682	105 305	40 132	3 811
四川	544 351	167 640	3 080	484 443	153 990	3 179
贵州	533 220	120 589	2 262	460 572	107 245	2 329
云南						
西藏						
甘肃	112 658	36 716	3 259	107 287	34 118	3 180
青海	248 165	94 555	3 810	226 965	90 545	3 989
宁夏	718 064	216 655	3 017	599 677	188 000	3 135
新疆	3 173 975	1 101 644	3 471	2 754 725	979 000	3 554

注：云南、西藏两省区缺报。

民族自治地方分地区职工年平均人数和工资(二)

(1993年)

地　区	集体单位 年平均职工人数(人)	集体单位 职工工资总额(万元)	集体单位 平均每一名职工工资(元)	其他单位 年平均职工人数(人)	其他单位 职工工资总额(万元)	其他单位 平均每一名职工工资(元)
合　计	**2 415 079**	**570 673**	**2 363**	**166 782**	**60 914**	**3 652**
河　北	21 873	4 155	1 900	550	97	1 764
内蒙古	881 341	185 691	2 107	34 687	10 196	2 939
辽　宁	101 114	18 026	1 783	2 724	466	1 711
吉　林	174 240	31 322	1 798	8 990	2 146	2 387
黑龙江	3 752	556	1 482			
浙　江	2 250	588	2 613			
湖　北	34 481	6 832	1 981	1 398	303	2 167
湖　南	41 372	11 579	2 799	1 180	225	1 907
广　东	3 668	899	2 451	2 091	535	2 559
广　西	473 428	134 365	2 838	84 613	35 881	4 241
海　南	10 666	2 449	2 296	679	375	5 523
四　川	57 962	13 176	2 273	1 946	474	2 436
贵　州	69 749	12 810	1 837	2 899	534	1 842
云　南						
西　藏						
甘　肃	5 285	2 587	4 895	86	11	1 279
青　海	21 143	4 000	1 892	57	10	1 754
宁　夏	112 499	26 000	2 311	5 888	2 655	4 509
新　疆	400 256	115 638	2 889	18 994	7 006	3 689

八省区国有单位职工平均工资

单位：元

年份	全国	内蒙古	广西	西藏	宁夏	新疆	贵州	云南	青海
1952	446	444	323		492	735	294	363	604
1957	637	731	489		709	968	462	517	1 308
1962	592	675	467	818	604	657	471	492	795
1965	652	751	514	893	686	657	583	544	947
1970	609	640	482	923	671	581	601	525	867
1975	613	668	539	806	723	697	626	575	889
1978	644	687	559	737	755	725	642	623	938
1979	705	750	620	929	814	784	692	679	991
1980	803	839	735	1 056	892	904	798	782	1 100
1981	812	851	748	1 132	910	935	804	800	1 091
1982	836	868	781	1 319	932	968	815	825	1 155
1983	865	902	810	1 397	970	998	830	857	1 302
1984	1 034	1 047	1 039	1 730	1 111	1 129	949	1 049	1 565
1985	1 166	1 169	1 126	1 994	1 252	1 310	1 132	1 167	1 751
1986	1 355	1 325	1 344	2 419	1 470	1 535	1 297	1 294	1 937
1987	1 546	1 410	1 545	2 658	1 661	1 717	1 414	1 483	2 143
1988	1 853	1 641	1 841	2 859	1 909	1 946	1 642	1 769	2 421
1989	2 055	1 779	1 931	2 989	2 136	2 118	1 794	1 936	2 579
1990	2 284	1 971	2 135	3 223	2 363	2 362	2 070	2 200	2 789
1991	2 477	2 148	2 341	3 406	2 522	2 510	2 214	2 398	2 917
1992	2 711	2 339	2 634	3 448	2 722	2 742	2 406	2 686	3 098

民族自治地方农村经济收益分配

单位：万元

年　　份	总收入	总费用	纯收入	农村居民人均纯收入（元）	抽样调查的农（牧）民人均纯收入（元）
1980	1 150 891	340 849	810 042	76	
1981	1 185 423	306 249	879 174	85	
1982	1 469 052	325 352	1 143 700	121	
1983	2 365 174	523 817	1 841 357	196	
1984	2 934 551	664 198	2 270 353	213	311
1985	4 374 432	1 197 661	3 176 771	272	320
1986	4 659 810	1 475 707	3 184 103	282	338
1987	5 612 773	1 843 054	3 769 719	316	376
1988	7 269 734	2 614 861	4 654 873	357	420
1989	8 384 964	3 310 070	5 074 894	390	483
1990	9 808 134	3 557 847	6 250 287	402	546
1991	11 103 900	4 257 723	6 846 177	508	555
1992	14 516 956	6 839 613	7 677 343	568	584
1993	17 647 399	9 213 249	8 434 150	629	696

注：农村居民人均收入系指生产经营性收入。抽样调查的农(牧)民人均纯收入是全部收入。

民族自治地方分地区农村经济收益分配

（1993 年）　　　　单位：万元

地　区	农村经济收益分配							抽样调查的农（牧）民纯收入（元）
	总收人	总费用	纯收入	国家税收	集体提留	农村居民纯收人	平均每一个农村居民纯收入（元）	
合　计	**17 647 399**	**9 213 249**	**8 434 150**	**415 145**	**309 230**	**7 709 775**	**629**	**696**
河　北	290 440	189 795	100 645	7 221	8 369	85 055	560	763
内蒙古	2 526 721	1 247 133	1 279 588	56 666	95 985	1 126 937	852	778
辽　宁	898 856	532 625	366 231	25 174	20 977	320 080	883	1 029
吉　林	313 541	169 173	144 368	8 852	10 433	125 083	773	920
黑龙江	17 841	5 839	12 002	278	323	11 401	763	820
浙　江							462	
湖　北	338 928	169 583	169 345	8 848	6 138	154 359	395	483
湖　南	537 290	306 825	230 465	8 310	5 092	217 063	554	590
广　东	55 693	24 053	31 640	1 182	1 304	29 154	2 335	1 762
广　西	8 001 105	4 530 309	3 470 796	185 303	68 991	3 216 502	823	892
海　南	161 114	57 678	103 436	1 726	6 088	95 622	775	904
四　川	353 817	137 199	216 618	7 710	7 947	200 961	451	470
贵　州	1 112 768	541 199	571 569	32 245	12 452	526 872	396	567
云　南	1 334 379	544 304	790 075	35 996	22 965	731 114	423	678
西　藏								889
甘　肃	253 698	131 171	122 527	6 389	1 938	114 200	453	473
青　海	194 625	62 680	131 945	5 373	3 458	123 114	580	
宁　夏								636
新　疆	1 256 583	563 683	692 900	23 872	36 770	632 258	778	778

民族自治地方农民人均收入水平1200元以上的县分布

（1993年）

县　名	平均每人（元）	人　口（万人）	县　名	平均每人（元）	人　口（万人）
辽宁省：1					
北镇满族自治区	1 310	45.0			
内蒙古自治区：12			**甘肃省：2**		
陈巴尔虎旗	1 201	0.7	阿克塞哈萨克族自治县	1 816	0.4
鄂温克族自治旗	1 313	1.4	肃北蒙古族自治县	1 952	1.0
苏尼特左旗	1 345	1.5	**青海省：5**		
呼和浩特市郊区	1 423	23.0	海晏县	1 270	1.7
赤峰市红山区	1 430	4.7	玛沁县	1 320	1.8
额济纳旗	1 481	0.3	玛多县	1 275	0.7
西乌珠穆沁旗	1 531	3.1	天峻县	1 325	1.2
阿巴嘎旗	1 613	1.9	刚察县	1 400	2.3
锡林浩特市	1 690	0.8	**宁夏回族自治区：1**		
海拉尔市	1 850	1.5	石嘴山市大武口区	1 280	0.4
额尔古纳右旗	2 481	0.2	**新疆维吾尔自治区：10**		
东乌珠穆沁旗	2 526	2.4	米泉县	1 200	9.3
广西壮族自治区：6			呼图壁县	1 201	6.5
玉林市	1 201	125.1	吐鲁番市	1 206	15.6
兴安县	1 201	32.3	麦盖提县	1 218	11.3
北流县	1 212	97.4	石河子市	1 255	1.8
梧州市郊区	1 257	7.4	库尔勒市	1 258	5.9
合浦县	1 385	89.6	昌吉市	1 300	8.5
北海市海城区	1 818	2.6	乌鲁木齐市	1 349	12.2
北海市郊区	1 925	9.3	克拉玛依市	1 470	0.2

民族自治地方农民人均收入水平250元以下的县分布

(1993年)

县名	平均每人(元)	人口(万人)	县名	平均每人(元)	人口(万人)
贵州省:5			**云南省:5**		
晴隆县	216	22.7	红河县	198	23.7
黄平县	217	29.3	西盟佤族自治县	205	17.0
丹寨县	223	13.6	金平苗族瑶族傣族自治县	222	28.6
普安县	229	23.5	墨江哈尼族自治县	223	33.4
雷山县	233	12.2	永仁县	224	9.1
			绿春县	238	17.7

《国家八七扶贫攻坚计划》少数民族贫困县名单

河　北(5)：青龙、宽城、丰宁、围场、孟村

内蒙古(31)：伊金霍洛、鄂托克前、准格尔、乌审、杭锦、托克托、清水河、和林、武川、达茂、化德、商都、固阳、奈曼、察右中、察右前、察右后、太仆寺、四子王、克什克腾、巴林左、巴林右、扎赉特、喀喇沁、科右中、翁牛特、敖汉、宁城、多伦、林西、库伦

辽　宁(4)：新宾、喀左、岫岩、桓仁

吉　林(1)：汪清

黑龙江(1)：杜尔伯特

浙　江(1)：景宁

湖　北(9)：长阳、恩施、利川、建始、巴东、宣恩、咸丰、来凤、鹤峰

湖　南(4)：永顺、保靖、花垣、桑植(*)

广　东(1)：乳源

广　西(28)：乐业、德保、那坡、凌云、巴马、龙州、平果、大化、马山、田林、忻城、隆安、田东、融水、南丹、三江、金秀、环江、东兰、西林、天等、都安、隆林、天峨、龙胜、罗城、靖西、凤山

海　南(4)：陵水、保亭、琼中、通什市(*)

四　川(21)：秀山、酉阳、石柱、黔江、彭水、布拖、金阳、昭觉、美姑、雷波、普格、木里、盐源、喜德、越西、白玉、得荣、巴塘、乡城、壤塘、黑水

贵　州(34)：从江、沿河、务川、雷山、台江、丹寨、荔波、独山、天柱、普安、兴仁、威宁、黄平、关岭、三都、印江、册亨、晴隆、贞丰、麻江、榕江、三穗、岑巩、罗甸、紫云、剑河、望谟、松桃、长顺、镇宁、施秉、平塘、安龙、黎平

云　南(51)：禄劝、红河、西盟、墨江、寻甸、云龙、剑川、镇沅、孟连、中甸、泸水、绿春、元阳、福贡、西畴、富宁、武定、双柏、贡山、马关、永仁、金平、泸西、德钦、维西、宁蒗、江城、屏边、漾濞、南涧、丘北、南华、砚山、大姚、弥渡、广南、澜沧、双江、沧源、巍山、祥云、永平、牟定、姚安、石屏、景东、宾川、洱源、文山、兰坪、麻栗坡

西　藏(5)：察雅、嘉黎、索县、南木林、定日

甘　肃(12)：舟曲、和政、东乡、卓尼、临夏、临潭、康乐、天祝、广河、永靖、积石山、张家川

青　海(12)：民和、化隆、循化、大通、班玛、囊谦、达日、治多、同仁、泽库、玉树、杂多

宁　夏(8)：西吉、固原、海原、同心、隆德、泾源、盐池、彭阳

新　疆(25)：柯坪、疏附、皮山、墨玉、托里、木垒、策勒、于田、巴里坤、疏勒、岳普湖、阿克陶、洛浦、阿图什、英吉沙、塔什库尔干、福海、尼勒克、阿合奇、乌恰、和田市、和田、叶城、乌什、民丰

以上总计257个县、旗(市)，占《国家八七扶贫攻坚计划》全国592个贫困县、旗(市)总数的43.4%。其中，湖南省桑植县、海南省通什市，在其省内是按民族自治地方对待的县级行政区划。

主要统计指标解释

工资总额 工资总额是指各单位在一定时期内直接支付给本单位全部职工的劳动报酬总额。

工资总额包括计时工资、计件工资、奖金、津贴和补贴、加班加点工资、特殊情况下支付的工资。

工资总额的计算原则应以直接支付给职工的全部劳动报酬为根据。各单位支付给职工的劳动报酬以及其他根据有关规定支付的工资，不论是计入成本的还是不计入成本的，不论是按国家规定列入计征奖金税项目的还是未列入计征奖金税项目的，不论是以货币形式支付的还是以实物形式支付的，均应列入工资总额的计算范围。

工资总额不包括的项目有：

（1）根据国务院发布的有关规定颁发的创造发明奖、国家星火奖、自然科学奖、科学技术进步奖、支付的合理化建议和技术改进奖以及支付给运动员的名次奖、运动水平奖、破记录奖、教练员的培训成绩奖。

（2）有关劳动保险和职工福利方面的费用。

（3）有关离休、退休、退职人员待遇的各项支出。

（4）支付给聘用或留用的离休、退休人员的各项补贴。

（5）劳动保护的各种支出。

（6）稿费、讲课费及其他专门工作报酬。

（7）出差伙食补助费、误餐补助、调动工作的旅费和安家费。

（8）对自带工具、牲畜来企业工作的职工所支付的工具、牲畜等的补偿费用。

（9）实行租赁经营单位的承租人的风险性补偿收入。

（10）对购买本企业股票和债券的职工支付的股息和利息。

（11）劳动合同制职工解除劳动合同时由企业支付的医疗补助费、生活补助费等。

（12）因录用临时工而在工资以外向提供劳动力单位支付的手续费或管理费。

（13）支付给家庭工人的加工费和按加工订货办法支付给承包单位的发包费用。

（14）支付给参加企业劳动的在校学生的补贴。

（15）计划生育独生子女补贴。

居民家庭全部收入 居民家庭全部收入是指调查户全部实际现金收入，包括家庭人口劳动收入（如职工的工资、奖金、津贴、个体劳动者和农村居民的净收入）、退休金、交通补助、定期性困难补助、赡养费、助学金等各项经常性收入，以及退职金、复员费、转业费、发明创造一次性奖金、稿费等一次性收入。不包括周转性收入，如提取银行存款、向亲友借入款、收回借出款以及其他各种暂收款。

居民家庭可用于生活费收入，是指家庭全部收入中能用于安排家庭日常生活的实际收入，即全部收入扣除对亲友的"赡养、赠送支出"和调查户非家庭人口中的经常用饭人口所交的"搭伙费"。

平均每人生活费收入是用家庭生活费收入除以家庭人口数。

农村住户收支 农村住户收支包括农村住户收入指标和支出指标两部分。

农村住户收入指标由农村住户总收入和纯收入两项指标构成，主要反映农民全年收入水平，各项收入的来源、构成及其变化，对研究农民致富的途径、农村小康问题有重要的意义。

全年总收入是指农村住户年内从各种来源得到的全部实际收入（包括现金收入和实物收入），由基本收入、转移性收入和财产性收入等三部分组成。

1.基本收入：包括劳动者的报酬收入和家庭经营收入。

①劳动者报酬收入：指受雇于单位或个人，出卖劳动而得到的报酬收入。

②家庭经营收入：主要用来反映以家庭为生产单位的收入水平、生产规模的经济效益情况。它是农村住户从事各项生产的收入，包括种植业收入、林业收入、牧业收入、渔业收入、手工业收入、采集捕猎收入、工业收入、建筑收入、运输业收入、商业收入、饮食业收入、服务业收入和其他家庭经营收入。

2.转移性收入：包括在外人口寄回和带回、农村外部亲友赠送的收入、调查补贴、保险赔款、救济金、退休金、抚恤金、五保户的供给、奖励收入、土地征用补偿收入和其它转移性收入。

3.财产性收入：包括利息收入、股息收入、租金收入、出让特许权收入、集体财产收入、其它财产收入。

纯收入是总收入扣除相应的各项费用性支出后，归农民所有的收入。它是可以用于生产、非生产投资，改善物质和文化生活，以及用于再分配的支出和结余的收入。

农村住户支出指标即农村住户全年总支出，是指农村住户全年用于生产、生活和再分配等方面的全部实际支出。具体包括以下几项：

1.家庭经营费用支出，指农村住户经营生产所支出的费用，包括承包集体生产的费用支出和家庭自营生产的费用支出两部分。

2.购置生产用固定资产支出：指农民家庭用于购置生产用固定资产和开支，用来反映当年已实现的扩大再生产能力。

3.缴纳现金：指农村住户从事家庭经营生产向国家缴纳的各种税款。

4.上交集体承包任务：指包干户按承包合同规定向集体上交提留和包产农户按承包合同规定向集体上交的包产任务。

5.集体提留和摊派：指农村住户上交集体的三项提留(即公积金、公益金和管理费)、五项统筹(即教育附加、计划生育、民兵训练、优抚和交通等民办公助事业统筹款)和其他临时性集资摊派款。

6.生活消费支出：指农村住户年内用于物质生活和精神生活方面的实际支出。

7.其它非借贷性支出：指上述所列支出以外的支出。

十二、教育、科技

民族自治地方各级学校

单位：所

年　份	普通高等学校	中等学校			小　学
			中等专业学校	普通中学	
1952	11	531			59 597
1957	14	1 115			57 480
1965	37	4 777			140 056
1975	35	8 353			121 110
1978	56	14 277			142 865
1979	63	12 249	545	11 704	139 256
1980	63	11 765	588	11 177	131 123
1981	67	11 072	563	10 509	117 581
1982	68	11 056	586	10 470	114 164
1983	76	11 493	516	10 977	119 418
1984	74	11 406	567	10 839	117 643
1985	86	11 644	560	11 084	121 712
1986	93	11 677	547	11 130	121 874
1987	100	11 849	541	11 308	119 879
1988	101	12 038	583	11 455	119 614
1989	106	14 441	2 815	11 626	120 118
1990	105	12 273	648	11 625	117 717
1991	104	12 882	571	11 563	103 139
1992	102	12 148	560	11 588	99 916
1993	101	12 051	570	11 481	97 858

注：1. 本表未扣除区域变动因素，年度之间不可比，下同。

2. 本表中等专业学校包括职业中学。

民族自治地方各级学校专任教师

单位：人

年份	普通高等学校	中等学校	中等专业学校	普通中学	小学
1952	559	10 220			
1957	2 574	22 246			
1965	6 232	53 045			
1975	7 910	274 670			
1978	14 912	376 996			
1979	16 837	347 774	16 319	331 455	612 537
1980	15 128	351 040	19 396	331 644	730 077
1981	15 133	318 682	19 283	299 399	722 891
1982	16 730	320 467	20 174	300 293	742 320
1983	18 998	324 084	20 911	303 173	771 204
1984	20 320	310 812	21 718	289 094	758 487
1985	21 756	335 320	23 883	311 437	600 295
1986	23 872	356 639	25 777	330 862	805 751
1987	25 533	373 918	27 831	346 087	807 081
1988	26 746	398 605	31 963	366 642	832 073
1989	34 041	475 747	103 602	372 145	840 058
1990	27 658	416 453	33 933	450 386	847 802
1991	27 031	430 947	32 357	389 028	839 600
1992	27 056	425 336	31 933	393 403	833 900
1993	26 925	429 196	31 698	397 498	836 800

民族自治地方各级学校在校学生

单位：人

年份	普通高等学校	中等学校	中等专业学校	普通中学	小学（万人）
1952	4 475	209 394			467.31
1957	12 007	493 892			599.45
1965	30 511	954 137			1 124.44
1975	31 077	3 624 594			1 416.10
1978	56 492	6 820 032			1 705.24
1979	61 955	6 283 893	74 972	6 101 909	1 685.50
1980	70 796	6 011 353	185 635	5 825 718	1 701.73
1981	77 914	5 091 473	153 839	4 937 634	1 629.57
1982	71 803	4 691 540	137 467	4 554 073	1 645.07
1983	77 579	4 864 083	145 215	4 718 868	1 711.15
1984	87 283	5 083 804	176 193	4 907 611	1 752.13
1985	104 423	5 732 874	206 482	5 166 392	1 836.90
1986	116 122	5 956 024	218 332	5 737 692	1 875.90
1987	123 833	6 087 191	228 257	5 858 934	1 840.70
1988	132 284	6 108 576	256 372	5 852 204	1 833.20
1989	139 849	7 071 708	1 273 298	5 798 410	1 997.00
1990	135 504	6 096 440	252 454	5 843 986	1 852.90
1991	131 596	6 654 513	273 853	5 892 961	1 877.44
1992	141 651	6 279 907	283 692	5 996 215	1 913.65
1993	161 103	6 065 209	320 445	5 744 764	1 844.30

民族自治地方各级学校毕业生

单位：人

年 份	普通高等学校	中等学校			小 学（万人）
			中等专业学校	普通中学	
1952	255	29 279			22.56
1957	1 378	74 443			69.43
1965	8 234	156 960			60.82
1975	7 591	1 037 071			158.30
1978	10 576	1 823 140			254.10
1979	10 519	2 196 843	34 946	2 161 897	224.69
1980	7 393	1 835 607	66 560	1 769 047	222.16
1981	12 058	1 323 550	81 674	1 241 876	217.55
1982	25 653	1 423 338	68 958	1 354 380	203.81
1983	20 434	1 438 935	53 305	1 295 630	214.51
1984	17 681	1 278 828	49 663	1 229 165	215.58
1985	20 407	1 430 034	54 022	1 376 012	228.02
1986	23 657	1 521 702	65 605	1 456 097	243.31
1987	35 367	1 626 350	72 564	1 553 786	251.29
1988	36 426	1 759 643	76 524	1 683 119	244.39
1989	36 272	1 857 544	413 299	1 444 246	283.60
1990	40 369	1 827 614	90 618	1 736 996	218.97
1991	39 790	1 777 074	89 833	1 619 845	237.50
1992	38 137	1 738 022	83 874	1 654 148	306.08
1993	36 483	1 786 425	88 034	1 698 391	261.09

民族自治地方分地区高等学校基本情况

（1993年）

单位：人

地　区	学校数（所）	在校研究生数	在　校学生数	招生数	毕业生数	教职工数	#专任教师数
合　计	**101**	**1 008**	**161 103**	**60 687**	**36 483**	**63 675**	**26 925**
河　北							
内蒙古	19	167	37 663	13 984	8 663	14 502	6 324
辽　宁	2		55	292	293	20	7
吉　林	5		5 878	1 959	1 508	3 025	1 340
黑龙江							
浙　江							
湖　北	2		2 855	1 040	883	708	355
湖　南	2		2 514	911	647	833	345
广　东							
广　西	24	500	50 951	19 500	10 554	16 989	7 180
海　南							
四　川	5		1 934	2 573	1 555	1 241	588
贵　州	4		2 752	1 100	733	944	468
云　南	5		4 419	1 589	1 147	1 342	666
西　藏	3		2 239	683	393	1 773	727
甘　肃	1		715	286	159	232	98
青　海	1		417	160	63	119	67
宁　夏	7	26	9 604	3 378	2 212	3 624	1 602
新　疆	21	315	39 107	13 232	7 673	18 323	7 158

民族自治地方分地区普通中等学校基本情况

(1993年)

单位：人

地　区	学校数(所)	在校学生数	招生数	毕业生数	教职工数	#专任教师数
合　计	**13 360**	**6 507 077**	**2 462 317**	**1 910 588**	**646 227**	**460 728**
河　北	232	81 351	35 460	22 556	8 708	6 999
内蒙古	2 441	1 186 655	441 923	362 047	140 351	97 354
辽　宁	368	206 202	72 306	61 216	21 788	15 887
吉　林	346	199 367	72 379	53 226	20 632	15 190
黑龙江	33	9 779	3 032	1 991	1 121	894
浙　江	10	7 497	2 674	2 318	493	402
湖　北	396	143 645	55 404	40 965	15 441	11 433
湖　南	360	157 298	62 820	38 328	14 201	10 584
广　东	51	19 256	7 478	5 251	1 553	1 129
广　西	3 207	1 822 196	697 700	477 498	145 864	101 295
海　南	138	79 612	25 517	21 220	7 477	4 998
四　川	497	143 942	73 927	60 486	23 811	17 220
贵　州	725	411 807	146 350	113 163	33 263	24 961
云　南	1 357	695 739	267 773	187 475	57 482	41 447
西　藏	77	28 076	10 670	8 023	4 548	3 054
甘　肃	165	72 261	25 094	21 875	6 871	5 419
青　海	315	110 926	39 864	34 684	12 162	9 505
宁　夏	508	291 038	106 913	101 646	25 670	19 385
新　疆	2 134	840 430	315 033	296 620	104 791	73 572

民族自治地方分地区中等专业学校基本情况

（1993 年）

单位：人

地 区	学校数（所）	在校学生数	招生数	毕业生数	教职工数	#专任教师数
合 计	**570**	**320 445**	**124 538**	**88 034**	**66 088**	**31 698**
河 北	6	2 198	1 149	419	442	155
内蒙古	101	55 905	20 139	16 148	15 552	7 296
辽 宁	6	2 307	542	672	537	371
吉 林	9	6 273	2 360	1 601	1 050	555
黑龙江						
浙 江						
湖 北	18	9 168	3 835	2 908	1 450	847
湖 南	9	6 973	2 958	2 070	951	471
广 东	1	124	42	32	30	15
广 西	122	87 594	34 900	22 364	16 144	7 172
海 南	3	1 249	569	241	223	126
四 川	30	15 236	5 711	4 292	2 646	1 417
贵 州	34	19 106	7 183	5 707	3 295	1 612
云 南	53	25 764	9 365	7 390	4 381	2 281
西 藏	14	4 713	1 303	1 006	1 315	654
甘 肃	11	3 528	1 145	1 155	735	427
青 海	14	4 524	1 519	1 339	951	564
宁 夏	26	12 469	5 246	3 930	3 071	1 464
新 疆	113	63 314	26 572	16 760	13 315	6 271

民族自治地方分地区普通中学基本情况

（1993 年）

单位：人

地　区	学校数（所）	在校学生数	招生数	毕业生数	教职工数	# 专任教师数
合　计	**11 481**	**5 744 764**	**2 136 139**	**1 698 391**	**533 579**	**397 498**
河　北	219	75 900	33 101	20 763	7 883	6 546
内蒙古	1 918	990 093	359 394	305 305	107 324	77 982
辽　宁	333	197 048	68 944	58 121	20 357	14 941
吉　林	303	176 727	62 987	47 217	17 761	13 355
黑龙江	23	9 209	2 814	1 864	1 060	849
浙　江	7	7 011	2 386	2 149	445	371
湖　北	330	124 403	47 719	34 626	12 530	9 569
湖　南	305	135 509	53 346	33 218	11 794	9 120
广　东	48	18 834	7 368	4 998	1 472	1 082
广　西	2 874	1 641 102	624 000	431 234	120 954	88 304
海　南	127	76 232	24 134	20 417	6 985	4 687
四　川	426	119 142	64 151	53 125	19 760	14 851
贵　州	590	372 152	132 049	102 084	27 677	21 825
云　南	1 184	619 207	223 231	169 867	49 362	36 789
西　藏	62	23 251	9 352	6 943	3 210	2 377
甘　肃	145	67 637	23 321	20 254	5 970	4 864
青　海	290	104 982	37 574	32 709	11 051	8 840
宁　夏	446	267 718	96 585	91 995	22 116	17 698
新　疆	1 851	718 607	263 683	261 502	85 868	63 448

民族自治地方分地区职业中学基本情况

（1993年）

单位：人

地　区	学校数（所）	在校学生数	招生数	毕业生数	教职工数	#专任教师数
合　计	**1 309**	**441 868**	**201 640**	**124 163**	**46 560**	**30 580**
河　北	7	3 253	1 210	1 374	383	298
内蒙古	422	140 657	62 390	40 594	17 475	12 076
辽　宁	29	6 847	2 820	2 423	894	575
吉　林	34	16 367	7 032	4 408	1 821	1 280
黑龙江	10	570	218	127	61	45
浙　江	3	486	288	169	48	31
湖　北	48	10 074	3 850	3 431	1 461	1 017
湖　南	46	14 816	6 516	3 040	1 456	993
广　东	2	298	68	221	51	32
广　西	211	93 500	38 800	23 900	8 766	5 819
海　南	8	2 131	814	562	269	185
四　川	41	9 564	4 065	3 069	1 405	952
贵　州	101	20 549	7 118	5 372	2 291	1 524
云　南	120	50 768	35 177	10 218	3 739	2 377
西　藏	1	112	15	74	23	23
甘　肃	9	1 096	628	466	166	128
青　海	11	1 420	771	636	160	101
宁　夏	36	10 851	5 082	5 721	483	223
新　疆	170	58 509	24 778	18 358	5 608	3 853

民族自治地方分地区小学基本情况

（1993年）

单位：万人

地　区	学校数（所）	在校学生数	招生数	毕业生数	教职工数	#专任教师数
合　计	**97 858**	**1 844.30**	**355.96**	**261.09**	**95.50**	**83.68**
河　北	1 790	21.81	4.79	3.43	0.96	0.84
内蒙古	14 092	235.79	43.89	39.16	17.37	15.39
辽　宁	2 737	31.53	8.18	7.97	3.31	2.89
吉　林	1 627	34.92	6.02	5.97	2.57	1.98
黑龙江	161	2.73	0.42	0.37	0.20	0.18
浙　江	349	1.50	0.25	0.32	0.08	0.07
湖　北	3 353	45.46	8.49	6.57	2.58	2.20
湖　南	5 110	52.40	8.96	5.95	2.53	2.28
广　东	284	6.13	0.98	0.72	0.25	0.21
广　西	15 841	610.77	116.69	79.63	22.86	19.61
海　南	1 001	21.61	3.59	2.23	1.07	0.90
四　川	8 485	80.25	15.29	8.94	4.35	3.85
贵　州	9 230	185.53	35.99	18.91	7.98	7.33
云　南	15 815	235.04	42.90	34.38	10.58	9.55
西　藏	2 831	19.18	1.20	5.30	0.96	0.86
甘　肃	1 780	20.52	4.41	1.92	1.13	0.96
青　海	2 412	28.91	5.38	3.68	1.90	1.74
宁　夏	3 872	6.28	9.98	9.69	3.17	2.91
新　疆	7 088	203.94	38.55	25.95	11.65	9.93

民族自治地方分地区成人教育基本情况

（1993年）

单位：人

地　区	学 校 数（所）	在校学生数	教职工数
合　计	**13 899**	**2 269 340**	**46 988**
河　北	545	80 177	1 033
内蒙古	10 164	1 673 243	23 127
辽　宁	72	42 118	289
吉　林	766	20 528	269
黑龙江	1	580	12
浙　江	23	450	24
湖　北	36	7 139	565
湖　南	1 950	185 243	2 319
广　东	20	2 513	18
广　西	186	161 488	12 455
海　南	3	4 250	179
四　川	65	33 841	589
贵　州	2	629	194
云　南			
西　藏			
甘　肃	15	12 433	362
青　海	1	88	38
宁　夏	5	4 986	1 333
新　疆	45	39 634	4 182

全国少数民族专任教师

单位：人

年份	普通高等学校	中等技术学校	中等师范学校	普通中学	职业中学	小学（万人）
1951				2 708		
1952	623			4 453		5.98
1957	1 941			11 729		9.82
1963	3 096	1 168	494	13 194	628	7.24
1965	3 311	1 122	380	14 635	2 752	13.32
1975	2 655			68 452		27.17
1978	5 876	2 714	1 970	112 261		31.02
1979	7 150	2 917	2 191	108 192		31.30
1980	7 808	3 519	2 570	112 331	739	32.94
1981	8 364	3 844	2 420	105 187	860	33.06
1982	9 150	4 419	2 698	104 158	1 336	34.32
1983	10 791	4 867	2 748	107 153	2 283	34.49
1984	10 841	5 151	2 825	112 364	3 615	37.80
1985	12 775	5 985	3 178	125 560	5 551	39.78
1986	14 236	7 801	3 624	139 210	6 816	42.13
1987	15 412	8 093	4 186	150 463	8 377	43.68
1988	16 920	8 471	4 435	158 369	16 270	42.12
1989	17 495	9 205	4 745	173 922	10 256	46.25
1990	17 787	9 714	5 133	182 991	10 925	45.87
1991	18 869	10 061	5 338	192 134	11 934	46.41
1992	19 361	10 502	5 067	200 034	12 947	47.63
1993	19 384	10 374	5 226	202 110	13 892	47.72

全国少数民族专任教师占全国专任教师总数的比重

单位：%

年份	普通高等学校	中等技术学校	中等师范学校	普通中学	职业中学	小学
1951				2.6		
1952				2.9		
1957	2.8			3.9		4.3
1963	2.2	2.5	4.1	3.1	3.9	2.8
1965	2.4	2.5	3.5	3.2	1.4	3.5
1975	1.7	4.2		3.3		5.2
1978	2.9	3.9	6.6	3.5		5.9
1979	3.0	3.7	6.4	3.5		5.8
1980	3.2	3.9	6.9	3.7	3.2	6.0
1981	3.4	3.9	6.4	3.7	3.0	5.9
1982	3.2	4.0	6.7	3.9	3.3	6.2
1983	3.6	4.2	6.9	4.1	3.1	6.4
1984	3.4	4.3	6.6	4.4	3.5	7.0
1985	3.7	4.7	6.9	4.7	3.9	7.4
1986	3.8	5.4	7.3	5.0	4.2	7.8
1987	4.0	5.2	7.8	5.2	4.5	8.0
1988	4.3	5.1	7.7	5.4	8.0	7.7
1989	4.4	5.4	8.2	5.8	4.8	8.3
1990	4.4	5.5	8.7	6.0	4.9	8.2
1991	4.8	5.7	9.3	6.2	5.1	8.4
1992	5.0	5.9	8.9	6.4	5.2	8.6
1993	5.0	5.7	9.0	6.4	5.3	8.6

注：1975年中技、中师少数民族专任教师没有分开。

全国分地区少数民族教职工(一)

(1993年)

单位：人

地区	普通高等学校	中等专业学校	中技	中师	普通中学
总计	**44 727**	**30 011**	**21 206**	**8 805**	**267 511**
北京	4 876	565	421	144	2 953
天津	713	193	161	32	1 172
河北	1 055	645	504	141	9 457
山西	198	86	76	10	313
内蒙古	3 705	3 642	2 716	926	25 521
辽宁	4 416	2 113	1 538	575	26 128
吉林	4 020	1 009	851	158	12 453
黑龙江	1 950	850	533	317	9 288
上海	798	86	79	7	543
江苏	703	170	139	31	726
浙江	149	73	32	41	611
安徽	323	123	99	24	1 099
福建	156	85	62	23	812
江西	134	54	44	10	274
山东	509	230	180	50	1 379
河南	809	483	358	125	3 070
湖北	1 174	584	418	166	8 811
湖南	1 132	822	549	273	15 260
广东	406	173	144	29	1 397
广西	4 014	4 052	3 000	1 052	42 461
海南	62	117	73	44	1 722
四川	1 168	1 112	592	520	7 751
贵州	1 645	2 118	1 298	820	19 810
云南	1 931	2 355	1 570	785	20 016
西藏	767	725	405	320	1 811
陕西	623	113	93	20	603
甘肃	832	426	322	104	5 827
青海	519	741	298	443	3 666
宁夏	420	351	267	84	3 395
新疆	5 520	5 915	4 384	1 531	39 182

全国分地区少数民族教职工(二)

(1993年)

单位：人

地区	职业中学	工读学校	特殊教育学校	#盲、聋、哑学校	小学	幼儿园
总计	**19 951**	**111**	**899**	**615**	**552 308**	**36 305**
北京	535	17	50	15	3 557	1 083
天津	108	2	20	9	1 298	197
河北	906		27	19	12 144	1 583
山西	37		7	1	222	73
内蒙	2 990	1	61	61	42 558	3 691
辽宁	1 677	51	180	150	41 527	4 769
吉林	1 233	6	138	123	15 953	3 132
黑龙江	812	1	64	60	12 882	1 030
上海	49	3	4		394	223
江苏	109		7	5	638	277
浙江	60		3	3	1 368	81
安徽	117	3	5	4	1 580	173
福建	77		13	8	1 786	222
江西	76		3	3	431	31
山东	174		17	7	2 524	442
河南	236	2	33	17	3 703	566
湖北	885		14	8	17 875	734
湖南	1 571	2	36	25	31 044	1 558
广东	101		2		2 268	168
广西	2 685	1	90	32	92 474	4 621
海南	112		1	1	7 194	399
四川	779	3	5	5	24 017	2 141
贵州	1 636	14	33	31	64 473	1 814
云南	1 301	2	35	14	62 111	2 728
西藏	15				8 795	170
陕西	62		2	2	621	153
甘肃	114		5	4	6 896	340
青海	115	3	3	2	9 008	285
宁夏	95		5	4	6 702	583
新疆	1 284		36	2	76 265	3 038

全国分地区少数民族专任教师(一)

(1993年)

单位：人

地区	普通高等学校	中等专业学校	中技	中师	普通中学
总计	**19 384**	**15 600**	**10 374**	**5 226**	**202 110**
北京	1 774	270	191	79	1 636
天津	366	84	65	19	749
河北	407	375	281	94	7 786
山西	78	43	39	4	220
内蒙古	1 842	1 938	1 363	575	18 946
辽宁	1 875	1 161	800	361	21 077
吉林	1 579	459	380	79	9 413
黑龙江	983	458	264	194	7 256
上海	295	49	47	2	343
江苏	304	90	71	19	499
浙江	74	40	15	25	479
安徽	148	62	45	17	803
福建	77	45	32	13	617
江西	50	25	19	6	196
山东	243	124	93	31	1 058
河南	322	234	167	67	2 324
湖北	593	339	216	123	6 998
湖南	519	382	232	150	12 404
广东	221	103	85	18	558
广西	1 428	1 716	1 172	544	30 020
海南	37	49	33	16	1 267
四川	382	627	324	303	5 864
贵州	684	1 186	651	535	16 352
云南	889	1 289	813	476	15 207
西藏	512	344	190	154	1 199
陕西	223	54	43	11	378
甘肃	350	236	182	54	2 272
青海	226	472	179	293	2 989
宁夏	190	185	139	46	2 658
新疆	2 713	3 161	2 243	918	30 542

全国分地区少数民族专任教师(二)

(1993年)　　　　单位：人

地区	职业中学	工读学校	特殊教育学校	#盲、聋、哑学校	小学	幼儿园
总计	**13 892**	**61**	**646**	**440**	**477 156**	**25 736**
北京	331	10	34	6	2 401	558
天津	82	2	15	6	1 043	124
河北	665		18	14	10 318	1 380
山西	22				176	40
内蒙古	2 166	1	49	49	37 448	2 476
辽宁	1 159	28	151	129	35 902	3 717
吉林	854	4	83	70	13 060	2 450
黑龙江	533	1	46	43	11 356	711
上海	26	1	2		311	115
江苏	64		5	3	509	157
浙江	33		1	1	1 195	63
安徽	80	1	4	3	1 363	138
福建	48		13	8	1 582	194
江西	16		2	2	345	21
山东	88		16	6	1 732	321
河南	155		26	14	3 247	338
湖北	633		11	6	15 776	546
湖南	1 160	1	25	15	28 207	1 130
广东	69				1 128	67
广西	1 753	1	65	22	75 531	3 589
海南	74		1	1	5 884	247
四川	618	2	3	3	21 412	1 065
贵州	1 171	9	21	19	59 291	1 450
云南	870	1	23	9	54 592	2 260
西藏	8				7 942	100
陕西	49		2	2	531	71
甘肃	89		4	3	6 507	247
青海	79		3	2	8 204	207
宁夏	72		3	2	5 578	398
新疆	945		20	2	64 585	1 556

全国少数民族在校学生

单位：人

年份	普通高等学校	中等技术学校	中等师范学校	普通中学	职业中学	小学（万人）
1950	1 285					
1951		660	4 531	40 316		94.3
1952	2 948	2 550	16 245	73 248		147.4
1957	16 101	17 715	19 689	276 926		319.4
1962	28 729	13 122	9 449	294 720		
1963					12 135	299.2
1965	21 870	10 871	8 073	371 792	103 466	521.9
1975	30 607			1 556 934		770.8
1978	36 030	28 424	30 255	2 467 476		768.6
1979	37 378	32 218	39 702	2 058 721		737.8
1980	42 944	39 312	44 669	1 992 954	14 592	752.2
1981	51 220	39 061	39 049	1 770 637	13 569	735.6
1982	53 739	41 021	34 644	1 779 646	17 664	823.9
1983	59 630	44 754	37 401	1 829 697	36 153	821.9
1984	69 333	52 365	42 112	2 020 746	61 699	910.1
1985	94 095	66 491	49 825	2 244 707	87 445	954.8
1986	99 468	75 737	56 157	2 540 634	103 179	1 033.7
1987	118 735	84 955	62 159	2 800 651	125 335	1 051.3
1988	125 422	88 268	61 780	2 816 409	263 931	983.6
1989	131 599	99 463	62 819	2 835 400	136 508	1 052.1
1990	137 948	114 117	67 717	2 946 236	150 629	1 069.5
1991	141 767	119 291	67 043	3 085 924	165 069	980.6
1992	152 858	127 119	70 922	3 208 789	183 653	1 112.3
1993	163 224	142 961	76 728	3 136 943	186 204	1 140.2

全国少数民族在校学生占全国在校学生总数的比重

单位：%

年份	普通高等学校	中等技术学校	中等师范学校	普通中学	职业中学	小学
1951	1.4	0.4	2.1	2.6		2.2
1952	1.5	0.9	4.7	2.9		2.9
1957	3.7	3.7	6.7	4.4		5.0
1962	3.5	3.7	5.2	3.9	3.9	4.1
1965	3.2	2.8	5.2	4.0	2.3	4.5
1975	6.1	7.6		3.5		5.1
1978	4.2	5.4	8.4	3.8		5.3
1979	3.7	4.5	8.2	3.5		5.0
1980	3.8	5.2	9.3	3.6	3.2	5.1
1981	4.0	6.2	8.9	3.6	2.8	5.1
1982	4.7	6.5	8.4	3.9	2.5	5.9
1983	4.9	6.5	8.2	4.2	3.0	6.0
1984	5.0	6.5	8.2	4.4	3.5	6.7
1985	5.3	6.6	8.9	4.8	3.8	7.1
1986	5.3	6.6	9.2	5.2	4.0	7.8
1987	6.1	7.0	9.5	5.7	4.7	8.2
1988	6.1	6.5	9.0	5.9	9.4	7.8
1989	6.3	6.7	9.2	6.3	4.8	11.2
1990	6.6	7.3	10.0	6.4	5.1	8.7
1991	6.9	7.4	10.1	6.6	5.2	8.1
1992	7.0	7.3	10.7	6.7	5.4	9.2
1993	6.4	6.8	10.6	6.6	5.1	9.2

注：1975年中技、中师少数民族学生没有分开。

全国分地区少数民族在校学生(一)

(1993年)　　　　单位：人

地　区	普通高等学校	中等专业学校	中　技	中　师	普通中学
总　计	**163 224**	**219 689**	**142 961**	**76 728**	**3 136 943**
北　京	10 066	2 479	1 865	614	26 769
天　津	1 841	856	713	143	9 015
河　北	4 320	7 001	4 719	2 282	114 257
山　西	264	158	152	6	3 226
内蒙古	8 530	14 260	9 301	4 959	215 555
辽　宁	18 934	16 297	12 028	4 269	241 542
吉　林	9 766	4 926	3 907	1 019	100 211
黑龙江	4 261	3 871	1 879	1 992	66 342
上　海	2 604	208	186	22	2 851
江　苏	2 195	691	586	105	7 445
浙　江	537	708	315	393	7 587
安　徽	712	300	120	180	8 621
福　建	604	577	299	278	12 864
江　西	412	223	213	10	2 218
山　东	1 022	588	384	204	18 924
河　南	1 257	2 124	1 253	871	42 770
湖　北	7 515	6 656	5 365	1 291	86 490
湖　南	9 003	13 945	10 104	3 841	201 576
广　东	1 324	380	232	148	9 455
广　西	13 380	31 391	18 686	12 705	619 079
海　南	744	1 393	650	743	34 988
四　川	8 776	11 846	6 618	5 228	97 251
贵　州	10 109	26 085	16 689	9 396	319 596
云　南	10 006	27 440	17 799	9 641	372 407
西　藏	1 578	3 270	1 702	1 568	18 959
陕　西	2 753	394	241	153	5 395
甘　肃	4 794	3 050	1 790	1 260	39 179
青　海	2 638	5 529	2 444	3 085	52 682
宁　夏	2 288	2 266	1 307	959	55 305
新　疆	20 991	30 777	21 414	9 363	344 384

全国分地区少数民族在校学生(二)

(1993年)　　　　　　　　　　　　　　　　单位：人

地　区	职业中学	工读学校	特殊教育学校	#盲、聋、哑学校	小　学	幼儿园
总　计	**186 204**	**236**	**2 768**	**1 470**	**11 401 690**	**723 021**
北　京	2 860	15	90	17	35 906	4 228
天　津	1 058	4	14	4	14 747	165
河　北	10 009		58	18	310 018	39 258
山　西	126		4	4	3 252	711
内蒙古	18 151		179	179	521 560	29 351
辽　宁	11 165	23	366	297	541 021	86 102
吉　林	7 935		349	302	183 190	35 587
黑龙江	3 600		107	100	124 886	10 513
上　海	178				2 638	188
江　苏	660	3	42	27	12 264	745
浙　江	311		4	3	22 050	1 302
安　徽	940		4	7	25 759	1 898
福　建	696		52		45 008	8 557
江　西	148			16	5 335	243
山　东	1 418		33	19	43 229	6 413
河　南	2 080		61	22	90 180	8 390
湖　北	6 073		50	18	261 861	19 069
湖　南	16 780		46		662 063	40 444
广　东	367		1		33 094	852
广　西	29 192		651	151	2 502 959	214 028
海　南	2 021		4	4	185 268	9 876
四　川	5 297	78	5	3	499 842	26 437
贵　州	17 652	113	74	43	1 465 467	43 912
云　南	25 366		235	81	1 595 327	61 299
西　藏					184 613	1 044
陕　西	598		1	1	11 255	1 847
甘　肃	1 093		21	21	162 610	7 015
青　海	862		71	45	176 838	8 601
宁　夏	1 474		71	50	204 008	9 133
新　疆	18 094		175	38	1 475 442	45 813

全国民族院校教职工

单位：人

年份	合计	中央民族大学	中南民院	湖北民院	广东民院	广西民院	西南民院
1978	4 888	1 173			145	759	630
1979	5 616	1 380			179	808	738
1980	6 241	1 674			240	845	803
1981	7 652	1 849	674		279	917	829
1982	7 997	1 911	718		338	918	950
1983	8 255	1 933	803		364	914	992
1984	8 466	1 945	877		394	925	1 046
1985	9 431	2 125	1 000		411	970	1 127
1986	9 902	2 200	1 085		436	1 007	1 168
1987	10 403	2 386	1 145		429	1 055	1 204
1988	10 377	2 248	1 218		423	1 045	948
1989	10 641	2 034	1 231	477	434	1 045	1 206
1990	10 593	1 938	1 265	512	421	1 049	1 192
1991	10 612	2 034	1 264	518	410	1 033	1 170
1992	10 570	1 877	1 264	550	399	1 018	1 161
1993	10 584	1 837	1 254	540	419	1 049	1 164

年份	贵州民院	云南民院	西藏民院	西北民院	青海民院	西北第二民院
1978	139	416	568	586	472	
1979	186	484	633	634	574	
1980	224	509	630	655	661	
1981	335	624	641	828	676	
1982	378	725	650	844	565	
1983	415	776	609	873	576	
1984	402	783	609	903	582	
1985	906	554	562	941	654	181
1986	654	915	559	1 011	639	228
1987	722	953	597	1 011	654	247
1988	780	948	873	971	655	268
1989	792	956	581	958	659	268
1990	798	960	561	970	646	281
1991	753	944	567	981	648	290
1992	843	953	574	998	614	319
1993	882	928	575	996	616	324

全国民族院校专任教师

单位：人

年份	合计	中央民族大学	中南民院	湖北民院	广东民院	广西民院	西南民院
1978	2 121	563			68	307	318
1979	2 430	673			84	315	324
1980	2 881	818	185		96	327	347
1981	3 253	732	306		113	410	356
1982	3 334	775	302		129	381	426
1983	3 479	781	344		153	400	461
1984	3 516	809	363		160	410	432
1985	3 874	804	419		167	435	488
1986	4 092	834	439		181	449	464
1987	4 208	855	432		182	445	468
1988	4 557	821	525		182	446	495
1989	4 484	800	462	197	189	447	490
1990	4 393	763	472	228	180	441	444
1991	4 241	720	471	225	177	424	442
1992	4 332	687	503	243	174	426	440
1993	4 466	678	522	233	192	453	518

年份	贵州民院	云南民院	西藏民院	西北民院	青海民院	西北第二民院
1978	34	163	193	246	229	
1979	56	182	223	272	301	
1980	68	209	203	314	314	
1981	119	272	226	389	330	
1982	156	321	209	376	259	
1983	157	340	185	400	258	
1984	163	336	185	401	257	
1985	388	219	235	424	211	84
1986	283	403	235	438	270	96
1987	302	436	224	474	287	103
1988	386	442	389	436	298	137
1989	359	445	244	431	292	128
1990	375	422	234	429	274	131
1991	306	406	229	439	271	131
1992	385	389	232	444	241	168
1993	418	376	238	443	226	169

全国民族院校在校学生

单位：人

年份	合计	中央民族大学	中南民院	湖北民院	广东民院	广西民院	西南民院
1978	6 902	1 337			402	1 306	933
1979	7 384	1 474			532	1 316	1 198
1980	8 477	1 778			123	1 586	1 439
1981	10 059	2 126	161		547	1 584	1 436
1982	9 556	1 977	514		395	1 366	1 513
1983	11 337	2 135	1 078		518	1 493	1 674
1984	14 045	2 487	1 591		737	1 933	1 924
1985	18 369	3 255	2 060		1 041	2 562	2 315
1986	21 497	3 211	3 826		1 266	2 479	2 386
1987	20 267	3 171	2 760		1 144	2 285	2 471
1988	22 144	3 374	3 004		1 569	2 302	2 680
1989	22 932	2 983	3 039	1 639	1 850	2 204	2 572
1990	22 095	2 723	3 064	1 792	1 204	2 188	2 480
1991	21 400	2 416	2 952	1 834	1 052	2 022	2 649
1992	22 836	2 366	2 997	2 099	1 198	2 492	2 740
1993	26 638	2 726	3 532	2 143	1 594	2 942	3 197

年份	贵州民院	云南民院	西藏民院	西北民院	青海民院	西北第二民院
1978	178	793	496	514	943	
1979	176	854	201	790	843	
1980	260	895	314	734	1 108	
1981	241	1 167	438	1 006	1 353	
1982	391	858	418	1 005	1 119	
1983	638	1 068	409	1 118	1 206	
1984	910	1 432	409	1 302	1 320	
1985	1 338	1 979	559	1 631	1 363	266
1986	1 603	2 344	838	1 909	1 241	394
1987	1 728	2 366	837	1 949	1 185	371
1988	1 764	2 665	1 098	2 067	1 218	403
1989	1 728	2 489	697	2 046	1 141	544
1990	1 654	2 526	663	2 009	1 149	643
1991	1 477	2 557	586	2 066	1 100	689
1992	1 450	2 562	618	2 299	1 124	891
1993	1 726	2 653	951	2 731	1 248	1 195

全国民族院校教职工基本情况

（1993 年）

单位：人

	合计	校本部职工	#专任教师	教授	副教授	讲师	助教	教员	科研机构人员	校办厂农场职工	附设机构人员
合计	**10 584**	**9 404**	**4 466**	**140**	**993**	**2 018**	**1 007**	**308**	**366**	**114**	**700**
中央民族大学	1 837	1 583	678	34	156	373	112	3	92		162
中南民院	1 254	1 035	522	22	147	194	130	29	64	26	129
湖北民院	540	492	233		33	75	86	39	10		38
广东民院	419	392	192	8	55	88	41		10		17
广西民院	1 049	935	453	21	125	200	103	4		13	101
西南民院	1 164	1 000	518	15	152	267	54	30	53	52	59
贵州民院	882	876	418	3	51	149	187	28	6		
云南民院	928	834	376	15	86	196	50	29	52		42
西藏民院	575	550	238		29	131	43	35	3	22	
西北民院	996	908	443	9	92	180	103	59	38		50
青海民院	616	509	226	12	46	101	47	20	35		72
西北二院	324	290	169	1	21	64	51	32	3	1	30

全国民族院校学生基本情况

（1993 年）

单位：人

	本专科学生		
	毕业生数	招生数	在校学生数
合计	**6 421**	**10 165**	**26 638**
中央民族大学	638	1 015	2 726
中南民院	701	1 240	3 532
湖北民院	681	740	2 143
广东民院	375	766	1 594
广西民院	680	1 125	2 942
西南民院	890	1 207	3 197
贵州民院	424	700	1 726
云南民院	758	851	2 653
西藏民院	172	530	951
西北民院	603	1 036	2 731
青海民院	250	380	1 248
西北二院	249	575	1 195

民族自治地方县以上政府部门属研究与开发机构及情报文献机构、人员和经费

地区	机构数（个）	职工总数（人）	#科学家及工程师	#其他科技人员	经费收入总额（万元）	经费支出总额（万元）	国有单位自然科学技术人员数（人）	集体单位自然科学技术人员数（人）
合计	**856**	**53 197**	**19 890**	**13 207**	**289 820**	**274 025**	**1 028 483**	**116 255**
河北	2	36	10	8	13	20	18	
内蒙古	162	15 035	5 864	3 973	219 548	215 699	13 855	1 966
辽宁	31	230	50	74	70	75	2 170	750
吉林								
黑龙江	6	36	8	21	2	2	14	
浙江								
湖北	33	494	112	142	692	692	20 934	
湖南	10	836	44	702	92	95	4 424	560
广东	3	51	3	5	39	51	8	
广西	234	17 532	6 784	3 619	40 580	26 440	661 206	
海南	22	513	9	176	293	291	262	105
四川	88	939	107	190	724	700	13 280	195
贵州	26	852	33	284	378	374	3 126	
云南	50	1 476	356	565	1 980	5 262	6 334	2 560
西藏								
甘肃							1 556	6
青海	10	315	103	77	250	247	223	40
宁夏	60	5 644	1 998	1 132	8 138	7 728		
新疆	119	9 208	4 409	2 239	17 021	16 349	301 073	110 073

主要统计指标解释

普通高等学校 指按照国家规定的设置标准和审批程序批准举办，通过国家统一招生考试，招收高中毕业生为主要培养对象，实施高等教育的全日制大学、独立设置的学院和高等专科学校、短期职业大学。

成人高等学校 指按照国家有关规定审批，招收通过全国成人高教统一招生考试的具有高中毕业或同等学历的在职从业人员利用脱产、半脱产、业余或函授等多种形式对其实施高等学历教育，培养高等教育专科或本科毕业水平的专门人才，修业年限、课程设置和总学时数均按高等学历教育要求付诸实施的学校。包括广播电视大学、职工高等学校、农民高等学校、管理干部学院、教育学院、独立设置的函授学院等。

独立研究与开发机构 指有明确的任务和研究方向，有一定学术水平的业务骨干和一定数量的研究人员，具有研究、开发、开展学术工作的基本条件，主要进行科学研究与技术开发活动，并且在行政上有独立的组织形式，财务上独立核算盈亏，有权与其他单位签订合同，在银行有单独户头的单位。包括国务院各部门，中国科学院、中国社会科学院和各省、自治区、直辖市以及地（市）以上〔含地（市）〕各部门所属的国有独立的科学研究与技术开发机构。

独立研究与开发机构职工 指在科学研究与技术开发机构工作，并由其支付工资的各种人员。包括固定职工、合同制职工、其他职工，不包括编制以外的离休、退休人员和停薪留职人员，但包括招聘人员。

科学家和工程师 指大学毕业及以上文化程度和其他具有高、中级职称的从事科技活动人员。

其他科技人员 指大专、中专毕业和具有初级职称的从事科技活动人员。

自然科学技术人员 指已取得科学技术职称，或大学、中专的理、工、农、医科系毕业，以及国民经济各部门从工作实践中提拔，从事理、工、农、医等自然科学技术的研究、教学、生产的专业人员和在机关、企业、事业中从事科学技术业务管理工作的专业人员。

十三、文化、出版

民族自治地方艺术事业机构

单位：个

年　份	合　计	艺术表演团体	#少数民族歌舞团	剧场影剧院	其　他
1979	645	589	24	56	
1980	672	603	37	69	
1981	682	603	34	79	
1982	690	600	43	90	
1983	703	608	39	95	
1984	709	614	43	95	
1985	726	630	46	96	
1986	887	616	56	180	91
1987	889	607	64	184	98
1988	923	592	67	182	149
1989	843	565	52	177	101
1990	846	557	54	184	105
1991	843	545	59	182	113
1992	828	540	59	175	111
1993	820	530	60	179	109

民族自治地方艺术事业职工

单位：人

年　份	合　计	艺术表演团体	#少数民族歌舞团	剧场影剧院	其　他
1979	28 466	27 883	2 322	583	
1980	29 516	28 661	4 144	855	
1981	30 291	29 319	3 504	972	
1982	29 665	28 590	4 528	1 075	
1983	29 013	27 909	4 053	1 104	
1984	28 967	27 821	4 411	1 146	
1985	27 961	26 831	4 168	1 130	
1986	32 299	28 429	4 855	2 702	1 168
1987	32 370	28 216	5 214	2 798	1 356
1988	31 047	26 518	5 098	2 848	1 681
1989	29 237	24 930	3 770	2 928	1 379
1990	29 419	25 105	3 790	2 996	1 308
1991	29 528	24 650	4 753	3 151	1 663
1992	28 836	24 097	4 728	3 099	1 599
1993	28 196	23 323	4 762	3 174	1 653

注：本表未扣除区域变动因素，年度之间不可比。下同

民族自治地方群众文化事业、图书馆事业机构

单位：个

年份	合计	群众艺术馆	文化馆	文化站	图书馆
1979	2 568		544	2 024	
1980	3 158		568	2 590	
1981	3 436		582	2 854	331
1982	3 974		562	3 412	332
1983	5 008		566	4 442	407
1984	7 169		856	6 313	409
1985	7 699		579	7 120	494
1986	8 164	74	614	7 476	533
1987	8 030	77	620	7 333	547
1988	7 980	77	623	7 280	549
1989	7 866	80	670	7 116	551
1990	7 994	79	637	7 278	556
1991	8 295	79	626	7 590	561
1992	7 531	78	635	6 818	573
1993	8 231	79	629	7 523	573

民族自治地方群众文化事业、图书馆事业职工

单位：人

年份	合计	群众艺术馆	文化馆	文化站	图书馆
1979	7 101		4 896	2 205	
1980	8 436		5 441	2 995	
1981	9 408		6 147	3 261	2 853
1982	10 655		6 282	4 373	3 031
1983	11 928		6 527	5 401	3 722
1984	14 682		7 153	7 529	4 278
1985	15 198		6 657	8 541	4 698
1986	18 717	1 702	7 495	9 517	5 411
1987	19 162	1 837	7 392	9 933	5 775
1988	19 058	1 858	7 451	9 749	6 124
1989	19 180	1 973	7 814	9 393	6 241
1990	19 934	1 949	8 221	9 764	6 507
1991	20 313	2 001	8 264	10 048	6 794
1992	19 651	1 995	8 182	9 474	7 024
1993	20 425	1 971	8 176	10 278	7 088

民族自治地方主要文化事业机构

(1993年)

单位：个

类别	合计	文化部门			其他部门
		小计	国有单位	集体单位	
总计	**9 624**	**4 458**	**4 429**	**29**	**5 166**
艺术事业	820	819	790	29	1
1. 艺术表演团体	530	529	503	26	1
#少数民族歌舞团	60	59	59		1
2. 艺术表演场所	181	181	178	3	
#剧场、影剧院	179	179	177	2	
3. 其他	109	109	109		
图书馆事业	573	573	573		
群众文化事业	8 231	3 066	3 066		5 165
群众艺术事业	79	79	79		
文化馆	629	629	629		
文化站	7 523	2 358	2 358		5 165

民族自治地方主要文化事业职工

(1993年)

单位：人

类别	合计	文化部门			其他部门
		小计	国有单位	集体单位	
总计	**55 709**	**48 324**	**47 400**	**924**	**7 385**
艺术事业	28 196	27 909	26 985	924	287
1. 艺术表演团体	23 323	23 036	22 152	884	287
#少数民族歌舞团	4 762	4 475	4 475		287
2. 艺术表演场所	3 220	3 220	3 180	40	
#剧场、影剧院	3 174	3 174	3 172	2	
3. 其他	1 653	1 653	1 653		
图书馆事业	7 088	7 088	7 088		
群众文化事业	20 425	13 327	13 327		7 098
群众艺术事业	1 971	1 971	1 971		
文化馆	8 176	8 176	8 176		
文化站	10 278	3 180	3 180		7 098

民族自治地方分地区文化事业机构(一)

(1993年)

单位:个、座

地区	艺术事业					
	合计	艺术表演团体	#少数民族歌舞团	艺术表演场所	#剧场影剧院	其他
总计	**820**	**530**	**60**	**181**	**179**	**109**
中央	**1**	**1**	**1**			
地方	**819**	**529**	**59**	**181**	**179**	**109**
河北	4	4				
内蒙古	176	120	12	36	34	20
辽宁	17	9	3	6	6	2
吉林	40	13	3	13	13	14
黑龙江	1	1				
浙江	1			1	1	
湖北	17	11	3	5	5	1
湖南	22	8	3	9	9	5
广东	3	3	2			
广西	179	115	6	33	33	31
海南	10	9	3			1
四川	13	10	1	1	1	2
贵州	8	5		1	1	2
云南	107	79	10	16	16	12
西藏	30	19		9	9	2
甘肃	20	12	3	6	6	2
青海	7	6	4			1
宁夏	40	16		17	17	7
新疆	124	89	6	28	28	7

民族自治地方分地区文化事业机构(二)

(1993年)

单位：个、座

地区	图书馆事业	群众文化事业			
		合计	群众艺术馆	文化馆	文化站
总计	**573**	**8 231**	**79**	**629**	**7 523**
中央					
地方	**573**	**8 231**	**79**	**629**	**7 523**
河北	6	167		5	162
内蒙古	107	1 661	13	101	1 547
辽宁	10	288	1	10	277
吉林	12	186	1	11	174
黑龙江					
浙江	1	30		1	29
湖北	11	198	1	14	183
湖南	18	409	1	18	390
广东	3	44		3	41
广西	99	1 425	14	96	1 315
海南	9	134	1	8	125
四川	20	523	4	55	464
贵州	47	435	1	46	388
云南	77	999	8	69	922
西藏	16	59	7	23	29
甘肃	19	198	2	20	176
青海	35	207	6	35	166
宁夏	20	293	4	22	267
新疆	63	975	15	92	868

民族自治地方分地区文化事业职工(一)

(1993年)

单位:人

地区	艺术事业					其他
	合计	艺术表演团体	#少数民族歌舞团	艺术表演场所	#剧场影剧院	
总计	**28 196**	**23 323**	**4 762**	**3 220**	**3 174**	**1 653**
中央	**287**	**287**	**287**			
地方	**27 909**	**23 036**	**4 475**	**3 220**	**3 174**	**1 653**
河北	144	144				
内蒙古	7 185	5 774	1 498	952	906	459
辽宁	421	306	103	105	105	10
吉林	1 412	1 033	334	297	297	82
黑龙江	40	40				
湖北	432	416	161	9	9	7
湖南	363	251	133	87	87	25
广东	65	65	49			
广西	5 566	4 478	292	577	577	511
海南	252	248	105			4
四川	399	364	133	22	22	13
贵州	443	404		25	25	14
云南	2 377	2 187	626	139	139	51
西藏	1 197	1 049		86	86	62
甘肃	618	550	184	53	53	15
青海	403	390	269			13
宁夏	1 931	1 196		460	460	275
新疆	4 661	4 141	588	408	408	112

民族自治地方分地区文化事业职工(二)

(1993年)　　单位：人

地区	图书馆事业	群众文化事业			
		合计	群众艺术馆	文化馆	文化站
总计	**7 088**	**20 425**	**1 971**	**8 176**	**10 278**
中央					
地方	**7 088**	**20 425**	**1 971**	**8 176**	**10 278**
河北	42	271		61	210
内蒙古	2 075	4 783	547	1 851	2 385
辽宁	161	521	4	230	287
吉林	308	595	49	347	199
黑龙江					
浙江	7	60		15	45
湖北	113	423	13	132	278
湖南	160	702	22	281	399
广东	18	58		19	39
广西	1 296	3 739	328	1 308	2 103
海南	113	256	17	109	130
四川	191	1 108	71	532	505
贵州	365	947	9	424	514
云南	573	2 052	153	648	1 251
西藏	45	292	175	83	34
甘肃	129	413	44	184	185
青海	238	529	80	250	199
宁夏	519	1 058	156	499	403
新疆	735	2 618	303	1 203	1 112

民族自治地方分地区文物事业机构、职工

（1993年）

地区	总计		文物保护管理机构		博物馆	
	机构数（个）	职工人数（人）	机构数（个）	职工人数（人）	机构数（个）	职工人数（人）
合计	**315**	**3 390**	**243**	**2 118**	**72**	**1 272**
河北	7	24	6	17	1	7
内蒙古	81	1 172	65	749	16	423
辽宁	15	153	11	86	4	67
吉林	13	124	11	57	2	67
黑龙江	1	8			1	8
浙江						
湖北	12	65	6	24	6	41
湖南	19	108	14	55	5	53
广东						
广西						
海南	5	66			5	66
四川	17	167	13	75	4	92
贵州						
云南	53	257	42	140	11	117
西藏	17	487	17	487		
甘肃	6	50	3	11	3	39
青海	14	54	11	37	3	17
宁夏	19	247	16	132	3	115
新疆	36	408	28	248	8	160

民族自治地方广播、电视事业机构

单位：个

年　　份	广 播 电 台	电视中心台	电视发射台和转播台	市　县广 播 站	广播喇叭（万　只）
1952	5			55	0.17
1957	6			316	5.03
1965	14			726	75.06
1975	42			2 233	907.29
1978	50			2 873	1 102.91
1979	25			2 591	1 015.81
1980	25			1 317	903.67
1981	34			3 266	692.31
1982	34			3 270	573.96
1983	33			3 209	510.55
1984	42	16		2 359	446.36
1985	54	44		4 185	489.06
1986	64	69	187	4 185	489.06
1987	75	69	410	6 574	465.95
1988	133	88	3 386	14 755	495.50
1989	107	94	4 626	935	424.40
1990	111	96	4 021	948	506.28
1991	133	96	5 435	1 335	566.43
1992	189	106	6 720		
1993	152	126	7 744		

注：1988 年市县广播站包括乡村广播站。

民族自治地方分地区广播、电视事业情况

（1993年）

地　区	广播电台（座）	节目套数（套）	对国内外广播使用语言（种）	卫星电视地面站（座）	电视台（座）	节目套数（套）	电视发射台、转播台（座）
合　计	**152**	**228**	**334**	**13 554**	**126**	**421**	**7 744**
河　北	4	6	4	15	2	12	69
内蒙古	42	55	2	1 013	28	30	548
辽　宁	9	18	8	201	5	38	101
吉　林	10	14	5	289	10	11	64
黑龙江	1	2	2	5	1	3	5
浙　江						8	40
湖　北	8	8	3	286	4	5	258
湖　南	4	9	4	113	6	7	114
广　东	3	3	3	29	1	2	8
广　西	14	17	6	2 433	13	13	19
海　南	7	7	4	14	3	12	16
四　川	6	15	3	96	4	11	1 280
贵　州	1	2	258	537	7	193	478
云　南	7	7	16	6 486	8	8	4 389
西　藏				525			
甘　肃	3	4	5	246	1	4	248
青　海	2	5	5	334	3	9	10
宁　夏	8	10		229	4	4	59
新　疆	23	46	6	703	26	51	38

民族自治地方电影事业机构

单位：个

年　份	合　计	电　影　院	影　剧　院	放　映　队
1952	151	71	19	61
1957	1 138	138	93	907
1965	3 334	452	139	2 743
1975	7 245	532	219	6 493
1978	17 915	611	438	16 866
1979	16 448	554	128	15 766
1980	18 556	514	170	17 872
1981	19 820	657	187	18 976
1982	22 011	802	208	21 001
1983	25 092	1 141	236	23 715
1984	26 653	1 440	246	24 967
1985	26 945	1 492	307	25 146
1986	26 079	1 492	319	24 268
1987	26 250	1 674	384	24 192
1988	22 398	1 631	370	20 397
1989	24 126	1 685	418	22 023
1990	25 382	2 234	476	22 672
1991	20 255	1 949	315	17 991
1992	18 507	1 959	426	16 122
1993	14 992	1 470	318	13 204

注：本表的电影事业机构数与职工人数均不包括对内、外开放的礼堂、俱乐部、发行放映管理机构等。

民族自治地方电影事业职工

单位：人

年　份	合　计	电　影　院	影　剧　院	放　映　队
1979	40 616	6 153	1 777	32 686
1980	43 841	5 466	2 155	36 220
1981	47 598	6 836	2 478	38 284
1982	53 474	7 888	2 959	43 900
1983	59 638	9 310	3 459	46 869
1984	59 359	10 210	3 105	46 044
1985	57 246	10 296	3 200	43 750
1986	55 232	10 126	3 665	41 441
1987	56 297	11 409	4 059	40 829
1988	51 163	11 276	3 921	35 966
1989	55 869	14 827	4 248	36 794
1990	54 522	13 859	5 448	35 215
1991	47 962	12 756	4 372	30 834
1992	38 603	10 293	4 215	24 095
1993	33 978	10 717	4 482	18 779

民族自治地方分地区电影事业机构、职工

（1993 年）

地区	机构（个）			职工人数（人）		
	电影院	影剧院	放映队	电影院	影剧院	放映队
合计	**1 470**	**318**	**13 204**	**10 717**	**4 482**	**18 779**
河北	14	3	433	107	66	806
内蒙古	130	33	1 033	1 689	810	1 609
辽宁	48	44	845	264	347	494
吉林	29	13	318	440	337	321
黑龙江	1	1	22	17		22
浙江	1		5	31		10
湖北	100	5	579	326	40	771
湖南	104	4	571	448	64	813
广东	3	1	23	28	18	53
广西	545	16	3 491	4 063	341	6 506
海南	10	15	343	173	605	874
四川	81	8	814	398	52	1 356
贵州	86	4	867	854	52	1 876
云南	20	28	1 525	184	42	
西藏						
甘肃	21	10	178	139	72	233
青海	34	27	236	151	123	353
宁夏	32	24	445	231	467	639
新疆	211	82	1 476	1 174	1 046	2 043

民族自治地方分地区电影事业情况

（1993 年）

地区	全年生产民族语故事片（部、本）	各类电影放映单位（个）	全年完成民族语翻译片（部、本）	电影观众人数（万人次）
合计	**3 410**	**12 736**	**10 430**	**46 486.52**
河北		144		1 186.90
内蒙古	30	1 354	30	3 660.00
辽宁		457		1 224.35
吉林				401.80
黑龙江		23		92.00
浙江				27.00
湖北		685		294.10
湖南		627		539.89
广东		22		231.00
广西	5	4 433		21 444.98
海南		148		1 556.43
四川		906	30	883.20
贵州		1 003	39	8 031.86
云南	3 171	31	9 436	372.00
西藏				
甘肃		32	15	45.32
青海	198	182	25	644.00
宁夏		565		3 592.00
新疆	6	2 124	855	2 259.69

民族自治地方出版物情况

单位：种数：种
印数：千册(份)

年份	图书		杂志		报纸	
	种数	印数	种数	印数	种数	印数
1978	1 336	142 794	78	13 064	44	282 713
1979	2 018	133 325	76	12 268	62	477 396
1980	2 081	161 625	114	22 505	68	451 099
1981	2 343	239 646	160	37 707	67	526 782
1982	3 242	280 896	163	83 856	68	545 945
1983	2 613	174 779	165	24 807	79	498 946
1984	2 859	280 652	231	86 067	117	636 274
1985	3 365	359 069	321	78 188	175	768 472
1986	3 435	292 878	332	71 719	176	1 502 819
1987	4 507	291 674	358	72 736	214	929 644
1988	5 107	307 548	445	86 204	236	932 744
1989	5 696	301 270	447	65 029	239	764 040
1990	5 784	301 663	544	178 664	227	791 196
1991	6 662	398 103	507	65 619	245	873 420
1992	6 707	412 770	487	67 050	334	894 120
1993	5 907	422 633	502	98 333	248	716 071

注：本表为全国民族自治地方内，包括汉文字和少数民族文字的出版物统计，下同。

民族自治地方分地区图书、杂志、报纸出版情况

(1993年)

种数：种
单位：印数：万册(份)
印张数：千印张

地区	图书			杂志			报纸		
	种数	印数	印张数	种数	印数	印张数	种数	印数	印张数
合计	**5 907**	**42 263.34**	**1 071 946**	**502**	**9 833.33**	**128 965**	**248**	**71 607.09**	**589 109**
河北									
内蒙古	1 319	6 781.00	264 969	122	1 387.00	33 420	54	18 286.00	117 657
辽宁	4	2.60	129	4	0.90	27	7	318.41	8 055
吉林	1 238	1 663.00	107 810	19	359.00	13 070	11	3 117.00	29 870
黑龙江									
浙江									
湖北	83	36.54		15	1.42		4	0.40	
湖南								687.90	3 433
广东							2	0.95	1
广西	870	26 447.00	367 179	131	4 266.00	31 334	44	16 758.00	182 038
海南									
四川				22	161.50	260	7	1 543.40	12 397
贵州	15	1.87		16	6.32		10	690.00	345
云南	28	9.33	843	10	10.50	413	14	1 956.00	10 562
西藏									
甘肃				3	1.25	6	3	379.60	8 320
青海				2	0.80		2	7.43	72
宁夏	454	1 622.00	74 123	25	2 627.00	9 733	13	4 575.00	43 680
新疆	1 896	5 700.00	256 893	133	1 011.64	40 702	77	23 287.00	172 679

全国少数民族文字出版物情况

单位：种数：种
印数：万册(份)

年 份	图书		杂志		报纸	
	种 数	印 数	种 数	印 数	种 数	印 数
1952	621	661	15	169	20	2 933
1957	1 763	1 462	35	243	32	2 434
1962	942	910	27	170	32	2 252
1965	1 694	2 480	36	268	36	3 955
1970	312	1 331	5	93		3 262
1975	1 226	3 365	18	237	10	6 461
1978	1 386	3 179	35	313	11	7 072
1980	1 921	3 427	42	575	18	7 384
1981	1 904	2 652	63	590	18	6 631
1982	2 270	3 330	75	631	18	7 063
1983	2 327	3 358	74	616	19	7 927
1984	2 524	3 514	76	748	42	15 175
1985	2 759	3 629	109	1 035	57	11 402
1986	2 972	3 635	126	1 085	56	12 561
1987	3 157	4 184	128	1 148	70	13 306
1988	3 294	3 816	154	1 350	76	13 411
1989	3 260	3 853	153	1 280	75	9 031
1990	3 251	3 867	131	1 027	77	14 835
1991	3 575	4 922	142	1 006	81	11 983
1992	3 065	4 326	167	1 354	83	11 981
1993	3 500	5 090	173	1 291	87	11 513

全国少数民族文字出版的图书(一)

种数：种
单位：印数：万册(张)
印张：万印张

年份	图书				书籍			
	种数		印数	印张	种数		印数	印张
	合计	#新出			合计	#新出		
1952	621	534	661	1 714	391	341	281	739
1957	1 763	1 504	1 462	6 320	1 204	1 120	685	3 122
1962	942	627	910	4 111	361	341	202	1 230
1965	1 694	1 290	2 480	9 276	644	560	1 002	4 650
1970	312	247	1 331	4 874	159	134	797	3 556
1975	1 226	1 072	3 365	12 428	762	720	1 868	8 514
1978	1 386	1 120	3 179	12 346	750	689	874	4 914
1979	1 544	1 290	2 707	14 166	803	791	716	5 571
1980	1 921	1 456	3 427	16 854	1 047	976	905	6 449
1981	1 904	1 471	2 652	16 249	1 038	973	776	6 991
1982	2 270	1 713	3 330	18 882	1 232	1 132	1 033	7 919
1983	2 327	1 683	3 358	19 783	1 267	1 182	1 113	8 974
1984	2 524	1 931	3 514	21 120	1 483	1 379	1 142	9 854
1985	2 759	2 075	3 629	20 254	1 602	1 478	1 111	8 168
1986	2 972	2 108	3 635	21 023	1 679	1 567	1 021	8 158
1987	3 157	2 022	4 184	22 853	1 752	1 532	1 215	9 134
1988	3 294	1 975	3 816	21 647	1 842	1 580	1 046	7 958
1989	3 260	1 783	3 853	22 059	1 709	1 385	1 124	8 088
1990	3 251	1 869	3 867	21 673	1 734	1 422	1 049	7 853
1991	3 575	1 913	4 922	25 103	1 700	1 369	1 201	8 220
1992	3 065	1 556	4 326	22 549	1 536	1 207	1 096	8 104
1993	3 500	1 995	5 090	26 069	1 704	1 353	1 398	9 087

注：图书的合计数中含书籍、课本、图片三部分。

全国少数民族文字出版的图书(二)

种数：种
单位：印数：万册(张)
印张：万印张

年份	课本				图片			
	种数		印数	印张	种数		印数	印张
	合计	新出			合计	新出		
1952	230	193	380	975	41	41	29	18
1957	509	341	759	3 180	50	43	18	18
1962	550	256	640	2 820	31	30	68	61
1965	787	561	1 150	4 404	263	169	328	222
1970	75	35	316	1 144	78	78	218	174
1975	358	246	939	3 481	106	106	558	433
1978	537	340	1 629	6 829	99	91	676	603
1979	654	413	1 547	8 286	87	85	444	309
1980	808	414	1 958	9 713	66	66	564	692
1981	803	436	1 692	8 998	63	62	184	260
1982	974	517	2 170	10 820	64	64	127	143
1983	975	420	2 020	10 499	85	81	225	310
1984	946	464	2 198	11 145	95	88	174	121
1985	1 084	525	2 326	11 885	73	72	192	201
1986	1 263	515	2 561	12 686	30	26	53	179
1987	1 330	416	2 847	13 566	75	74	123	154
1988	1 400	345	2 669	13 197	52	50	101	299
1989	1 509	356	2 624	13 644	42	42	105	154
1990	1 482	413	2 754	13 582	35	34	64	226
1991	1 828	497	3 671	16 616	47	47	50	233
1992	1 488	309	3 154	14 261	41	40	76	163
1993	1 780	628	3 623	16 837	16	14	71	97

全国少数民族文字出版的杂志、报纸

种数：种
单位：印数：万册(份)
印张：万印张

年　份	杂志			报纸		
	种　数	印　数	印　张	种　数	印　数	印　张
1950				14	259	205
1952	15	169	311	20	2 933	2 043
1957	35	244	757	32	2 434	2 432
1962	27	170	617	32	2 252	2 002
1965	36	268	846	36	3 955	4 159
1970	5	93	659	5	3 262	3 880
1975	18	237	1 346	10	6 461	6 211
1978	35	313	2 022	11	7 072	7 416
1979	41	392	2 084	12	6 078	6 291
1980	42	575	2 441	18	7 384	6 231
1981	63	590	2 462	18	6 631	5 541
1982	75	631	2 432	18	7 063	6 598
1983	74	616	2 495	19	7 927	8 377
1984	76	748	3 123	42	15 175	13 657
1985	109	1 035	4 745	57	11 402	9 331
1986	126	1 085	4 991	56	12 561	11 070
1987	128	1 148	4 742	70	13 306	11 571
1988	154	1 350	5 823	76	13 411	11 829
1989	153	1 280	5 188	75	9 031	7 999
1990	131	1 027	4 221	77	14 835	13 956
1991	142	1 006	4 151	81	11 983	10 819
1992	167	1 354	5 124	83	11 981	10 410
1993	173	1 291	5 011	87	11 513	8 831

全国分地区少数民族文字出版的图书(一)

（1993年）

种数：种
单位：印数：万册(张)
印张：千印张

地区	图书总计				书籍合计			
	种数		印数	印张	种数		印数	印张
	合计	#新出			合计	#新出		
全国总计	**3 500**	**1 995**	**5 090**	**260 694**	**1 704**	**1 353**	**1 398**	**90 868**
中央	**199**	**180**	**119**	**9 070**	**192**	**173**	**57**	**8 230**
地方	**3 301**	**1 815**	**4 971**	**251 624**	**1 512**	**1 180**	**1 341**	**82 638**
内蒙古	591	415	856	42 003	296	232	276	12 661
辽宁	16	16	5	620	16	16	5	620
吉林	796	352	1 060	51 717	436	238	561	24 808
黑龙江	31	31	22	2 511	31	31	22	2 511
广西	1	1		2	1	1	2	2
四川								
贵州	5	5	2	114	5	5	2	114
云南	67	66	14	999	67	66	14	716
西藏	184	82	306	14 434	32	20	31	3 022
甘肃	28	26	9	948	28	26	9	948
青海	139	87	70	3 643	41	32	23	1 569
新疆	1 443	734	2 627	134 633	559	513	396	35 667

全国分地区少数民族文字出版的图书(二)

(1993年)

种数：种
单位：印数：万册(张)
印张：千印张

地区	课本合计				图片合计				附：活页文选用纸
	种数		印数	印张	种数		印数	印张	
	合计	#新出			合计	#新出			
全国总计	**1 780**	**628**	**3 623**	**168 366**	**16**	**14**	**71**	**969**	**491**
中央					**7**	**7**	**62**	**840**	
地方	**1 780**	**628**	**3 623**	**168 366**	**9**	**7**	**9**	**129**	**491**
内蒙古	295	183	580	29 342					
辽宁									
吉林	360	114	499	26 717					192
黑龙江									
广西									
四川									
贵州									
云南									283
西藏	152	62	275	11 412					
甘肃									
青海	91	50	40	2 019	7	5	7	51	4
新疆	882	219	2 229	98 876	2	2	2	78	12

全国分地区少数民族文字出版的杂志(一)

(1993年)

种数：种
单位：印数：万册(张)
印张：千印张

地区	合计				综合			
	种数	平均期印数	总印数	总印张	种数	平均期印数	总印数	总印张
全国总计	**173**	**123.3**	**1 291.3**	**50 109**	**21**	**41.4**	**455.2**	**17 121**
中央	**19**	**12.7**	**178.6**	**5 582**	**6**	**5.3**	**30.5**	**1 258**
地方	**154**	**110.6**	**1 112.7**	**44 527**	**15**	**36.1**	**424.7**	**15 863**
内蒙古	43	15.2	147.9	6 013	2	1.6	25.3	758
吉林	12	20.9	229.3	10 084	2	10.3	123.0	5 340
黑龙江	3	3.7	25.9	881				
广西	1	0.3	1.5	30				
四川	3	0.6	2.4	80				
云南	3	0.7	1.6	70				
西藏	11	3.4	13.3	708	2	0.6	1.8	72
甘肃	3	0.5	1.6	80				
青海	5	1.9	8.3	383				
新疆	70	63.4	680.9	26 198	9	23.6	274.6	9 693

全国分地区少数民族文字出版的杂志(二)

(1993年)

种数：种
单位：印数：万册
印张：千印张

地区	哲学、社会科学				自然科学、技术			
	种数	平均期印数	总印数	总印张	种数	平均期印数	总印数	总印张
全国总计	**47**	**24.7**	**353.4**	**11 111**	**25**	**10.3**	**81.6**	**2 603**
中央	**7**	**6.9**	**142.6**	**4 040**				
地方	**40**	**17.8**	**210.8**	**7 071**	**25**	**10.3**	**81.6**	**2 603**
内蒙古	11	4.0	37.6	1 543	8	1.7	10	308
吉林	2	0.9	8.4	276	2	3.1	29.1	1 080
黑龙江								
广西								
四川	2	0.5	2.0	60				
云南								
西藏	4	1.4	5.8	298				
甘肃	2	0.2	0.4	17				
青海	2	0.4	1.8	66				
新疆	17	10.4	154.8	4 811	15	5.5	42.5	1 215

全国分地区少数民族文字出版的杂志(三)

(1993年)

单位：种数：种
印数：万册
印张：千印张

地区	文化、教育				文学、艺术			
	种数	平均期印数	总印数	总印张	种数	平均期印数	总印数	总印张
全国总计	**11**	**8.5**	**94.7**	**3 352**	**58**	**32.6**	**232.2**	**13 388**
中央								
地方	**11**	**8.5**	**94.7**	**3 352**	**58**	**32.6**	**232.2**	**13 388**
内蒙古	5	1.6	17.6	831	16	5.4	35.4	2 134
吉林	1	0.5	6	300	4	2.8	22.8	1 488
黑龙江					3	3.7	25.9	881
广西					1	0.3	1.5	30
四川					1	0.1	0.4	20
云南					3	0.7	1.6	70
西藏	1	0.3	1.2	66	4	1.1	4.5	272
甘肃					1	0.3	1.2	63
青海	1	0.4	2.1	105	2	1.1	4.4	212
新疆	3	5.7	67.8	2 050	23	17.1	134.5	8 218

全国分地区少数民族文字出版的杂志(四)

(1993年)

单位：种数：种
印数：万册
印张：千印张

地区	少儿读物				画刊			
	种数	平均期印数	总印数	总印张	种数	平均期印数	总印数	总印张
全国总计	**3**	**4.6**	**64.6**	**2 066**	**8**	**1.2**	**9.6**	**470**
中央					**6**	**0.5**	**5.5**	**284**
地方	**3**	**4.6**	**64.6**	**2 066**	**2**	**0.7**	**4.1**	**186**
内蒙古	1	0.9	22	440				
吉林	1	3.3	40	1 600				
黑龙江								
广西								
四川								
云南								
西藏								
甘肃								
青海								
新疆	1	0.4	2.6	26	2	0.7	4.1	186

全国分地区少数民族文字出版的报纸

（1993年）

单位：种数：种
印数：万份
印张：千印张

地区	合计				#省、自治区、直辖市级			
	种数	平均期印数	总印数	总印张	种数	平均期印数	总印数	总印张
合计	**87**	**84.3**	**11 513**	**88 309**	**27**	**36.1**	**6 373**	**53 419**
内蒙古	15	4.7	1 034	6 956	4	2.2	479	4 175
辽宁	2	6.1	310	1 550				
吉林	7	19.0	1 650	11 821	1	6.5	383	1 917
黑龙江	1	2.0	672	6 720	1	2.0	672	6 720
广西	1	0.2	21	106	1	0.2	21	106
四川	3	0.9	198	992				
云南	5	0.4	37	229				
西藏	7	5.9	714	6 323	5	5.1	681	6 155
甘肃	1	0.3	39	195				
青海	5	1.4	73	562	4	1.2	66	526
新疆	40	43.4	6 765	52 855	11	19.0	4 071	33 820

第一届全国少数民族题材电视艺术“骏马奖”获奖节目名单

项　目	获奖等级	节目名称	制作单位
电视剧	一等奖	《山林的雾》	内蒙古电视台
	二等奖	《达瓦卓玛》	西藏电视台
		《段老五家事》	云南电视台
		《红配蓝》	山西电视台
	三等奖	《蘑菇的故事》	贵州电视台
		《小活佛》	内蒙古电视台
		《音德尔牧歌》	甘肃电视台
		《木鱼石的传说》	辽宁电视台
艺术片	一等奖	《天山交响曲》	新疆电视台
	二等奖	《凤凰城情思》	宁夏电视台
	三等奖	《好花红》	贵州电视台
		《祝福你孔雀之乡》	云南电视台
	团结奖	《赫哲族婚礼》	黑龙江电视台
		《拜年》	吉林电视台
		《侗族走寨歌》	广西电视台
		《大西北放歌》	陕西电视台

第二届全国少数民族题材电视艺术“骏马奖”获奖节目名单

项　目	获奖等级	节目名称	制作单位
电视连续剧	最佳奖	《努尔哈赤》	中国电视剧制作中心　沈阳市文联　中国新闻社
	一等奖	《葫芦信》	云南电视台

	二等奖	《醉　乡》	湖南电视台
		《黄敬斋》	内蒙古电视台
		《荒唐王爷》	吉林电视台
	团结奖	《石达开》	广西电视台
电视单本剧	一等奖	《果园》	新疆电视台
	二等奖	《西热图的传说》	中国电视剧制作中心
		《野玫瑰与黑郡主》	云南电视台
	三等奖	《最后一盘水磨》	青海电视台
		《蒲公英》	延边电视台
	团结奖	《他们的地平线》	西藏电视台
		《牛角在半夜吹响》	成都广播电视艺术团　成都音乐舞剧院电视剧部
儿童电视艺术片	一等奖	《雨林中的孩子》	云南电视台
	二等奖	《马头琴的传说》(木偶剧)	内蒙古电视台
		《我们的老师》	延边电视台
	三等奖	《桥》	新疆电视台
电视纪录片	最佳奖	《春漫瑶山》	湖南电视台
	一等奖	《广西纪胜》	广西电视台
	二等奖	《鄂尔多斯婚礼》	伊克昭电视台
	三等奖	《抓喜秀龙赛马会》	甘肃电视台
		《高原上的杜鹃花》	云南电视台
		《色彩之塔》	贵州电视台
	团结奖	《畲乡风情》	浙江丽水电视台
电视艺术片	最佳奖	《西部畅想曲》	新疆电视台
	一等奖	《家乡啊 我心中的童话》	宁夏电视台
	二等奖	《欢乐的古尔邦节》	新疆电视台
		《雪山金凤凰》	云南电视台
	三等奖	《伊犁小白杨》	新疆电视台
		《欢笑的金达莱》	延边电视台

第三届全国少数民族题材电视艺术“骏马奖”获奖节目名单

项　目	获奖等级	节目名称	制作单位
电视连续剧	一等奖	《冼夫人》	武汉电视台　武汉电视艺术中心
	二等奖	《王昭君》	湖北电视剧制作中心　内蒙古电视台
		《绿风》	广西军区政治部　广西军队转业干部安置工作小组　广西电视台

	三等奖	《被劫持的逃犯》	新疆电视台　喀什地区政法委员会　新疆维吾尔自治区公安厅
		《鲜卑骄子》	山西大同市文化局　山东电视台　山东电影电视剧制作中心
		《肋巴佛传奇》	甘肃电视台
	团结奖	《沙漠王子》	上海电视台　乌鲁木齐电视台
电视单本剧	一等奖	《五朵金花的儿女》	云南电视台　大理电视台
	二等奖	《沙柳和它的影子》	鄂托克旗人民政府　内蒙古电视台
		《山丹丹花开》	宁夏广播电视报　宁夏电视台
	三等奖	《奇妙的婚礼》	新疆电视台　新疆计划生育委员会　贵州电视剧制作中心
		《侗女贝仙》	贵州电视剧制作中心
		《白鹰》	新疆电视台
	团结奖	《坊上人》	陕西省电视台　陕西省人民政府
		《瓦氏夫人》	广西电影厂　广西区壮剧团
		《末代苗王》	广西音像出版社
儿童电视艺术片	二等奖	《我爱冰雪亮晶晶》	中国社会福利教科文内蒙中心　内蒙古电视台
		《阿花姑娘》	广西电影厂电视部　广西艺术学校
	三等奖	《阿依古丽寻访记》	新疆电视台　新疆青少年科技中心
		《萨拉姆》《古尔邦节》	新疆电视台
	团结奖	《朝鲜族儿童过春节》	延边电视台
		《愉快的假日》	湖南湘西州电视台　吉首市教委
		《飞吧！草原小百灵》	内蒙古电视台
		《一封信》	内蒙古电视台
		《藏族儿童和香浪节》	内蒙古电视台
		《五色梦》	广西电视台
电视艺术片	一等奖	《丝绸之乡诺肉孜》	新疆电视台　新疆和田地区行署
	二等奖	《天隅一方》	新疆军区文工团　乌鲁木齐电视台
		《奔向同一个未来》	云南玉溪卷烟厂　云南电视台
	三等奖	《吉祥歌舞》	西藏电视台
		《唱诗》	广西电视台
	团结奖	西部之声《火把情诗》第16集	四川电视台
		《民族之光》	湖南省民委　湖南电视台
		《故乡的春天》	延边电视台
		《壮乡春色》	中央电视台　广西青年音像录制中心
		《深深眷恋的草原》	内蒙古电视台
		《赛那！鄂尔多斯》	内蒙古鄂尔多斯电视台
电视纪录片	一等奖	《丝路乐舞》	新疆电视台
	二等奖	《远离草原的蒙古族》	云南电视台
		《力的较量》	内蒙古电视台
	三等奖	《羌族》	四川省民族事务委员会　阿坝藏族羌族自治州人民政府　阿坝电视台
		《中国瑶族》	中央电视台　广西电视台
	团结奖	《图腾在乡民心中》	浙江电视台对外部

			《寻古探胜伊通州》	吉林四平市民族事务委员会　伊通县人民政府　四平市对台宣传办公室　四平市外事办公室　四平市侨务办公室　四平市环境保护局　四平市电视台
			《甘南西藏区纪行》	甘南州文化局　甘肃电视台
			《中国黎族》	广东电视台
			《西水清江育土家》（第 2 集）	中央电视台社教部
			《湘西苗族风情》（第 1、2 集）	湖南湘西州电视台
			《勒勒车的沉思》	内蒙古哲里木电视台
			《山楂树》	新疆电视台
			《长城风情录》（序集、第 5 集）	中国长城学会　北京燕海公司　北京电视台　天津电视台　甘肃电视台　内蒙古电视台　新疆电视台
			《桂林三月三》	广西艺术研究所　广西艺术声像制作部
			《庭院处处花飘香》	新疆喀什电视台
			《乡土、乡音、乡情》	延边州人民政府　吉林电视台
			《云南民族风采》	云南电视台
			《马背上的民族》——中国蒙古族	中央电视台
电视译制片	优秀奖	维吾尔语	《红楼梦》	新疆电视剧译制中心
		维吾尔语	《动物王国窃案》	新疆电视剧译制中心
		蒙古语	《高山下的花环》	内蒙古电视台
		蒙古语	《红楼梦》	内蒙古电视台
		藏　语	《父与子》	西藏电视台
		藏　语	《遥远的纽约》	西藏电视台
		藏　语	《南来的风》	青海电视台
		朝鲜语	《阿信》	延边电视台
		哈萨克语	《西游记》	新疆伊犁电视台
	团结奖		《被判死刑的女人》	新疆喀什电视台
			《雪域的怀念》	西藏电视台
			《深切怀念班禅大师委员长》	中央电视台

第四届全国少数民族题材电视艺术“骏马奖”获奖节目名单

项　目	获奖等级	节目名称	制作单位
电视连续剧	一等奖	《爱河流淌着一支歌》	湖南电视台电视剧制作中心
		《中国有条红水河》	广西区电力局　银荔集团　广西电视台　广西电影制片厂
	二等奖	《黑土》	中央电视台　黑龙江省电影电视剧制作中心
		《潘曼》	广西罗城仫佬族自治县人民政府　广西电视台电视剧制作中心
		《红男绿女》	广西电影制片厂电视部　广西邕宁县委　广西邕宁县人民政府　广西区糖业公司　中国影协广西分会
	三等奖	《牛肉面的故事》	兰州电视剧制作中心　中央电视台影视部
		《二月天》	贵州省电视剧制作中心
		《血色王冠》	云南电视台
		《京江祭》	内蒙古电视台　政协镇江市委员会
	团结奖	《赛典赤在云南》	云南电视台　云南省昆明民族电视剧制作部　中共云南省昭通地委　云南省玉溪地区行署　云南省曲靖地区行署　云南省红河州政府　云南省大理州政府　云南省昆明市政府
		《燃烧的冰雪》	天山电影制片厂　新疆昌吉回族自治州
		《劫后余生》	安徽电影制片厂　安徽省地震局　云南省地震局　安徽省纺织服务公司
		《土家第一军》	长阳土家族自治县人民政府　湖北电视台
		《天梯歌侣》	空政话剧团
		《孤堡》	青海电视台
		《山子瑶》	桂林电视台
电视单本剧	一等奖	《愤怒的白鬃马》	山东电视台　山东省电影电视制作中心
	二等奖	《天神不怪罪的人》	呼伦贝尔电视台　鄂伦春自治旗人民政府　中国电视剧制作中心
		《山魂》	湖北省宜昌地委摄制组　宜昌地区文联电视艺术部　深圳大学影视专业组
	三等奖	《多情的瑶山》	广东电视台电视剧制作中心
		《寻找天边的人》	广西区党委组织部　广西电视台电视剧制作中心
		《故乡的独弦琴》	广西电视台电视剧制作中心

		《水之祭——泼水节的传说》	云南德宏傣族景颇族自治州人民政府　上海电视台
		《相爱无期》	新疆电影家协会影视制作中心
	团结奖	《在山那边》	新疆电视台
		《藏边深处》	西藏电视台
		《第二个秋天》	新疆保险公司乌鲁木齐市中心分公司 天山电影制片厂
		《山道情》	柳州电视台
电视艺术片	一等奖	《伊犁河畔的麦希来甫》	新疆伊犁地区行署 新疆电视台
	二等奖	《河湟春》	青海电视台
		《骆越风》	广西电视台
	三等奖	《瀚海清》	海口电视台 新疆电视台
		《五彩川恋歌》	宁夏电视台
		《太阳·大山·人》	中共湖南省吉首市委　湖南吉首市人民政府　湘西自治州电视台
	特别奖	《西部之声》	四川电视台等(西部集团)
		《西部之舞》	四川电视台等(西部集团)
		《班禅东行》	河北省承德话剧团
	团结奖	《大山·女人·魂》	湖南电视台
		《美人松》	延边电视台
		《火龙》	广西电视台
电视戏曲片	一等奖	《曹雪芹》	上海电视台　北京电视戏曲艺术研究会
	二等奖	《苗山妹子》	广西电视台　柳州城制药厂
	三等奖	《孔雀胆》	河北电视台
儿童电视片	一等奖	《初涉尘世》(4集)	广西电视台电视剧制作中心　中央电视台影视部
	二等奖	《金色的晨光》	天津电视台
		《爱是春天的别名》	天山电影制片厂　新疆维吾尔族自治区妇女联合会
	三等奖	《天籁》	南宁电视台　广西第一安装公司
		《瀑布边的布依娃》	贵州省电视剧制作中心　贵州省城乡建设环境保护厅
		《各族儿童心向党》	新疆电视台　新疆维吾尔自治区妇联
	团结奖	《蓓蕾艺术舞台》	延边电视台
		《远方的课堂》	南京电视台　西藏电视台　常州文化局
		《小巷里的阿里木》	新疆维吾尔自治区妇联　新疆电视台
		《阳光下的童声》	内蒙古电视台
电视专题片	一等奖	《藏历新年》	西藏电视台
		《苗族斗马节》	桂林电视台
	二等奖	《绿原》	新疆伊犁电视台
		《爱的绿洲》	云南电视台　云南西双版纳电视台
	三等奖	《虎啸清江——纤夫》	湖北电视台　鄂西电视台
		《八桂风谣——板鞋土风》	广西音像出版社
		《赫哲人的大江》	黑龙江电视台
		《不老的青山》	贵州电视台

团结奖	《桂北民间建筑》	桂林市规划管理局　广西电视台
	《多彩的玉树》	青海电视台
	《裕固人》	兰州电影制片厂
	《土家生死恋》	长龙影视联合公司　湖北省人民政府台湾事务办公室
	《瑶山的儿子》	广西壮族自治区公安厅
	《关东三大怪》	通化电视台
	《在湖南的维吾尔族人》	新疆电视台
	《市场启示》	宁夏电视台
电视译制片翻译奖 (排名不分先后)	《济公外传》	青海电视台
	《铁人》	新疆伊犁哈萨克自治州　广播电视局译制部
	《辘轳·女人·井》	新疆伊犁广播电视局
	《渴望》	内蒙古电视台
	《篱笆·女人和狗》	内蒙古电视台
	《渴望》	延边电视台
	《花都梦》	西藏电视台
	《致命的同伴》	西藏电视台
	《胡知县别传》	广西电视台电视剧制作中心
	《父女之间》	新疆喀什电视台
	《爱的传说》	新疆喀什电视台
	《狐狸送葡萄》	新疆喀什电视台
	《奴里》	新疆喀什电视台
	《围城》	新疆电视台
	《寻找格兰特船长》	新疆电视台
	《CI5 行动》	新疆电视台
	《末代皇帝》	新疆电视台

单项奖

优秀编剧奖　石煌远　电视剧《爱河流淌着一支歌》编剧

优秀导演奖　胡尔西旦，吾买尔　电视艺术片《伊犁河畔的麦希来甫》导演

优秀演员奖　言兴朋　戏曲电视剧《曹雪芹》中曹雪芹的饰演者

主要统计指标解释

文化事业机构 指从事专业文化工作和为专业文化工作服务的独立建制的单独核算的单位。不包括这些单位另外举办独立核算的其他机构和各部门的业余文化组织。

艺术表演团体 指从事戏曲、音乐、舞蹈、杂技等专业艺术表演，有独立帐户，实行单独核算的团体。不包括半工半艺、半农半艺的业余剧团。

电影放映单位 指具有放映机器设备、固定或不固定的放映场所与专职或兼职的放映技术人员，经有关部门登记批准，经常为一定的观众对象放映电影的机构。包括经批准对外开放进行营业，并与电影发行放映管理机构分帐的专用放映单位和军委系统租片单位。

电影观众人数(人次) 指各类型放映单位及军委系统租片单位映出的观众人次数。一个观众连续看了一部长片和短片专场规定的短片，为二人次。

十四、卫生、体育

民族自治地方卫生机构、床位、人员

年 份	机 构（个）	医 院	床 位（张）	医 院	卫生技术人员（人）	医 院
1949	361	230	3 310		3 531	
1952	1 176	378	5 711		17 877	
1957	13 819	603	26 470	20 773	65 649	26 825
1962	19 763	3 203	94 769	71 356	129 818	59 086
1965	25 306	6 275	120 781	89 497	156 889	72 832
1975	21 575	9 749	219 055	190 980	232 218	97 957
1978	23 934	10 191	253 520	220 927	279 387	120 711
1980	26 073	10 433	271 463	241 679	324 300	140 752
1981	27 604	10 735	276 119	246 922	353 395	154 439
1982	28 237	10 803	281 555	251 805	368 850	159 927
1983	28 800	11 349	290 067	267 382	387 690	169 141
1984	29 794	11 659	302 321	279 259	406 880	176 305
1985	30 432	10 061	312 137	288 732	432 733	182 503
1986	31 168	10 012	318 144	294 676	435 882	186 717
1987	31 838	10 129	332 116	307 350	451 429	192 597
1988	31 931	10 520	338 892	313 677	463 900	215 187
1989	31 081	10 342	347 555	321 659	478 304	224 851
1990	31 973	10 574	359 382	331 955	488 661	230 088
1991	32 142	10 680	365 439	338 425	500 254	232 819
1992	31 075	10 210	375 377	347 194	512 996	236 402
1993	30 642	10 389	419 873	380 079	545 934	253 329

注：本表未扣除区域变动因素，年度之间不可比，下同。

民族自治地方卫生机构

单位:个

年 份	合计	医 院	疗养院、所	门诊部、所	专科防治所、站	卫生防疫站	妇幼保健所、站	其他
1957	13 819	603	17	5 541		146	614	6 871
1962	19 763	3 203	69	15 279		387	363	462
1965	25 306	6 275	43	17 626		485	427	450
1975	21 575	9 749	25	10 292		633	412	464
1978	23 934	10 191	30	11 866		649	478	720
1979	25 027	10 254	30	12 676	124	635	478	830
1980	26 073	10 433	34	13 457	140	672	497	840
1981	27 604	10 735	36	14 661	146	694	505	827
1982	28 237	10 803	41	15 175	164	720	511	823
1983	28 800	11 349	44	15 130	173	727	522	855
1984	29 794	11 659	43	15 713	187	763	545	884
1985	30 432	10 061	47	17 761	221	817	559	966
1986	31 168	10 012	47	18 342	249	847	591	1 080
1987	31 838	10 129	49	18 817	277	873	600	1 093
1988	31 931	10 520	48	18 488	283	862	603	1 127
1989	31 081	10 342	46	17 744	291	892	606	1 160
1990	31 973	10 574	48	18 312	300	910	625	1 204
1991	32 142	10 680	48	18 307	313	915	634	1 245
1992	31 075	10 210	49	11 568	315	930	640	1 363
1993	30 642	10 389	64	16 772	309	1 004	649	1 423

民族自治地方卫生机构床位

单位:张

年 份	合 计	医 院	疗 养 院、所	门 诊 部、所	专科防治 所、站	卫 生 防疫站	妇幼保健 所、站	其 他
1957	26 470	20 773	1 277					4 420
1962	94 769	71 356	4 954					18 459
1965	120 781	89 497	3 732					27 552
1975	219 055	190 980	3 178					24 897
1978	253 520	220 927	3 482					29 111
1979	263 202	230 877	3 736	25 127	1 035	60	426	1 941
1980	271 463	241 679	4 318	21 471	1 248	60	661	2 026
1981	276 119	246 922	4 844	19 735	1 299	60	882	2 377
1982	281 555	251 805	5 436	19 811	1 174	60	1 063	2 206
1983	290 067	267 382	5 651	12 034	1 243	60	1 376	2 321
1984	302 321	279 259	5 851	12 120	1 113	60	1 530	2 388
1985	312 137	288 732	6 213	11 972	770	75	1 536	2 839
1986	318 144	294 676	6 367	11 191	944	75	1 824	3 067
1987	332 116	307 350	6 681	11 589	1 090	84	1 994	3 328
1988	338 892	313 677	6 294	11 756	967	118	2 130	3 950
1989	347 555	321 659	5 981	11 757	1 384	116	2 261	4 391
1990	359 382	33 955	6 262	12 051	1 717	117	2 509	4 771
1991	365 439	338 425	6 157	11 548	1 772	216	2 533	4 788
1992	375 377	347 194	6 508					
1993	419 813	380 079	12 088	12 709	1 761	146	3 464	5 913

民族自治地方专业卫生人员

单位：人

年 份	专业卫生人员	#卫生技术人员	#中 医	#西医师	#西医士	#中、西医结合高级医师
1957	77 221	65 649	15 014	2 997	8 814	
1962	152 872	129 818	25 980	10 360	22 764	
1965	184 446	156 889	26 448	17 860	28 524	
1975	288 559	232 218	16 126	35 498	46 333	
1978	349 249	279 387	20 575	42 574	57 562	
1979	379 396	302 034	22 663	45 174	61 018	
1980	407 629	324 300	24 770	52 258	63 724	
1981	443 076	353 395	28 562	58 808	66 940	129
1982	461 245	368 850	30 106	60 692	68 954	175
1983	482 042	387 690	32 706	65 544	70 723	168
1984	505 994	406 880	37 010	65 707	73 377	211
1985	526 965	432 733	39 634	64 999	77 710	160
1986	544 777	435 882	39 909	66 237	80 391	180
1987	562 349	451 429	41 722	69 372	81 304	199
1988	573 682	463 900	43 647	114 098	57 023	419
1989	592 461	478 304	44 250	123 978	56 180	443
1990	606 085	488 661	44 266	127 894	57 470	458
1991	621 172	500 254	42 922	129 825	59 664	408
1992	638 230	512 996	42 764	130 294	62 864	480
1993	693 651	548 899	44 089	143 005	61 875	755

民族自治地方少数民族专业卫生人员

单位：人

年 份	专业卫生人员	#卫生技术人员	#中 医	#西医师	#西医士	#中、西医结合高级医师
1980	71 694	56 823	5 815	8 656	13 782	
1981	96 115	74 843	7 318	11 197	18 556	9
1982	100 672	80 574	8 083	12 038	18 943	19
1983	108 287	87 216	8 803	13 509	20 104	30
1984	117 473	95 310	10 928	13 818	22 252	36
1985	135 745	105 656	11 884	14 926	22 792	23
1986	139 196	112 058	12 051	15 516	25 284	35
1987	147 783	118 748	12 464	15 360	24 550	32
1988	154 894	123 586	13 736	31 191	18 347	115
1989	163 731	189 603	14 758	34 717	18 569	114
1990	170 738	141 448	14 957	36 825	20 570	129
1991	178 890	145 406	11 689	37 943	21 402	109
1992	187 543	149 635	14 235	38 438	22 800	156
1993	172 504	143 744	13 136	39 007	19 931	101

民族自治地方农村村级卫生组织

单位:个

年　份	村总数	有卫生机构的村数	占村总数的%	无医疗点的村数	占村总数的%
1978	67 937	56 655	83.4	11 282	16.6
1979	68 783	44 324	64.4	24 459	35.6
1980	68 916	38 325	55.6	30 591	44.4
1981	75 257	53 434	71.0	21 823	29.0
1982	75 523	54 240	71.8	21 283	28.2
1983	79 105	64 006	80.9	15 099	19.1
1984	80 406	60 633	75.4	19 773	24.6
1985	86 764	65 426	75.4	21 338	24.6
1986	92 575	67 353	72.8	25 222	27.2
1987	92 822	69 005	74.3	23 817	25.7
1988	96 096	65 248	67.9	30 848	32.1
1989	97 459	65 665	67.4	31 794	32.6
1990	91 092	68 843	75.6	22 249	24.4
1991	96 525	70 045	72.6	26 480	27.4
1992	76 188	59 356	77.9	16 832	22.1
1993	93 939	74 260	79.1	19 679	20.9

民族自治地方乡村医生、卫生员、农村接生员

单位:人

年　份	乡村医生和卫生员	#少数民族乡村医生和卫生员	乡村医生	卫生员	农村接生员
1982	116 965	49 743	47 933	69 032	86 158
1983	116 754	49 228	55 580	61 174	88 703
1984	118 730	52 630	58 109	60 621	96 148
1985	131 381	55 914	62 255	69 129	101 291
1986	135 634	57 423	67 480	68 154	106 411
1987	139 901	56 634	72 374	67 527	107 682
1988	135 751	55 188	73 106	62 645	106 464
1989	136 780	56 304	75 228	61 552	141 857
1990	135 424	54 594	75 935	59 489	107 261
1991	139 332	58 052	79 709	59 623	104 869
1992	146 462	44 695	83 518	62 954	97 374
1993	163 129	63 582	100 993	62 136	98 064

民族自治地方分地区卫生机构、床位(一)

(1993年)

单位:个、张

地区	合计		医院					
					市		县	
	机构	床位	机构	床位	机构	床位	机构	床位
合计	**30 642**	**419 873**	**10 389**	**380 079**	**1 606**	**150 426**	**8 783**	**229 653**
河北	108	1 170	18	990			18	990
内蒙古	4 932	65 211	1 981	60 840	372	30 149	1 609	30 691
辽宁	1 743	45 616	496	38 002	249	26 342	247	11 660
吉林	810	13 009	231	11 809	116	7 339	115	4 470
黑龙江	33	396	6	305			6	305
浙江	41	293	25	293			25	293
湖北	1 215	8 608	204	7 156	54	2 863	150	4 293
湖南	852	9 674	459	9 592	20	1 015	439	8 577
广东	103	906	43	889			43	889
广西	5 550	81 217	1 488	73 012	247	29 904	1 241	43 108
海南	392	7 718	181	7 576	36	2 330	145	5 246
四川	2 781	19 448	1 060	17 222	24	1 966	1 036	15 256
贵州	1 662	19 717	848	18 391	79	4 620	769	13 771
云南	3 177	43 705	1 103	38 982	104	7 422	999	31 560
西藏	1 069	5 042	293	4 515	9	1 337	284	3 178
甘肃	534	4 471	274	4 242	11	703	263	3 539
青海	709	8 439	372	8 186	16	687	356	7 499
宁夏	1 037	12 836	161	11 788	76	6 918	85	4 870
新疆	3 894	72 397	1 146	66 289	193	26 831	953	39 458

民族自治地方分地区卫生机构、床位(二)

(1993 年)　　　　单位:个、张

地　区	疗养院、所		门诊部、所		专科防治所、站		卫生防疫站		妇幼保健所、站		其他卫生机构	
	机构	床位	机构	床位	机构	床位	机构	床位	机构	床位	机构	床位
合　计	**64**	**12 088**	**16 772**	**12 709**	**309**	**1 761**	**1 004**	**146**	**649**	**3 464**	**1 423**	**5 913**
河　北			72	180			6		6		6	
内蒙古	11	2 062	2 375	946	64	97	190	12	119	584	192	490
辽　宁	20	6 275	1 089	106	26	556	25	60	21	127	66	580
吉　林	5	514	477	81	11	28	23		18	96	45	
黑龙江			22	79	1		1		1	12	2	
浙　江			13				2		1		1	
湖　北			954	1 295	2	15	11		11	134	33	8
湖　南			308	4			16		16	48	53	30
广　东	1		44		3		3		3		6	17
广　西	12	1 448	3 528	1 389	65	221	126	6	84	606	241	1 090
海　南			144	13	18		15		10	11	24	118
四　川			1 429	856			60	5	59	387	147	710
贵　州			428	195	29		50		46	359	261	772
云　南	2	317	1 661	2 782	56	319	97	63	86	728	172	514
西　藏	1	150	668	347			78		17	27	12	3
甘　肃			176	96	5		22		20	21	37	112
青　海			231	141	3		46		39	108	18	4
宁　夏	3	130	781	658	11	105	32		26	155	23	
新　疆	9	1 291	2 372	3 541	15	420	202		66	61	84	795

民族自治地方分地区卫生部门卫生机构、床位(一)

(1993年)　　　　单位:个、张

地区	合计		医院					
					市		县	
	机构	床位	机构	床位	机构	床位	机构	床位
合　计	**11 319**	**267 883**	**6 754**	**255 408**	**864**	**96 130**	**5 890**	**159 278**
河　北	42	1 170	18	990			18	990
内蒙古	1 405	36 889	880	35 366	136	17 306	744	18 006
辽　宁	397	26 440	267	25 387	122	16 306	145	9 081
吉　林	231	7 905	149	7 781	78	5 020	71	2 761
黑龙江	19	376	5	285			5	285
浙　江	8	237	5	237			5	237
湖　北	259	6 989	200	6 832	51	2 559	149	4 273
湖　南	259	7 353	167	7 275	18	915	149	6 360
广　东	57	837	40	837			40	837
广　西	2 009	66 551	1 294	61 459	157	23 292	1 137	38 167
海　南	193	3 515	123	3 503	29	1 256	94	2 247
四　川	1 323	13 424	715	12 552	11	1 350	704	11 202
贵　州	1 106	16 227	810	15 858	62	3 020	748	12 838
云　南	1 421	31 781	964	30 502	68	4 655	896	25 847
西　藏	855	4 801	291	4 502	9	1 337	282	3 165
甘　肃	369	3 787	264	3 726	10	603	236	3 132
青　海	506	6 053	311	5 915	11	424	300	5 491
宁　夏	413	9 177	114	8 848	46	4 651	68	4 197
新　疆	447	24 371	155	23 553	56	13 382	99	10 171

民族自治地方分地区卫生部门卫生机构、床位(二)

(1993年)　　　　单位:个、张

地　区	疗养院、所		门诊部、所		专科防治所、站		卫生防疫站		妇幼保健所、站		其他卫生机构	
	机构	床位	机构	床位	机构	床位	机构	床位	机构	床位	机构	床位
合　计	**5**	**905**	**1 718**	**1 018**	**292**	**1 736**	**848**	**146**	**628**	**3 464**	**992**	**1 703**
河　北			6	180			6		6		6	
内蒙古	3	405	25	19	52	97	150	12	110	584	185	406
辽　宁	1	300	1		26	556	23	60	21	127	58	10
吉　林			5		11	28	13		10	96	43	
黑龙江			9		1		1		1	12	2	
浙　江				79			1		1		1	
湖　北			3		2	15	11		11	134	32	8
湖　南			9				16		16	48		30
广　东			3		3		3		3		5	
广　西			217	108	63	221	117	6	84	606	229	916
海　南			14	1	18		11		9	11	18	
四　川			415	134			59	5	59	387	49	78
贵　州			79		28		50		46	359	93	10
云　南			84	15	56	319	95	63	86	728	136	154
西　藏			457	269			78		17	27	12	3
甘　肃			59		5		22		20	21	17	40
青　海			91	30	3		44		39	108	18	
宁　夏			213	94	9	80	29		25	155	23	
新　疆	1	200	28	89	15	420	119		64	61	65	48

民族自治地方分地区

(1993年)

地　区	专业卫生人员	#卫生技术人员	#医　生	#中　医
合　计	**693 651**	**548 899**	**249 724**	**44 089**
河　北	3 318	2 965	1 395	392
内蒙古	127 494	99 878	42 171	10 151
辽　宁	62 220	45 847	19 048	2 930
吉　林	24 421	18 754	7 780	1 019
黑龙江	835	651	335	73
浙　江	533	451	219	81
湖　北	15 089	12 730	5 748	2 449
湖　南	12 928	10 781	5 413	1 049
广　东	1 534	1 234	650	100
广　西	141 300	110 732	51 640	9 205
海　南	12 816	10 093	3 801	399
四　川	28 175	23 651	12 499	2 622
贵　州	34 055	28 594	13 317	1 517
云　南	60 829	49 478	25 588	3 808
西　藏	9 683	7 540	4 457	1 129
甘　肃	7 681	6 643	3 710	936
青　海	12 147	9 952	4 977	1 185
宁　夏	26 362	21 148	10 084	1 420
新　疆	112 231	87 777	36 892	3 624

专业卫生人员

单位:人

市属专业卫生人员	#卫生技术人员	#医生	#中医	县属专业卫生人员	#卫生技术人员	#医生	#中医
307 210	**231 226**	**103 513**	**15 847**	**386 441**	**317 673**	**146 211**	**28 242**
				3 318	2 965	1 395	392
69 218	52 041	23 833	4 049	58 276	47 837	18 338	6 120
44 243	31 976	13 101	1 783	17 977	13 871	5 947	1 147
14 840	11 098	4 589	493	9 581	7 656	3 191	526
				835	651	335	73
				533	451	219	81
5 765	4 767	2 261	986	9 324	7 963	3 487	1 463
2 169	1 686	822	97	10 759	9 095	4 591	952
				1 534	1 234	650	100
63 659	48 078	22 271	3 535	77 641	62 654	29 369	5 670
3 771	2 814	1 153	112	9 045	7 279	2 648	287
4 051	3 100	1 579	348	24 124	20 551	10 920	2 274
8 156	6 187	2 879	356	25 899	22 407	10 438	1 161
13 065	10 431	4 968	722	47 764	39 047	20 620	3 086
3 618	2 632	1 372	434	6 065	4 908	3 085	695
1 477	1 211	566	129	6 204	5 432	3 144	807
1 394	1 078	517	107	10 753	8 874	4 460	1 087
15 296	11 820	5 246	688	11 066	9 328	4 838	732
56 488	42 307	18 356	2 008	55 743	45 470	18 536	1 616

民族自治地方分地区

(1993年)

地 区	专业卫生人员	#卫生技术人员	#医 生	#中 医
合 计	**430 928**	**332 474**	**150 675**	**22 929**
河 北	2 256	1 924	897	161
内蒙古	70 722	54 583	25 378	4 828
辽 宁	37 605	27 367	10 549	1 602
吉 林	14 836	11 095	4 651	533
黑龙江	729	556	281	60
浙 江	349	270	125	18
湖 北	11 202	8 121	3 648	1 066
湖 南	9 819	7 855	3 496	599
广 东	1 339	1 056	549	77
广 西	104 795	79 676	34 533	4 832
海 南	6 185	4559	1 813	212
四 川	18 623	15 080	7 939	1 284
贵 州	27 129	22 544	10 295	1 013
云 南	42 170	33 239	17 254	2 145
西 藏	8 694	6 675	3 807	882
甘 肃	6 175	5 246	2 900	747
青 海	8 444	6 822	3 510	793
宁 夏	18 527	14 438	6 790	857
新 疆	41 329	30 368	12 260	1 220

卫生部门专业卫生人员

单位：人

市属专业卫生人员	#卫生技术人员	#医生	#中医	县属专业卫生人员	#卫生技术人员	#医生	#中医
178 368	**130 530**	**54 765**	**7 660**	**252 560**	**201 944**	**95 910**	**15 269**
				2 256	1 924	897	161
36 788	27 188	12 214	1 835	33 934	27 395	13 164	2 993
25 207	17 942	6 655	947	12 398	9 425	3 894	655
9 496	6 819	2 872	213	5 340	4 276	1 779	320
				729	556	281	60
				349	270	125	18
4 046	3 250	1 338	379	7 156	5 871	2 310	687
1 774	1 348	599	87	8 045	6 507	2 897	512
				1 339	1 056	549	77
43 719	32 189	12 965	1 870	61 076	47 487	21 568	2 962
2 032	1 420	590	69	4 153	3 139	1 223	143
2 520	1 809	861	120	16 103	13 271	7 078	1 164
5 555	4 102	1 889	250	21 574	18 442	8 406	763
7 283	5 645	2 576	408	34 887	27 594	14 678	1 737
2 872	1 990	886	193	5 822	4 685	2 921	689
1 232	989	431	101	4 943	4 257	2 469	646
812	607	271	31	7 632	6 215	3 239	762
9 479	6 948	2 939	359	9 048	7 490	3 851	498
25 553	18 284	7 679	798	15 776	12 084	4 581	422

民族自治地方分地区少数民族专业卫生人员

(1993年)

单位:人

地区	总计	#卫生技术人员		
			#医生	#中医
合计	**172 504**	**143 744**	**72 175**	**13 136**
河北				
内蒙古	24 275	19 627	11 167	3 895
辽宁	5 382	4 038	1 723	383
吉林	10 665	8 232	3 526	367
黑龙江	65	52	39	19
浙江	19	16	7	
湖北	5 315	4 450	2 025	955
湖南	5 819	4 963	2 690	451
广东	246	220	136	16
广西	32 270	27 042	13 288	1 521
海南	1 993	1 613	646	76
四川	8 149	7 312	4 183	978
贵州	11 755	10 696	5 318	458
云南	15 171	12 870	7 611	1 038
西藏	7 264	5 795	3 300	774
甘肃	2 124	1 927	1 288	424
青海	3 829	3 373	1 891	581
宁夏	2 718	2 285	1 161	124
新疆	35 445	29 233	12 176	1 076

民族自治地方分地区乡村医生、卫生员和农村接生员

（1993年）

单位：人

地区	乡村医生、卫生员	乡村医生	卫生员	#少数民族乡村医生、卫生员	农村接生员
合计	**163 129**	**100 993**	**62 136**	**63 582**	**98 064**
河北	1 524	1 278	246	288	90
内蒙古	22 695	14 819	7 876	4 598	8 758
辽宁	8 842	7 401	1 441	2 108	2 193
吉林	3 327	2 316	1 011	1 004	1 256
黑龙江	406	235	171	8	2
浙江	217	130	87	14	194
湖北	5 600	2 827	2 773	2 135	2 854
湖南	6 213	3 812	2 401	3 118	5 298
广东	246	128	118	65	519
广西	44 583	29 477	15 106	12 225	30 545
海南	1 678	812	866	1 059	2 498
四川	8 345	4 029	4 316	4 195	5 510
贵州	12 731	5 989	6 742	7 340	10 504
云南	19 403	10 755	8 648	9 568	14 548
西藏	3 003	1 853	1 150	2 454	210
甘肃	2 759	1 642	1 117	1 068	1 607
青海	4 808	3 746	1 062	2 338	2 847
宁夏	5 378	2 985	2 393	1 060	4 987
新疆	11 371	6 759	4 612	8 937	3 644

民族自治地方分地区中医中的民族医生

（1993年）

单位：人

地　区	蒙　医	藏　医	维　医	傣　医
合　计	**3 361**	**1 706**	**525**	**57**
河　北				
内蒙古	3 045			
辽　宁	167			
吉　林	32			
黑龙江	10			
浙　江				
湖　北	1			
湖　南				
广　东				
广　西		1		
海　南				
四　川		218		
贵　州				
云　南	2	36		
西　藏		732		57
甘　肃	8	281		
青　海	31	438		
宁　夏				
新　疆	65		525	

全国分地区少数民族在队运动员

(1993 年)

单位:人

地　区	少数民族运动员	地　区	少数民族运动员
总　计	**954**		
国家体委直属	11	江　西	3
产业体协	15	山　东	9
行业体协	9	河　南	26
地方合计	**919**	湖　北	1
北　京	47	湖　南	1
天　津	12	广　东	10
河　北	15	广　西	80
山　西	4	海　南	
内蒙古	165	四　川	23
辽　宁	61	贵　州	13
吉　林	57	云　南	86
黑龙江	34	西　藏	109
上　海	12	陕　西	5
江　苏		甘　肃	10
浙　江		青　海	34
安　徽	3	宁　夏	5
福　建		新　疆	94

全国分地区少数民族在队专职教练员

(1993 年)

单位:人

地　区	少数民族专职教练员	地　区	少数民族专职教练员
总　计	**289**		
国家体委直属	8	江　西	1
产业体协	4	山　东	4
行业体协	2	河　南	16
地方合计	**275**	湖　北	3
北　京	6	湖　南	2
天　津	8	广　东	1
河　北	2	广　西	17
山　西	45	海　南	
内蒙古	8	四　川	
辽　宁	27	贵　州	5
吉　林	22	云　南	23
黑龙江		西　藏	19
上　海		陕　西	4
江　苏		甘　肃	6
浙　江	1	青　海	8
安　徽	2	宁　夏	8
福　建		新　疆	37

全国少数民族传统体育运动会情况

项　　目	第一届	第二届	第三届	第四届
时　　间	1953年11月8日—12日	1982年9月2日—8日	1986年8月10日—17日	1991年11月10日—17日
地　　点	天津市	呼和浩特市	乌鲁木齐市	南宁市
参加单位	华北、东北、西北、中南、西南、东南等6大行政区和内蒙古、解放军、铁路系统共9个单位	29个省、自治区、直辖市代表团	29个省、自治区、直辖市代表团	30个省、自治区、直辖市代表团
民族及人数	蒙古、回、藏、维吾尔、哈萨克、苗、满、朝鲜、傣、纳西、塔塔尔等12个民族，395名运动员	55个少数民族，863名运动员、教练员，其中：少数民族运动员593人；2个参观团，400多人；300多名中外记者	55个少数民族，1 097名运动员、教练员，其中：少数民族运动员777人；29个参观团，872人；中外记者580人；港澳同胞及外国朋友45人	55个少数民族，1 740名运动员。其中：少数民族运动员1 643人。29个参观团，有教练员、裁判员、工作人员、少数民族体育先进地区和单位代表、新闻工作者共4 500人
比赛项目	举重、拳击、石锁、摔跤、击剑和步射（弓箭射准）	射箭邀请赛、中国式摔跤比赛	摔跤、射箭、赛马、叼羊、射弩、抢花炮、秋千	龙舟、抢花炮、秋千、射弩、珍珠球、木球、摔跤、赛马和武术
表演项目	武术（分棒术和器械，共383项）、民间体育（分石担、爬杆等22项）、骑术（各种马上技巧表演9项）	傣族的孔雀拳、蒙古族的赛骆驼、赛马等68项	传统体育活动共115项	传统体育活动共120项

主要统计指标解释

医院　指名称为医院，设有固定床位能收容病人并能为病人提供医疗、护理服务的医疗机构。包括县及县以上医院、农村乡卫生院、其他医院三部分。按所属性质分为卫生部门、工业及其他部门、集体经济单位三类。其中县及县以上医院按业务性质分为综合医院和专科医院。

卫生技术人员　指卫生事业机构支付工资的全部固定职工和合同制职工中现任职务为卫生技术工作专业人员。包括中医师、西医师、中西医结合高级医师、护师、中药师、西药师、检验师、其他技师、中医士、西医士、护士、助产士、中药剂士、西药剂士、检验士、其他技士、其他中医、护理员、中药剂员、西药剂员、检验员、其他初级卫生技术人员。

医生　指经卫生部门审查合格，从事医疗工作的专业人员。分为中医医生和西医医生。包括卫生技术人员中的中医师、西医师、中西医结合高级医师、中医士、西医士和其他中医。

第五部分　参考资料

一、综　合

历届全国人民代表大会少数民族代表情况

单位:人

项　　目	一　届 1954 年	二　届 1959 年	三　届 1964 年	四　届 1975 年	五　届 1978 年	六　届 1983 年	七　届 1988 年	八　届 1993 年
代表总数	1 226	1 226	3 040	2 885	3 497	2 978	2 978	2 980
在代表总数中								
少数民族代表	178	179	372	270	381	403	445	554
占代表总数%	14.5	14.6	12.2	9.4	10.9	13.5	14.9	18.6

历届全国政治协商会议少数民族委员情况

单位:人

项　　目	一　届 1949 年	二　届 1954 年	三　届 1959 年	四　届 1965 年	五　届 1978 年	六　届 1983 年	七　届 1988 年	八　届 1993 年
委员总数	198	729	1 071	1 199	1 988	2 039	2 083	2 093
在委员总数中								
少数民族代表	19	61	78	81	143	185	225	241
占代表总数%	9.6	8.4	7.3	6.8	7.2	9.1	10.8	11.5

第一届国务院表彰的全国民族团结进步先进集体、先进人物代表名单

1988年4月

北京市

先进集体（13）

市经济技术协作办公室　宣武区牛街街道办事处　市教育局　同仁医院眼科　北京大学　西城区副食品公司　朝阳区长营回族乡人民政府　回民学校　农林科学院　宣武区吐鲁番餐厅　清华大学　中国民主建国会北京市委员会　北京市工商业联合会

先进个人（5）

仉振亮（回族）　索莉娅（女，蒙古族）　双德全（满族）　叶多嘉（女，满族）　李海云（朝鲜族）

天津市

先进集体（9）

红桥区人民政府　市工商业联合会　北效区天穆镇天穆村　和平区桂顺斋回民糕点第一门市部　河西区鸿起顺饭馆　市牛羊肉类加工厂党总支　市盛锡福制帽厂　红光中学　武清县杨村镇政府

先进个人（5）

杨茂永（回族）　爱新觉罗·衡志（女，满族）　曹振宇　金鸿宾（回族）　刘宏泉

河北省

先进集体（11）

中国农业银行河北省分行　尚义县大营盘乡五台蒙古营村党支部　省教育委员会　承德地区行署财政局　孟村回族自治县牛进庄乡肖庄子村委会　沧州市第一回民小学　邢台矿务局党委统战部　唐山饭店　省供销合作联合社　承德县两家满族乡　故城县太兴镇村党支部

先进个人（14）

袁瑞芝（女，满族）　王　毅（回族）　杨兰菊（女，回族）　黄成俊（回族）　凌振华　钟立云（女，回族）　赵银福　白小启（回族）　马恩轩（回族）　马胜利（回族）　何现龙（白族）　安俊英（回族）　罗增民　王　信（回族）

山西省

先进集体（3）

翼城县北关村　长治市回民化学厂　大同市南郊区田村党支部、村委会

先进个人（4）

李淑贞（女，回族）　丁群堂（回族）　安迪生（回族）　金成山（回族）

内蒙古自治区

先进集体（34）

鄂托克旗额尔和图苏木　哲里木盟民族宗教事务处　乌达矿务局　哲里木盟通辽市木里图镇　包头钢铁公司党委　内蒙古师范大学　包头铁路分局包头西机务段党委　武警锡林郭勒盟支队　区党委信访处　土默特左旗旗委、政府　伊克昭盟化工研究所　乌兰浩特市乌兰哈达苏木三合村　苏尼特右旗民族用品厂　区武装森林警察总队　区电影发行放映公司　内蒙古军区边防三团六连　阿鲁科尔沁旗委、政府　赤峰市十家满族乡　内蒙古交通学校　一一五地质队　托克托县永圣域乡满水井村　开鲁县吉日嘎朗图苏木　呼伦贝尔盟扎兰屯市乳品厂　海拉尔铁路分局海拉尔列车段519/520车队　满洲里市第一医院　乌拉特前旗巴音花镇　哲里木盟科左后金宝屯镇　奈曼旗章古台苏木伊和达沁嘎查　区医药物资供销公司　赤峰市郊区王府乡王府村村民委员会　乌兰察布盟察哈尔右翼前旗乌拉哈乡

阿里河林业局　正镶白旗陶林宝力格苏木嘎日苏巴嘎内蒙古军区边防七团七连

先进个人(34)

舍勒巴图(鄂伦春族)　周秉建(女)　郭书家　孟景胜(达斡尔族)　金　宝(鄂温克族)　查干莲花(女，蒙古族)　哈秀英(女，回族)　李思伟　云福祥(蒙古族)　南斯拉玛(女，蒙古族)　韩　宝(蒙古族)　吴宁川　金　格(蒙古族)　李呈瑞(回族)　道尔吉(蒙古族)　段宇平(女)　熊玉喜(蒙古族)　齐嘎日布(蒙古族)　付德文(蒙古族)　包海棠(女，蒙古族)　付　勇(满族)　杨林玉　官其格(蒙古族)　曹格都仁(蒙古族)　朱永红(女)　铁壮子(蒙古族)　王　力(女)　孟　特(蒙古族)　王学勤　巴振科(蒙古族)　巴金喜(蒙古族)　韩树明(蒙古族)　乌力吉门德(蒙古族)　郭万义

特邀代表(2)

孔　飞(蒙古族)　王　铎

辽宁省

先进集体(26)

沈阳市于洪区造化乡英守村民委员会　大连市金州区七顶山满族乡人民政府　大连工学院　鞍山市科学技术委员会　中共抚顺石油化工公司石油二厂委员会　丹东市凤城满族自治县人民政府　辽阳市第一中学　盘锦市盘山县人民政府　营口市西市区清华街道办事处　中共航空工业部沈阳黎明发动机制造公司委员会　大连市金州区人民政府　中国农业银行鞍山市分行　鞍山市旧堡区宋三台子朝鲜族满族乡人民政府　抚顺钢厂　中共抚顺市师范学校委员会　本溪钢铁公司第一炼铁厂　中国农业银行本溪市分行　中国农业银行丹东市支行　丹东市岫岩满族自治县人民政府　锦县温滴楼乡康家村民委员会　锦州市国营东华机械厂　营口市盖县万福镇万福村民委员会　中国人民解放军81816部队　中共盘锦市荣兴农场委员会　沈阳铁路局锦州分局新邱车务段阿金站　中共辽宁省委党校

先进个人(16)

丛正龙　金淑文(女，回族)　李庆文　白良瑞(蒙古族)　金银淑(女，朝鲜族)　关晓铎(锡伯族)　金星七(朝鲜族)　尹光植(朝鲜族)　马素琴(女，回族)　曾永红(女)　邢鹤林(蒙古族)　何文田(蒙古族)　张维荣(满族)　王延俊(蒙古族)　王政国　赵　克

吉林省

先进集体(15)

长白朝鲜族自治县　延边大学　梨树县叶赫满族镇　辽源市西域牛羊经销公司　财政厅　长春第一汽车制造厂　集安县人民政府　前郭尔罗斯蒙古族自治县查干花种畜场　图们市民族塑料厂　通化市回族副食品商店　汪清县大兴沟镇第一小学　汪清县大兴沟镇第二小学　东北师范大学民族预科班　长春电影制片厂　省军区边防团驻珲春防川七一分队

先进个人(26)

田仁永　崔洪林　许　淑(女，朝鲜族)　阿古拉(蒙古族)　关晓言(满族)　李桂芹(女)　刘嘉范　金东基(朝鲜族)　马连福(回族)　孙德民　柳昌银(朝鲜族)　林东镐(朝鲜族)　刘林祥　唐书田　张万福　麻学舜　郭明义(满族)　金炳焕(朝鲜族)　崔正淑(女，朝鲜族)　李秉连(朝鲜族)　李茂彤　白立人(满族)　张忠义　朴京植(朝鲜族)　陈景林(蒙古族)　包淑珍(女，蒙古族)

特邀代表(1)

李德洙　(朝鲜族)

黑龙江省

先进集体(18)

杜尔伯特蒙古族自治县人民政府　同江市八岔赫哲族乡　逊克县新兴鄂伦春族乡　哈尔滨市香坊区香庆回民饭店　大兴安岭十八站林业局　中国农业银行牡丹江市中心支行　哈尔滨市民族宗教事务局　哈尔滨市商业委员会　海林县海南朝鲜族乡人民政府　大庆石油管理局总机械修理厂　双鸭山市食品公司　鸡西市红军路食品商店　鹤岗矿务局南山煤矿　延寿县民族事务委员会　绥化市双河镇人民政府　塔河县十八站鄂伦春结核病防治院　省民族干部学院　勃利县倭肯镇民主村

先进个人(12)

莫景海(达斡尔族)　杨泰弘(朝鲜族)　佟祥义(满族)　包长林(蒙古族)　金基泰(朝鲜族)　于永林　王志德　朴淳奉(朝鲜族)　倪永和(蒙古族)　于恒怀　徐永翔(女，满族)　黄秀云(女)

上海市

先进集体(8)

天山回民食品厂　市少数民族知识分子联谊会　普陀区人民政府　黄浦区少数民族联络委员会　上海铁路分局列车段沪乌车队　鸿新色织厂　东亚饭店　回民中学

先进个人(6)

马尔奉(女，回族)　沈伯全　沙叶新(回族)　萨本茂(女，蒙古族)　赵福侯(白族)　俞　乐

江苏省

先进集体(5)

中共南京市建邺区委统战部　常州市纺织行业管理局　河海大学　无锡市彩色印刷厂　泗阳县城厢乡杨集村村民委员会

先进个人(7)

李从福(回族)　崔金林(回族)　锁国良(回族)　刘金平　杨奇璞(回族)　沙宝海(回族)　安桔荣(女,蒙古族)

特邀代表(1)

顾秀莲(女)

浙江省

先进集体(7)

龙泉县竹垟畲族乡　省第四建筑工程公司　省少数民族师范学校　龙游县占家乡浦山村　临安县方元乡铜山村　苍南县科学技术委员会　嘉兴市食品公司伊斯兰牛羊肉经营部

先进个人(5)

钟金莲(女,畲族)　丁安浔(回族)　潘正平
蓝　玲(女,畲族)　黄樟云

安徽省

先进集体(5)

国营皖河农场　界首县回族皮件厂　阜南县中岗回民小学　东至县江心回民村　肥东县民族宗教事务科

先进个人(5)

王凤鸣(回族)　钟志亮(畲族)　沙大富(回族)
丁邦友(回族)　杨思亮(回族)

福建省

先进集体(8)

罗源县人民政府　福安县民族实验小学　霞浦县水门畲族乡茶岗村党支部、村委会　福安县坂中畲族乡人民政府　晋江县陈埭镇人民政府　霞浦县税务局　福鼎县店下乡三佛塔村　惠安县东园乡白奇村

先进个人(4)

叶香雪(女,高山族)　丁思猛(回族)　雷财铨(畲族)　林德火

江西省

先进集体(4)

财政厅　资溪县乌石镇新建畲族村村民小组　贵溪县樟坪畲族乡　省革命老根据地建设委员会办公室

先进个人(3)

王晓舟(回族)　兰陈姣(女,畲族)　邝钦明

山东省

先进集体(10)

青州市委、市政府　荷泽地区民族宗教事务处　青岛市清真食品石　济南钢铁厂　曹县侯集回族镇　淄博市金岭回族镇金南居委会　禹城县十里旺回族乡人民政府　枣庄市山亭区城头乡西城头村　泰安市郊区省庄镇二十里埠村　曲阜市西关街党支部

先进个人(9)

刘元庆(回族)　任秀禄　黑建文(回族)　买利民(维吾尔族)　金兰英(女,回族)　孙秀珍(女,藏族)　许东禹(朝鲜族)　张广诗(回族)　马英升(回族)

河南省

先进集体(15)

太康县人民政府　柘城县人民政府　洛阳市瀍河回族乡　项城县丁集乡河北村　沁阳县城关镇水南关村党支部、村委会　郾城县常村党支部　开封市顺河回族区　淮阳县城关回族镇人民政府　睢县城关回族镇西门里皮毛厂　开封市效区回回寨党支部　新乡市辉县城关镇西关村　邓县城关镇小西关村　镇平县蒙古族特种工艺厂　叶县马庄回族乡　郑州市管城回族区北下街办事处

先进个人(7)

买秀峰(回族)　谢孝志(回族)　李书安(回族)
吴天喜(回族)　孙学亮(回族)　马本亭(回族)
洪双年(回族)

湖北省

先进集体(13)

钟祥县人民政府　来凤县人民政府　中共建始县照京乡委员会　长阳土家族自治县火烧坪乡人民政府　五峰土家族自治县九孔村党支部　建始县民族事务委员会　巴东县野三关民族中学　中共咸丰县大路坝区委员会　鹤峰县八峰村党支部　利川市民族事务委员会　恩施市黄泥塘侗族乡人民政府　长阳土家族自治县高级中学　武汉市江岸区二七街办事处

先进个人(15)

李四新　冉隆云(女,土家族)　邓习伟(土家族)　陈柏荫　谭玉莲(女,土家族)　魏长茂(回族)　石志家(苗族)　周祖武　粟明忠(苗族)　吴超翠(女)　庞永花(女,土家族)　江明凤(女,回族)　薛登宏(回族)　计孝国(回族)　邓习代(土家族)

湖南省

先进集体(25)

吉首市人民政府　龙山县人民政府　湘西土家族苗族自治州民族中学　古丈县人民武装部　广播电视厅　水利电力厅　城步苗族自治县土桥农场　新晃侗族自治县人民政府　洞口县罗溪瑶族乡人民政府　国营郴州莽山林管局　宁远县人民政府　政协靖州苗族侗族自治县委员会　江华瑶族自治县湘江乡　常德县许家桥回族维吾尔族乡　中国人民解放军59969部队　花垣县茶洞镇人民政府　泸溪县潭溪中学　芷江侗族自治县犁溪口乡　省地矿局405队　通道侗族自治县水泥厂　绥宁县黄桑坪苗族乡　江永县民族事务委员会　益阳地区行署民族宗教科　株洲市人民政府　长沙市人民政府民族宗教事务处

先进个人(16)

田茂忠(土家族)　张梅香(女,苗族)　钟以圣(白族)　邓星煌　吴桂质(女)　覃德交(土家族)　游延慧(侗族)　盘福宝(瑶族)　钟超群　马跃坊(回族)　盘文秀(瑶族)　扎西志玛(女,藏族)　李宜仁(苗族)　罗桂秋　曾祥虎　谢应球

广东省

先进集体(4)

连南瑶族自治县民族小学　连山壮族瑶族自治县三水乡　怀集县下帅壮族瑶族乡　乳源瑶族自治县必背镇

先进个人(8)

谭志南(瑶族)　黄赞辉(瑶族)　邓克光(瑶族)　邓英发(瑶族)　易　顺(瑶族)　庞石明(瑶族)　汪宗猷(满族)　杨汉光(回族)

广西壮族自治区

先进集体(46)

那坡县人民政府　右江民族歌舞团　南丹县人民政府　富川瑶族自治县人民政府　龙胜各族自治县　贵县人民政府　九曲湾农场　大新县硕龙乡　金秀瑶族自治县罗香乡罗运村　桂林民族师范学校　柳州铁路局瑶寨火车站　玉林市制鞋厂　中国人民解放军54257部队法卡山守备连　靖西县安宁乡卫生院　平果县民族铁锅厂　河池地区高中　都安瑶族自治县人民医院　天峨县八腊瑶族乡洞里村公所　柳州地区高中　兴安县华江瑶族乡　贺县南乡乡人民政府　蒙山县长坪瑶族乡人民政府　贵县古樟乡人民政府　平南县马练瑶族乡　上思县南屏瑶族乡党委　钦州市大寺镇人民政府　隆安县卫生局　横县皮革厂　邕宁县五塘镇六塘村公所　武鸣县双桥乡杨李村　柳州市回民食品厂　桂林市金属工艺品总厂　梧州市工商联　拉浪林场　南溪山医院　广西药用植物园　广西植物研究所　中国农业银行田阳县支行　德保县人民政府　区扶贫办公室　交通厅公路管理局　百色军分区　百色地区民族事务委员会　巴马瑶族自治县百货公司　南宁市武鸣县太平乡庆乐小学　来宾县来宾镇镇北壮师队

先进个人(39)

陈隆生　谭树秧(毛南族)　韦爱春(女,壮族)　罗素琴(女)　吴大选(仫佬族)　莫益华(壮族)　杨世萍(女,苗族)　王国荣(壮族)　赵梅英(女,瑶族)　吴全华(京族)　卢天全(壮族)　韦壮凡(壮族)　白文星(回族)　覃　波(壮族)　蔡培康　杨春庭(壮族)　林　荣(女)　黄汉忠(壮族)　魏清秀　杨均志(壮族)　陆文安(壮族)　周仁辉(壮族)　罗少强(壮族)　李华林(壮族)　黄仲科(壮族)　胡英信(壮族)　卢贞北　申后荣(苗族)　韦建康(壮族)　郭秀英(女)　周运望　奉贵庭(瑶族)　覃伊平(壮族)　覃国珍(毛南族)　曾祥师(壮族)　周永辉　王尚志(壮族)　何庆作(壮族)　陆正堂(壮族)

特邀代表(3)

覃应机(壮族)　张声震(壮族)　金宝生(瑶族)

海南省

先进集体(11)

国营新中农场　万宁县三更罗黎族苗族乡党委、政府　儋县番加黎族苗族乡人民政府　保亭热带作物研究所　琼中黎族苗族自治县黎母山镇　保亭黎族苗族自治县加茂镇加答村委员会　万宁县南桥黎族苗族乡新坡苗村　琼海县会山苗族乡人民政府　东方黎族自治县玉龙村　陵水黎族自治县光坡镇坡尾村委会　琼中黎族苗族自治县中平镇南茂乡

先进个人(9)

符元清(黎族)　黄玉梅(女,黎族)　张光甫(黎族)　王成其(黎族)　何玉海(黎族)　蔡振兴　王喜花(女)　龙　敏(黎族)　梁世盛

特邀代表(1)

王越丰(黎族)

四川省

先进集体(18)

交通厅　绵阳市北川县人民政府　黔江土家族苗族自治县人民政府　阿坝藏族羌族自治州红原县奶粉厂　武警阿坝藏族羌族自治州支队　雅安地区宝兴县硗碛藏族乡　成都军区56026部队　自贡市人民政府民族宗教事务处　射洪县人民政府民族宗教事

务科　中共峨边彝族自治县委员会　万县市万洲食品公司　阆中县民族小学校　阿坝藏族羌族自治州岷山机械厂　凉山彝族自治州德昌县南山傈僳族乡政府　雅安地区石棉县栗子坪彝族乡　财政厅综合计划处银行债务科　阿坝藏族羌族自治州接待归国藏胞工作办公室　阿坝州军分区

先进个人(37)

冯冰向　陈质静(女,满族)　熊光明(苗族)　丁正明(傈僳族)　熊文正(苗族)　史志义(彝族)　牛瓦(藏族)　张希令　杨志先(羌族)　杨守义　居里·却吉降措(藏族)　周传良(女)　江　峰(彝族)　杨发美(彝族)　马嘉谋(回族)　刘崑水　谷金波　起光禄(彝族)　马兴龙(满族)　马万全(回族)　王存全(蒙古族)　海内凡(回族)　王志清(女)　马德全(苗族)　柳恩梅　何服生(土家族)　吴云鹏(回族)　石登山(苗族)　任荣安(苗族)　沙文波(回族)　卡拉·泽郎(女,藏族)　王克林(羌族)　黄长莲(女)　罗绒达瓦(藏族)　江郎阿牛(彝族)　余文学(藏族)　胡大祥

特邀代表(2)

天　宝(藏族)　冯元蔚(彝族)

贵州省

先进集体(34)

黔东南苗族侗族自治州民族行政管理学校　黔东南苗族侗族自治州黎平县民族事务委员会　黔南布依族苗族自治州惠水县交通局　金沙县新化苗族彝族满族乡　关岭布依族苗族自治县法拉寨村民委员会　松桃苗族自治县经济委员会　印江土家族苗族自治县档案局　道真仡佬族苗族自治县水石脚乡甘树湾村民委员会　盘县特区淤泥彝族乡　贵阳铁路分局水城机务段　省智力支边联系小组办公室　贵州农业科学院　贵州铝厂　黔东南苗族侗族自治州科学技术协会　中国人民解放军贵州兴义军分区　黔南布依族苗族自治州民族贸易公司　黔东南苗族侗族自治州雷山县民族文工队　黔南布依族苗族自治州民族行政管理学校　黔西南布依族苗族自治州安龙县锡冶炼厂　黔西南布依族苗族自治州　晴隆县农业局　清镇县甘沟乡木林村村民委员会　沿河土家族自治县沙子场乡十二盘村村民委员会　思南县民族事务委员会　石阡县民族丝织厂　正安县民政局　遵义国营天仪电工厂　六枝特区中寨布依族苗族乡　贵阳市花溪区花溪布依族苗族乡　铁道部贵阳车辆厂　贵州民族学院干训部　冶金工业厅　省麻类科学研究所　省粮棉布补助工程建设领导小组交通办公室

先进个人(29)

胡天英(女,布依族)　伍通洲(布依族)　梁国炎(瑶族)　王青松(女,彝族)　王明久(苗族)　唐应秀(女,苗族)　韦国仁(水族)　李瑶四　龙运坚(苗族)　戴聚一　杨俊豪(侗族)　吴治茂(苗族)　王　珏　吴邵篪(布依族)　罗恩芝(女,布依族)　吴龙菊(女,苗族)　邹升银　杨尚林(回族)　王中强　冯安鑫　禄润贤(彝族)　韦光华(布依族)　黄宝环(女)　杨永荣(苗族)　张成勇(土家族)　李云芬(女,苗族)　苏应林(土家族)　唐恩诚　蒋明忠

特邀代表(2)

王秉銎(布依族)　王朝文(苗族)

云南省

先进集体(44)

省人大民族委员会　成都军区35562部队　成都军区后勤部驻昆办事处　沧源佤族自治县　峨山彝族自治县　大理白族自治州教育局　省智力支边经济咨询办公室　武警云南总队文山支队小坝子边防站　师宗县民委　镇雄县民委　福贡县商业局　丽江纳西族自治县民族中学　中甸县虎跳江乡　景洪县基诺山基诺族乡　澜沧拉祜族自治县东回乡　元阳县罐头厂　禄丰县一平浪镇干海资办事处　孟连傣族拉祜族佤族自治县　凤庆县茶厂　德宏傣族景颇族自治州瑞丽县　巍山彝族回族自治县　昭通市临沧地区妇联　省少数民族语文指导工作委员会　云南师范大学附中　省群众艺术馆　省民族贸易公司澜沧铅矿　楚雄彝族自治州民族中学　富宁县民族中学　宣威县第一中学　路南彝族自治县文化教育局　泸水县农牧局　砚山县阿舍彝族乡　南华县天申堂乡　昆明市西山区海口镇里仁办事处　通海县纳古回族乡　景东彝族自治县林街乡林街办事处　曲靖市茨营乡红土墙村公所　云县茂兰彝族布朗族乡马泗村公所　开远市大庄回族乡大庄村公所　腾冲县古永傈僳族乡轮马村公所　华坪县文乐傈僳族乡　罗平县八大河布依族乡六朋村公所　通海县兴蒙蒙古族乡

先进个人(39)

召存信(傣族)　赵家培(阿昌族)　周庆年　李正安(苗族)　杨朝菊(女)　杨灿恒(普米族)　包腊龙(德昂族)　孙明昌(回族)　张学魁(彝族)　李文光(傈僳族)　李建生(独龙族)　赵加六(布郎族)　阿苏大岭(彝族)　李启运　张成友　吉炳孝　王正忠(拉祜族)　保洪忠(佤族)　刀述仁(傣族)　李庭芳(傣族)　索朗江村(藏族)　官开甫　郭大烈(纳西族)　孙　凤(女,藏族)　吕勤贵　冯锡志　王传蔚

杨学时(白族) 王仕敏 杨永生(白族) 闵言策 王汉祖(壮族) 廖志新(壮族) 郎华坤(水族) 赧朝庭(傣族) 罗体康(彝族) 邱小焕(女,彝族) 阳明申 金麻干(景颇族)

特邀代表(3)

孙雨亭 王连芳(回族) 刀国栋(傣族)

西藏自治区

先进集体(10)

日喀则地区扎什伦布寺民管会 武警西藏自治区总队 山南地区错那县 林芝地区米林县南伊珞巴乡 西藏社会科学院《西藏研究》编辑部 拉萨市卫生局 昌都地区实验小学 广播电视厅新闻部 文化厅印刷厂 拉萨市河坝林居委会

先进个人(38)

金中·坚赞平措(藏族) 央金卓嘎(女,藏族) 仲近昌 安 登(藏族) 普巴多吉(藏族) 于学林 裴鹏霞(女) 刘海涛 顾锦华 刘继化 马德喜(回族) 达 娃(女,藏族) 平 措(藏族) 杜有合 刘德才 郑国良 赵光育 单 巴(藏族) 顿珠多吉(藏族) 扎西普芝(女,藏族) 哈旺罗布(藏族) 郑希周 罗 桑(藏族) 伍金曲桑(藏族) 加永泽培(藏族) 石 秀(女,藏族) 丹增旺扎(藏族) 扎 顿(藏族) 何礼祥 杨柳渝(女) 陆天强 马有寿(回族) 赵 佩(女) 龚德福 贡觉达吉(藏族) 孙国新 忠 嘎(女,藏族) 次仁索朗(女,藏族)

特邀代表(1)

张向明

陕西省

先进集体(3)

宁陕县江口回族乡政府 镇安县政府 西安市莲湖区政府

先进个人(7)

马平一(回族) 牟全录 赵立波(满族) 马毛女(女,回族) 方 亮(朝鲜族) 赵长军(回族) 曹守义(藏族)

甘肃省

先进集体(18)

民盟甘肃省委员会 金川有色金属公司 张家川回族自治县教育局 甘南藏族自治州教育局 积石山保安族东乡族撒拉族自治县 西北师范学院 临夏回族自治州工商行政管理局 玉门市第一人民医院 宕昌县新城子藏族乡 岷县穆斯林中药材贸易商行 中共临夏县安家坡东乡族乡委员会 肃北蒙古族自治县 兰州市民族医院 中共白银有色金属公司委员会 民建甘肃省委员会 甘肃省工商业联合会 中国人民解放军第七陆军医院 甘肃省军区边防二连 中共秦安县兴国镇委员会

先进个人(24)

王万青 宋景全(回族) 贺敬龙(裕固族) 张明世(回族) 沙文昇(回族) 王映亭(藏族) 马正廉(东乡族) 达 东(蒙古族) 董福寿(土族) 吴思宏 朵生荣(藏族) 宋春明 李世杰 马正纲(回族) 全 璋 马兴元(回族) 马长河 夏达提(哈萨克族) 强国林(藏族) 尕藏成来(藏族) 马凤林(回族) 马静霞(女,回族) 马毓勋(回族) 杨镇刚(藏族)

特邀代表(1)

黄正清(藏族)

青海省

先进集体(26)

省地质矿产局地质六队 循化撒拉族自治县清水乡河东上庄村 武警青海总队玉树藏族自治州支队 省科协少数民族科普工作队 中国农业银行青海省分行 青海民族出版社 水电部四局职工医院 湟源畜牧学校 黄南军分区 互助土族自治县人民政府 互助县东沟乡姚麻村 青海三角城种羊场 青海电影译制厂 省民族问题五种丛书编委办公室 中共青海省委党校民族宗教教研室 中共西宁市城东区委员会 西宁市城西区兴海路街道办事处 尖扎县解放村 海晏县乌兰哈达村 乌兰县巴里河滩村 中共湟中县汉东回族乡委员会 西宁市大通县塔尔乡 化隆县群科镇安达其哈村 果洛藏族自治州玛沁县人民武装部 玉树藏族自治州农业技术推广站 海南藏族自治州共和县人民政府

先进个人(16)

马万福(回族) 一芈之 薛恒嘉 田克武 杨本见参(藏族) 满 杰(女,蒙古族) 草 木(女,蒙古族) 拉夫旦(藏族) 多杰扎西(藏族) 马国龙(回族) 温 格(藏族) 刘映炜 (女,藏族) 然果(藏族) 桑 吉(藏族) 邓德纯(女) 常转翠(女)

特邀代表(1)

马万里

宁夏回族自治区

先进集体(17)

区工商局个体经济处 平罗县民族宗教科 灵武县

崇兴镇党委、政府　石炭井矿务局党委　固原师专　西吉县兴隆镇单家集村　盐池县冯记沟乡政府　区工商业联合会　包头客运段第二车队　《宁夏日报》民族团结专版　中卫县长乐乡水车村党支部　吴忠市教育局　平罗县宝丰镇党委、政府　慧农县礼和乡党委、政府　中共同心县韦州镇委员会　区公路局固原公路段　巴浪湖国营农场

先进个人(25)

沙秀宝(回族)　金殿华(回族)　何　修(女,蒙古族)　邱琳玉　王金荣(回族)　王建国　汤全德　秦风桐(回族)　洪维宗(回族)　韩德祥(回族)　马福银(回族)　李孝成(回族)　王耀宗　杨家俊　马树礼(回族)　马桂芬(女,维吾尔族)　丁生忠(回族)　杨文杰(回族)　马耀武(回族)　韩　溥　铁维芬(女,回族)　吴国兴(回族)　李德贵(回族)　马维原(回族)　马玉娥(女,回族)

特邀代表(1)

马青年(回族)

新疆维吾尔自治区

先进集体(24)

泽普县　布尔津县　和田地区一中　吐鲁番市胜金乡　库车县三道桥乡　煤炭厅乌鲁木齐矿务局六道湾煤矿　新疆生产建设兵团农三师五十三团　新疆医学院　乌鲁木齐市沙依巴克区　哈密地区技工学校　巴楚县　麦盖提县　阿合奇县良种场　尉犁县　托里县　阜康县水磨沟牧场　博乐市青德里乡　伊犁地区绒毛厂　区党委办公厅翻译处　新疆石油管理局钻井处　林业厅吉木萨尔林场　新疆生产建设兵团四师六十四团　新疆生产建设兵团农六师军户农场　新疆饭店

先进个人(61)

胜　利(女,蒙古族)　买买提·艾沙(维吾尔族)　巴勒子克(蒙古族)　吐尔逊·白克尔(柯尔克孜族)　阿木都·玛拉甫(哈萨克族)　龙吉图(达斡尔族)　马步银(回族)　乌斯满夏·阿吉(维吾尔族)　夏尔甫丁(维吾尔族)　迪里夏提·司马义(维吾尔族)　刘道全　张　毅　李　泽　马殿英　马力格吉达(哈萨克族)　马秀兰(女,回族)　杨　杰　卡捷琳娜·阿烈克沙诺夫·法拉林道娃(女,俄罗斯族)　王　蔚　阿里甫拉(塔塔尔族)　吐尔逊·那吾肉孜(塔吉克族)　杨治功　韩春生(锡伯族)　梅惠玲(女,满族)　阿孜也夫(乌孜别克族)　潘文华(女)　李文生　李传江　杨忠贤　沈文英(女)　买买提·托乎达洪·大毛拉(维吾尔族)　扎克尔·克日木(维吾尔族)　沙木沙克·巴拉提(维吾尔族)　田希成　孙兆玉　赛买提·买合苏木·阿吉(维吾尔族)　李　华(女)　艾山江(维吾尔族)　阿不都拉·穆塔力甫(维吾尔族)　胡文娟(女)　依布拉音(东乡族)　买买提明·克里木(维吾尔族)　木尔扎汉·恰尔卜汉(哈萨克族)　高兆坤　苏力坦·马木提(维吾尔族)　张延明　托呼代(蒙古族)　丁　红(女)　克里木汗(女,维吾尔族)　阿不都·克里木(哈萨克族)　赵玉兰(女)　丁金玉　许明杰　阿不力孜·排祖拉(维吾尔族)　马常玲(女,回族)　再拉甫汗(女,维吾尔族)　苏地娅(女,维吾尔族)　王长稳　李玉珍(女)　王尚仁　鲜福成(回族)

特邀代表(3)

王恩茂　司马义·牙生诺夫(维吾尔族)　安尼瓦尔·汉巴巴(乌孜别克族)

中国人民解放军

先进集体(23)

中国人民解放军51142部队　中国人民解放军81606部队　湖南省吉首军分区　中国人民解放军35218部队　中国人民解放军84602部队　中国人民解放军36220部队　中国人民解放军39991部队　济南军区汽车士官训练大队　中国人民解放军海军38002部队　海螺农场　中国人民解放军57389部队　中国人民解放军59264部队　中国人民解放军51352部队　中国人民解放军81681部队五连　中国人民解放军54253部队　四川省凉山军分区　西藏军区总医院　云南省西双版纳军分区　中国人民解放军84719部队　青海省海南军分区　中国人民解放军86814部队　中国人民解放军80409部队　中国人民解放军59969部队　中国人民解放军89774部队光学测量队

先进个人(7)

王新民　周昌清　伊布拉音(维吾尔族)　雷春林(畲族)　石修志(侗族)　门华秀　克里木(维吾尔族)

中国人民武装警察部队

先进集体(9)

武警内蒙古自治区总队政治部　武警吉林省总队延边朝鲜族自治州支队　武警西藏自治区总队直属支队　武警湖南省总队花垣县中队　武警黑龙江省总队鸡西市支队滴道中队　武警新疆维吾尔自治区总队阿瓦提县中队　武警云南省总队楚雄支队直属二中队　武警广西壮族自治区总队都安瑶族自治县中队　武警青海省总队黄南藏族自治州支队

先进个人(3)

拉　吉(藏族)　杨玉成(藏族)　木　呷(藏族)

中央统战部

先进集体(1)

中央统战部二局

中央宣传部

先进集体(1)

中央宣传部宣传局时政宣传处

先进个人(1)

成志伟

团中央

先进个人(2)

李明今　邰明福

全国妇联

先进集体(2)

英文《中国妇女》杂志社　全国妇联国际部

全国总工会

先进个人(2)

邹瑞录　何　韦(满族)

国家经委

先进集体(2)

国家经委经济技术协作局　国家医药局中国药材公司

国家教委

先进个人(4)

艾照明(回族)　次仁多布杰(藏族)　姜永久　安振远

国家科委

先进集体(1)

中国科技情报所样品样本馆

先进个人(1)

徐根水

国家民委

先进集体(7)

中央民族学院　中央民族学院历史系　中央民族语文翻译局　《民族团结》杂志社蒙文编译室　民族印刷厂活版车间　民族文化宫文娱馆　国家民委财经司

先进个人(6)

高　瑞(藏族)　王玉斌(女)　彭英明(土家族)　张俊华(女)　高炳辰　丹　增(藏族)

公安部

先进集体(2)

公安部赴西藏通讯组网工程小组　西藏自治区拉萨市八廓街派出所

先进个人(2)

周久经　甘铁古(彝族)

民政部

先进集体(2)

民政部民政司　民政部农村社会救济司

财政部

先进个人(2)

华日旦(藏族)　金映玺

中国人民银行

先进集体(1)

中国人民银行广西壮族自治区马山县支行

先进个人(3)

色提尼牙孜·艾外都拉(维吾尔族)　许英杰　贺福元(蒙古族)

商业部

先进集体(5)

商业部计划司民族贸易处　商业部茶畜局　商业部土产杂品局　商业部纺织品局　商业部粮食综合司

经贸部

先进个人(2)

乌兰木伦(蒙古族)　安淑颖(女,满族)

农牧渔业部

先进集体(1)

云南国营东风农场

先进个人(3)

江式邦　李仲昌(藏族)　黄美玉(女,朝鲜族)

林 业 部

先进集体(1)

林业部扶贫工作办公室

先进个人(1)

高尚武

水 电 部

先进集体(1)

西南电管局磨房沟发电厂

先进个人(1)

和启圣(纳西族)

地质矿产部

先进集体(2)

广西壮族自治区地质矿产局第二地质队　云南省地质矿产局第四地质大队

冶 金 部

先进个人(2)

宝音德力格尔(蒙古族)　姚志绵(满族)

煤 炭 部

先进个人(2)

卓利格图(鄂温克族)　赵全贵(满族)

石 油 部

先进个人(2)

徐瑞云　艾买提·依明(维吾尔族)

纺 织 部

先进个人(1)

白湘文(女,回族)

轻 工 部

先进集体(1)

轻工部皮革文化用品工业局民族用品处

铁 道 部

先进集体(2)

沈阳铁路局通辽分局　乌鲁木齐铁路局

先进个人(2)

金东灿(朝鲜族)　尤有中

交 通 部

先进个人(2)

约则拉吉(彝族)　柏懋秋(回族)

劳动人事部

先进集体(1)

新疆维吾尔自治区劳动人事厅

先进个人(1)

王德祥(傣族)

文 化 部

先进集体(1)

中央戏剧学院

先进个人(2)

王品素(女)　吴俊学(女,朝鲜族)

新华通讯社

先进集体(1)

新华通讯社国内部政治民族编辑室

先进个人(1)

柴怀吉

人民日报社

先进集体(1)

《人民日报》社民族地区纪行组

广播电影电视部

先进集体(1)

中央人民广播电台民族部

先进个人(1)

王光龙(彝族)

卫 生 部

先进集体(2)

北京医科大学　华西医科大学

先进个人(1)

才生嘎(蒙古族)

国家体委

先进集体(1)

国家体委群众体育司农村民族体育处

先进个人(1)

许　竞

中国社会科学院

先进个人(2)

道　布(蒙古族)　邓敏文(侗族)

中国科协

先进集体(2)

中国科协普及部农村处　中国科协综合计划局

先进个人(2)

敖力玛(蒙古族)　黄定华(壮族)

特邀代表(1)

田富达(高山族)

中国国民党革命委员会

先进个人(2)

徐廷文　程　瑶(女,回族)

中国民主同盟

先进集体(1)

四川省凉山大学

先进个人(1)

王冰侠(回族)

中国民主建国会、中华全国工商业联合会

先进集体(6)

中国民主建国会中央委员会、中华全国工商业联合会经济咨询办公室　天津市民主建国会、工商业联合会咨询办公室　四川省民主建国会、工商业联合会　陕西省民主建国会、工商业联合会　上海市民主建国会、工商业联合会　贵州省民主建国会、工商业联合会

先进个人(2)

叶元铨　魏雨民

中国民主促进会

先进个人(2)

方龙伯　郭必勖(侗族)

中国农工民主党

先进个人(2)

王　晓　王　平

中国致公党

先进个人(2)

马新荣(回族)　罗耀彬

九三学社

先进个人(2)

涂友仁　蒋次鹏

台湾民主自治同盟

先进集体(1)

台湾民主自治同盟吉林省委员会智力支边培训组

先进个人(1)

陈展凌

二、民族工作机构

国家民族事务委员会

（资料截止时间：1994年7月）

地址：北京市西城区太平桥大街252号

邮政编码：100800

主任：司马义·艾买提（维吾尔）

副主任：陈　虹　江家福（壮）　文　精（蒙古）

图道多吉（藏）　李晋有

民委委员（兼职）：刘　江　王明达　李延龄　潘蓓蕾

陈耀邦　张世尧　佟志广　高占

祥　顾英奇（满）

办公厅

主任：郝文明（满）

副主任：赵显人　李建辉

秘书处电话：6016611—373

经济司

司长：王福临

副司长：郭承康　杨　帆（女，蒙古）　曲木林古（彝）

办公室电话：6016611—346

政法司

司长：杨候弟（藏）

副司长：黄凤祥（壮）　张崇根

办公室电话：6016611—339

文化宣传司

司长：方鹤春（朝鲜）

副司长：田希宝　陈家才（回）

办公室电话：6016611—354

教育司

司长：周明甫

副司长：王延星

办公室电话：6016611—390

政策研究室

主任：吴仕民

副主任：项丽华（女，蒙古）　王铁志（蒙古）

办公室电话：6016611—324

外事司

副司长：占巴扎布（蒙古）　邵　雷

办公室电话：6016611—381

计划财务司

司长：沈昌荣

副司长：赵建新　单玉华（女）

办公室电话：6016611—105

人事司

司长：塔瓦库勒（维吾尔）

办公室电话：6016611—328

机关党委

书记：李晋有（兼）

副书记：郑其栋　葛忠兴（赫哲）

纪检书记：马明清（羌）

办公室电话：6016611—290

监察室

监察专员：杨汉元

副司级监察员：博仁（蒙古）

办公室电话：6016611—329

审计室

副司级特派员：梁玉华（女）

办公室电话：6016611—151

老干部局

局长：卢书勤

副局长：蒋桂芳（女）

办公室电话：6016611—138

机关服务中心（机关服务局）

主任（局长）：黄忠彩（侗）副主任（副局长）：莫日根（蒙古）　贾守成　王建忠

办公室电话：6016611—311

全国人民代表大会民族委员会

地址：北京市人民大会堂南侧楼

邮政编码：100805

电话：(01)3098936

传真：(01)3098936

主任：王朝文（苗）　　陶爱英（壮）　于兴隆（蒙古）
副主任：李学智　伍精华（彝）　宦觉才郎（藏）

中国人民政治协商会议全国委员会民族委员会

地址：北京市西城区太平桥大街23号
邮政编码：100811
电话：(01)6017266
传真：(01)6012515
主任：金　鉴（满）
副主任：卓　加（藏）　陈　欣　冯元蔚（彝）　巴图巴根（蒙古）　司马义·买合苏提（维吾尔）

国家教育委员会民族教育司

地址：北京市西单大木仓胡同37号
邮政编码：100816
电话：(01)6020532　(01)6036354
副司长：韦鹏飞（壮）　阿不都·热衣木（司长助理，维吾尔）
办公室主任：阿干都·热衣木（兼）
副主任：林仕梁（瑶）
机构设置：
普教处电话：6097219　处长：杨祖湘　副处长：吴德刚
高教处电话：6096967　处长：易先培　副处长：张　辉
教材处电话：6096640　处长：达　赖（蒙古）
援藏办公室主任：次仁多布杰（藏）
副主任：张　强（回）

文化部少数民族文化司

地址：北京市东安门北街甲83号
邮政编码：100722
电话：(01)4013144
传真：(01)4013144
司长：吴俊学（朝鲜）
副司长：崔永生
机构设置：
民族办公室　主任：孟宪宗　副主任：王有才
民族社会文化处　处长：孙振宇　副处长：孙凌平
民族艺术处　处长：陈耀儒　副处长：李玉生

国内贸易部消费品流通司特需民贸处

地址：北京市西城区月坛北街25号
邮政编码：100834
电话：(01)8392412
传真：(01)8392579
处长：戴中久
副处长：金文存　吴雅菁(女)

中国轻工总会行业管理指导部少数民族用品处

地址：北京市东城区东长安街6号226号
邮政编码：100740
电话：(01)5122394
(01)5121122—343
处长：尹果为

省、自治区、直辖市民委工作机构

（资料截止时间：1993年12月）

北京市民族事务委员会

地　　址：北京市王府井甘雨胡同57号
邮政编码：100006
传真号码：(01)5249811
主　　任：沙之沅(回)
副 主 任：赵　书(满)　季文渊　张寿崇(满)
机构设置：
办公室电话：5121639　主任：罗志发　副主任：何淑兰
民族处电话：5249233　处长：哈金起　副处长：丁　刚
经济处电话：5254482　处长：金恒绩
政研室电话：5254976　主任：候晓明
法制处电话：5254976　处长：候晓明
外事处电话：5251718　处长：郑淑秀
人保处电话：5254262　处长：徐来春
行财处电话：5255285　处长：程运文

党委办公室电话:5254262　主任:刘　建

古籍办公室电话:5254976　副主任:甘连瀛　皮光裕

天津市民族事务委员会

地　　址:天津市成都道77号
邮政编码:300050
传真号码:(022)3314121
主　　任:肇中亚(满)
副 主 任:哈孝孟(回)　张静波(回)
　　　　谢凤友(蒙古)

机构设置:
办公室电话:3311865　主任:谢　敬
经济处电话:3398807　处长:李亚平
政研室电话:3393468　主任:王大仁
文教处电话:3396566　处长:高淑琴
宗教处电话:3310325　处长:李月春

河北省民族宗教事务厅

地　　址:石家庄市石邑路1号
邮政编码:050051
厅　　长:鞠志强(满)
副 厅 长:才利民(满)　时振国(回)　马云周(回)
　　　　扈本训

机构设置:
办公室电话:7027856　主任:王步文　副主任:任继远
政法处电话:7092873　处长:杜正磊　副处长:金　梁
经济处电话:7092875　处长:刘孟良
文教处电话:7092869　处长:刘晓光

山西省民族宗教事务局

地　　址:太原市府东街101号
邮政编码:030072
传真号码:(0351)3046793
局　　长:周新玉
副 局 长:刘志敏　赵树枝

机构设置:
办公室电话:3046952　主任:高玉虎
民族处电话:3046411　处长:刘戊忠
接待处电话:3046915　处长:陈建平
宗教处电话:3046170　处长:薛桂林

内蒙古自治区民族事务委员会

地　　址:呼和浩特市新华大街1号
邮政编码:010055
传真号码:(0471)664328
主　　任:韦　弦(蒙古)
副 主 任:荣　盛(蒙古)　朝克图(蒙古)　李联盟
机构设置:
办公室电话:665936
主任:吴长林　副主任:于新民　常　威
民委一处电话:664083
处长:吕德士　副处长:张显龙
民委二处电话:665087
处长:云生华　副处长:李国成
宗教综合处电话:664328
处长:吴　谦　副处长:刘红路
宗教一处电话:661122—3339
处长:乌力吉　副处长:李玉福
宗教二处电话:661122—3745
处长:山其尔　副处长:王文成

辽宁省民族事务委员会

地　　址:沈阳市皇姑区北陵大街11号
邮政编码:110032
传真号码:(024)6864515
主　　任:张贤焕(朝鲜)
副 主 任:白　非(回)　吴文启(满)　杨久志(蒙古)
机构设置:
办公室电话:6864515　副主任:金家奇
政法处电话:6865304　处长:张德秀
财经处电话:6864625　处长:常恩元　副处长:杨丰陌
文教处电话:6865462　副处长:张国昌
蒙古语文办公室电话:6864316　主任:特沫若
朝鲜语文办公室电话:6864316　负责人:白光律
人事处电话:6865570　副处长:文玉女
机关党委电话:6864508　副书记:马铁民

吉林省民族事务委员会

地　　址:长春市新发路11号
邮政编码:130054
传真号码:(0431)8904610
副主任:金　华(女,朝鲜)　高玉玺　居儒木图(蒙古)
　　　奎　速(女,满)
机构设置:
办公室电话:8916460　主任:马复兴　副主任:岳长久　太芬顺
政法处电话:8904607　处长:沙允中　副处长:孙雁明
财经处电话:8904608　处长:杨志杰　副处长:崔秀男
文教处电话:8904609　处长:李学秀
人事处电话:8904605　处长:包东嘎

黑龙江省民族事务委员会

地　　址:哈尔滨市南岗区复华三道街 50 号
邮政编码:150006
传真号码:(0451)3623910
主　　任:舒景祥(赫哲)
副 主 任:李祯镐(朝鲜)　通拉嘎(蒙古)
　　　　舒　展(满)
机构设置:
办公室电话:3635266　主任:关立卓　副主任:张福润
政法处电话:3635829　处长:包玉明
财经处电话:3630298　处长:廉克训　副处长:张志龙
语文处电话:3630288　副处长:于凤贤
文教处电话:3630256　处长:朴勤荣　副处长:夏　杰
调研室电话:3637073　副主任:吴景芳
干部处电话:3631277　处长:通拉嘎(兼)
机关党委电话:3637073　副书记:孟淑贤

上海市民族事务委员会

地　　址:上海市静安区南京西路 722 号
邮政编码:200041
传真号码:(021)2552508
主　　任:哈宝信(回)
副 主 任:方宋伟(回)
机构设置:
办公室电话:2552508　主任:马家骐　副主任:沈国强
一处电话:2536320—58
处长:金宏仁　副处长:赵桂萍
二处电话:2535908　处长:金茂林　副处长:钱允炎
研究室电话:2536320—55—65
副主任:彭高成　袁斌

江苏省民族事务委员会

地　　址:南京市长江路 292 号
邮政编码:210018
传真号码:(025)4416527
主　　任:周加才
副 主 任:袁普泉　苏贵章
机构设置:
办公室电话:6644014　主任:杨根荣　副主任:费兴华
　周　平　许新民
民族处电话:6641131—203
处长:王　波　副处长:王秉诚
宗教处电话:6641131—201
处长:曹正兴　副处长:沙广义　沈祖荼

研究室电话:6641131—216　副主任:沈党生　王晓利

浙江省民族事务委员会

地　　址:杭州市省府路5号楼
邮政编码:310007
传真电话:(0571)7053875
主　　任:李绍瑛(畲)
机构设置:
秘书处电话:7053876　7051512　处长:朱　军
业务处电话:7053877　处长:蓝惠洪　副处长:钟建文

安徽省民族事务委员会

地　　址:合肥市长江路85号
邮政编码:230001
传真号码:(0551)2642614
主　　任:李继学
副 主 任:沙启湛(回)　张森渠
机构设置:
办公室电话:261145—742
主任:郭永海　副主任:王　玲
一处电话:2651145—725　处长:达　元
二处电话:2654242　处长:程明波
三处电话:2652384—5201
处长:高时习　副处长:姚怀阳
干部培训中心电话:2823069
副主任:汪文祥　段绍颂

福建省民族事务委员会

地　　址:福州市鼓东路40号
邮政编码:350001
传真号码:(0591)7523423
主　　任:钟昭森(畲)
机构设置:
经济文化建设处电话:7523423　副处长:林玉辉

江西省民族宗教事务局

地　　址：南昌市百花州路4号
邮政编码：330008
传真号码：(0791)779040
局　　长：严春忠
副 局 长：罗峻雄
机构设置：
办公室电话：779040　主任：郭　坚　副主任：马徽江
民族处电话：787655　处长：陈艳梅

山东省民族事务委员会

地　　址：济南市泉城路319号
邮政编码：250011
副主任：杨莱夫(回)　王高廷(回)　马存益(回)
　　　　常正方
机构设置：
办公室电话：6901840　副主任：陈万军、王桂书
经济发展处电话：6901840
处长：庞嘉泰　副处长：王庆玉
政法文教处电话：6901840　副处长：沙德为

河南省民族事务委员会

地　　址：郑州市政三街二号楼
邮政编码：450003
传真号码：(0371)5952700
副主任：马迎洲(回)　郑洪芳(回)　陈宗坤
机构设置：
办公室电话：5951393　5908088
主任：李祖润　副主任：关心华
民族一处电话：5956840
处长：赛保全　副处长：王平鸽
民族二处电话：5951298
处长：孙洪运　副处长：田坤一
政法处电话：5956801　处长：宋文立　副处长：马　军
机关党委电话：5908137
书记：郑洪芳(兼)　副书记：程广钧

湖北省民族宗教事务委员会

地　　址:武汉市武昌区水果湖洪山路 12 号
邮政编码:430071
传真号码:(027)7825277
主　　任:袁仲由(土家)
副 主 任:赵崇辉　潘桂香(女)
机构设置:
办公室电话:7824798
主任:黄贤友　副主任:万德智　孙义平
财经处电话:7813809　副处长:张贤和
政法处电话:7823581　处长:白崇华　副处长:罗永美
宗教一处电话:7816655—20382
副处长:周庆章　张化平
宗教二处电话:7816655—20381　副处长:安永汉
人事处电话:7825277　副处长:郑隆贵

湖南省民族事务委员会

地　　址:长沙市迎宾路 15 号
邮政编码:410011
传真号码:(0731)2227191
主　　任:石玉珍(女,苗)
副 主 任:吴光海(苗)　龙尚明　杨昌嗣　丁　耀
机构设置:
办公室电话:2226525　主任:陈玉琪　副主任:王兆双(正处)吴松柏　唐德洪(正处)
财经处电话:4420663　处长:马昌忠　副处长:胡令明
文宣处电话:2227572　处长:阳盛海　副处长:奉大春
语文教育处电话:4420663　处长:石少成
政法处电话:4420663　处长:刘九生　副处长:蒲祖泉
人事处电话:2227904　处长:李玉水　副处长:黄其萍
古藉办电话:4420663　主任:彭继宽
民研所电话:4442043　所长:刘跃彩　副所长:李本高　梁先学
机关党委电话:2217745　书记:李锡铭
机关纪检、监察:张俐君(正处)

广东省民族事务委员会

地　　址:广州市东风中路 305 号
邮政编码:510031
传真号码:(020)3331771
主　　任:唐　辉(瑶)
副 主 任:林道英(黎)
机构设置:
办公室电话:3330860—3853
副主任:邓　瑞　王苇南　张桂才
文教政法处电话:3330860—3880　处长:李秀英
财经处电话:3330860—3870

广西壮族自治区民族事务委员会

地　　址:南宁市星湖路北三里 22 号
邮政编码:530022
传真号码:(0771)567063
主　　任:韦安基(壮)
副 主 任:唐　勋(汉)　梁进杰(壮)　冯成善(瑶)
机构设置:
办公室电话:567063　主任:韦建维　副主任:白碧胜　吴素然
文教处电话:552535　处长:赵精华　副处长:陆振宇　蒙玉祝
政法处电话:552249　处长:莫文军　副处长:赵文周　黄家温
人事处电话:552517　处长:覃延雄　副处长:方府清
财经处电话:552141　处长:白瑞庭　副处长:田孟荣　韦志坚　周　健

海南省民族宗教事务委员会

地　　址:海口市海府路 59 号
邮政编码:570004
传真号码:(0898)5335174
主　　任:王家贤(黎)
副 主 任:陈国轩(黎)　张业琳　陈业江
　　　　符泽辉(黎)
机构设置:
办公室电话:5342356　主任:洪兴文　副主任:陈玉翠　吴海金
财经处电话:5343819　处长:蒋妹芳　副处长:朱良生
文教处电话:5339104　处长:林渔安　副处长:林明海
政法处电话:5339696　处长:王绍泮　副处长:王振雄
宗教处电话:5332437　处长:王世坤　副处长:唐宏世
政治处电话:5342356　处长:高大贤
机关党委电话:5342356　副书记:吴乾华
纪检组电话:5339696
正处纪检员:李美花　副处纪检员:王国扬
政研室电话:5340305　负责人:王建成

四川省民族事务委员会

地　　址:成都市文殊院街 18 号
邮政编码:610017
主　　任:李篪辉
副 主 任:周礼成(羌)　王雨顺(藏)　杨宁超(彝)
郭全喜　袁本朴(土家)
机构设置:
办公室:6662119—217
主任:刘朝舜　副主任:王惠敏　毛振声　侯凤阳
政法处(一处):6662119—237
处长:马勤安　副处长:杨秀珍
经济处(二处):6662119—236
处长:彭均富　副处长:孙建中　朱绍成

文教处(三处):6662119—226
处长:曲　珍　副处长:周正明
干部处:6662119—237
处长:兰宇翔　副处长:袁发珍　宋文章　向泽朗
政研室:6662119—277
主任:敖泽普　副主任:黄启儒　秦叙聪
机关党委办公室:6662119—238
主任:张培权　副主任:李晓华
监察处:6662119—211
处长:杨学文　副处长:沈有为
老干部管理处:6662119—273　处长:杜　都
四川省民族地区经济开发办公室电话:6663597
主任:郭全喜(兼)　副主任:何小平
辖:资金管理办公室　6662119—267　负责人:黄思诚
　经济协作办公室　6662119—234　副主任:马元富
　扶贫办公室　6662119—233　主任:何小平(兼)
四川省少数民族语言文字工作委员会
办公室电话:6665206　主　任:马黑木呷
　副主任:陈光裕
四川省少数民族古籍整理办公室
电话:7768160　主任:马黑木呷　副主任:阿尔五一
(地址:成都市三洞桥民委招待所14楼　邮编:610031)
四川省对国外藏胞工作办公室
电话:6662575　主　任:白昌明
　副主任:扎西泽仁　曾昭健　窦振江

贵州省民族事务委员会

地　　址:贵阳市省政府大院5号楼
邮政编码:550004
传真号码:(0851)626551
主　　任:苏太恒(布依)
副 主 任:刘广洛　严天华(土家)　余　克(彝)
纪检组长:盘太福(瑶)
机构设置:
办公室电话:626551　副主任:吴建民　黄恺新
人事处电话:626614
处　长:杨贞杰　副处长:陈乐基
财经处电话:625027　副处长:王渝飞　熊经世
文教处电话:692236
处　长:罗廷华　副处长:刘振国
政法处电话:692614　处　长:刘天文
政研室电话:692258
主　任:龙国辉　副处长:张北平
语文办电话:692368　副主任:张和平
古籍办电话:692452　副主任:文经贵

云南省民族事务委员会

地　　址:昆明市大观路39号
邮政编码:650032
传真号码:(0871)4141158
主　　任:马立三(彝)
副 主 任:马化清(回)　赵　和(佤)　雷吟天
机构设置:
办公室电话:4141689
主任:段金禄　副主任:鲁德忠　张宝安
政策研究室电话:4141628
主任:张天华　副主任:杨佑钧　张建华
经济建设处电话:4142989
处长:马　泽　副处长:罗永翔　鲁永禄

文化教育处电话:4142943
处长:陈　锴　副处长:戴世能
政法处电话:4142920　处长:何正廷　副处长:韩恩荣
人事处电话:5140592
处长:徐文龙　副处长:李　勇　李明光
审计监察处电话:5140467
副处长:李发林　杨新章　李颖锟
计划财务处电话:4143682　副处长:张　金　普德荣
对外合作处电话:4142886
处长:张　宁　副处长:高云明
接待处电话:4142965　处长:蔡恒昌　副处长:蓝大芳
云南省国外藏胞工作办公室电话:5318414
主任:竹玛泽仁　副主任:甲　则

西藏自治区民族宗教事务委员会

地　　址:拉萨市林廓北路22号
邮政编码:850000
电报挂号:0135
主　　任:公觉次仁(藏)
副 主 任:塔尔青(藏)　甲热·洛桑旦增(藏)　措姆(女,门巴)　马崇英(回)
机构设置:
办公室电话:36212　23731
主任:旺　堆　副主任:刘志勇　张化祥
民族处电话:36144　24017
处长:林卫华　副处长:次仁卓玛　海　折
宗教处电话:36223　24074
处长:土　登　副处长:巴登格桑　甘单卓玛
研究室电话:36214　24688
主任:周郭友　副主任:洛桑尊珠

陕西省民族宗教事务委员会

地　　址:西安市省政府新城大院前八楼
邮政编码:710004
传真号码:(029)7293433
主　　任:李仁义(回)
副 主 任:岳松华
机构设置:
办公室电话:7294002　主任:薛耀林　副主任:侯学敏
民族一处电话:7293435
处长:刘怀信　副处长:马希平
民族二处电话:7293097　副处长:马克尔
宗教一处电话:7293449　处长:马靖安
宗教二处电话:7293437　处长:李铁柱
政策研究室电话:7293452　副主任:罗良柱
外事接待处电话:7293434　副处长:黄济民

甘肃省民族事务委员会

地　　址:兰州市城关区农民巷55号
邮政编码:730000
传真号码:(0931)8419037
主　　任:李　膺(回)
副 主 任:王尚乾　马世峰(保安)　马国良(东乡)
　　郭长乐
副厅级调研员:王芝茸(女)
机构设置:
办公室电话:8826852　主任:陈学曾　副主任:马劳周
　马海城　副处级调研员:陈玉蓉
人事处电话:8824956　处长:赵新志　副处长:杨　桦
政法处电话:8821896　处长:郭正清　副处长:贺青松
副处级调研员:鲜玉影

财经处(包括:少数民族经协办)电话:8821053
处长:王芝茸　副处长:蒋新贵
经协办副主任:赵柏林
文教处电话:8822617　处长:梁明远　副处长:李燕青
少语办电话:8825010　主任:韩德明　副主任:斯　琴
古籍办电话:8820291　主任:妥三元
副主任:马更志　边遵义　副处级调研员:南吉旺茂
翻译室电话:8822592
主任:张延安　副主任:陶　格　白　贤
藏胞接待办:8827404　主任:杨亚日　副主任:文茂吉
基建办电话:8825010　主任:吴大良　副主任:马岱川
党总支电话:8822186　书记:王万福　副书记:万凌云

青海省民族宗教事务委员会

地　　址:西宁市西大街70号
邮政编码:810000
传真号码:(0971)47967
主　　任:李　庆(藏)
副 主 任:吴天春　多麻加布(蒙古)　韩道壮(回)
　　马文焕(回)　李苍秀(藏)
机构设置:
办公室电话:47711　47964

主任:郭经国　副主任:汪　群　张四顺
政法人事处电话:42931　副处长:桑　杰
文教处电话:42931　副处长:包中平
经济处电话:47834　副处长:仁青本
民族语文处电话:42931—284
处长:程　列　副处长:群克加
古籍整理办公室电话:47171　主任:金索南

宁夏回族自治区民族事务委员会

地　　址:银川市解放西街217号

邮政编码:750001

主　　任：马文学（回）
副 主 任：杨万栋（回）　杨耀苍（回）
机构设置：
办公室电话：543418
主任：马风虎　副主任：杨吉德　李文涛　马　萍
民族一处电话：533454
处长：严正清　副处长：何国祥
民族二处电话：533454
处长：李汶璋　副处长：马清贵

新疆维吾尔自治区民族事务委员会

地　　址：乌鲁木齐市友好南路22号
邮政编码：830000
传真号码：(0991)415365
主　　任：热合曼·买斯木（维吾尔）
副 主 任：乔尔东（蒙古）　班吉苏（蒙古）　阿日夫（哈萨克）　库瓦达力（克尔柯孜）
机构设置：
办公室电话：415365
主任：韩　斌　副主任：罗建生　阿不力孜
民族工作处电话：443589
处长：齐文礼　副处长：兰华　胡尔曼巴依
民族文教处电话：443665
处长：马斯胡提　副处长：库德热提
民族经济处电话：443601　处长：满苏尔
少数民族古籍整理办公室电话：442809
副主任：韩德成　马哈孜
民研所电话：416959　副处长：朱玛·卡德尔

三、民族经济实体

中国民族经济开发总公司

法人单位代表:王哲东
公司地址:北京西单北大街小石虎胡同 33 号
邮政编码:100031
公司电话:(01)6023335—3005
传真电话:(01)6017833
公司机构设置:办公室　人事处　财务部　业务部
大厦筹建办
经营范围:
　主营:民族用品、农副土特产品、针纺织品、丝绸服装、鞋帽、日用百货、文化体育用品、日用化学品、橡胶及塑料制品、皮革及制品、五金交化产品、建筑材料、包装材料及包装机械、仪器仪表、医疗器械、制冷空调设备、汽车零部件、卫生用品及材料、家具、食品饮料、水产品
　兼营:饲料的销售(国家有专项、专营规定的除外)等

民族大世界商场

法人单位代表:莫日根
公司地址:北京市西单北大街小石虎胡同 33 号
邮政编码:100031
公司电话:(01)6023335—3045
传真电话:(01)6022717
公司机构设置:办公室　人事部　财务部　餐饮部　市场部　百货部　工艺美术部　工程部等
经营范围:
　主营:日用百货、服装鞋帽、化工原料、农副土特产品、针纺织品、五金家用电器、批发、零售、餐饮等

北京民族国际经济合作公司

法人单位代表:王哲东
公司地址:北京市西单北大街小石虎胡同 33 号
邮政编码:100031
公司电话:(01)6021691
传真电话:(01)6017833
公司机构设置:办公室　人事部　财务部　业务一部　业务二部
经营范围:
　主营:承包各类国外工程和境内外资工程;上述工程所需的设备、材料出口;对外派遣各类劳务人员(不含海员)
　兼营:办公自动化设备、传输交换设备、电子产品、机械产品的技术开发;批发零售上述产品及开发后产品;与主营、兼营有关的技术、信息咨询;组织展览、交流活动

中国民族经济开发贸易公司

法人单位代表:刘立居
公司地址:北京市朝阳区芳草地西街 3 号

邮政编码:100020
公司电话:(01)5005299
传真号码:(01)5005299
公司机构设置:办公室　人事部　财务部　副食部
　　　　　　医药部　贸易部
经营范围:
　主营:食品饮料、医药保健品、农副土特产品、粮油制品、日用百货、电子产品、化工原料、建材、木材加工、干鲜果品等

北京民族出租汽车公司

法人单位代表:任幼平
公司地址:北京市朝阳区化工路5号(玻璃二厂招待所)
邮政编码:100023
公司电话:(01)7717774—2726
公司机构设置:办公室　人事科　业务安全科　车务科　财务科　综合开发科
经营范围:
　主营:出租客运、配件修理
　兼营:搬家服务

中国民族经济开发西南公司

法人单位代表:陈瑶强
公司地址:云南省昆明市东风东路30号
邮政编码:650011
公司电话:(0871)3164431
传真号码:(0871)3164431
公司机构设置:办公室　人事部　财务部　业务部
经营范围:
　主营:农副土特产品、日用百货、服装鞋帽、针纺织品、五金交电、家用电器、医疗器械、卫生用品、装饰材料、化工原料、电子产品等

中国民族经济开发大连公司

法人单位代表:金润喜
公司地址:大连市甘井子区育林街252号
邮政编码:116061
公司电话:(0411)6603327
传真号码:(0411)3620928
公司机构设置:办公室　人事部　财务部　业务部
经营范围:
　主营:水产品、农副土特产、五金交电、家用电器等

中国民族国际信托投资公司

法人单位代表:马茂宗
公司地址:北京市丰台区方庄芳群园3区3号楼六层
邮政编码:100078
公司电话:(01)7617323
传真号码:(01)7617304

公司机构设置：

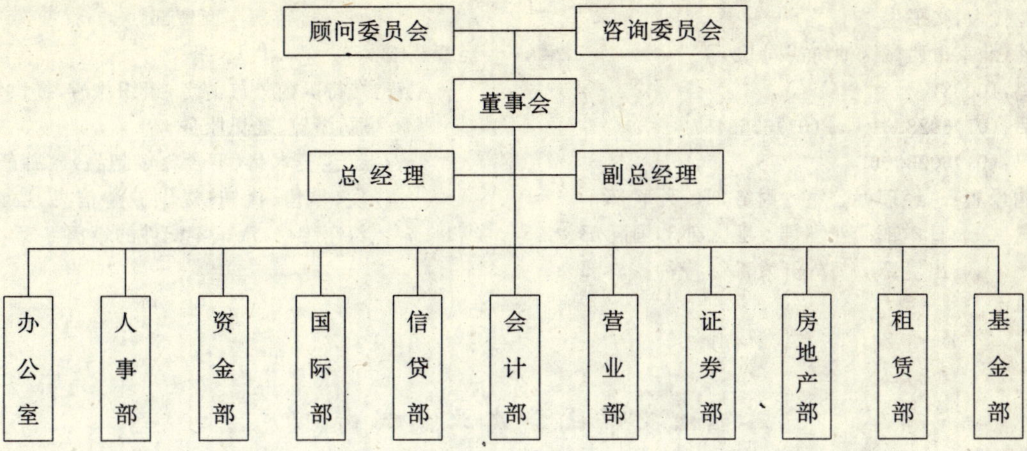

下属企业：中民信北京证券营业部　中民信上海证券营业部　中民信大连证券营业部　（中民信深圳联络处）　中民信大来金行　中民信大来房地产开发公司　天津港保税区大来民族国际贸易开发公司

经营范围：

主营：信托存贷款、投资；委托存贷款、投资；房地产投资；有价证券业务；金融租赁；代理财产保管与处理；代理收付；经济担保和信用见证

中国牛黄技术开发公司

法人单位代表：闫美连

公司地址：北京市海淀区太平路 36 号

邮政编码：100039

公司电话：(01)8213938

公司机构设置：办公室　财务处　技术处　人事处　中国牛黄技术开发公司八达岭科研实验基地　中国牛黄技术开发公司八达岭制药总厂

经营范围：

主营：牛黄及牛黄产品的开发和利用、名贵药材的开发和利用

兼营：技术咨询

中国民族医药卫生用品公司

法人单位代表：王　意

公司地址：北京市西单北大街小石虎胡同 33 号

邮政编码：100031

公司电话：(01)6023335—3019

传真号码：(01)6064093

机构设置：办公室　业务部　财务部

经营范围：

主营：卫生用品、保健用品、劳保用品的研制与销售、医疗器械、民族地区土特产品、特需用品的销售(国家专营除外)

兼营：日用百货销售，与主营业务有关的技术、咨询服务

中国民族旅行社

法人单位代表:张平生
公司地址:北京市西城区油坊胡同52号
邮政编码:100031
公司电话:(01)6023301　(01)6068487
传真号码:(01)6023906
公司机构设置:总经理办公室　财务部　外联部　日本部　亚洲部　亚太部　国际部　出境部　海外开发部　特种旅游部　接待部　商贸部
经营范围:
主营:接待国内外旅游者,组织旅游,提供食宿、交通、游览、通讯服务
兼营:工艺美术品(不含金银制品)旅游产品的批发、零售、代销;提供旅游信息、咨询服务;汽车维修、汽车零配件的销售

北京市民族实业总公司

法人单位代表:马纯智
公司地址:北京市东城区安外大街东河沿乙五号
邮政编码:100011
公司电话:(01)4262051
传真号码:(01)4269921
公司机构设置:总经理办公室　党委办公室　财务部　审计部　企管部　经营开发部　进出口部　咨询部　人事部
经营范围:
主营:批发、零售、代销、百货、针纺织品、五金交电、化工、工艺美术品、民用建材、电子计算机及外部设备、医疗器材、汽车配件、副食品及粮油食品、烟酒
兼营:技术开发、咨询服务

北京穆斯林大夏

法人单位代表:穆成志
公司地址:北京市东城区王府井大街24号
邮政编码:100006
公司电话:(01)5139966
传真号码:(01)5139082
公司机构设置:总经理办公室　计财部　人事部　保卫部　服务办公室　行管部　机电工程部　商场　珍宝商场　饭庄　写字楼　采购供应站
经营范围:
主营:百货、针纺织品、五金交电、旅游药品、黄金、白银制品、收购古玩、字画、篆刻、复印、刻字、理发、餐饮、写字间出租、从事5万美元以下的旅游纪念品商品进出口及托运业务,用本场地进行经营广告

北京有朋国际旅行社

法人单位代表:杨建新
公司地址:北京市东城区藏经馆胡同7号
邮政编码:100007
公司电话:(01)4075553
传真号码:(01)4075559
公司机构设置:办公室　财务部　外联部　接待部

经营范围：

主营：旅游服务

兼营：旅游工艺品销售

北京市宗苑房地产开发公司

法人单位代表：白达成

公司地址：北京市东城区东四六条45号

邮政编码：100007

公司电话：(01)4017858

公司机构设置：工程部　经营部　拆迁部　财务部　办公室

经营范围：

主营：房地产开发建设，经营销售商品房及房地产信息咨询服务

兼营：批发、零售建筑材料

北京爱海威新技术开发公司

法人单位代表：马国耀

公司地址：北京市东城区藏经馆胡同七号

邮政编码：100007

公司电话：(01)4018246

公司机构设置：总经理办公室　技术开发部　辅助教学部　会计室　销售部　人保部

经营范围：

主营：电子新技术、计算机工程开发及新产品的研制、销售、技术咨询服务、技术劳务输出

兼营：仪器仪表、生物工程器械的销售

北京雍和宫旅游服务公司

法人单位代表：邢克琦

公司地址：北京市东城区雍和宫大街12号

邮政编码：100007

公司电话：(01)4033328　(01)4045762

公司机构设置：办公室　财务部　营销部　人事部　雍和宫旅游工艺品商店

经营范围：

主营：旅游服务、工艺美术、宗教用品

兼营：食品、百货

北京市宗教艺术用品公司

法人单位代表：傅玉亭

公司地址：北京市西城区鸦儿胡同31号

邮政编码：100009

公司电话：(01)4011629

公司机构设置：办公室　财务部　技术部　后勤部

经营范围：

主营：百货、工艺美术品、食品、宗教用供器、祭器、神佛像

兼营：照像、宗教艺术咨询

北京市宗信房地产服务公司

法人单位代表:种永涛
公司地址:北京市东城区安外大街东河沿甲1楼
邮政编码:100011
公司电话:(01)4268092
公司机构设置:办公室　财务部　房屋管理部　房屋修理部
经营范围:
主营:房地产信息咨询服务,室内外装饰服务,房屋修缮

北京市民实出租汽车公司

法人单位代表:赵惠铭
公司地址:北京市东城区安外大街东河沿乙5号
邮政编码:100011
公司电话:(01)4262051
公司机构设置:办公室　财务部　业务部
经营范围:
主营:出租汽车客运
兼营:零售代销汽车配件

天津市民族实业公司

法人单位代表:陈洪波
公司地址:天津市南京路81号
邮政编码:300050
公司电话:(022)3313307
公司机构设置:办公室　业务部
经营范围:
主营:综合商业

河北省民族经济开发总公司

法人单位代表:武　军
公司地址:河北省石家庄市石邑路1号
邮政编码:050051
公司电话:(0311)792126
公司机构设置:清真闻名饭庄　民青打印社　保定分公司　办公室　财务部　贸易部
经营范围:
主营:钢材、建材、装饰材料、化工、百货、农副产品、干鲜果品、文化用品、办公用品

山西省民族经济贸易总公司

法人单位代表:赵广宝
公司地址:山西省太原市解放路363号
邮政编码:030009
公司电话:(0351)3085612　(0351)3043610
传真号码:(0351)3046793
公司机构设置:办公室　财务部　业务部

经营范围：

主营：日用百货、化工产品、金属材料、电器仪器、建筑材料、五金交电等

山西省民族宗教旅行社

法人单位代表：陈建平
公司地址：山西省太原市崇善寺街 9 号
邮政编码：030001
公司电话：(0351) 3046915
传真号码：(0351) 3046793
公司机构设置：办公室　业务部　财务部
经营范围：
　主营：海内外旅游接待服务
　兼营：旅游用品销售

内蒙古振兴民族经济开发总公司

法人单位代表：巴雅尔图
公司地址：内蒙古呼和浩特市建银酒店
邮政编码：010010
公司电话：(0471)620749
传真号码：(0471)620749
公司机构设置：办公室　财务部　接待部　内蒙古民族旅行社　中国民族旅行社内蒙古联络处
经营范围：
　主营：议价粮油、日用百货、羊绒、羊毛、羊皮、糖、建筑材料
　兼营：糖酒

辽宁省民族经贸实业公司

法人单位代表：陈晓辉
公司地址：辽宁省沈阳市皇姑区北陵大街 11 号
邮政编码：110032
公司电话：(024) 6865189
传真号码：(024)6864515
公司机构设置：经理室　办公室　业务部
经营范围：
　主营：建筑材料、金属材料、五金交电、机电产品（汽车除外）、汽车配件、煤炭、木材、成品油、化工原料及产品销售、代购代销
　兼营：百货、粮油及制品、副食品、烟酒

辽宁国际伊斯兰经济贸易公司

法人单位代表：曹　辉
公司地址：辽宁省沈阳市沈河区温泉路煤院巷 5 号
邮政编码：110015
公司电话：(024)4801334
传真号码：(024)4801335
公司机构设置：办公室　总经理室　进出口一部　进出口二部　计财部　顾问室　招商引资部

经营范围：

主营：对外承包建设工程、劳务合作、进出口贸易

兼营：化工建材、纺织品及宗教用品等。

吉林省海外民族合作总公司

法人单位代表：王维平

公司地址：吉林省长春市南湖大路12号

邮政编码：130012

公司电话：(0431) 687826—211

公司机构设置：办公室　贸易部

经营范围：

主营：代办劳务输出

兼营：煤炭、金属材料、机电设备、水泥、建材、百货、粮油、副 食品、其他食品、土畜产品、木制品、山野菜、食用菌、纸张、五金交电、化工产品、工艺美术品、文教用品、农副产品、装璜材料批发、零售、室内外装璜

吉林省民族旅行社

法人单位代表：金明律

公司地址：吉林省长春市南岭大街7—1号

邮政编码：130002

公司电话：(0431) 683733—2048

传真号码：(0431) 680582

公司机构设置：外联部　贸易部　财务部

经营范围：

主营：国内旅游服务

兼营：五金百货、水暖器材、化工、木材、木制品、交电

黑龙江省民族经济开发总公司

法人单位代表：崔秀镇

公司地址：黑龙江省哈尔滨市道里区友谊路111号

邮政编码：150001

公司电话：(0451) 4674048

传真号码：(0451) 4683808

公司机构设置：审计监察部　秘书室　综合业务部　财务部　开发部　金属部　五矿部　轻纺部　机电部　化工部　车队　北京分公司、上海分公司、天津公司等25家分公司

经营范围：

主营：轻纺、机电、化工、金属、五矿进出口业务

组织机构图

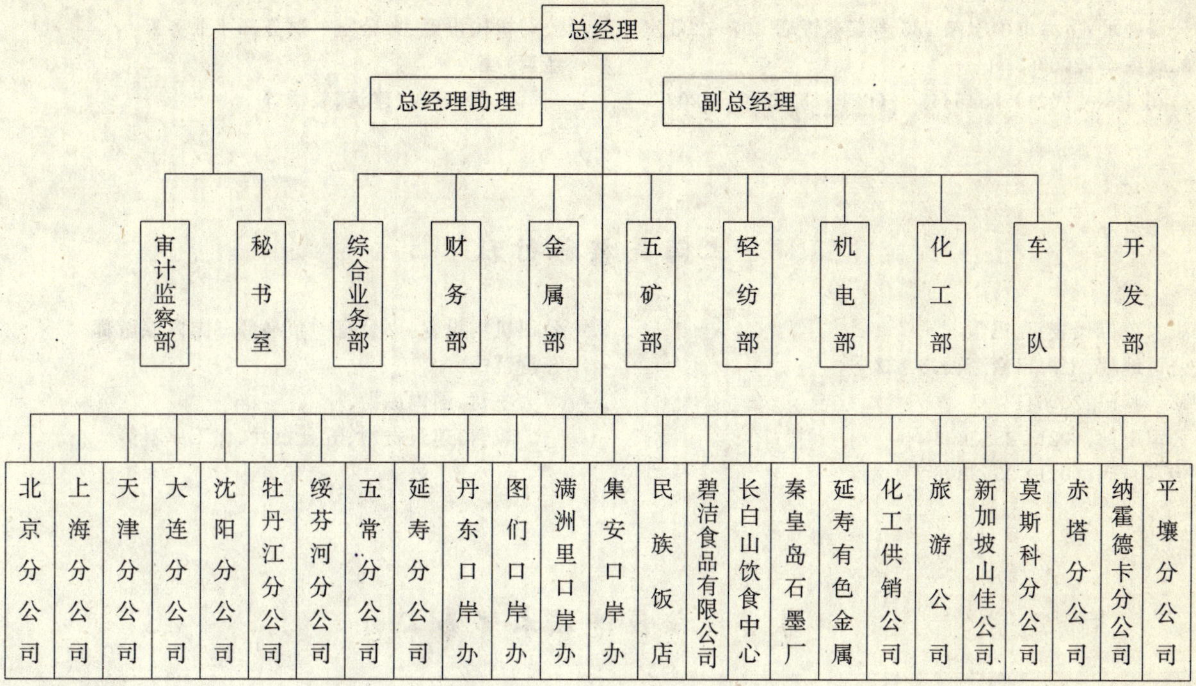

上海民族贸易公司

法人单位代表：金康龙
公司地址：上海市南京西路 722 号
邮政编码：200041
公司电话：(021) 2581133
传真号码：(021) 2552508
公司机构设置：办公室　业务部　财务部
经营范围：
　　主营：建材、日用五金、润滑油

上海穆斯林开发公司

法人单位代表：金宏发
公司地址：上海市肇嘉浜路 212 号
邮政编码：200010
公司电话：(021) 4314855
公司机构设置：办公室　内贸一部、二部　外贸一部、二部、三部　招待所、民族建筑设计事务所
经营范围：
　　主营：内贸、外贸
　　兼营：旅馆、餐厅、设计等

上海民唯实业公司

法人单位代表:陈国良
公司地址:上海市中宁路 165 号美苑饭店 207—208 室
邮政编码:200063
公司电话:(021) 2545448　(021)2578290—2207
(021)2578290—2208
公司机构设置:办公室　财务部　业务部
经营范围:
主营:建材、建筑、装璜等

上海民族旅行社

法人单位代表:克祖蒙
公司地址:上海市南京西路 722 号
邮政编码:200041
公司电话:(021) 2552806
传真号码:(021) 2552806
公司机构设置:办公室　贸易部　国内旅游部
经营范围:
主营:国内旅游
兼营:建筑材料、五金批发、化工原料等

江苏省民族经济技术贸易公司

法人单位代表:金维哲
公司地址:江苏省南京市大牛首巷 14 号
邮政编码:210004
公司电话:(025) 6620704
公司机构设置:办公室　业务部　财务部
经营范围:
主营:五金、百货、建筑及化工原料、工艺美术
兼营:宗教用品、针棉纺织品、日用杂品等

江苏省民族国际旅行社

法人单位代表:夏国镛
公司地址:江苏省南京市长江路 292 号
邮政编码:210018
公司电话:(025) 6641131—204
传真号码:(025) 6647776
公司机构设置:办公室　业务部　财务部
经营范围:
主营:旅游服务
兼营:旅游工艺品销售

浙江省民荣经济发展公司

法人单位代表:张杭新
公司地址:浙江省杭州市南山路 178—3 号大院
邮政编码:310002
公司电话:(0571) 7012729　(0571) 7020428
传真号码:(0571) 7072206
公司机构设置:办公室　商贸部　浙江精锐广告策划

公司(分公司)

经营范围:

主营:建材、金属、机械、农林特产、纺织品、日用百货、电子产品、工艺美术品

兼营:摄影、印刷、广告制作、发布、代理

浙江民祥综合开发公司

法人单位代表:徐　杰

公司地址:浙江省杭州市秋涛北路211—213号

邮政编码:310004

公司电话:(0571) 6942581　(0571) 6942579

传真号码:(0571) 6942581

公司机构设置:办公室　贸易部　科技咨询部　民祥装饰材料总汇(商行)

经营范围:

主营:建筑装饰材料、建筑五金、木材毛竹、卫生陶瓷、家用电器(专营除外)、科教仪器、电工器材、装璜服务

兼营:技术咨询和服务

安徽省民族经济开发公司

法人单位代表:谢正宽

公司地址:安徽省合肥市城皇庙庐阳宫

邮政编码:230001

公司电话:(0551) 251079

公司机构设置:办公室　业务部　财务部

经营范围:

主营:民族商贸、经济开发

福建省民族经济贸易公司

法人单位代表:郭江山

公司地址:福建省福州市中山路24号

邮政编码:350001

公司电话:(0591) 7839051

公司机构设置:办公室　业务部　财务部

经营范围:

主营:农副产品、茶叶、竹、木、民族用品、纺织品、百货、服装、鞋帽、化工、建材、五金交电、食品、糖烟酒、民族医药

兼营:石油、矿产品、咨询服务

江西省少数民族贸易开发公司

法人单位代表:胥子凡

公司地址:南昌市北京东路5号

邮政编码:330029

公司电话:(0791) 325074　(0791) 779040

(0791) 787655

传真号码:(0791) 779040

公司机构设置:贸易经理部　民族用品部　信息服务部　办公室

经营范围:

主营:工业生产资料　少数民族特需用品、粮油工艺美术品、农副产品购销、石油制品、建筑材料、木材、医疗器械

兼营:百货、五金交电化工、日用杂货、信息服务、针纺织品、副食品、其它食品

山东民族经济开发总公司

法人单位代表：董镇华
公司地址：山东省济南市英雄山路16号
邮政编码：250002
公司电话：(0531) 2972704
传真电话：(0531) 2971694
公司机构设置：办公室　财务部　组织人事部　总公司物资部　总公司国际经济技术开发部　总公司开发部　总公司证券部　山东民族房地产开发公司　山东民族建筑设计研究院　山东东亚建筑装饰有限公司　总公司制冷公司　总公司华科公司　总公司威海建筑设备分公司　总公司工贸实业公司　总公司物资公司　总公司百货公司　山东民族英才培训大学　山东民族旅行社
经营范围：
主营：经济技术信息咨询、中介服务、技术开发、装饰装修设计、施工、煤炭与石油及制品销售
兼营：五金交电、化工原料、建筑材料、木材、钢材、百货、文化办公机械、针织品、电话通讯设备、摩托车及其零部件、汽车零部件、电器机械及器材

河南省民族经济开发总公司

法人单位代表：沙启敏
公司地址：河南省郑州市市政三街二号楼
邮政编码：450003
公司电话：(0371) 5908146
传真号码：(0371) 5952700
公司机构设置：办公室　财务部　贸易部
经营范围：
主营：皮革制品、工艺品、酒、服装、百货、制革机械等

河南省民族旅行社

法人单位代表：王天立
公司地址：河南省郑州市中州宾馆二号楼
邮政编码：450003
公司电话：(0371)5950055—2522
传真号码：(0371)5952700
公司机构设置：旅游接待处　办公室　财务部
经营范围：
主营：国内旅游、咨询服务
兼营：工艺美术、农副产品百货、照相器材

湖北省民族经济开发公司

法人单位代表：万德智
公司地址：湖北省武汉市武昌区洪山路12号
邮政编码：430071
公司电话：(027) 7816655—20379
公司机构设置：办公室　机电经营部　装饰公司　高新技术研究所
经营范围：
主营：民族工艺品、纺织品、建筑材料、计划外钢材、石油制品、机电产品、汽车(不含小轿车)及零配件、煤炭、木材、农副土特产品、

五金交电、百货、水泥、粮油、副食的零售兼批发

兼营：技术咨询及技术培训

湖南省民族经济技术开发公司

法人单位代表：张协堂
邮政编码：410011
公司电话：(0731) 2215079
公司机构设置：办公室　业务部　财务部
经营范围：
　主营：引进资金与技术、开发民族地区经济技术咨询和中介服务、普通机械、电器机械及器材、百货针纺品、五金交电、化工、副食品、其他食品
　兼营：建筑材料、工业用木材以及政策允许的金属材料、化工原料、矿产品和农副产品

广西民族实业开发公司

法人单位代表：赵喜坤
公司地址：广西南宁市星湖路北三里 2—2 号
邮政编码：530022
公司电话：(0771) 568295
公司机构设置：办公室　业务部　财务部
经营范围：
　主营：人造木炭，合成液化气及其它新能源开发，民族地区名、优、特产品推广
　兼营：人才、技术、资金、信息引进和转让

北部湾音像出版公司

法人单位代表：韦洁晶
公司地址：广西南宁市民族大道 46 号
邮政编码：530022
公司电话：(0771) 553550
传真号码：(0771) 554552
公司机构设置：总编室　办公室　财务部　录音部　录像部　发行部
经营范围：
　主营：民族音像出版物(唱片、音带、像带)
　兼营：音像技术服务、国内音像广告代理

海南省民族对外贸易总公司

法人单位代表：吴江鸿
公司地址：海口市白坡里 298 号
邮政编码：570005
公司电话：(0898)6778593
公司机构设置：贸易一部、贸易二部、贸易三部、实业开发部、房地产开发部、广州经理部、深圳经理部、海口分公司、三亚分公司、通什分公司、香港海心有限公司、海南民族房地产开发建设公司、总经理办公室、财务部、人事教育部、保卫部等
经营范围：进出口贸易、房地产经营、创办实业

海南省海外经济贸易总公司

法人单位代表：陈家东
公司地址：海口市义龙路22号钟山大厦二楼
邮政编码：570005
公司电话：(0898) 6777490
公司机构设置：办公室、人事教育部、计财部、综合业务部、经济合作部；海口、八所、三亚、深圳、广州、湛江分公司，房地产开发建设公司，海外保税汽车贸易公司、海外富源经济发展公司、海外富达经济贸易公司、海外富昌贸易公司、海外富盛工贸公司、海外富华贸易公司、海外实业开发公司、洋浦海外经济贸易有限公司、海外物业发展公司等
经营范围：承办对外经济技术合作业务；进出口业务；经营粮油食品、五金、矿产品、机械电器及设备、电子产品、纺织品辅料、化工产品、家用电器、有色金属；原材料、轻工产品、工艺品及原辅材料；进口汽车保税业务；提供有关经济信息和咨询服务

海南省特区对外贸易总公司

法人单位代表：李永光
公司地址：海口市机场东路五指山大厦二楼
邮政编码：570003
公司电话：(0898) 5351012
公司机构设置：经理部、计财部、人事部、业务办、政工办、贸易一部、贸易二部、海南省特区房地产开发公司、海南特区海泰贸易公司、海南特区边贸公司、海南特区金昌置业公司、海南特区恒通实业发展公司
经营范围：轻工产品、电子产品、化工产品、机械设备、针纺织品、丝绸、工艺陶瓷、五金矿产品、粮油食品、合资合作企业的辅助材料、水产品、金属材料

海南省富华民族经济贸易开发总公司

法人单位代表：黄宏钧
公司地址：海口市龙昆北路茶叶大厦
邮政编码：570005
公司电话：(0898) 6780534
公司机构设置：经理部、计划财务部、经济合作部、房地产开发部、贸易部、法律顾问处、三亚公司、西洋公司、广西防城公司、云南昆明公司、驻广州办事处、文昌东胜公司、海南江南生物原料综合加工厂、保亭七指岭宾馆筹建处
经营范围：房地产开发和经营、进出口业务、纺织品、水产品、烟、装修材料、木材、普通机构、计划外煤炭、丝绸、矿产品、建材、铝合金材料、化工产品、汽车摩托车配件、五金工具、土特产品、糖酒副食品、日用百货、工艺品

海南省江南开发贸易总公司

法人单位代表:黄文忠
公司地址:海口市机场东路江南楼二楼
邮政编码:570003
公司电话:(0898) 6784314
公司机构设置:进出口部、经理室、计财部、实业发展部、房地产公司、天健实业发展公司、民丰发展公司、富华民族金银首饰公司、富华民族商场、八所分公司、儋州分公司、北京内燃机总厂海南内燃机厂(联营)
经营范围:家用电器、普通机械及设备、日用百货、五金工具、建筑材料、工艺品、医疗器械、农副土特产品、纺织品、房地产、自营和代理进出口业务

五指山大厦

法人单位代表:陆世光
公司地址:海口市机场东路
邮政编码:570003
公司电话:(0898) 5351012
公司机构设置:总经理办公室、大厦办公室、客房部、工程部、保安部、餐饮部、财务部、娱乐部、五指山实业发展公司、民族旅行社、贸易部、医务室
经营范围:旅业、饮食业、综合贸易、旅游服务、房地产开发建设、娱乐活动中心、发廊美容

海南省民族特供贸易总公司

法人单位代表:赵良茂
公司地址:海口市海府路1号东升楼二楼
邮政编码:570003
公司电话:(0898) 5351314

海南省民族工艺总公司

法人单位代表:杨有仲
公司地址:海南省澄迈县金江镇
邮政编码:571900
公司电话:(08092) 522746

海南省民族利得行房地产开发总公司

法人单位代表:陆鸿均
公司地址:海口市机场东路五指山大厦
邮政编码:570003
公司电话:(0898) 5351012
公司机构设置:房地产部、经营管理部、财务部、经理部
经营范围:房地产开发、销售、租赁、转让;装修工程建筑材料销售

海南山兰贸易公司

法人单位代表：王安锦
公司地址：海口市海府路省粮食局招待所113房
邮政编码：570003
公司电话：(0898) 6780534
公司机构设置：办公室、财务部、开发部、贸易部、西南分公司、陵水分公司、琼中分公司
经营范围：房地产开发、种植、养殖业、化工产品、矿产品、农副产品、水产品、工艺品、家用电器、电子产品、机械产品、纺织品、建材、日用百货

海南省民侨房地产开发公司

法人单位代表：叶征贵
公司地址：海口市龙华二横路5号
邮政编码：570005
公司电话：(0898) 6221132

海南省民兴置业公司

法人单位代表：蔡国驹
公司地址：海口市滨海新村280号
邮政编码：570005
公司电话：(0898) 6779125
公司机构设置：进出口贸易部、经济开发部、财会部、洋浦公司
经营范围：房地产开发经营、高科技产业项目开发、种养业成片开发、轻工及化工产品、纺织品、建材、农副产品、装璜装修、木材、水产品、粮油食品

海南达华贸易实业公司

法人单位代表：张惠兵
公司地址：海口市龙舌坡椰林小区
邮政编码：570003
公司电话：(0898) 6793289

中国海南陶斐格伊斯兰实业发展公司

法人单位代表：萨丽曼　陶桂雯
公司地址：海口市大英村双南居室C座502
邮政编码：570003
公司电话：(0898) 6793657

四川省民族经济发展总公司

法人单位代表：李克驹
公司地址：四川省成都市西玉龙大街民贸大厦九楼
邮政编码：610015
公司机构设置：办公室　业务部　财务部
经营范围：
　主营：投资和引进外资
　兼营：兴办生产企业

四川省民族实业总公司

法人单位代表：张梦玲
公司地址：四川省成都市抚琴东路78号
邮政编码：610031
公司电话：(028) 7768820
公司机构设置：办公室　业务部　财务部
经营范围：
　主营：民族经济开发

四川民族物资商贸公司

法人单位代表：秦叙聪
公司地址：四川省成都市抚琴东路78号
邮政编码：610031
公司电话：(028) 7774974
公司机构设置：办公室　业务部　财务部
经营范围：
　主营：金属材料
　兼营：普通机械

四川省民族服务总公司

法人单位代表：刘朝舜
公司地址：四川省成都市文殊院街18号
邮政编码：610017
公司电话：(028) 6662119—217
公司机构设置：办公室　业务部　财务部
经营范围：
　主营：建筑材料
　兼营：咨询服务

四川省民族经济房地产开发公司

法人单位代表：杨荣泽
公司地址：四川省成都市玉龙街1号
邮政编码：610015
公司机构设置：办公室　业务部　财务部
经营范围：
　主营：房地产经营、建筑工程项目承包
　兼营：建筑材料等

成都金桥民族商贸发展公司

法人单位代表：郎维伟
公司地址：四川省成都市文殊院街 18 号
邮政编码：610017
公司电话：(028)6663385
公司机构设置：办公室　业务室　财务部
经营范围：
主营：民族用品开发、民贸
兼营：商贸

四川裕丰贸易公司

法人单位代表：王东渝
公司地址：四川省成都市抚琴东路 62 号
邮政编码：610031
公司机构设置：办公室　业务部　财务部
经营范围：
主营：百货农副产品
兼营：建筑材料等

四川燕达贸易公司

法人单位代表：郭训明
公司地址：四川省成都市抚琴东路 62 号
邮政编码：610031
公司机构设置：办公室　业务部　财务部
经营范围：
主营：百货、木材、农副产品
兼营：建筑材料等

四川省蜀海民族经济发展公司

法人单位代表：赵敦舫
公司地址：四川省成都市文殊院街 18 号
邮政编码：610017
公司电话：(028) 6662690—237
公司机构设置：办公室　业务部　财务部
经营范围：
主营：普通金属材料、木材
兼营：普通机械等

四川省蜀泰民族经济实业开发公司

法人单位代表：冉启福
公司地址：四川省成都市抚琴东路 78 号
邮政编码：610031
公司电话：(028) 7767599

公司机构设置:办公室　业务部　财务部

经营范围:

主营:批发、零售民族用品

兼营:代购、代销、服务

四川省甘孜瑞丰经济开发公司

法人单位代表:周兴铭

公司地址:四川省成都市玉沙路98号

邮政编码:610017

公司电话:(028) 6662690—237

公司机构设置:办公室　业务部　财务部

经营范围:

主营:金属材料

兼营:普通机械等

四川省南方工贸公司

法人单位代表:方树东

公司地址:四川省成都市金仙桥街69号

邮政编码:610017

公司电话:(028) 7784128

公司机构设置:办公室　业务部　财务部

经营范围:

主营:金属材料、建筑材料等

四川长江民族发展公司

法人单位代表:贺文友

公司地址:四川省成都市抚琴东路78号

邮政编码:610031

公司电话:(028) 7767599

公司机构设置:办公室　业务部　财务部

经营范围:

主营:通讯器材、普通机械等

四川西南民族工贸总公司

法人单位代表:虎晓林

公司地址:四川省成都横九龙巷46号

邮政编码:610016

公司电话:(028) 6621950

公司机构设置:办公室　业务部　财务部

经营范围:

主营:五金交电

兼营:普通机械等

四川省少数民族经济文化发展公司

法人单位代表：李春明
公司地址：四川省成都市上西顺街82号
邮政编码：610000
公司机构设置：办公室　业务部　财务部
经营范围：
　主营：文化用品、体育用品
　兼营：农副产品

四川亚奥实业公司

法人单位代表：王克勤
公司地址：四川省成都市双林南支路22号
邮政编码：610000
公司机构设置：办公室　业务部　财务部
经营范围：
　主营：百货、医用制氧机
　兼营：针纺织品等

四川省民族房屋综合开发公司

法人单位代表：马昌杰
公司地址：四川省成都东沙一街四号楼
邮政编码：610000
公司机构设置：办公室　业务部　财务部
经营范围：
　主营：房地产经营、建筑材料等

四川大乘文化实业公司

法人单位代表：门东海
公司地址：四川省成都市文殊院街18号
邮政编码：610017
公司机构设置：办公室　业务部　财务部
经营范围：
　主营：书刊、音像制品、唱片等

云南民族经济发展总公司

法人单位代表：王阿章
公司地址：云南省昆明市瓦仓西路24号
邮政编码：650032
公司电话：(0871) 3610344
传真号码：(0871) 3610343
公司机构设置：生产发展部　合资经营部　财务部　综合经营部　咨询服务部
下属公司：云南民族国际旅行社、云南民族经济技术联营公司、云南民发高科技产品经销公司、云南民族文化开发公司、云南省民委招待所
经营范围：
　主营：工贸、旅游、饭店、娱乐、科技服务

西藏民族旅行社

法人单位代表:刘鹏辉
公司地址:西藏拉萨市西藏民委机关院内
邮政编码:850000
公司机构设置:办公室　业务部　接待部　财务部

经营范围:
主营:民族旅游服务
兼营:旅游工艺品

陕西省民族经济开发公司

法人单位代表:马希平
公司地址:西安市西新街
邮政编码:710004
公司电话:(029) 7233835
公司机构设置:办公室　经营贸易部　企业部

经营范围:
主营:高科技、矿产、生物开发、药剂、清真食品等开发利用
兼营:五金交电、家用电器、纺织产品、房地产、土特产贸易

甘肃省穆斯林经贸开发公司

法人单位代表:马仁武
公司地址:兰州市城关区农民巷 55 号
邮政编码:730000
公司电话:(0931) 8884841

经营范围:
主营:机械设备、金属材料、针纺织品、工艺美术、木材、畜产品、五金交电、中药材、省内外民族地区轻工产品、矿产品

甘肃省民族经济技术发展总公司

法人单位代表:沙怀忠
公司地址:兰州市城关区农民巷 55 号
邮政编码:730000
公司电话:(0931)8419023

经营范围:
主营:商业物资、农副土特产品、技术开发、民族用品产、供、销
兼营:建筑工程、房地产开发、劳务输出

甘肃省义通工贸公司

法人单位代表:赵孝年
公司地址:兰州市城关区焦家湾 357 号
邮政编码:730000
公司电话:(0931) 498131—228

经营范围:
主营:宝玉石加工销售
兼营:建材、五金交电、化工

青海民族经济开发总公司

法人单位代表:吴建基
公司地址:青海省西宁市胜利路95号
邮政编码:810001
公司电话:(0971) 37670 (0971) 37671
公司机构设置:业务部 计财部 办公室 西宁分公司 三亚分公司 珠海分公司
经营范围:
主营:工业生产资料、农副土特产品、糖烟酒、其他食品、中药材、五金化工产品
兼营:劳务输出、信息咨询、饮食服务

青海民族实业总公司

法人单位代表:拉毛才旦
公司地址:青海省西宁花园北街1号
邮政编码:810000
公司电话:(0971) 77951—2230或2231
公司机构设置:业务部 财务部
经营范围:
主营:农副土特产品、畜产品、民族用品、工艺美术品、百货、针纺织品、矿产品、二、三类机电、装饰材料
兼营:金属材料、石油制品、其它食品、餐饮、汽车客货运

宁夏民族经贸公司

法人单位代表:杨耀苍
公司地址:银川银新南路经学院内
邮政编码:750001
公司电话:(0951)546468 (0951)546672
传真号码:546468
公司机构设置:业务部 公关部 财务部
经营范围:
主营:民族生产生活用品、农副土特产品、建材、五金交电、煤炭、石油产品
兼营:劳务输出等

新疆民族经济开发公司

法人单位代表:曾和平
公司地址:新疆乌鲁木齐市友好南路22号
邮政编码:830000
公司电话:(0991) 415708
公司机构设置:装饰装修部 边贸部 内贸部 办公室
经营范围:
主营:食品、百货、农副产品、装饰装修材料、装饰装修工程、汽车、矿产品及矿产开发、五金交电、水暖建材、皮革制品、日杂品

新疆民族旅行社

法人单位代表:马承贵
公司地址:新疆乌鲁木齐市友好南路 22 号
邮政编码:830000
公司电话:(0991) 415365
传真号码:415365

公司机构设置:办公室　接待部　财务部
经营范围:
　主营:旅游服务
　兼营:旅游工艺品

新疆乌鲁木齐西戈壁建材厂

法人单位代表:祁　福
公司地址:乌鲁木齐市安宁渠乡西戈壁村
邮政编码:830001
公司电话:(0991)555666—706

公司机构设置:办公室　业务部　财务部
经营范围:
　主营:建材生产(主产普通砖)
　兼营:日用百货、食品、烟、酒、土产、五金交电